## Liebe Leserin, lieber Leser,

als langjähriger Windows-Nutzer ist es mir schon immer schwergefallen, mich in der Apple-Welt zurechtzufinden. Hier im Verlag muss ich aber ab und zu auch einmal einen Mac-Rechner benutzen. Dabei machen mir oft die ganz einfachen Anwendungen Schwierigkeiten, die man immer wieder braucht. Dateien kopieren, Fenster anordnen, das E-Mail-Programm einrichten. Weil alles eben ein wenig anders ist als gewohnt. Was für ein Glück, dass ich jetzt dieses Buch betreuen durfte. Es ist eine ganz wunderbare Anleitung für alle, die einen leichten Einstieg in den Mac suchen. Endlich habe ich das Gefühl, den Mac verstanden zu haben.

Schritt für Schritt lotst Michael Hillenbrand Sie in diesem Buch durch die Bedienoberfläche. In verständlichen Anleitungen erklärt er Ihnen alles, was Sie im alltäglichen Umgang mit dem Mac wissen müssen. E-Mails, Internet, Termine, Kontakte ... Zu jedem Stichwort finden Sie die passende Anleitung. Klicken Sie die Beschreibungen Bild für Bild nach – Sie gelangen mühelos zum Ziel! Und wenn Sie dann noch ein wenig mehr aus Ihrem Mac herausholen möchten, finden Sie in diesem Buch viele nützliche Tipps, mit denen Ihnen die Arbeit am Mac zukünftig noch leichter von der Hand geht.

Dieses Buch wurde mit größter Sorgfalt geschrieben und hergestellt. Sollten Sie Fragen, Kritik oder inhaltliche Anregungen haben, freue ich mich, wenn Sie mit mir in Kontakt treten. Zunächst aber wünsche ich Ihnen viel Freude mit Ihrem Mac.

**Ihr Jan Watermann**
Lektorat Vierfarben

jan.watermann@vierfarben.de
www.facebook.de/vierfarben

# Inhalt

# Der Mac

## Die Anleitung in Bildern

von
Michael Hillenbrand

Vierfarben

Sie haben Fragen, Wünsche oder Anregungen zum Buch?
Gerne sind wir für Sie da:

Anmerkungen zum Inhalt des Buches: jan.watermann@vierfarben.de
Bestellungen und Reklamationen: service@vierfarben.de
Rezensions- und Schulungsexemplare: sophie.herzberg@vierfarben.de



An diesem Buch haben viele mitgewirkt, insbesondere:

**Lektorat** Jan Watermann
**Korrektorat** Petra Biedermann, Reken
**Herstellung** Maxi Beithe
**Einbandgestaltung** Daniel Kratzke
**Coverfotos** Shutterstock: 258951422©KonstantinChristian
**Typographie und Layout** Vera Brauner
**Satz** Ulrich Borstelmann, Dortmund
**Druck** Media-Print Informationstechnologie GmbH, Paderborn

Gesetzt wurde dieses Buch aus der Linotype Syntax (10,25 pt/14,25 pt) in Adobe InDesign CS6. Und gedruckt wurde es auf mattgestrichenem Bilderdruckpapier (115 g/m²).
Hergestellt in Deutschland.

Bibliografische Information der Deutschen Nationalbibliothek
Die Deutsche Nationalbibliothek verzeichnet diese Publikation in der Deutschen Nationalbibliografie; detaillierte bibliografische Daten sind im Internet über http://dnb.d-nb.de abrufbar.

**ISBN 978-3-8421-0180-7**

1. Auflage 2016

Vierfarben ist ein Verlag der Rheinwerk Verlag GmbH
Rheinwerkallee 4, D-53227 Bonn
www.vierfarben.de

Der Verlagsname Vierfarben spielt an auf den Vierfarbdruck, eine Technik zur Erstellung farbiger Bücher. Der Name steht für die Kunst, die Dinge einfach zu machen, um aus dem Einfachen das Ganze lebendig zur Anschauung zu bringen.

Papierkorb
PDF

# Inhalt

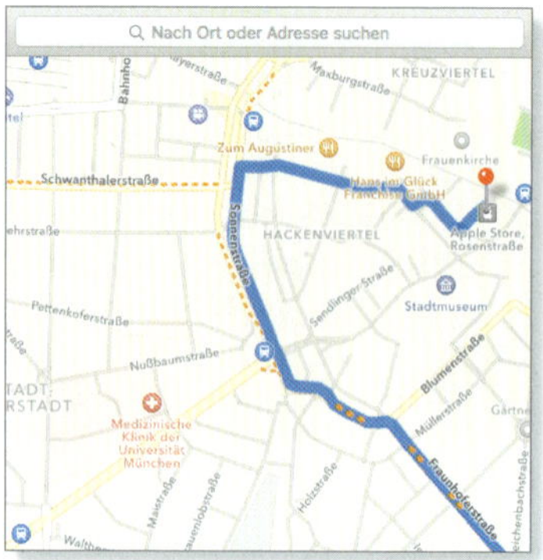

Nach Ort oder Adresse suchen
KREUZVIERTEL
Zum Augustiner
Frauenkirche
Schwanthalerstraße
HACKENVIERTEL
Apple Store, Rosenstraße
Stadtmuseum
Pettenkoferstraße
Nußbaumstraße
Blumenstraße
Medizinische Klinik der Universität München

Anbieter für Mail-Account auswählen ...
iCloud
Exchange
Google
YAHOO!
Aol.
Anderer Mail-Account ...

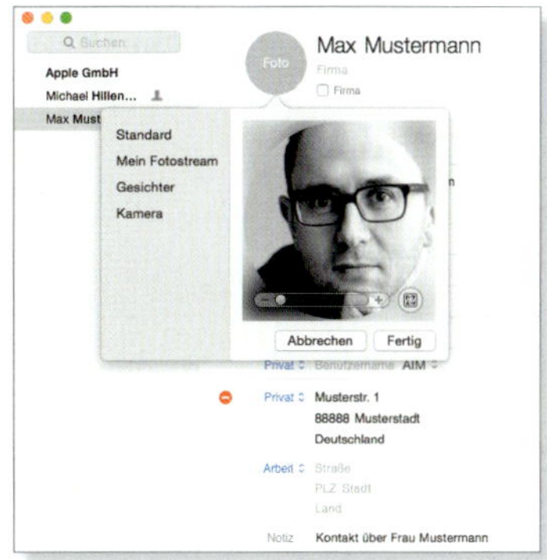

Max Mustermann
Apple GmbH
Michael Hillen...
Standard
Mein Fotostream
Gesichter
Kamera
Abbrechen
Fertig
Musterstr. 1
88888 Musterstadt
Deutschland
Kontakt über Frau Mustermann

# Inhalt

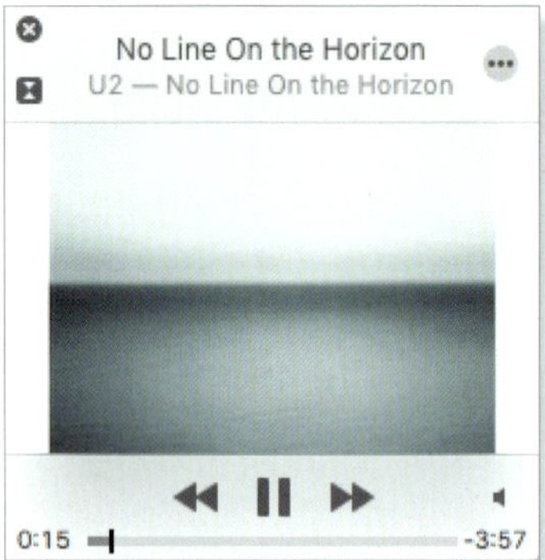




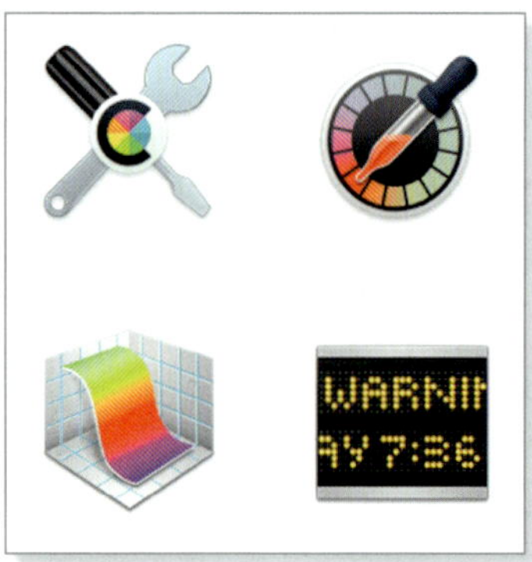

# Vorwort

Der *El Capitan* ist eine markante Felsformation im Yosemite-Nationalpark. Wie in der realen Welt steht die neue Version von OS X treu im Kontext ihrer Vorgängerversion Yosemite. Apple hat am Design der Benutzeroberfläche und an den Interaktionsmöglichkeiten konsequent weitergearbeitet und versucht, die Bedienung noch intuitiver zu gestalten. Erklärtes Ziel ist es weiterhin, dass die Grenzen zwischen der stationären Arbeit am Mac und der mobilen Nutzung immer weiter verschwimmen. Ebenso wurde an der bereits schon sehr leistungsfähigen Grundarchitektur gedreht. Das System kann so ordentlich an Performance zulegen, und auch die Suche mit Spotlight wird noch bequemer. Auch nützliche Helfer, wie das Programm Notizen, wurden mit El Capitan verbessert, und mit iTunes besteht jetzt direkter Zugriff auf den Musik-Streaming-Dienst Apple Music. Alles in allem ist die neue Version von OS X eine konsequente Weiterentwicklung des Vorgängers, bei der sich unter der Haube und in puncto Leistung einiges getan hat.

In den ersten Kapiteln können Sie sich mit den grundlegenden Bedienkonzepten und der Oberfläche von OS X vertraut machen. Anschließend steigen Sie tiefer in den täglichen Umgang mit dem System ein und erfahren Sie, wie Sie Programme bedienen, Dateien verwalten, im Internet surfen und Ihre Fotos organisieren. Schritt für Schritt lernen Sie so die Grundlagen bis hin zur professionellen Nutzung – und somit faktisch alles, was Sie für die Arbeit an Ihrem Mac benötigen. Begleitend zu den jeweiligen Kapiteln erhalten Sie ergänzende Tipps, die Ihnen die Bedienung noch weiter vereinfachen sollen.

Ein Dankeschön geht an Mila und Jessie, meine Familie und meine Freunde! Im Besonderen für die Unterstützung: Tilman, Klaus, Ansgar, Viola, Simone, Lars und alle anderen – natürlich auch an Jan Watermann und den Vierfarben Verlag. Bleibt mir noch, Ihnen viel Spaß beim Lesen und bei der Erkundung von OS X El Capitan zu wünschen!

**Michael Hillenbrand**

Kapitel 1

# Die ersten Schritte mit dem Mac

In dieser Lektion lernen Sie den Aufbau und die Elemente des Betriebssystems OS X El Capitan näher kennen. Mit dem Finder navigieren Sie künftig zielsicher zu Ihren Dateien, und auf dem Schreibtisch organisieren Sie Ihre tägliche Arbeit. Sie lernen auch, wie Sie gezielt nach Dateien suchen.

**Dokumente suchen**

*Spotlight* ist die integrierte Suchmaschine von OS X. Drücken Sie die Tastenkombination [cmd] + Leertaste. Es öffnet sich das Suchfeld ❶. Wenn Sie dort den Suchbegriff eingeben, beginnt Spotlight sofort mit der Suche und zeigt die gefundenen Ergebnisse in einer Aufklappliste an.

**Fensterdarstellung ändern**

Die Art und Weise, wie Sie durch die Systemebenen Ihres Macs navigieren, können Sie über die Darstellung des *Finder*-Fensters beeinflussen. In der Symbol-, Listen- oder Spaltendarstellung bewegen Sie sich per Doppelklick Schritt für Schritt durch die Dateistruktur. Mit der Funktion *Cover Flow* ❷, die Sie über [cmd] + [4] aufrufen, blättern Sie durch den Inhalt Ihrer Ordner und erhalten zugleich eine Vorschau der enthaltenen Dokumente.

**Übersicht mit Mission Control**

Bei der täglichen Arbeit am Mac häuft sich schnell eine Vielzahl von Finder- und Programmfenstern an und versperrt den Blick auf den Schreibtisch. Mit Hilfe von *Mission Control* verschaffen Sie sich wieder Übersicht. Das Drücken der Taste [F3] genügt, und alle Fenster werden geordnet in einer Übersicht zusammengefasst ❸.

Spotlight hilft Ihnen bei der Suche nach Dokumenten und Dateien. ❶

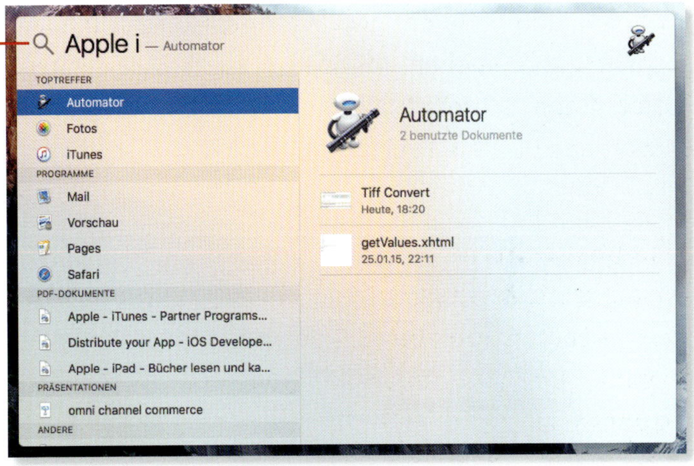


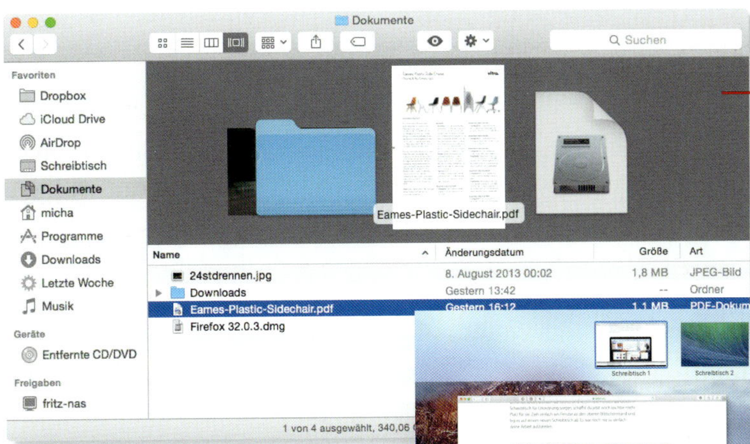


❷ In der Cover-Flow-Ansicht wird Ihnen der Inhalt der Verzeichnisse visuell ansprechend präsentiert.

Ordnung auf dem Schreibtisch per Knopfdruck mit Mission Control. ❸

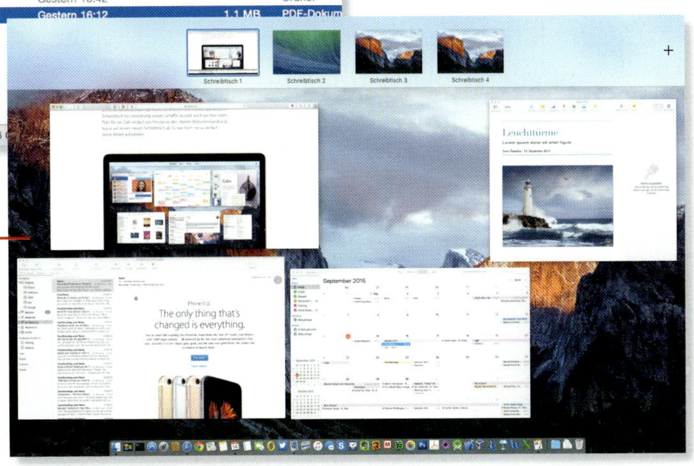

# Den Mac in Betrieb nehmen

1

2

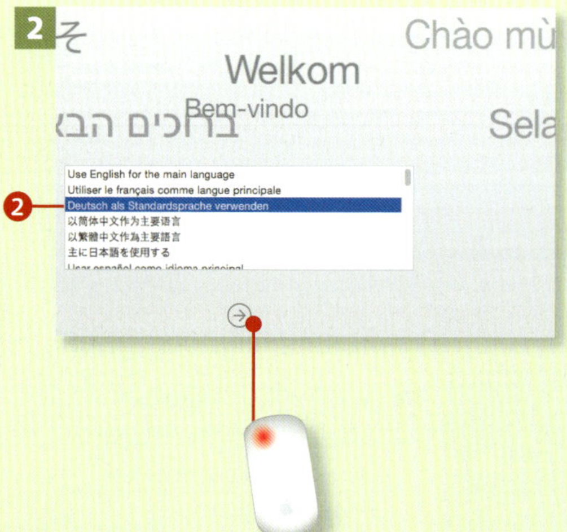


3

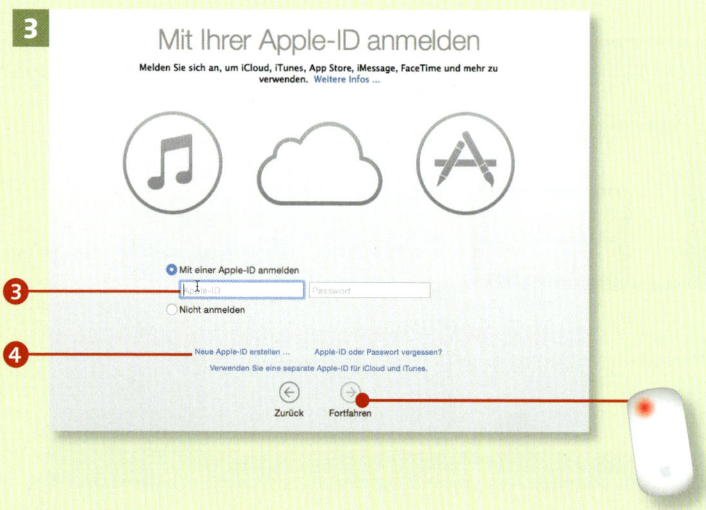


*Der Mac ist so konstruiert, dass er sich einfach in Betrieb nehmen lässt. Nachdem Sie das Gerät angeschlossen haben, hilft Ihnen ein Assistent bei der Einrichtung der wichtigsten Funktionen.*

## Schritt 1

Drücken Sie den Ein- und Ausschalter ❶ Ihres Geräts. Er befindet sich entweder auf der Tastaturfläche [⏻] oder auf der Rückseite, je nachdem, mit welchem Mac-Modell Sie arbeiten.

## Schritt 2

Beim ersten Start Ihres Macs wird der Installationsassistent geöffnet. Er hilft u.a. bei der Einrichtung der Internetverbindung und des Benutzerkontos. Wählen Sie zunächst eine Sprache ❷ aus, und klicken Sie dann auf die Pfeilschaltfläche.

## Schritt 3

Im weiteren Verlauf heißt es auch, den *iCloud*-Zugriff einzurichten. Geben Sie Ihre **Apple-ID** ❸ und Ihr **Passwort** ein. Falls Sie keine Apple-ID besitzen, legen Sie sich über **Neue Apple-ID erstellen** ❹ eine an. Bestätigen Sie den Dialog mit **Fortfahren**.

### Schritt 4

Im Anschluss müssen Sie die Landeseinstellung festlegen. Wählen Sie aus der Übersicht ein Land ❺ aus, und bestätigen Sie mit **Fortfahren**.

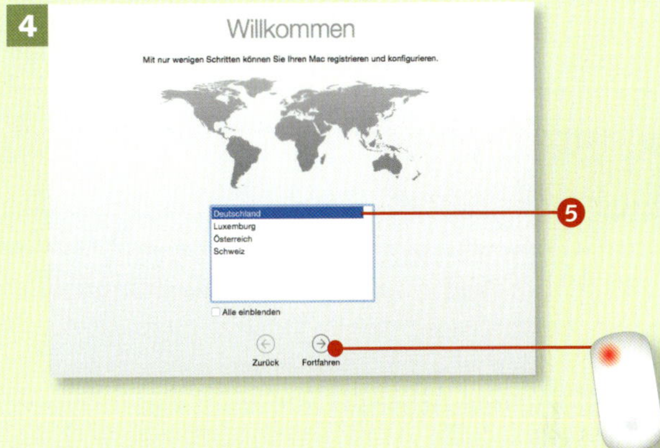


### Schritt 5

In der Regel werden Sie bei einer Neuinstallation keine Daten von einem alten Mac übertragen wollen, wählen Sie daher im Anschluss **Jetzt keine Informationen übertragen** ❻, und bestätigen Sie wiederum mit **Fortfahren**.

### Schritt 6

Im nächsten Fenster geben Sie Ihren Namen in das Feld **Vollständiger Name** ein. Legen Sie einen Kurznamen im Feld **Accountname** ❼ und Ihr **Passwort** fest. Zur Kontrolle geben Sie es daneben noch einmal ein. Dann klicken Sie auf **Fortfahren**, und der Mac wird gestartet.

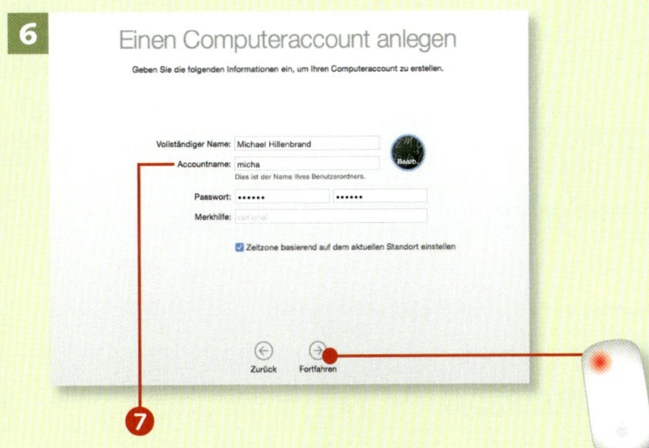


**Ortungsdienste aktivieren**
Während der Installation wird abgefragt, ob Sie die Ortungsdienste aktvieren möchten. Einige Anwendungen können so auf Ihre Standortinformationen zugreifen. Setzen Sie einen Haken bei »Ortungsdienste auf dem Mac aktivieren«. Sie können dies auch später über die Systemeinstellungen und dort unter **Sicherheit ▸ Privatsphäre** tun.

# Den Mac ein- und ausschalten

1

2

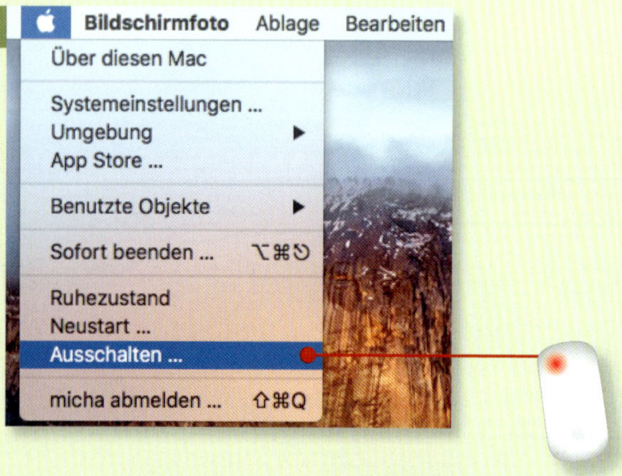


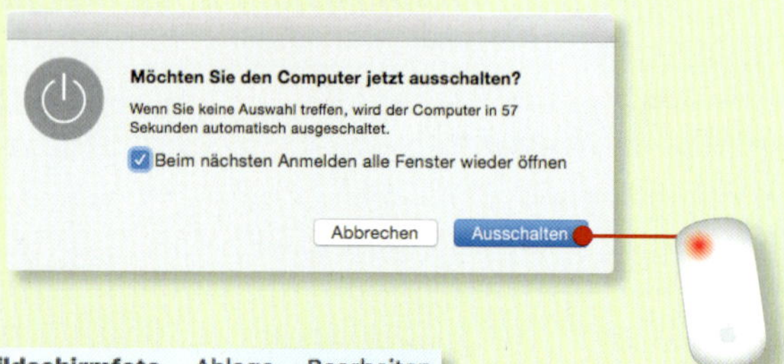


3

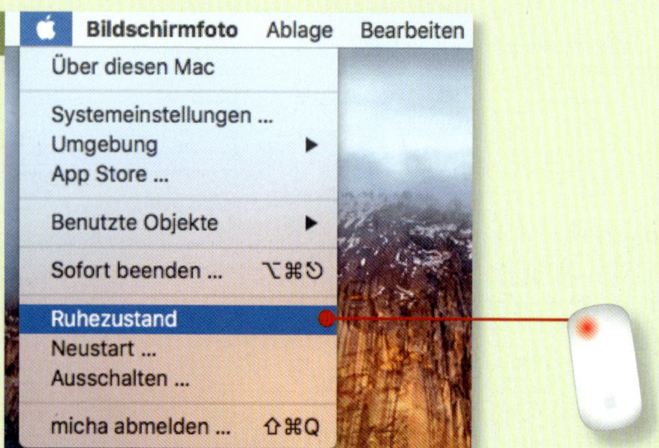


*Nach der Installation kann es mit der Arbeit am Mac losgehen. Sie lernen, wie Sie den Rechner ein- und ausschalten, in den Ruhezustand versetzen oder einen Benutzer abmelden.*

## Schritt 1

Jeder Mac besitzt einen Einschaltknopf ❶, über den Sie das Gerät starten. Je nach Modell ist der Schalter an unterschiedlichen Stellen zu finden. Am Mac mini finden Sie ihn beispielsweise auf der Rückseite.

## Schritt 2

Das Ausschalten erledigen Sie über das Apfel-Menü. Rufen Sie dort den Menüpunkt **Ausschalten** auf. Das nächste Dialogfenster bestätigen Sie mit einem Klick auf **Ausschalten**, daraufhin werden alle Programme beendet, und das System wird heruntergefahren.

## Schritt 3

Sie können das System auch in den Ruhezustand versetzen, wenn Sie in naher Zukunft weiterarbeiten und es daher nicht komplett ausschalten möchten. Rufen Sie dazu den Punkt **Ruhezustand** im Apfel-Menü auf. Sie beenden den Ruhezustand, indem Sie die Leertaste drücken.

## Schritt 4

Falls Ihr Mac einmal »hängt«, können Sie einen Neustart durchführen. Der Menübefehl **Neustart** ❷ im Apfel-Menü beendet alle Programme und startet das Betriebssystem neu. Bestätigen Sie hierfür das Dialogfenster mit einem Klick auf die Schaltfläche **Neu starten**.

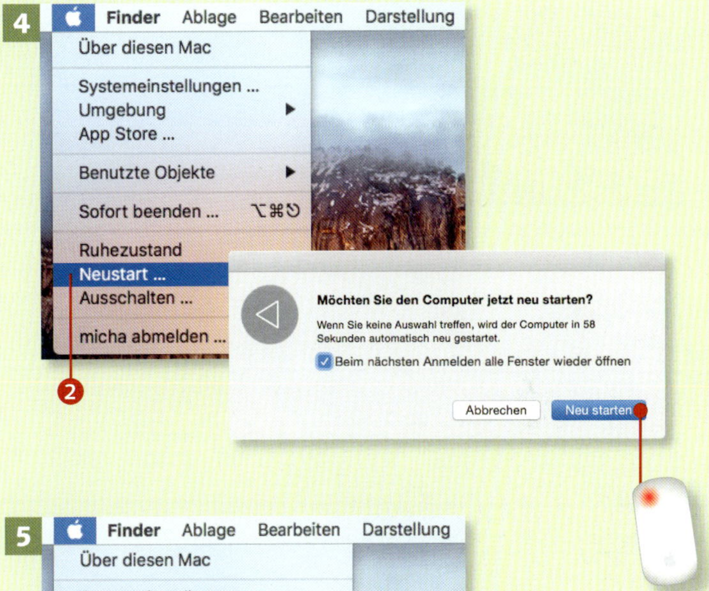


## Schritt 5

Sie können auch Ihren Benutzer lediglich am System abmelden, damit z. B. im Mehrbenutzerbetrieb niemand sonst an Ihre Daten kommt. Rufen Sie dazu das Apfel-Menü und dort den Punkt **[Benutzername] abmelden** auf, oder drücken Sie cmd + ⇧ + Q. Alle Programme werden beendet, und der aktuelle Benutzer wird abgemeldet.

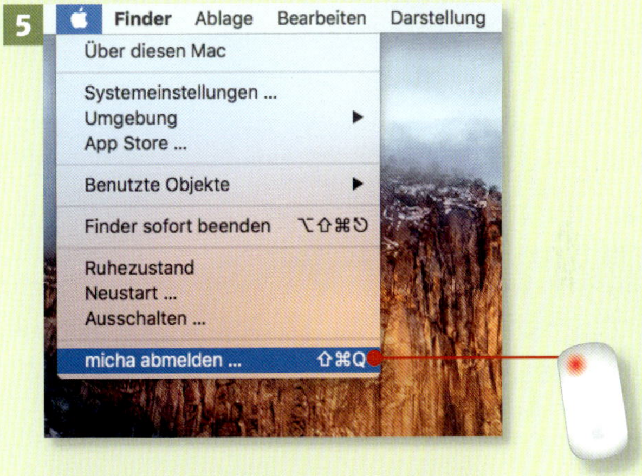


## Schritt 6

Über das Anmeldefenster können Sie sich wieder am System anmelden. Wählen Sie den Benutzer mit einem Klick auf das Bild ❸ aus. Geben Sie dann das Kennwort ein, und drücken Sie die ↵-Taste.

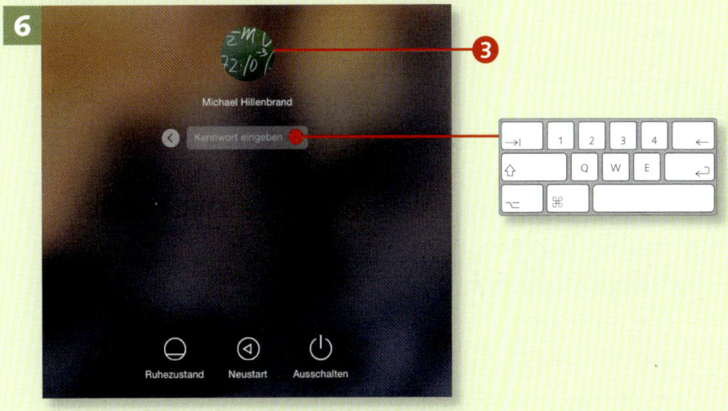

# Die Bedienoberfläche im Überblick

1

2

3

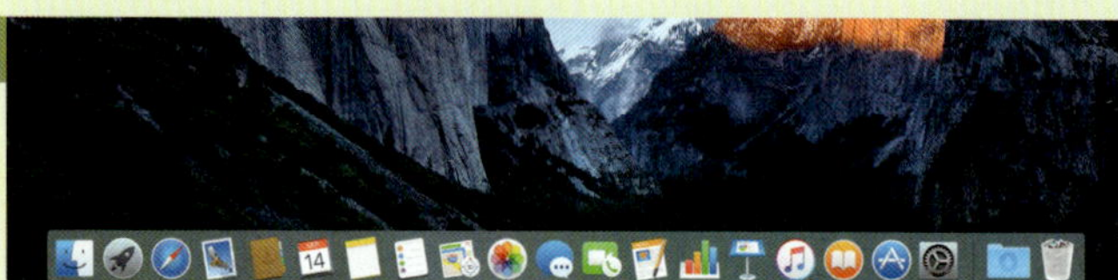

*Der Finder bildet das Kernstück der Benutzerschnittstelle und ist das Zentrum Ihrer Arbeit mit dem Mac.*

## Schritt 1

In der *Menüleiste* oben am Bildschirm finden Sie die wichtigsten Befehle für den Umgang z. B. mit Dateien. Sie umfasst das Apfel-Menü und die Menüs **Finder**, **Ablage**, **Bearbeiten**, **Darstellung**, **Gehe zu**, **Fenster** und **Hilfe**.

## Schritt 2

Ganz rechts in der Menüleiste befinden sich einige kleine Symbole für einzelne Funktionen. Über diese sogenannten *Menulets* steuern Sie per Klick z. B. schnell die WLAN-Funktion ❶ oder fragen die Uhrzeit ab ❷.

## Schritt 3

Am unteren Bildschirmrand finden Sie das *Dock*. Es ist eine Kombination aus Programmstarter und Ablageleiste für Dokumente, Ordner, Finder-Fenster etc. Links finden Programme Platz, rechts werden Dokumente, Ordner und Server-Verknüpfungen abgelegt.

**Menulets organisieren**

Sie können die Menulets organisieren, indem Sie sie mit der Maus anklicken, die Taste `cmd` gedrückt halten und das Menulet an die gewünschte Stelle in der Menüleiste ziehen. Wenn Sie ein Symbol heraus auf den Schreibtisch ziehen, wird es aus der Menüleiste entfernt.

### Schritt 4

Im Dock finden Sie ganz rechts auch den *Papierkorb* ❸. Darin sammelt OS X alle gelöschten Dokumente und Ordner. Sie können diese auch wieder herausholen und weiterverwenden, solange Sie den Papierkorb noch nicht entleert haben (siehe dazu den Abschnitt »Dateien löschen und wiederherstellen« ab Seite 70).

4

### Schritt 5

Auch Ihre Dokumente und Ordner können Sie im Dock ablegen. Klicken Sie einen Ordner, z. B. **Wichtiges**, mit der Maus an, und ziehen Sie ihn mit gedrückter Maustaste in den rechten Bereich des Docks.

5

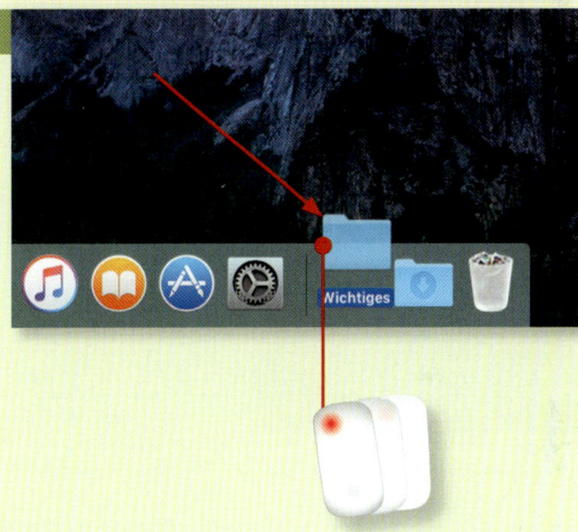


### Schritt 6

Eine weitere Möglichkeit besteht darin, den Ordner, den Sie ins Dock schieben wollen, anzuklicken und ihn auf diese Weise zu markieren. Drücken Sie dazu die ⇧-Taste, und wählen Sie im Menü **Ablage ▸ Zum Dock hinzufügen**.

6

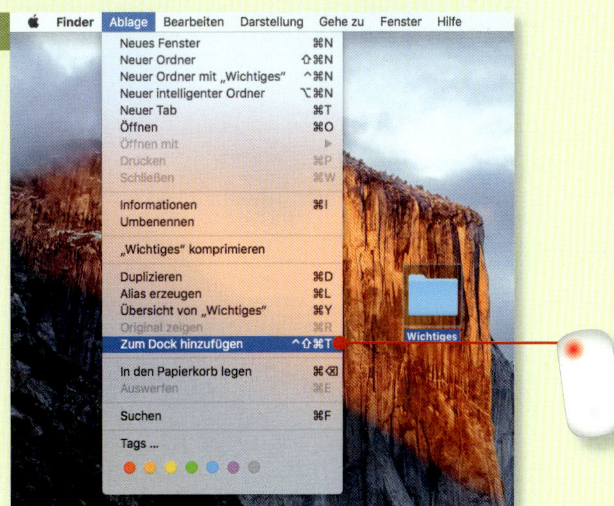

# Die Bedienoberfläche im Überblick (Forts.)

7

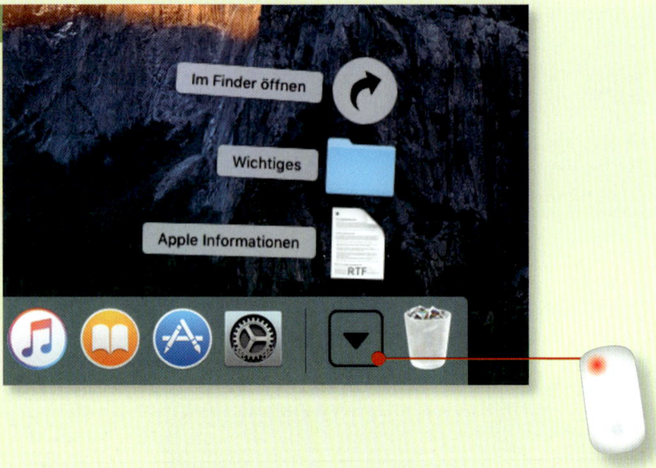


## Schritt 7

Wenn Sie auf das Symbol eines Ordners im Dock klicken, erscheint eine Übersicht – auch *Stapel* genannt – seines Inhalts in einer Vorschau. Sie können hier durch die Ordnerstruktur navigieren.

## Schritt 8

Mit einem Klick auf die Schaltfläche **Im Finder öffnen** zeigen Sie den Originalordner an.

8

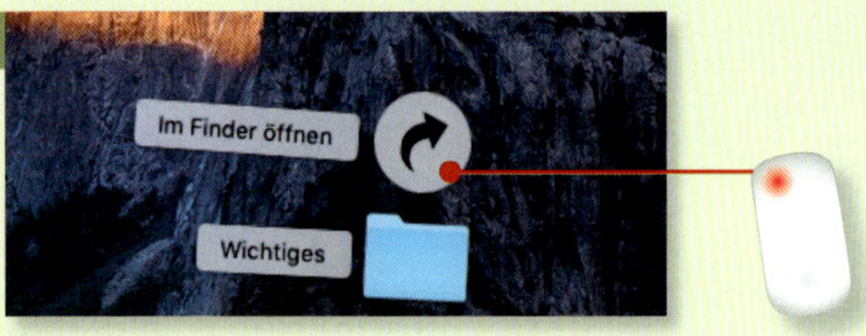


## Schritt 9

Die *Seitenleiste* im Finder-Fenster ist eine weitere Navigationshilfe. Sie ist in unterschiedliche Bereiche unterteilt, u.a. in **Favoriten** ❶ und **Geräte** ❷. Über die Seitenleiste greifen Sie auf Ihren Schreibtisch, Ihren Benutzerordner, installierte Programme, Downloads, Dokumente, Filme, Musik, Bilder etc. zu. Klicken Sie einfach auf einen der Einträge.

9

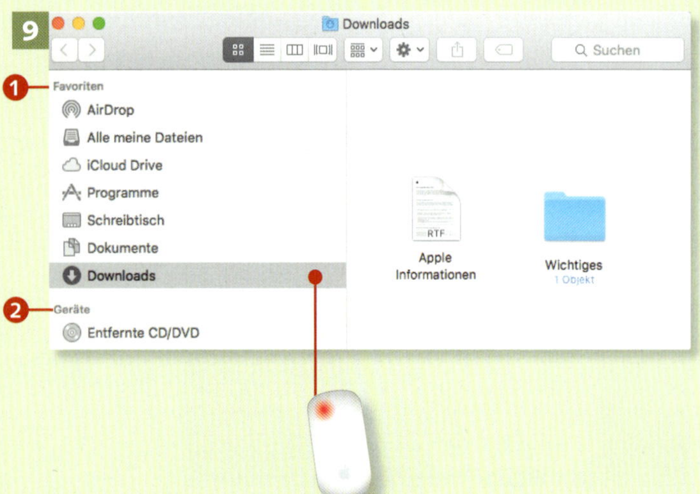

## Schritt 10

Der Seitenleiste fügen Sie einen Ordner hinzu, indem Sie ihn mit der Maus auswählen und dann den Menüeintrag **Ablage ▸ Zur Seitenleiste hinzufügen** aufrufen oder [Ctrl] + [cmd] + [T] drücken.

10

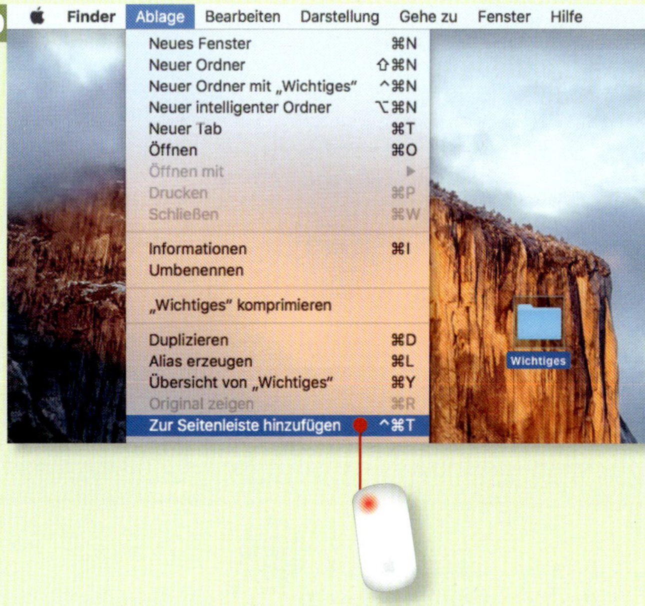


## Schritt 11

Um ein Element wieder aus der Seitenleiste zu entfernen, halten Sie die Maustaste gedrückt und ziehen das Element einfach wieder aus der Leiste heraus.

11

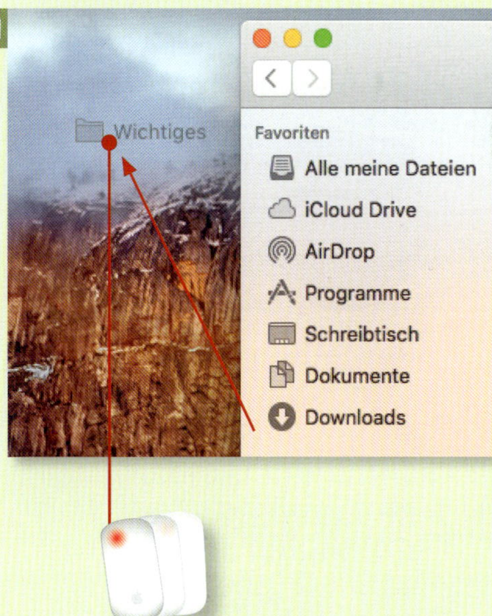


**Notfallhilfe**

Wenn Ihr System defekt ist, halten Sie beim Start des Macs die Taste [alt] gedrückt. Wählen Sie die Rettungspartition **Recovery HD** mit der Maus aus, dann startet der Mac mit einem Hilfsbetriebssystem. Sie können das System direkt wiederherstellen, indem Sie beim Start [cmd] + [R] gedrückt halten.

# Was ist wo am Mac?

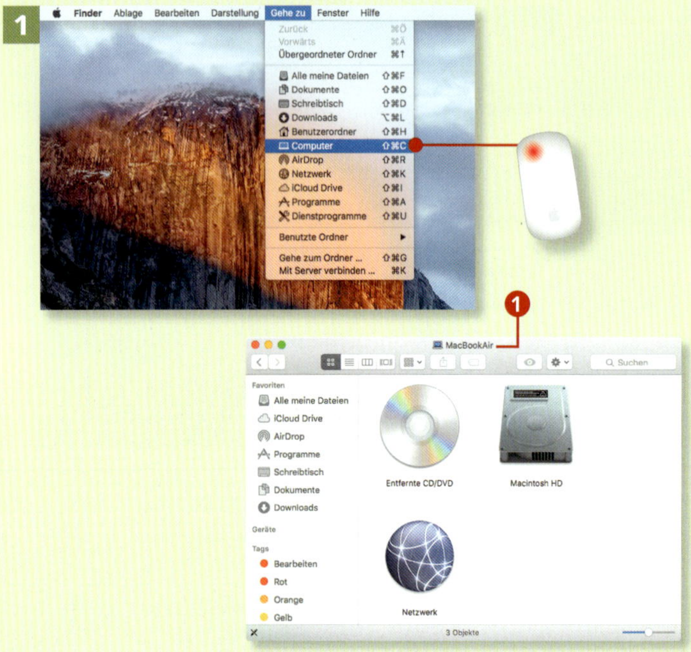


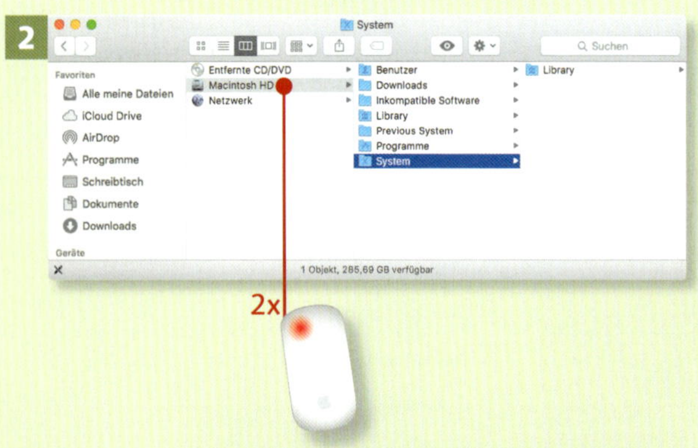

*OS X ist in unterschiedliche Hierarchien aufgeteilt und trennt Benutzerdateien, Dokumente und Programme strikt von Systemdaten.*

## Schritt 1

Die unterste Ebene ist die *Computerebene*. Sie rufen sie über **Gehe zu ▸ Computer** oder mit cmd + ⇧ + C auf. Ganz oben im Finder-Fenster ❶ sehen Sie, welche Ebene bzw. welcher Ordner gerade geöffnet ist.

## Schritt 2

Mit einem Doppelklick auf **Macintosh HD** (die Festplatte) kommen Sie eine Ebene tiefer. Dort finden Sie den Ordner **System**. Er enthält alle für den Betrieb von OS X notwendigen Dateien. An diesem Ordner sollten Sie nichts ändern.

## Schritt 3

Das *Programmverzeichnis* ❷ enthält alle auf Ihrem Rechner installierten Programme. Sie gelangen über den entsprechenden Eintrag in der Seitenleiste, über den Hauptmenüpunkt **Gehe zu ▸ Programme** oder mit der Tastenkombination cmd + ⇧ + A dorthin.

## Schritt 4

*Dienstprogramme* sind Werkzeuge zur Verwaltung des Systems. Sie finden sie im Verzeichnis **Dienstprogramme** ❸, das Sie über das Hauptmenü **Gehe zu ▸ Dienstprogramme** öffnen. Alternativ können Sie auch die Tastenkombination [cmd] + [⇧] + [U] verwenden.

4

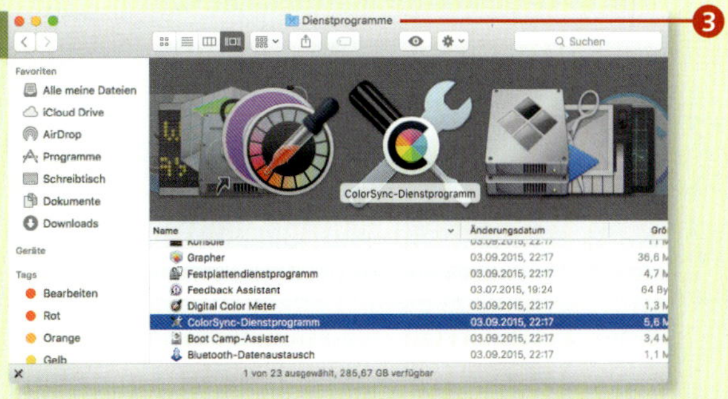


## Schritt 5

Alle Ihre Daten, z. B. Dokumente, Bilder oder Musik, liegen im geschützten Benutzerordner, der Ihren Benutzernamen ❹ trägt. Dorthin springen Sie direkt mit dem Menübefehl **Gehe zu ▸ Benutzerordner** oder der Tastenkombination [cmd] + [⇧] + [H].

5

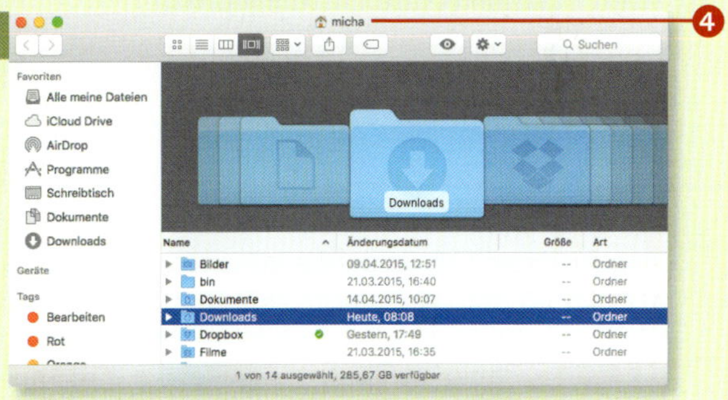


## Schritt 6

Ihr Benutzerordner enthält weitere Ordner. Beispielsweise werden Textdateien standardmäßig im Ordner **Dokumente** ❺ abgelegt. Der Ordnung halber sollten Sie dort auch selbst erstellte Dokumente speichern. Um dieses Verzeichnis zu öffnen, wählen Sie **Gehe zu ▸ Dokumente**, oder drücken Sie [cmd] + [⇧] + [O].

6

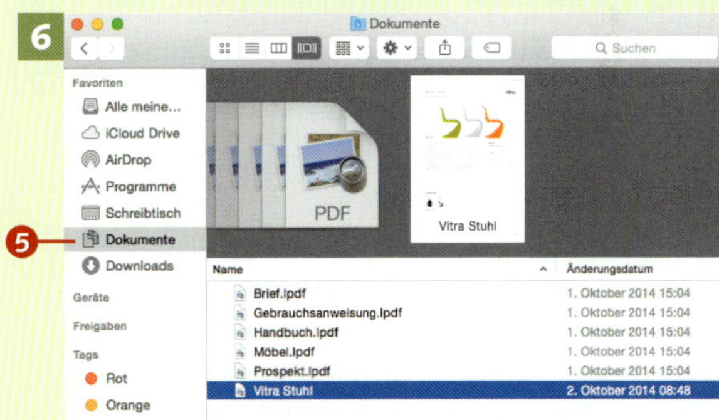


**Eigene Ordner anlegen**

Sie können auf der Ebene des Benutzerordners eigene Ordner anlegen und sich so eine individuelle Organisationsstruktur aufbauen. Wählen Sie dazu **Ablage ▸ Neuer Ordner**, oder drücken Sie [cmd] + [⇧] + [N].

# Was ist wo am Mac? (Forts.)

7

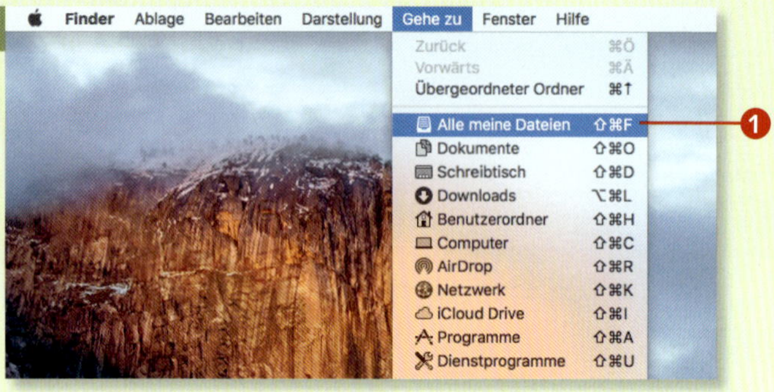


## Schritt 7

Einen schnellen Überblick mit einer Vorschau auf alle von Ihnen angelegten Dateien erhalten Sie unter **Gehe zu ▸ Alle meine Dateien** ❶ oder mit cmd + ⇧ + F. Sie können auch den Eintrag in der Seitenleiste anklicken. Erstellen Sie ein neues Dokument, wird es automatisch diesem Bereich hinzugefügt.

8

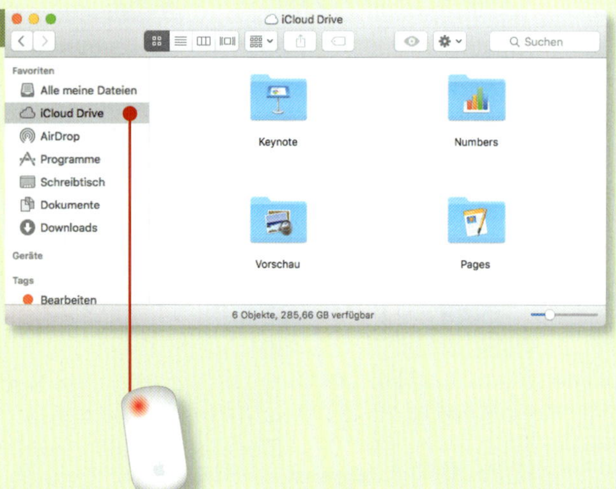


## Schritt 8

Speicherplatz in der *Cloud* bietet *iCloud Drive*. Damit können Sie Dateien und Dokumente im Internet speichern und mit anderen Geräten, wie z. B. dem iPhone, darauf zugreifen. Sie rufen den Ordner über **Gehe zu ▸ iCloud Drive** oder mit cmd + ⇧ + I auf, oder klicken Sie den Eintrag in der Seitenleiste an.

9

## Schritt 9

In das Verzeichnis **Bilder** ❷ legt u. a. das Programm *Fotos* seine Bilder-Bibliothek ab (siehe dazu Kapitel 9, »Fotos sortieren und bearbeiten«, ab Seite 220). Sie können dort aber auch nach Belieben eigene Fotos ablegen.

## Schritt 10

Der Ordner **Filme** ❸ enthält Video- und Projektdateien von iMovie. Aber auch hier können Sie eigene Filme ablegen und so Ordnung in Ihre Dateien bringen.

10

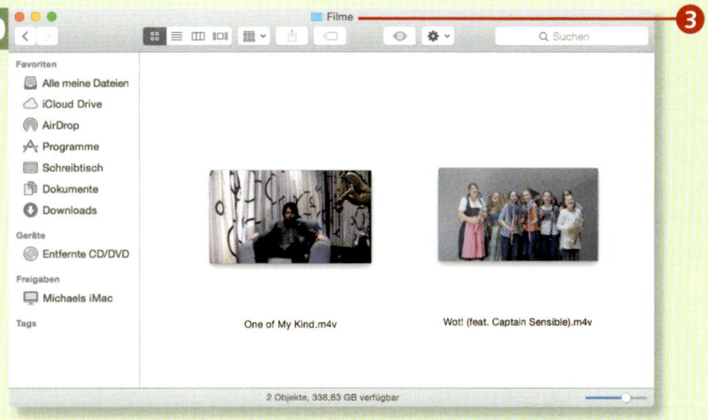


## Schritt 11

Im Ordner **Musik** ❹ finden Sie u.a. Ihre von *iTunes* verwaltete Musik (siehe Kapitel 10, »Musik verwalten und genießen«, ab Seite 250). Sie liegt dort im gleichnamigen Ordner **iTunes** ❺. Analog zu den anderen Ordnern auf dieser Ebene können Sie natürlich auch hier eigene Dateien ablegen.

11

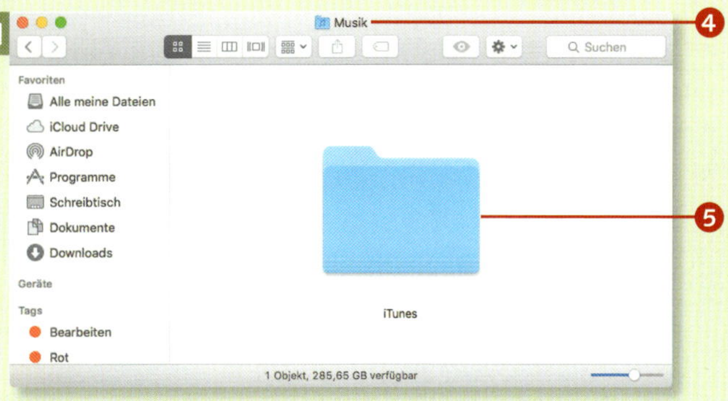


## Schritt 12

Wenn Sie mit *Safari* etwas aus dem Internet herunterladen (siehe den Abschnitt »Websites mit Safari aufrufen« ab Seite 140), werden diese Dateien im Ordner **Downloads** in Ihrem Benutzerordner gespeichert. Sie öffnen ihn im Hauptmenü über **Gehe zu ▸ Downloads**. Alternativ können Sie die Tastenkombination `cmd` + `alt` + `L` verwenden.

12

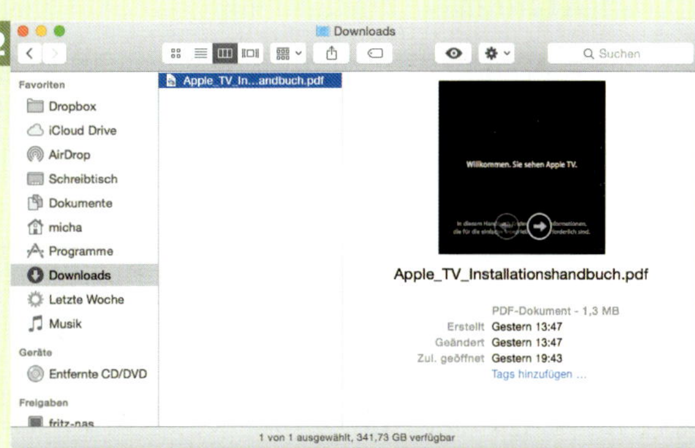

# So passen Sie Ihren Mac-Schreibtisch an

1

2
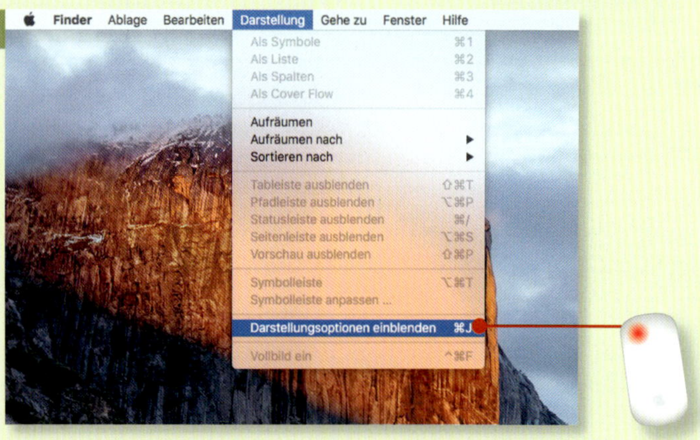


3
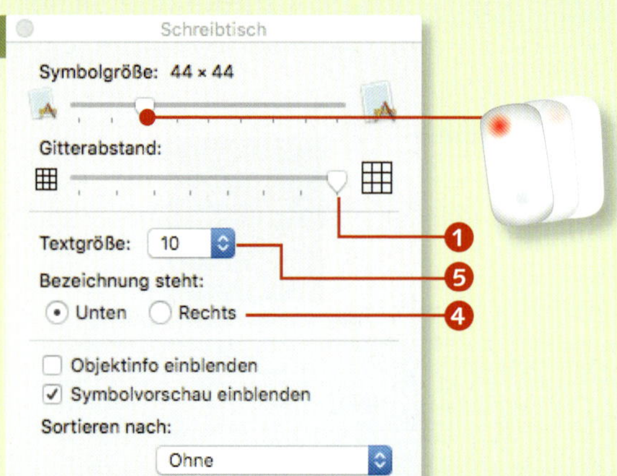


*Der Schreibtisch ist der Dreh- und Angelpunkt von OS X El Capitan. Lernen Sie, wie Sie das Aussehen des Schreibtisches anpassen, indem Sie ihn mit Bildern und Mustern versehen.*

## Schritt 1

Der *Schreibtisch* ist die zentrale Stelle für Ihre tägliche Arbeit. Hier können Sie Ihre Dateien und Ordner organisieren und sie nach Belieben anordnen.

## Schritt 2

Um die Darstellung auf dem Schreibtisch zu ändern, wählen Sie **Darstellung ▸ Darstellungsoptionen einblenden** oder drücken [cmd] + [J].

## Schritt 3

Im Dialogfenster stellen Sie mit Hilfe des Schiebereglers **Symbolgröße** die Größe der Dokument- und Ordnersymbole ein. Den Abstand zwischen den Objekten passen Sie über den Schieberegler **Gitterabstand** ❶ an.

## Schritt 4

Als Hintergrund für den Schreibtisch können Muster oder auch eigene Bilder dienen. Rufen Sie dazu über das Apfel-Menü den Punkt **Systemeinstellungen** auf, und wählen Sie anschließend die Option **Schreibtisch & Bildschirmschoner**.

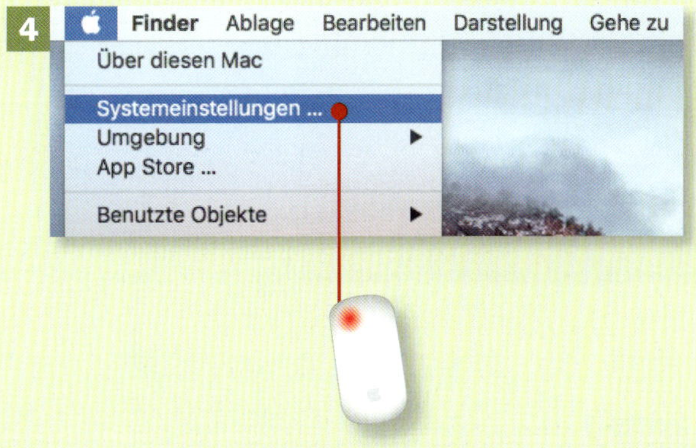


## Schritt 5

Im zugehörigen Dialog wählen Sie mit einem Mausklick ein Hintergrundbild aus. Über das Vorschaufenster ❷ prüfen Sie die Darstellung.

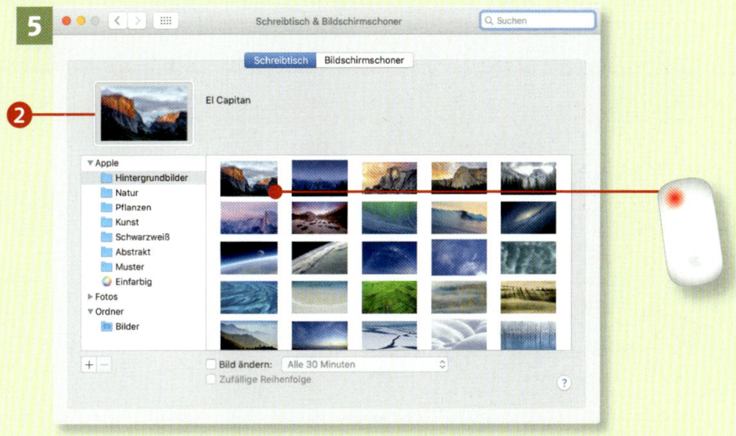


## Schritt 6

Sie können das Hintergrundbild auch in regelmäßigen Intervallen wechseln lassen. Markieren Sie dazu das Kontrollkästchen **Bild ändern** ❸, und wählen Sie aus der Liste rechts daneben ein Intervall aus, z. B. **Alle 5 Minuten**.

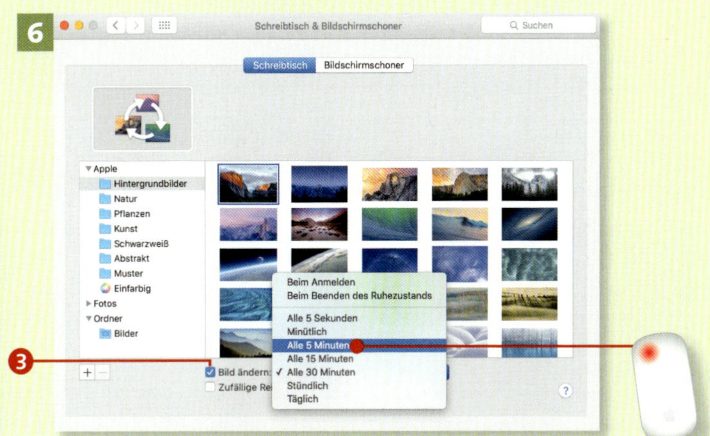


**Beschriftung anpassen**

Sie können auch bestimmen, ob der Ordnername unter oder neben dem Ordner steht ❹ und wie groß die Schrift des Ordnernamens sein soll. Meist wähle ich für eine bessere Lesbarkeit **12** Pt ❺.

# Navigieren durch OS X

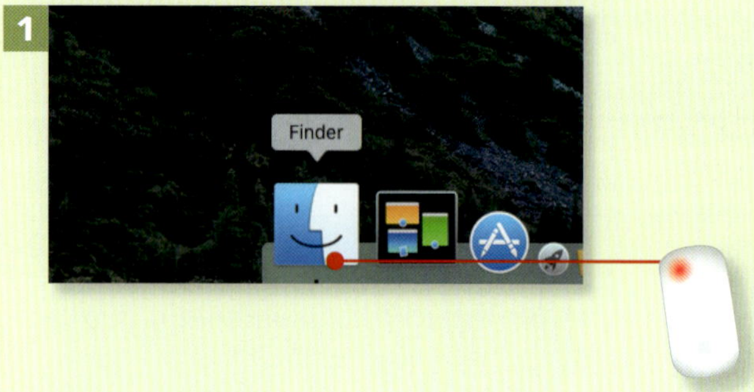


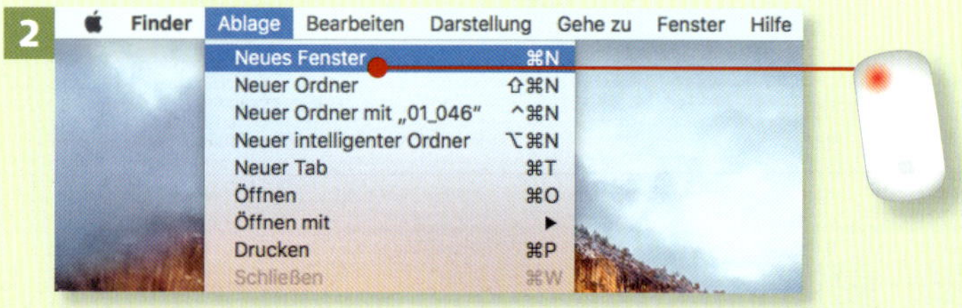


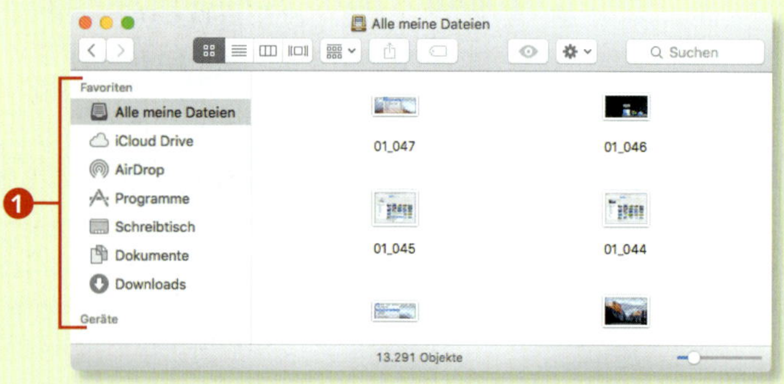


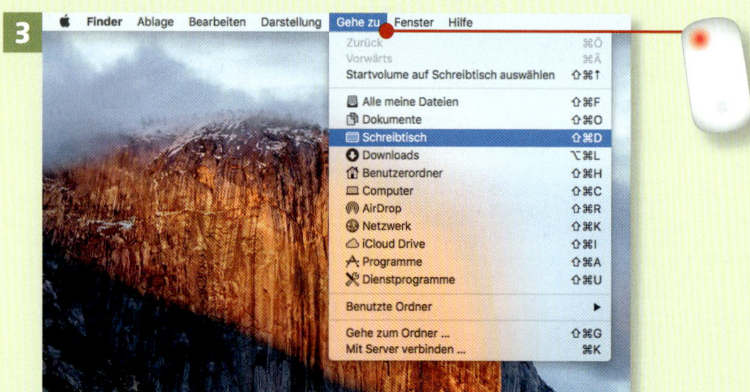


*Damit Sie schnell an den Speicherort von Programmen und Dateien gelangen, bietet OS X unterschiedliche Wege durch die Finder-Fenster.*

## Schritt 1

Zum Finder wechseln Sie, indem Sie auf das Symbol **Finder** im Dock klicken. Der Finder verhält sich wie jedes andere Programm – nur dass er nicht erst gestartet werden muss.

## Schritt 2

Über das Finder-Fenster navigieren Sie durch die Systemhierarchie. Sie öffnen ein neues Fenster, indem Sie den Menübefehl **Ablage ▸ Neues Fenster** aufrufen oder cmd + N drücken. Über die Seitenleiste 1 navigieren Sie zwischen verschiedenen Speicherorten und lassen sich die enthaltenen Dokumente in der Ansicht rechts anzeigen.

## Schritt 3

Zu den zentralen Verzeichnissen gelangen Sie über den Hauptmenüpunkt **Gehe zu**. Hier springen Sie direkt zum **Benutzerordner**, zum **Schreibtisch** oder zu den Ordnern **Programme** und **Dokumente**.

## Schritt 4

Mit **Gehe zu ▸ Gehe zum Ordner** rufen Sie einen Ordner direkt auf. Geben Sie im Dialogfenster den passenden Pfad ein, z. B. »/Programme« für den Ordner **Programme**, und klicken Sie dann auf **Öffnen**.

4

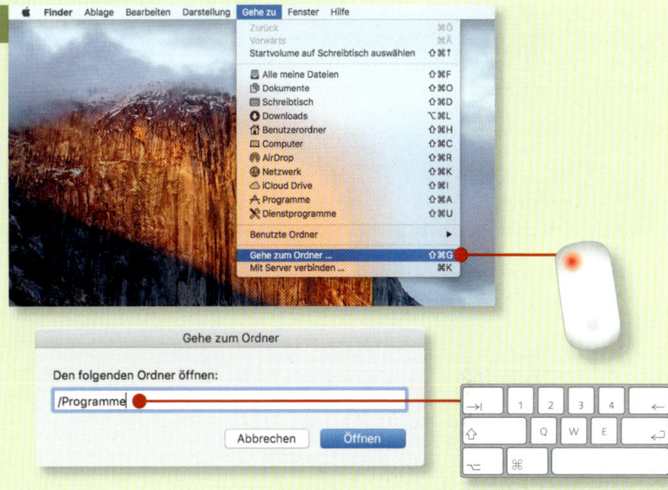


## Schritt 5

Jedes Finder-Fenster hat eine Seitenleiste. Darüber können Sie direkt die wichtigsten Speicherorte von OS X ansteuern. Ein Klick auf den Eintrag **Programme** bewirkt z. B., dass Ihnen rechts im Finder-Fenster alle Dateien angezeigt werden, die im Ordner **Programme** liegen.

5

## Schritt 6

Die Symbolleiste ist Bestandteil jedes Finder-Fensters und zeigt an, auf welcher Navigationsebene Sie sich im System befinden. Mit einem Rechtsklick auf das Ordnersymbol lassen Sie sich die gesamte Verzeichnishierarchie anzeigen.

6

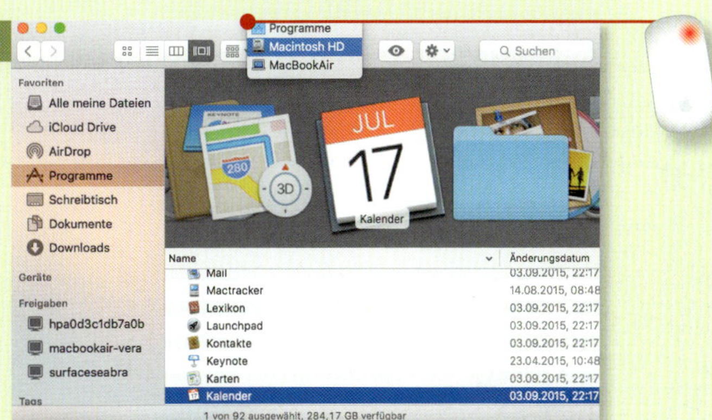


**Rechtsklick mit Trackpad**

Einen Rechtsklick führen Sie auf dem Trackpad standardmäßig per Tippen mit zwei Fingern aus. Wie Sie diese Einstellung ändern, lesen Sie im Abschnitt »Das Magic Trackpad einsetzen« auf Seite 296.

# Mit dem Finder auf Dateien zugreifen

1

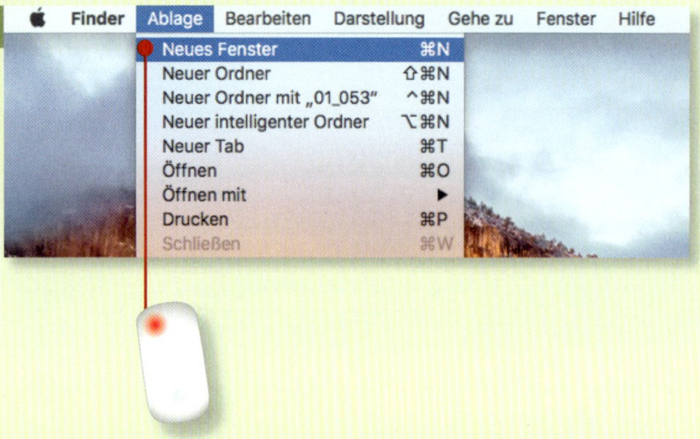


2

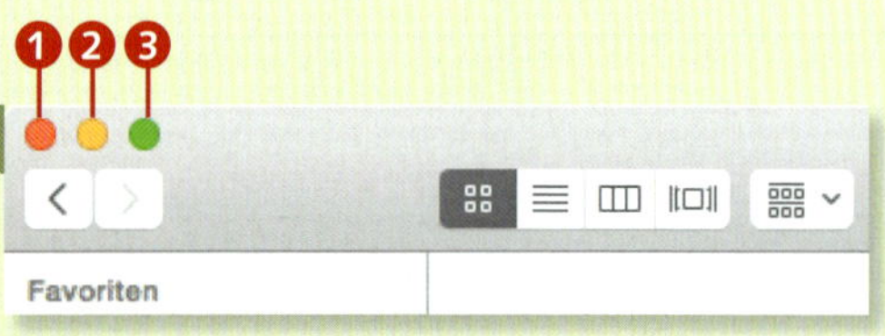


3

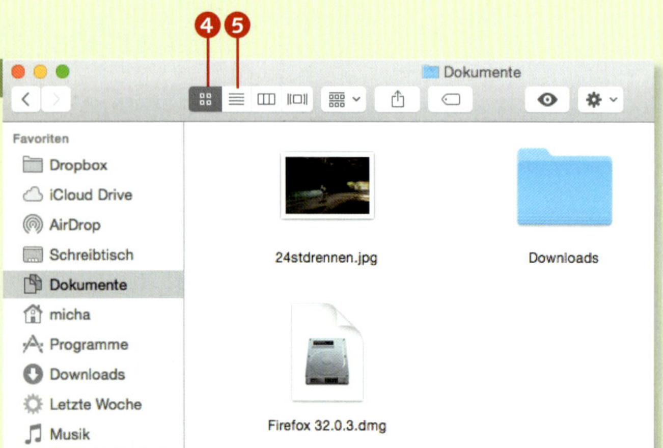


*Der Finder zeigt Ihnen die Wege zu Ihren Dateien, Ordnern und Programmen und bietet Zugriff auf zentrale Funktionen.*

## Schritt 1

Die Finder-Fenster sind die zentralen Zugänge zu Dateien und Verzeichnissen in OS X. Um ein neues Fenster zu öffnen, verwenden Sie den Menübefehl **Ablage ▸ Neues Fenster** oder das Tastenkürzel [cmd] + [N].

## Schritt 2

Jedes Finder-Fenster umfasst zentrale Bedien- und Navigationselemente. Ein Klick auf die rote Schaltfläche ❶ oder das Drücken von [cmd] + [W] schließt das Fenster, mit dem gelben Symbol ❷ oder [cmd] + [M] legen Sie es im Dock ab, und die grüne Schaltfläche ❸ maximiert das Fenster in den Vollbildmodus.

## Schritt 3

In der *Symbolleiste* lässt sich die Fensteransicht verändern. Zur Wahl stehen die Standardoptionen **Symbole** ❹ und **Liste** ❺. Die entsprechenden Tastenbefehle sind [cmd] + [1] und [cmd] + [2].

### Schritt 4

Alternativ können Sie die Ansichten **Spalte** ❻ und **Cover Flow** ❼ wählen. Über die Tastatur blenden Sie diese mit den Kurzbefehlen [cmd] + [3] und [cmd] + [4] ein.

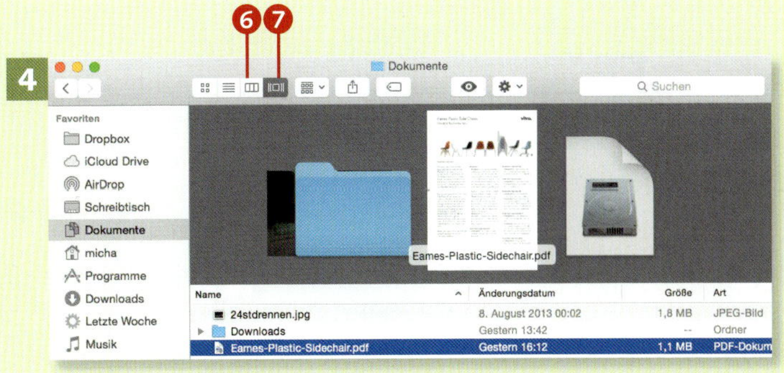


### Schritt 5

Mit der Schaltfläche **Zurück** gelangen Sie einen Navigationsschritt zurück – mit **Vorwärts** ❽ einen Schritt nach vorn. Die **Vorwärts**-Schaltfläche ist allerdings nur aktiv, wenn Sie vorher einen Schritt zurück gemacht haben. Bei gedrückter Maustaste auf einer der beiden Schaltflächen klappt ein Menü aus, das die zuvor besuchten Ordner auflistet.

### Schritt 6

Sie passen die Größe des Fensters an, indem Sie mit gedrückter Maustaste an den Ecken ziehen. Bewegen Sie die Maus vom Fenster weg, wird es vergrößert. Schieben Sie sie zum Fenster hin, verkleinert es sich.

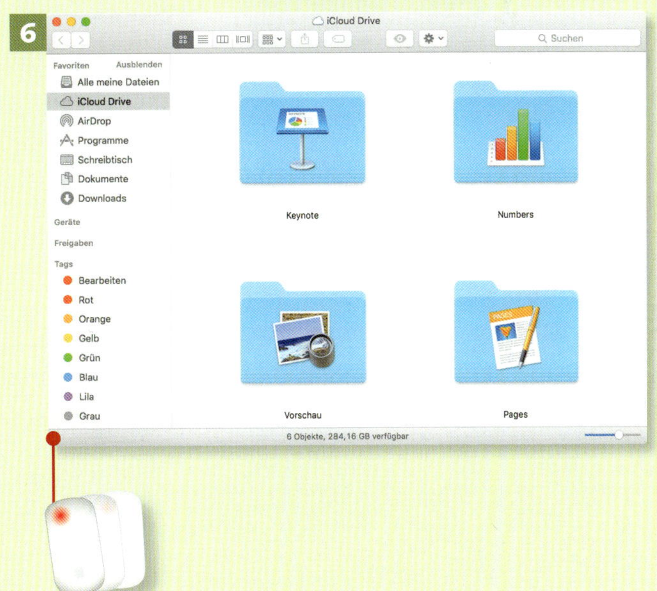

# Mit dem Finder auf Dateien zugreifen (Forts.)

7

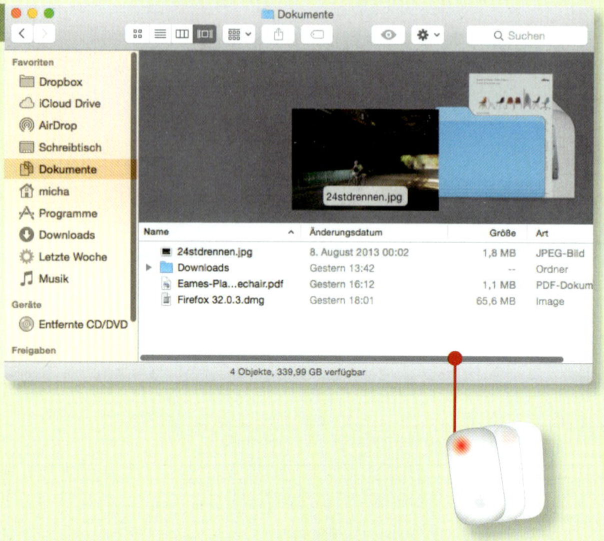


8

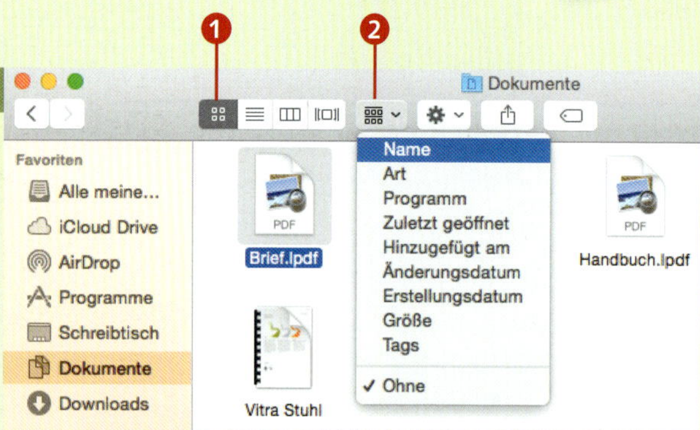


9

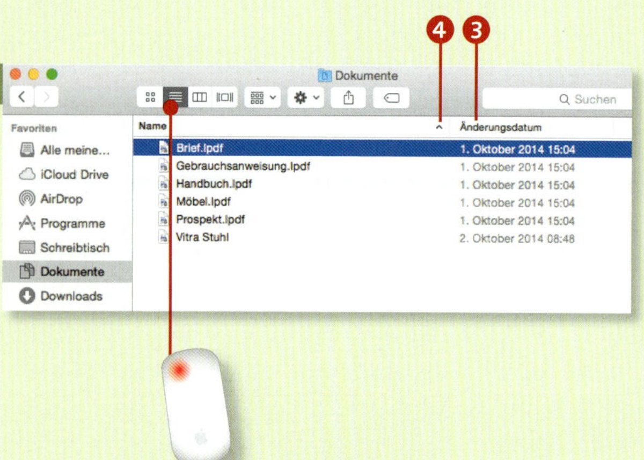


## Schritt 7

Passt der Inhalt nicht ins Fenster, werden vertikale bzw. horizontale Scrollbalken angezeigt. Verschieben Sie den Balken mit gedrückter Maustaste, um sich den gesamten Inhalt des Fensters anzusehen.

## Schritt 8

Mit **Symbole** ❶ sehen Sie Dateien oder Ordner als Bildchen. Über die **Sortieren**-Schaltfläche ❷ nehmen Sie Einfluss auf die Ordnung im Finder-Fenster. Klicken Sie darauf, und wählen Sie das Sortierkriterium im zugehörigen Aufklappmenü. Lassen Sie die Elemente z. B. nach **Name**, **Art** oder **Größe** sortieren.

## Schritt 9

Mit **Liste** wird der Fensterinhalt übersichtlich sortiert. Sie können diese Ansicht über die Schaltfläche in der Symbolleiste, aber auch über den Menübefehl **Darstellung ▸ Als Liste** oder mit cmd + 2 aufrufen.

### Weitere Informationen

Informationen zu den Elementen werden in Spalten angezeigt. Mit Klick auf den Spaltenkopf ❸ sortieren Sie die Liste der Elemente um. Ein kleines Dreieck ❹ zeigt die Sortierrichtung an.

### Schritt 10

Die Seitenleiste ermöglicht es Ihnen, die wichtigsten Verzeichnisse und Ordner von OS X direkt anzusteuern. Ein Klick auf einen Eintrag öffnet anschließend den Inhalt im Finder-Fenster rechts.

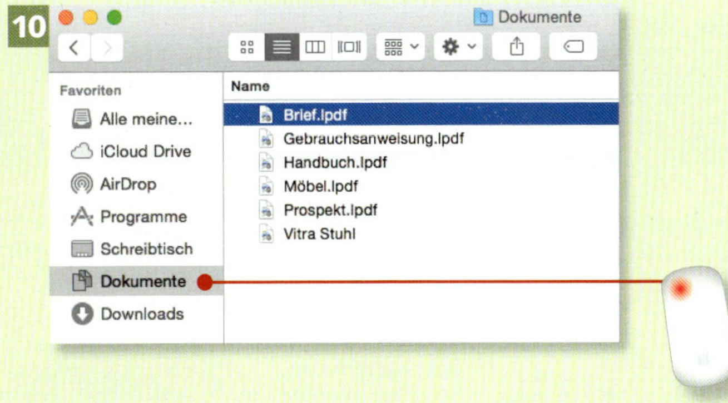


### Schritt 11

Lassen Sie sich eine Vorschau auf eine Datei anzeigen, indem Sie diese anklicken und die Leertaste drücken. So bekommen Sie einen Überblick über ihren Inhalt, ohne sie öffnen zu müssen.

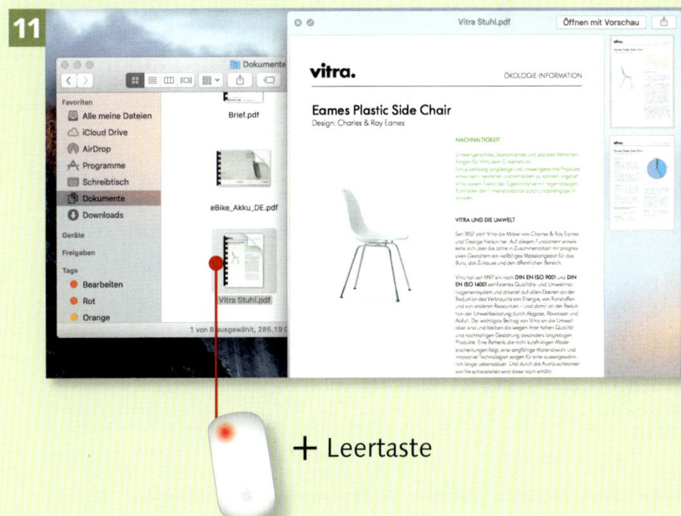


### Schritt 12

Das Aufklappmenü, das Sie mit einem Klick auf die Zahnrad-Schaltfläche öffnen, bietet direkten Zugriff auf wichtige Befehle. Darüber können Sie u.a. einen neuen Ordner anlegen oder Dateiinformationen und Darstellungsoptionen aufrufen.

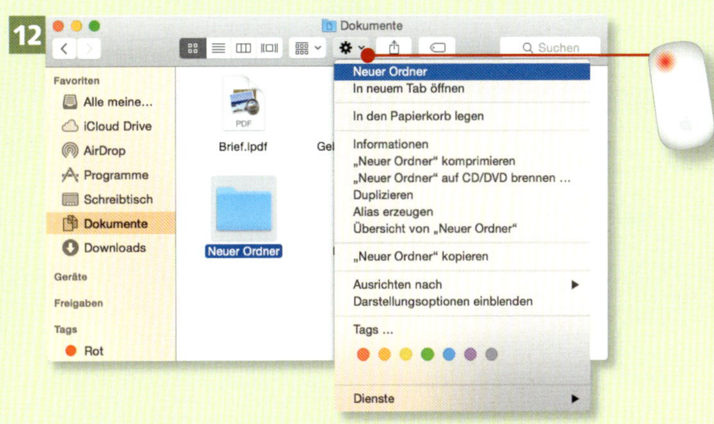


**Das Erscheinungsbild ändern**

Im Apfel-Menü können Sie über **Systemeinstellungen ▸ Allgemein ▸ Erscheinungsbild** u.a. die Farben ändern, die OS X für Steuerelemente, Menüs und Fenster oder für die Textauswahl verwendet.

# Suchen mit Spotlight

*Mit der integrierten Suchfunktion Spotlight suchen Sie schnell und effektiv nach Dateien und Informationen.*

1
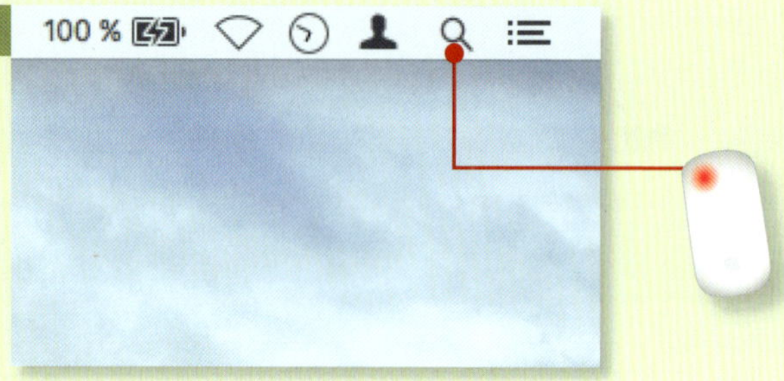


cmd ⌘ + Leertaste

2
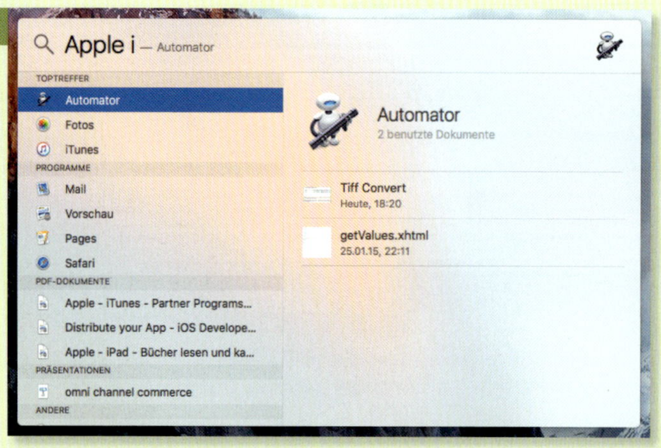


3
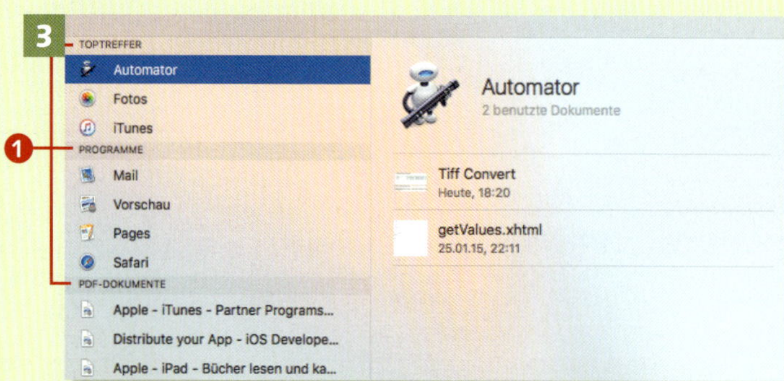


## Schritt 1

Die Spotlight-Suche befindet sich oben rechts in der Menüleiste. Sie ist mit einem Lupensymbol gekennzeichnet. Mit einem Klick auf diese Lupe öffnet sich das Suchfeld. Noch schneller greifen Sie auf Spotlight zu, indem Sie die Tastenkombination cmd + Leertaste drücken. Das Suchfeld öffnet sich auch dadurch.

## Schritt 2

Geben Sie einen Suchbegriff ein. Spotlight beginnt sofort mit der Suche und zeigt die gefundenen Ergebnisse in einer Aufklappliste an. Je mehr Zeichen Sie eintippen, desto genauer wird natürlich das Suchergebnis.

## Schritt 3

Die Ergebnisliste ist in Bereiche 1 unterteilt, z. B. **Top Treffer**, **Programme** oder **PDF-Dokumente.** In der Ergebnisliste werden nur die Dateien und Bereiche angezeigt, die am besten zur Suchanfrage passen.

## Schritt 4

Sie können direkt ein Ergebnis über die Liste auswählen. Klicken Sie dazu auf den Treffer. Ein Auszug aus dem Dokument bzw. eine Übersicht über den Ordnerinhalt wird rechts angezeigt. Mit einem Doppelklick öffnen Sie das gewünschte Element.

## Schritt 5

Spotlight durchsucht ja nicht nur Dokumente, sondern auch Programme. Sie könnten so Spotlight auch als schnellen Programmstarter verwenden. Geben Sie den Buchstaben »S« ein, um den Browser Safari als Suchtreffer zu bekommen. Starten Sie das Programm direkt mit einem Doppelklick auf das Suchergebnis.

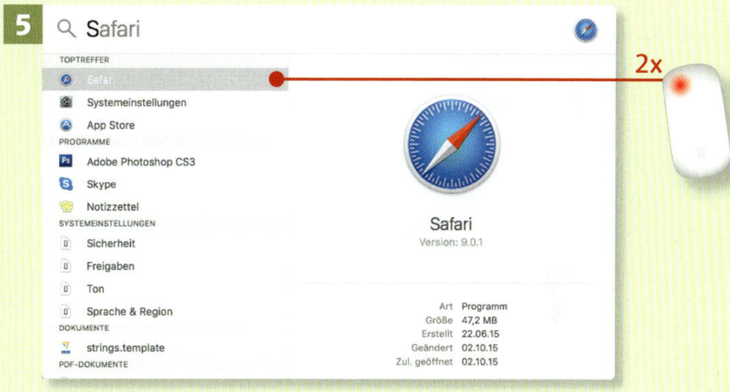


## Schritt 6

Sie können auch direkt in Spotlight das Wetter prüfen. Geben Sie dazu einfach »Wetter« und den Ort ein, für den Sie gerne die aktuelle Wettervorhersage haben möchten.

**Suche im Finder-Fenster**

Neben der globalen Spotlight-Suche bietet auch jedes Finder-Fenster rechts oben ein Suchfeld. Tippen Sie hier einfach den Begriff ein, den Sie suchen. Dann wird wahlweise entweder der komplette Rechner oder das ausgewählte Fenster durchsucht.

# Auf der Suche mit Spotlight (Forts.)

7

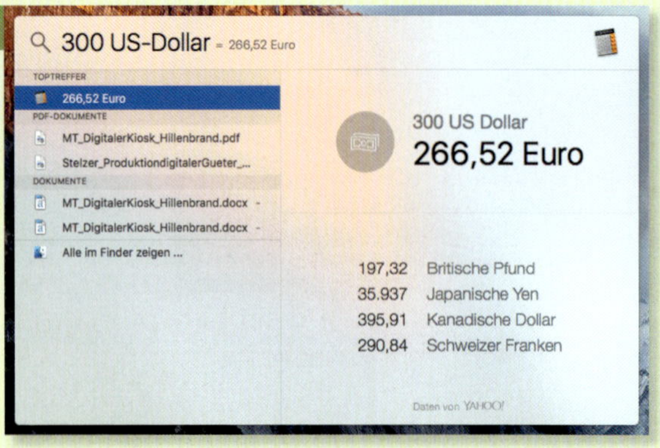


## Schritt 7

Schnelle Währungsumrechnungen können Sie auch direkt über Spotlight erledigen. Geben Sie einfach in das Suchfeld einen Betrag und die Währung ein. Spotlight schlägt dann automatisch den Umrechnungskurs in Euro und anderen wichtigen Währungen vor.

8

## Schritt 8

Das erweiterte Suchfenster öffnet sich. Es bietet die gleichen Funktionen wie ein intelligenter Ordner (siehe Abschnitt »Intelligente Ordner nutzen« ab Seite 80).

9

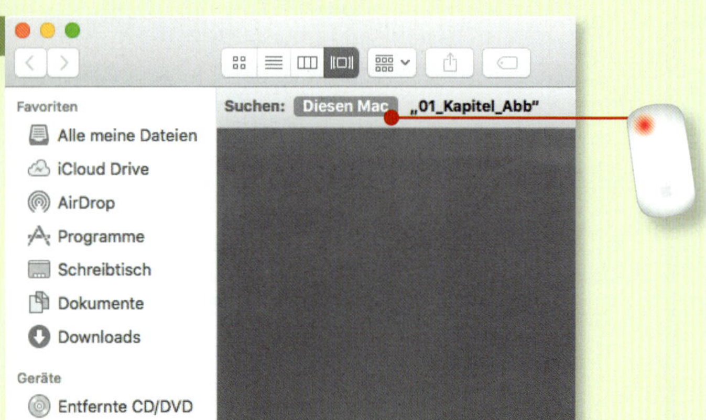


## Schritt 9

Standardmäßig wird der komplette Rechner durchsucht. Wenn nur Ihr Benutzerordner durchsucht werden soll, klicken Sie in der Leiste **Durchsuchen** auf **»Schreibtisch«**. Wechseln Sie nun mit Klick auf **Diesen Mac** wieder zur Gesamtübersicht.

**Tags**

Mit *Tags* heben Sie Ihre Dateien und Ordner farblich hervor und trennen sie optisch voneinander. Klicken Sie mit der rechten Maustaste auf eine Datei oder einen Ordner. Aus dem Kontextmenü wählen Sie dann unter **Tags** eine Farbe. Sie entfernen ein Tag per Klick auf das Kreuzsymbol.

## Schritt 10

Klicken Sie für weitere Einschränkungen auf das Plus. Im ersten Aufklappmenü können Sie als Suchkriterium z. B. den Zeitpunkt angeben, an dem Sie die Datei zum letzten Mal bearbeitet haben. Wählen Sie dazu **Letztes Öffnungsdatum**.

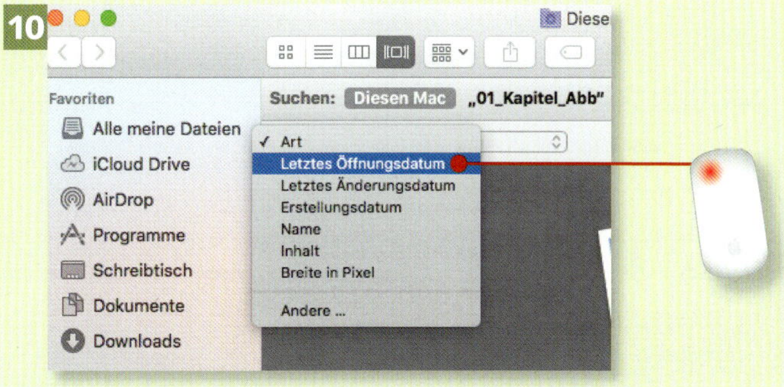


## Schritt 11

Aus dem zweiten Aufklappmenü wählen Sie die Option **Innerhalb der letzten** aus, wenn Sie sich nicht sicher sind, wann Sie die Datei das letzte Mal bearbeitet haben.

## Schritt 12

Klicken Sie in das Eingabefeld, und tragen Sie den Wert »2« ein. Aus dem nächsten Aufklappmenü wählen Sie **Wochen**. So beschränken Sie die Suche auf einen Zeitraum von zwei Wochen. Klicken Sie auf **Sichern**, um die Suche zu speichern. So können Sie auch später darauf zurückgreifen. Vergeben Sie einen Namen für die Suche, und lassen Sie den Speicherort auf **Gesicherte Suchabfragen** ❶ stehen. Ist die Option **Zur Seitenleiste hinzufügen** ❷ aktiviert, erscheint die Suche direkt in der Seitenleiste des Finders. Klicken Sie erneut auf **Sichern**.

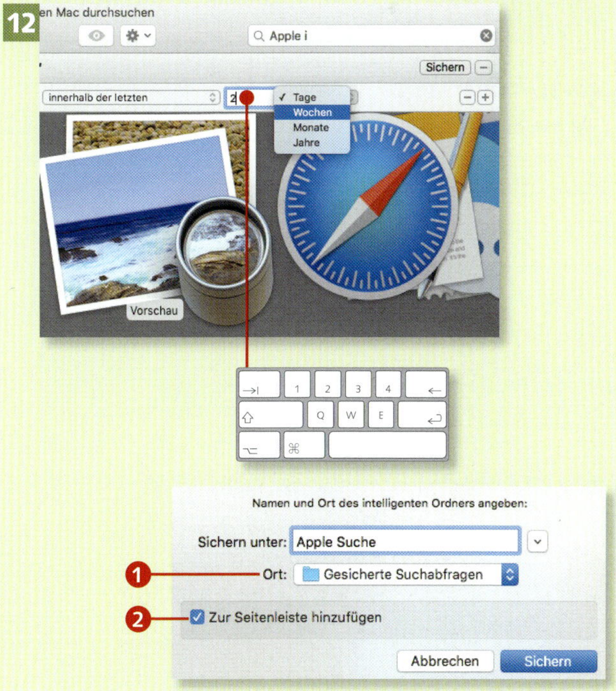

# Das Finder-Fenster anpassen

1

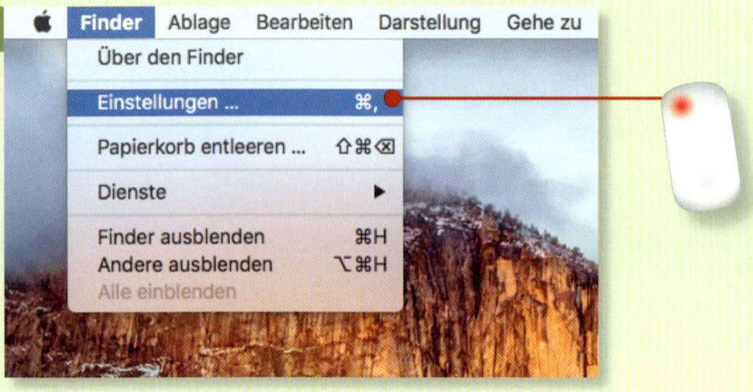


2

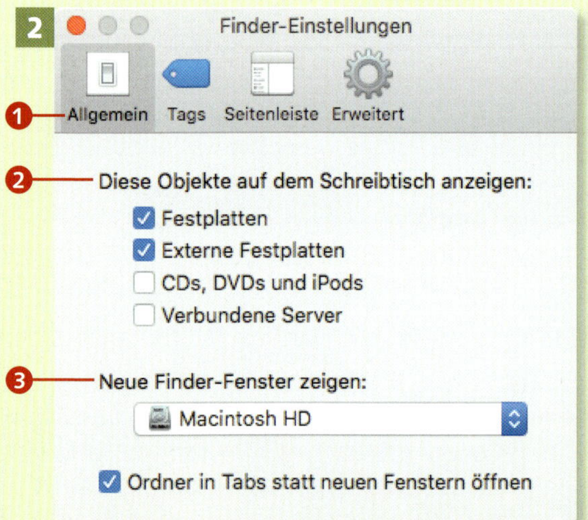


3

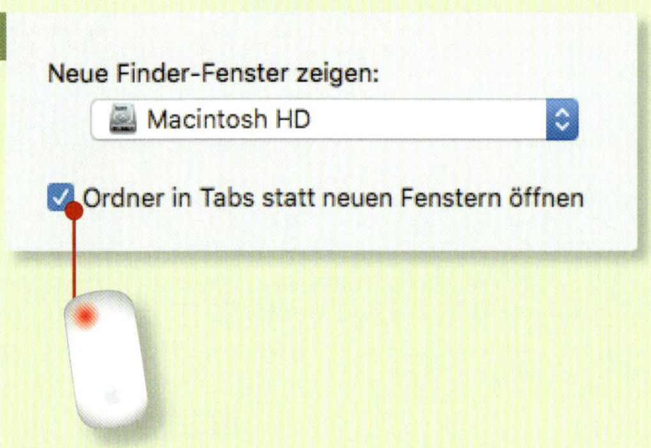


*Damit die Anzeige der Finder-Fenster genauso individuell wird, wie es Ihre Arbeitsmethoden sind, können Sie den Finder anpassen.*

## Schritt 1

Das Dialogfenster **Finder-Einstellungen** rufen Sie über den Hauptmenüpunkt **Finder ▸ Einstellungen** oder cmd + , auf.

## Schritt 2

Im Bereich **Allgemein** ❶ wählen Sie mit den Optionen unter **Diese Objekte auf dem Schreibtisch anzeigen** ❷, welche Symbole auf dem Schreibtisch zu sehen sind. In der Liste **Neue Finder-Fenster zeigen** ❸ bestimmten Sie, mit welcher Navigationsebene das Fenster geöffnet wird.

## Schritt 3

Wenn Sie das Kontrollkästchen **Ordner in Tabs statt neuen Fenstern öffnen** aktivieren, öffnet sich bei einem Klick auf einen Ordner automatisch ein Tab, also ein weiterer Reiter im gleichen Fenster, anstelle eines neuen Fensters.

## Schritt 4

Mit *Tags* werden Ordner und Dokumente ausgezeichnet. Das verhilft Ihnen zu einer übersichtlicheren Struktur. Im gleichnamigen Bereich der Finder-Einstellungen können Sie die Namen der Tags verändern. Um ein neues Tag zu erstellen, klicken Sie auf das Pluszeichen und überschreiben die Standardbezeichnung mit einem passenden Begriff, z. B. »Bearbeiten«.

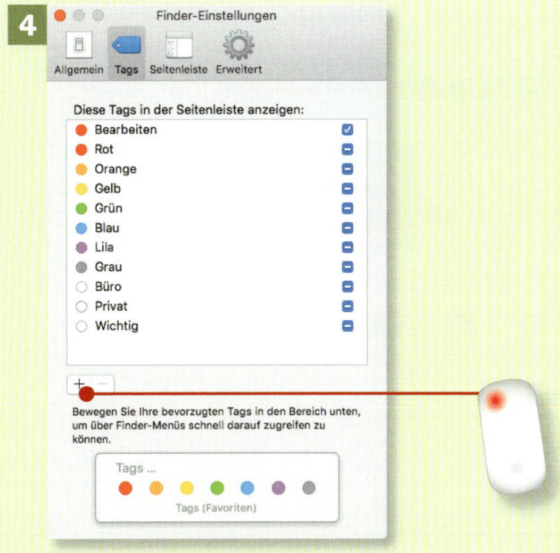


## Schritt 5

Im Bereich **Seitenleiste** legen Sie mit einem Klick auf das jeweilige Kontrollkästchen fest, welche Elemente in der Seitenleiste in den Abschnitten **Favoriten**, **Freigaben**, **Geräte** und **Tags** angezeigt werden.

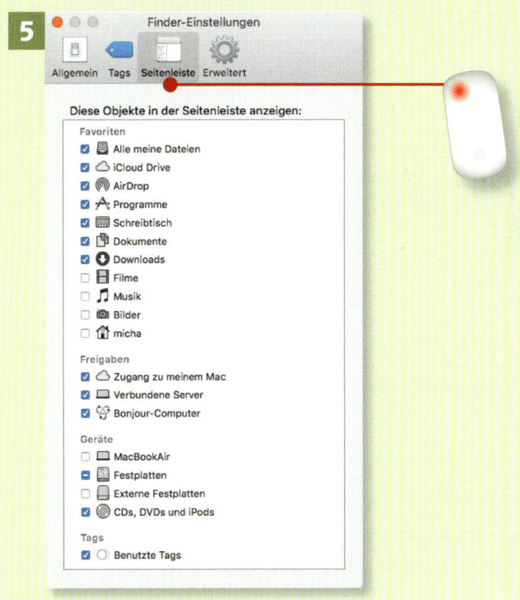


## Schritt 6

Jede Datei hat eine Endung (*Suffix*), z. B. *.doc* oder *.mov*, über die man sie einem Programm zuordnen kann. Um die Endungen einzublenden, aktivieren Sie **Alle Dateinamensuffixe einblenden** im Bereich **Erweitert**.

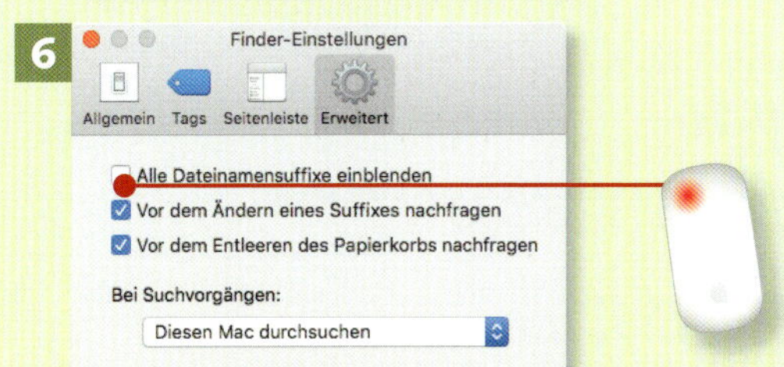

# Das Dock individuell einrichten

*Das Verhalten des Docks können Sie individuell und nach Ihren Bedürfnissen einstellen. Neben seiner Position lassen sich auch die mit ihm verbundenen Effekte festlegen.*

## Schritt 1

Sie haben Zugriff auf die Dock-Einstellungen über den Punkt **Systemeinstellungen** im Apfel-Menü. Wählen Sie anschließend die Option **Dock**.

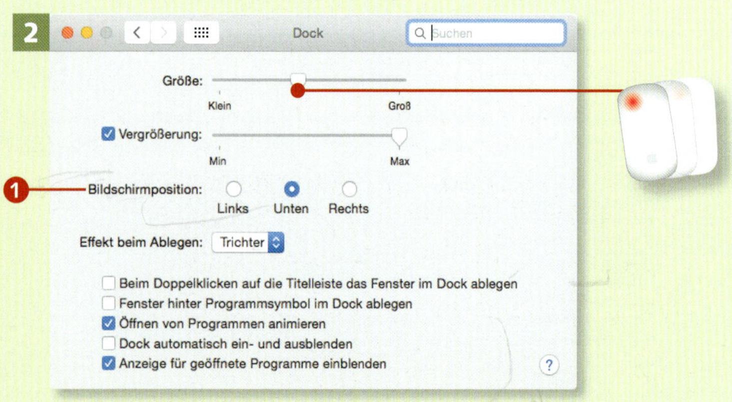


## Schritt 2

Im Dialog **Dock** legen Sie die Bildschirmposition ❶ des Docks fest: **Links**, **Unten** oder **Rechts**. Ebenso ist es möglich, die Größe der Programm- und Dokumentsymbole im Dock zu bestimmen. Nutzen Sie dazu den Schieberegler **Größe**.

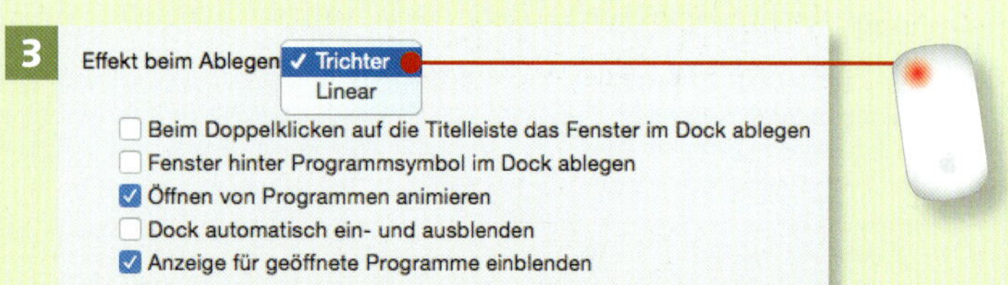


## Schritt 3

Auch der Zoomeffekt des Docks lässt sich verändern, wenn Sie auf den unteren Pfeil am Feld **Effekt beim Ablegen** klicken. So bestimmen Sie, mit welchem Effekt ein Programmfenster oder Dokument im Dock abgelegt wird. Zur Wahl stehen die Optionen **Trichter** oder **Linear**.

## Schritt 4

Es ist möglich, das Dock auszublenden. Dazu wählen Sie die Option **Dock automatisch ein- und ausblenden** in den Einstellungen. Das Dock wird daraufhin nur angezeigt, wenn Sie den Mauszeiger an die Stelle des Bildschirms bewegen, an der Sie das Dock positioniert haben.

4

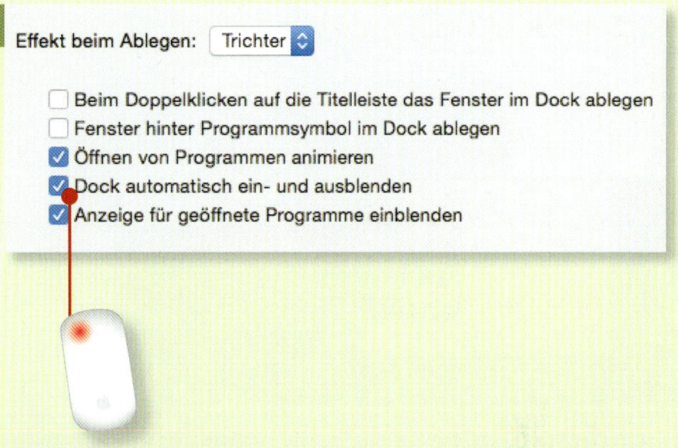


## Schritt 5

Die einzelnen Programmsymbole im Dock können Sie in ihrer Anordnung verändern. Klicken Sie ein Programm- oder Dateisymbol an, und halten Sie die Maustaste gedrückt. Ziehen Sie nun das Symbol an die gewünschte Position. Lassen Sie dann die Maustaste wieder los.

5

## Schritt 6

Um die Dock-Einstellungen direkt vorzunehmen, klicken Sie mit der rechten Maustaste in den Zwischenraum zwischen den Programmen und den Dateien im Dock. Oder Sie klicken rechts aufs Dock und dann den Punkt **Systemeinstellung »Dock«** auf.

6

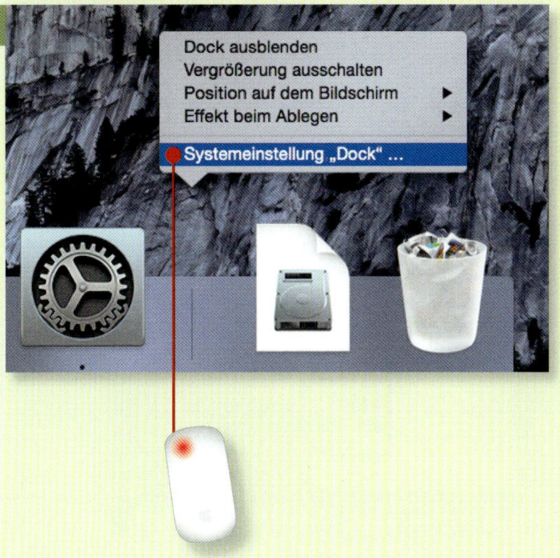

# Schneller arbeiten mit Mission Control

1

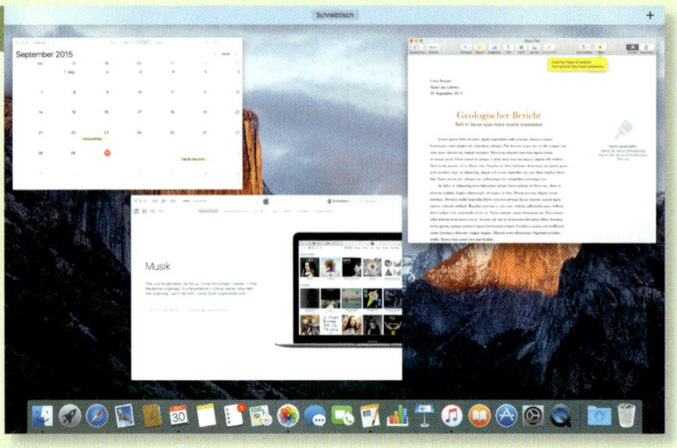


F3

*Wie Sie mit Mission Control Ihren kompletten Schreibtisch aufräumen, schnell zwischen Programmfenstern wechseln und alles auf Ihrem Schreibtisch organisieren, erfahren Sie hier.*

## Schritt 1

Mit F3 werden alle Fenster so verkleinert, dass sie alle auf einmal angezeigt werden. Wenn Sie ein Trackpad haben, können Sie darauf auch mit drei Fingern nach oben streichen.

2

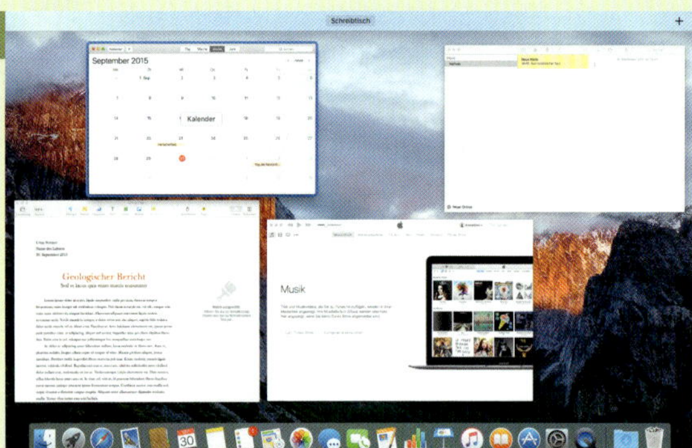


## Schritt 2

Zwischen den Fenstern in der Übersicht wählen Sie, indem Sie mit dem Mauszeiger darüberfahren. Mit einem Klick auf ein Fenster bringen Sie es in den Vordergrund.

3

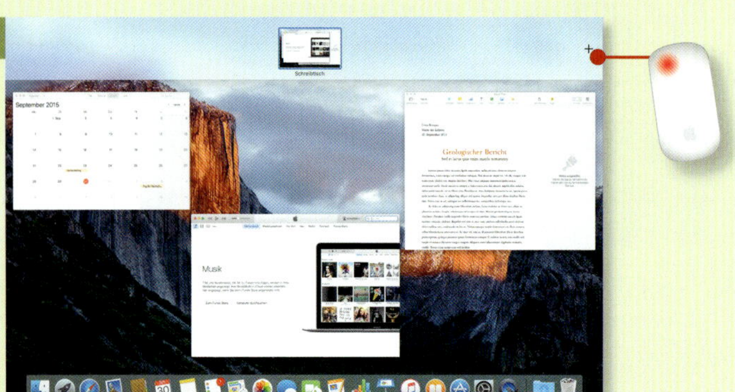


## Schritt 3

Alle offenen Fenster sind einem Schreibtisch zugeordnet. Sie können eine Vielzahl von virtuellen Schreibtischen anlegen und dort Ihre aktiven Fenster verteilen. Alle Schreibtische lassen sich mit einem Klick auf das Symbol **Schreibtisch** am oberen Bildschirmrad einblenden. Einen neuen Schreibtisch legen Sie mit einem Klick auf das Plussymbol an.

### Schritt 4

Zwischen den verschiedenen Schreibtischen wechseln Sie durch Klicken auf das jeweilige Schreibtischsymbol.

### Schritt 5

Um ein Programmfenster von einem Schreibtisch auf den anderen zu verschieben, wählen Sie es mit der Maus aus. Ziehen Sie es anschließend bei gedrückter Maustaste auf das Symbol des Zielschreibtisches.

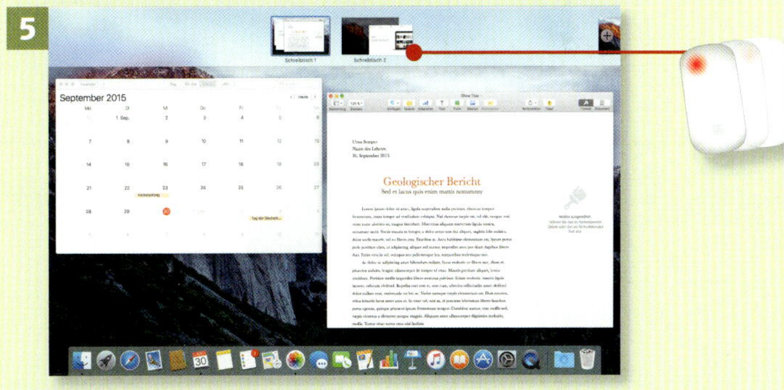


### Schritt 6

Rufen Sie über das Apfel-Menü die **Systemeinstellungen** und dort **Mission Control** auf. Dort können Sie die Funktionstasten für Mission Control anpassen. Wählen Sie einfach eine Funktionstaste aus dem Aufklappmenü ❶ für die entsprechende Funktion.

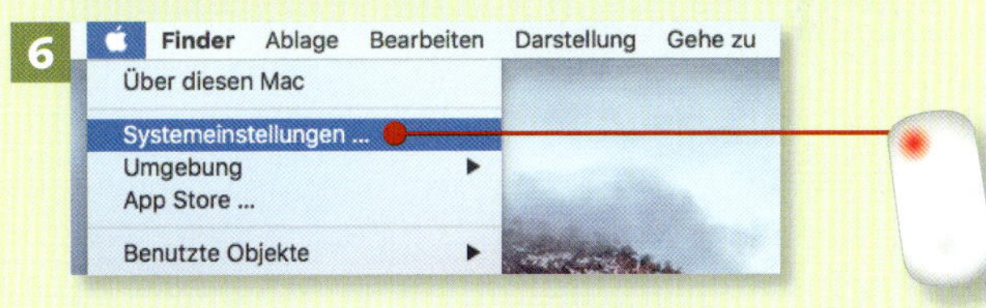


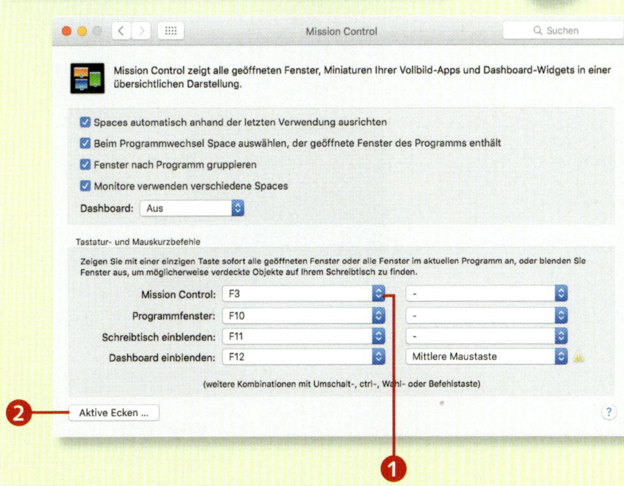


**Aktive Ecken nutzen**

Über **Aktive Ecken** ❷ im Dialog **Mission Control** wählen Sie eine Ecke des Bildschirms aus, über die bestimmte Aktionen ausgeführt werden sollen. Dann genügt die Bewegung des Mauszeigers in diese Ecke, um z. B. Mission Control zu öffnen.

# Hilfe finden

*Nicht nur bei fast allen Programmen finden Sie eine eingebaute Hilfe, sondern auch im Betriebssystem selbst erhalten Sie Rat und Unterstützung beim täglichen Umgang mit Ihrem Mac.*

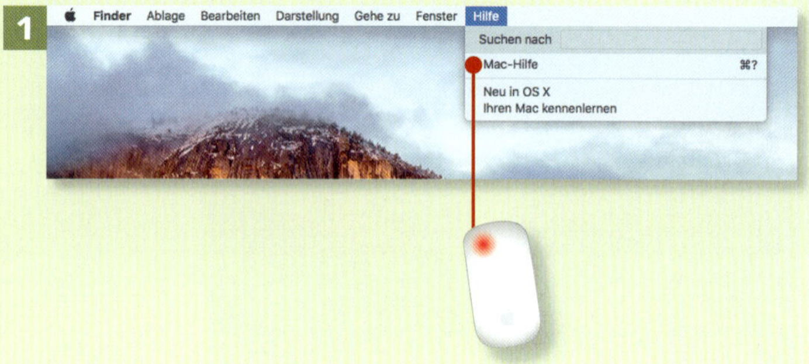


## Schritt 1

Um die Mac-Hilfe aufzurufen, klicken Sie in der Menüleiste auf **Hilfe ▸ Mac-Hilfe**. Alternativ können Sie auch die Tastenkombination cmd + ? nutzen.

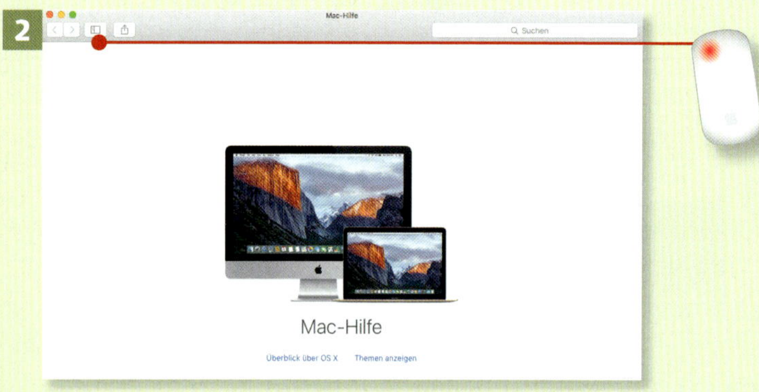


## Schritt 2

Im zugehörigen Hilfefenster können Sie eine Übersicht über die Hilfethemen von OS X einblenden. Klicken Sie dazu auf das Symbol für die Seitenleiste.

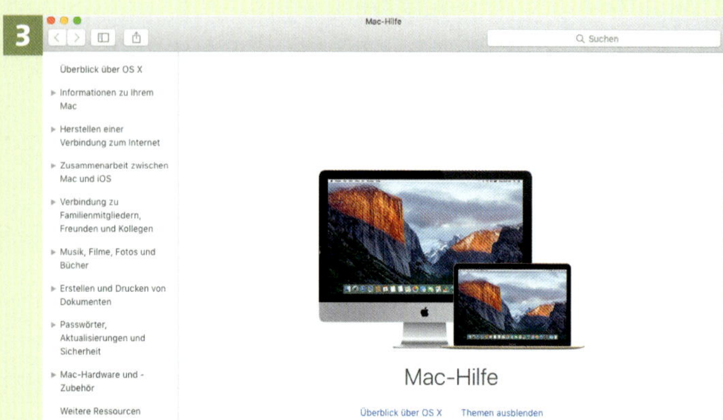


## Schritt 3

Wählen Sie anschließend aus der Übersicht der Themen einfach mit einem Mausklick den Punkt aus, zu dem Sie etwas wissen möchten.

## Schritt 4

Daraufhin öffnet sich die jeweilige Infoseite zu diesem Thema. Mit den Schaltflächen **Zurück** und **Vor** in der Symbolleiste des Programmfensters wechseln Sie zwischen den Hilfeseiten hin und her.

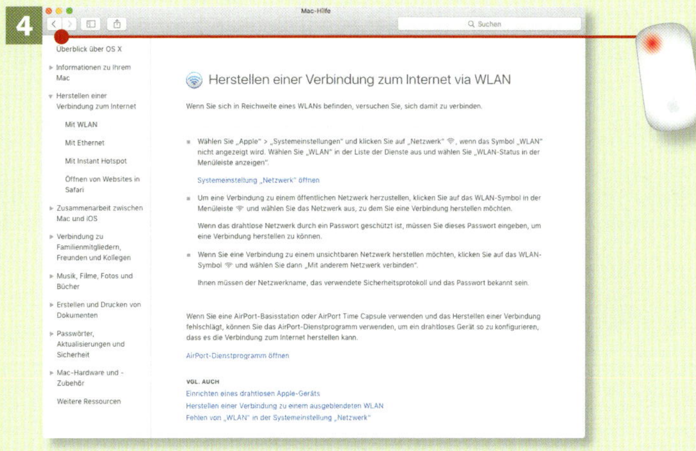


## Schritt 5

Sie können die Hilfebibliothek aber z. B. auch gezielt nach Themen durchsuchen. Geben Sie dazu einen Begriff in das Suchfeld oben rechts ein, und drücken Sie dann die [↵]-Taste. Die Ergebnisse werden in der Mitte aufgelistet, und Sie können den passenden Eintrag mit einem Klick öffnen.

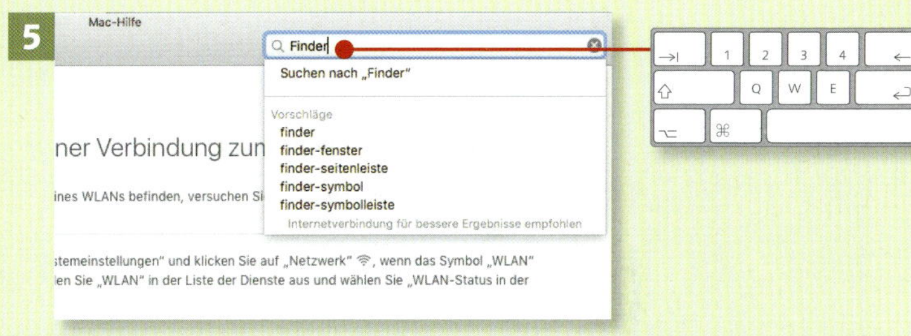


## Schritt 6

Mit der Schaltfläche **Bereitstellen** finden Sie darüber hinaus die Funktion **Drucken**. Ein Klick darauf öffnet das zugehörige Dialogfeld, und Sie können einen Ausdruck Ihrer Suchergebnisse anfertigen.

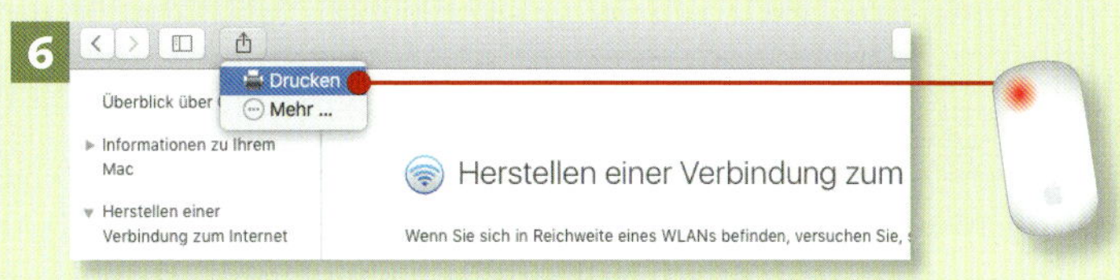


**Schnelle Hilfe**

Wie Sie in der Abbildung zu Schritt 1 sehen, gibt es auch unter dem Menüpunkt **Hilfe** ein Suchfeld. Geben Sie dort einfach einen Begriff ein: Die Hilfe präsentiert Ihnen dann sofort passende Vorschläge, unterteilt nach Menüpunkten und Hilfethemen. Mit einem Mausklick auf ein Suchergebnis lassen Sie sich die Informationen anzeigen.

# Tipps für Umsteiger von Windows

1

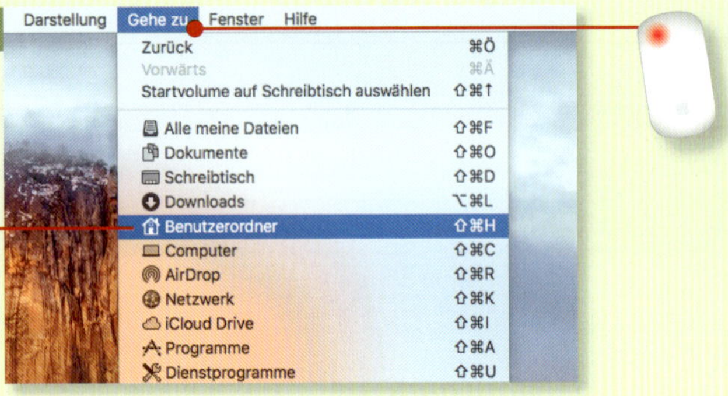


❶

2

❷

3

*Apple macht Ihnen den Umstieg von Windows zu OS X so einfach wie möglich. Ein paar Tipps möchte ich Ihnen dennoch geben.*

## Schritt 1

Analog zum Arbeitsplatz unter Windows, über den Sie z. B. auf Ihre Dateien zugreifen, gibt es beim Mac den *Benutzerordner* ❶ und den *Schreibtisch*, der wiederum in etwa mit dem Desktop vergleichbar ist. Beide öffnen Sie über **Gehe zu**.

## Schritt 2

Während unter Windows der Weg zum Programm über das Startmenü oder die Windows-Kacheln führt, starten Sie am Mac Ihre Programme über das *Dock* ❷ oder das *Launchpad*. Ein Klick auf das Programmsymbol genügt.

## Schritt 3

Das Dock enthält automatisch Programme, Dokumente und Ordner. Dort legt das System außerdem die minimierten Fenster ab. Eine ähnliche Funktion hat unter Windows die Taskleiste in der Desktop-Ansicht, nur dass Sie sie selbst füllen müssen.

## Schritt 4

Jedes Fenster enthält auch unter OS X analog zu Windows eine sogenannte *Symbolleiste* ❸. Sie können darin u.a. die Darstellungsart verändern, z.B. auf Symbol- oder Spaltenansicht umschalten (siehe dazu den Abschnitt »Mit dem Finder auf Dateien zugreifen« ab Seite 28).

4

## Schritt 5

Die Systemeinstellungen am Mac entsprechen in etwa der Windows-Systemsteuerung. Sie erreichen sie über das Apfel-Menü. Sie können hier Eigenschaften, Funktionsweise und Erscheinungsbild des Systems festlegen.

5

## Schritt 6

Auch am Mac können Sie Dokumente u. Ä. über die *Zwischenablage* kopieren und an einer anderen Stelle einsetzen. Klicken Sie das Objekt an, und wählen Sie dann **Bearbeiten ▸ »[Dateiname]« kopieren**, gefolgt von **Bearbeiten ▸ Objekt einsetzen**.

6

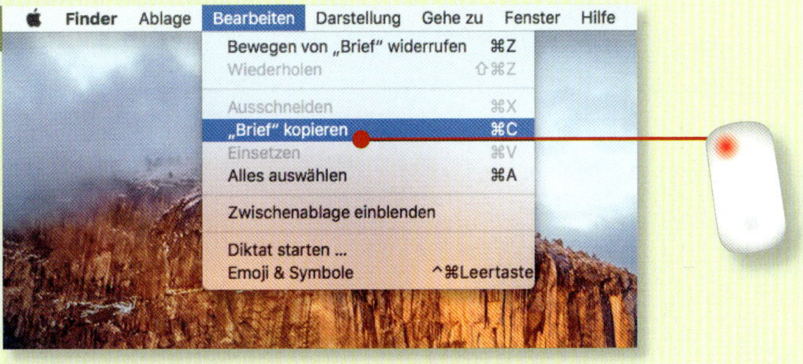


**Kopieren und einsetzen**

Sie können auch die Tastenkombinationen cmd + C zum Kopieren, cmd + X zum Ausschneiden und cmd + V zum Einsetzen verwenden.

Kapitel 2

# Programme auf dem Mac

Mit OS X lässt sich vieles schon von Haus aus erledigen. Und mit zusätzlichen Programmen können Sie den Einsatzbereich noch erweitern. Wie Sie Programme starten, zwischen verschiedenen Programmen wechseln oder diese wieder löschen, erfahren Sie in diesem Kapitel.

## Programme über das Launchpad starten

Das *Launchpad* ist die zentrale Anlaufstelle, wenn es darum geht, Programme zu starten. Im Gegensatz zum Dock, in dem Sie nur die wichtigsten Programme finden, bietet das Launchpad eine vollständige Übersicht ❶. Wählen Sie aus dieser Übersicht ein Programm aus, und starten Sie es mit einem Mausklick.

## Zwischen Programmen wechseln

Es gibt zwei Wege, zwischen laufenden Programmen zu wechseln: das Dock und den *Programmumschalter*. Ein geöffnetes Programm wird im Dock dargestellt und erhält dort einen kleinen Punkt als Markierung ❷.

## Programme organisieren

Sie können selbst festlegen, von wo aus Ihre Programme aufrufbar sind. Es ist möglich, Programme im Dock abzulegen und sie dort zu verschieben. Programme lassen sich aber auch über das Launchpad organisieren und können dort z. B. in Ordnern zusammengefasst werden ❸.

1 Mit einem Klick starten Sie über das Launchpad Programme.

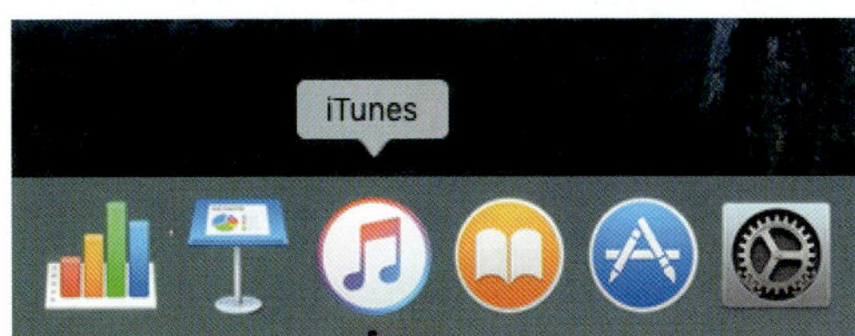


2 Über das Dock lassen sich Programme ebenfalls öffnen.

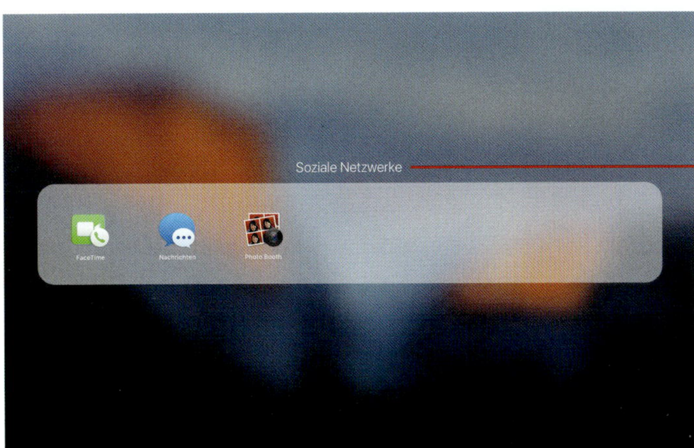


3 Um den Überblick zu behalten, fassen Sie Ihre Programme im Launchpad in Ordnern zusammen.

# Wo befinden sich die Programme?

1

2

3

*Am Mac sind die Programme an zentraler Stelle gespeichert. Starten lassen sie sich aber über verschiedene Wege.*

## Schritt 1

Die zentrale Stelle für den Zugriff auf Programme ist das *Dock* ❶. Sie finden es standardmäßig mittig ausgerichtet am unteren Bildschirmrand. Über diese Leiste haben Sie Zugriff auf die wichtigsten Programme von OS X, allerdings nicht auf alle auf dem System installierten Anwendungen.

## Schritt 2

Wenn Sie mit der Maus über die einzelnen Programmsymbole fahren, werden Ihnen die Namen der Programme angezeigt.

## Schritt 3

Die übrigen Programme erreichen Sie direkt über das *Launchpad*, dessen Programmsymbol Sie auch im Dock finden. Nachdem Sie auf dieses Symbol geklickt haben, erscheint die Übersicht aller Programme auf dem Schreibtisch.

## Schritt 4

Falls Sie mehr Programme installiert haben, als auf den Schreibtisch passen, werden sie auf mehrere Seiten verteilt. Zur nächsten Seite gelangen Sie mit einem Klick auf den Punkt. Mit einer Magic Mouse oder einem Trackpad »wischen« Sie einfach nach links, um die nächste Seite zu öffnen.

## Schritt 5

Alle Programme werden unter OS X standardmäßig in der Verzeichnisstruktur *Macintosh HD/Programme* installiert. Zu diesem Ordner gelangen Sie direkt über das Menü **Gehe zu ▸ Programme**.

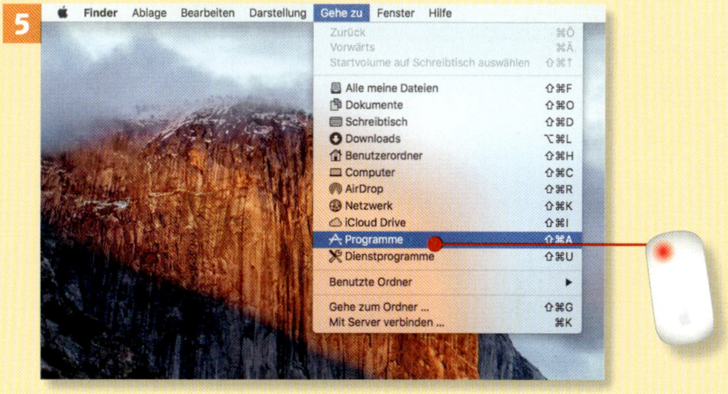


## Schritt 6

Im Ordner **Programme** ❷ sind also alle Anwendungen aufgelistet, die auf dem System installiert sind.

**Das Launchpad schließen**

Sie verlassen das Launchpad wieder mit einem Klick auf das Programmsymbol **Launchpad** oder mit Hilfe der esc-Taste.

# Programme starten und beenden

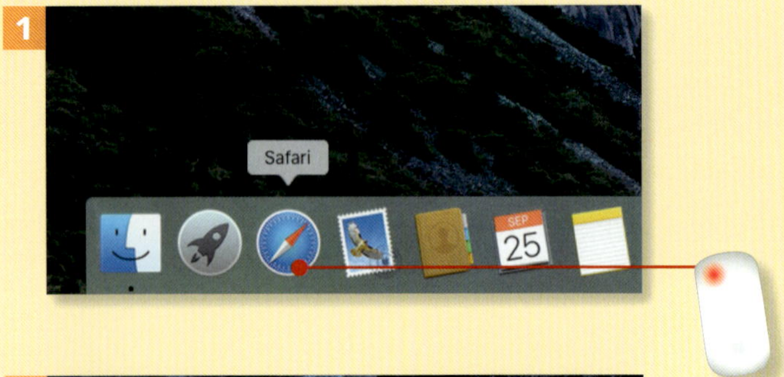


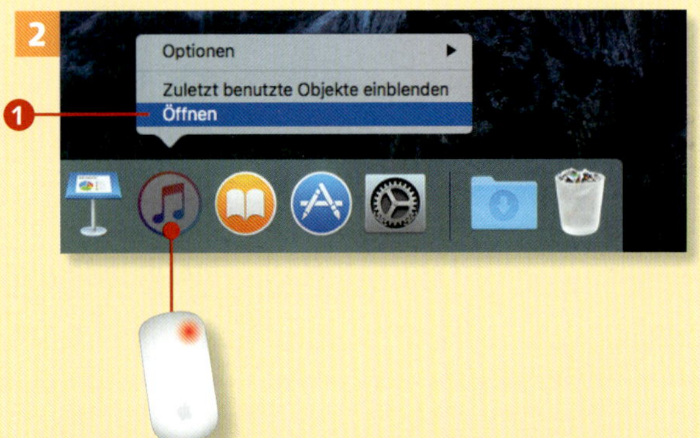


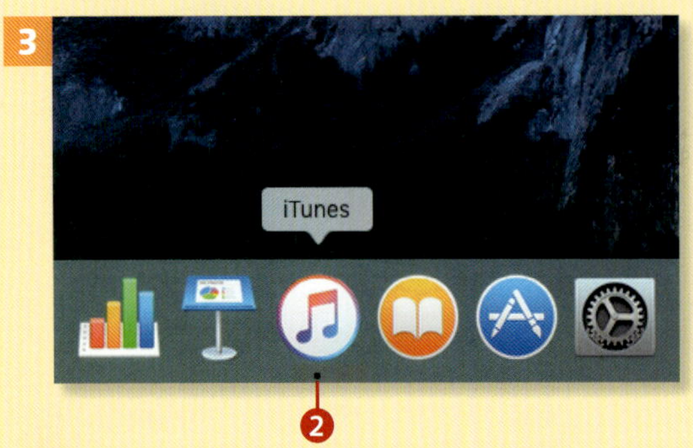


*Nachdem Sie erfahren haben, wo sich die Programme auf Ihrem Mac befinden, lernen Sie jetzt, wie Sie sie starten und beenden.*

## Schritt 1

Sie können alle Programme ganz einfach mit einem Mausklick auf das Programmsymbol aus dem Dock heraus starten.

## Schritt 2

Eine Anwendung lässt sich auch starten, indem Sie mit der rechten Maustaste auf das Programmsymbol im Dock klicken. Im Kontextmenü wählen Sie anschließend den Eintrag **Öffnen** ❶ aus.

## Schritt 3

Wenn Sie ein Programm gestartet haben, wird es mit Hilfe eines dezenten Punktes ❷ unterhalb des Programmsymbols im Dock als aktiv gekennzeichnet.

**Das Dock ein- und ausblenden**

Sie können das Dock auch so einrichten, dass es automatisch ein- und ausgeblendet wird. Dafür wählen Sie im Apfel-Menü **Systemeinstellungen ▸ Dock ▸ Dock automatisch ein- und ausblenden**. Alternativ können Sie auch die Tastenkombination `cmd` + `alt` + `D` benutzen.

## Schritt 4

Alle Programme lassen sich natürlich auch direkt über das Launchpad starten. Klicken Sie auf das Programmsymbol **Launchpad** im Dock.

## Schritt 5

In der Übersicht klicken Sie mit der Maus auf das jeweilige Programmsymbol, z.B. **App Store**. Das Launchpad wird dann automatisch beendet, und das gewählte Programm wird gestartet.

## Schritt 6

Auch über den Ordner **Programme** können Sie Anwendungen starten. Klicken Sie in der Seitenleiste des Finder-Fensters auf den Eintrag **Programme**, um den Ordner zu öffnen.

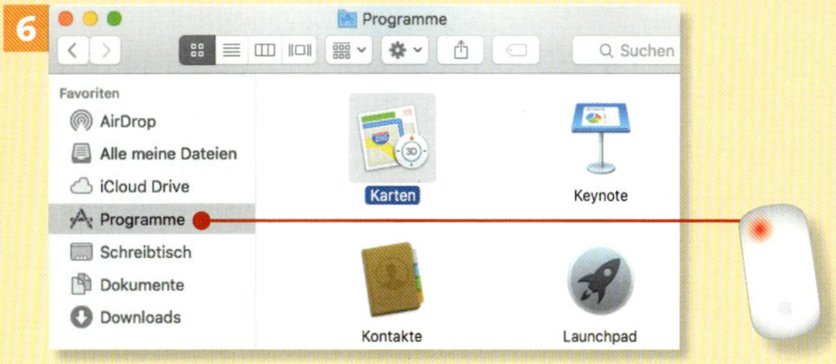


**Programmstart über Spotlight**
Sie können Programme auch direkt aus Spotlight heraus starten. Klicken Sie dazu auf das Lupensymbol in der Menüleiste. Geben Sie dann den Namen des Programms in das Suchfeld ein, und wählen Sie es aus der Ergebnisliste mit einem Doppelklick aus.

# Programme starten und beenden (Forts.)

7

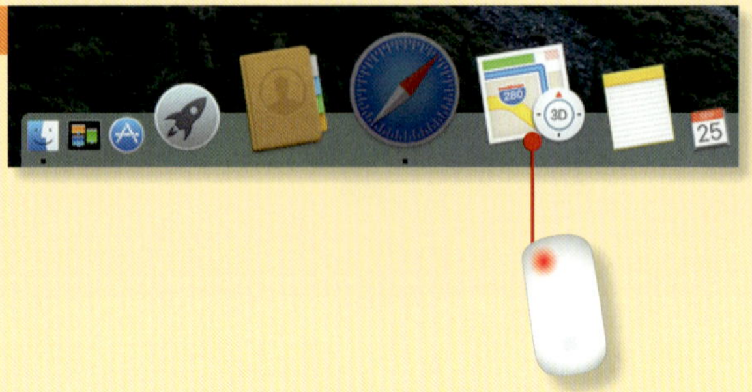

## Schritt 7

Sie können problemlos auch mehrere Programme gleichzeitig nutzen. Klicken Sie einfach auf ein weiteres Symbol im Dock, dann wird eine weitere Anwendung gestartet.

8

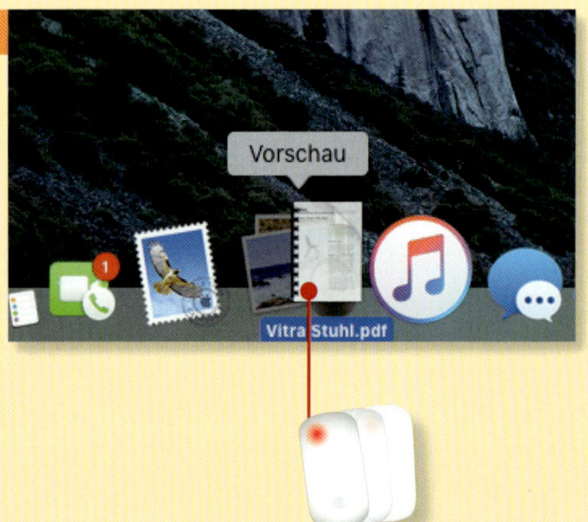


## Schritt 8

Ein Programm wird auch geöffnet, wenn Sie ein entsprechendes Dokument mit gedrückter Maustaste auf das Programmsymbol im Dock ziehen. Um z. B. die Anwendung Vorschau zu starten, ziehen Sie eine PDF-Datei auf das Programmsymbol **Vorschau**.

9

## Schritt 9

Außerdem können Sie Programme direkt beim Öffnen von Dokumenten starten. Doppelklicken Sie auf ein Dokument, z. B. eine TextEdit-Datei. Das passende Programm wird geöffnet.

**Durch Fenster blättern**

Sie wechseln Schritt für Schritt zwischen geöffneten Fenstern mittels der Tastenkombination cmd + <.

## Schritt 10

Schneller auf bereits benutzte Programme können Sie über das Apfel-Menü zugreifen. Rufen Sie dazu die Option **Benutzte Objekte** auf. Unter **Programme** wählen Sie die gewünschte Anwendung aus.

10

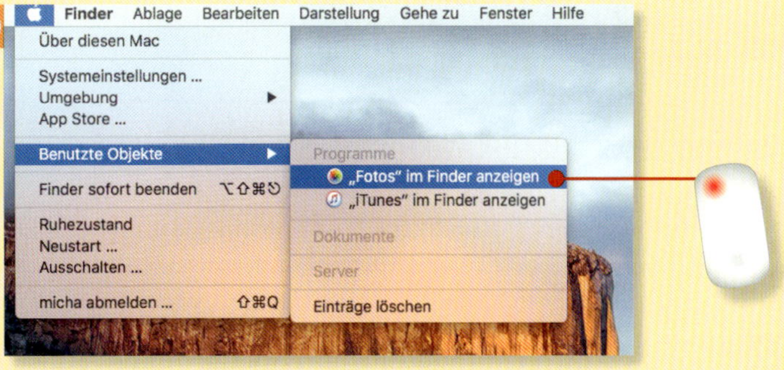


## Schritt 11

Um ein Programm zu schließen, nutzen Sie das Programmmenü. Wählen Sie also **[Programmname] ▸ [Programmname] beenden**, oder drücken Sie `cmd` + `Q`.

11

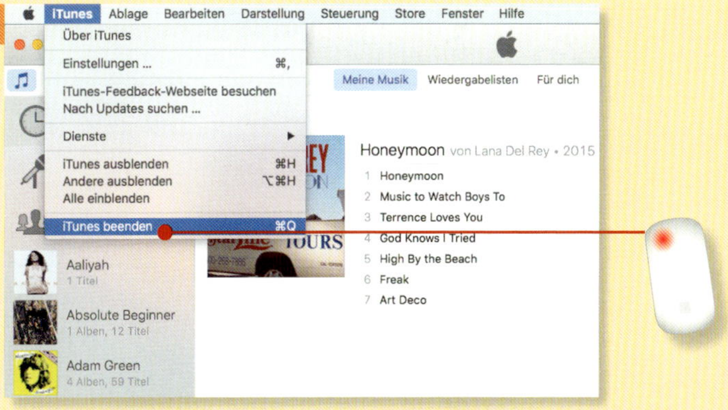


## Schritt 12

Programme lassen sich auch über das Dock beenden. Klicken Sie ein aktives Programm im Dock mit der rechten Maustaste an, und wählen Sie die Option **Beenden** ❶ aus.

12

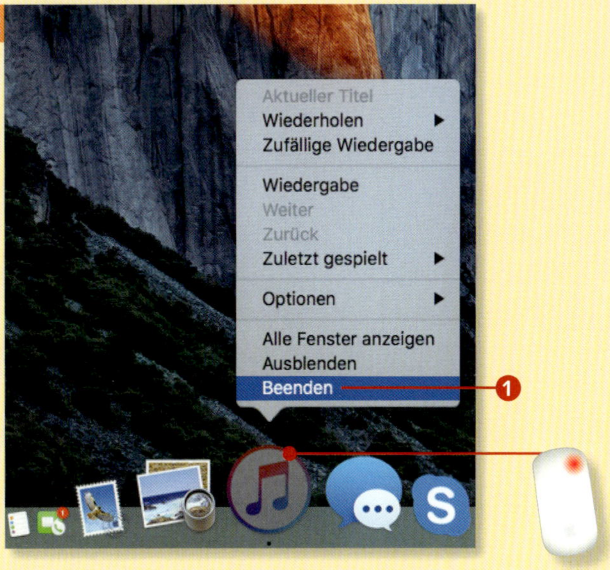


**»Abgestürzte« Programme**
Wenn ein Programm nicht mehr auf Eingaben reagiert, können Sie es nicht mehr auf dem normalen Weg beenden. Klicken Sie dann mit der Maustaste auf das Programmsymbol im Dock, und halten Sie die Maustaste gedrückt, während Sie zusätzlich die `alt`-Taste betätigen. Im Menü wählen Sie die Option **Sofort beenden**.

# Launchpad oder Dock?

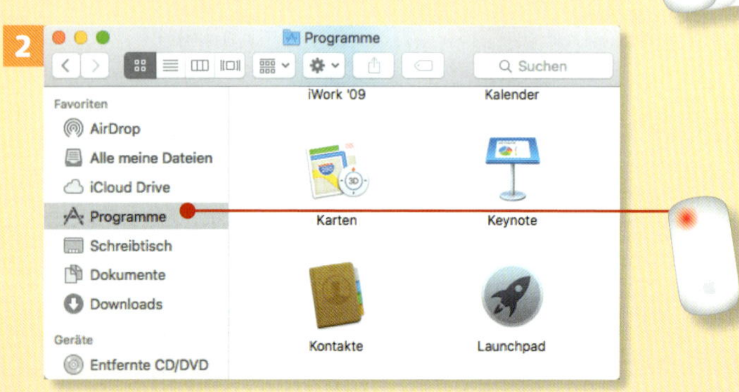

*Organisieren Sie Ihre Programme, indem Sie sie im Dock platzieren oder dort neu anordnen. Seltener genutzte Programme können Sie dann über das Launchpad öffnen.*

## Schritt 1

Um die Position eines Programms im Dock zu verändern, klicken Sie es an und verschieben es mit gedrückter Maustaste an die gewünschte Stelle. Dann lassen Sie die Maustaste los.

## Schritt 2

Sie können Anwendungen auch im Dock platzieren, indem Sie sie aus dem Ordner **Programme** übernehmen. Öffnen Sie dazu den Ordner, indem Sie in der Seitenleiste des Finder-Fensters auf den Eintrag **Programme** klicken.

## Schritt 3

Wählen Sie ein Programm aus, z. B. **QuickTime Player**, und ziehen Sie es mit gedrückter Maustaste direkt in den Dockbereich. Das Programmsymbol wird dort dann automatisch hinzugefügt.

## Schritt 4

Ein geöffnetes Programm steht automatisch im Dock. Um es dort dauerhaft hinzuzufügen, klicken Sie das Programmsymbol mit der rechten Maustaste an. Im Kontextmenü wählen Sie **Optionen ▸ Im Dock behalten** ❶.

## Schritt 5

Ein Programm wieder aus dem Dock zu löschen ist ebenso einfach: Klicken Sie das Programmsymbol im Dock an, und ziehen Sie es mit gedrückter Maustaste nach oben in Richtung Schreibtisch. Das Programmsymbol wird entfernt.

## Schritt 6

Alternativ klicken Sie mit der rechten Maustaste auf das Programmsymbol und wählen dann im Kontextmenü den Punkt **Optionen ▸ Aus dem Dock entfernen** ❷.

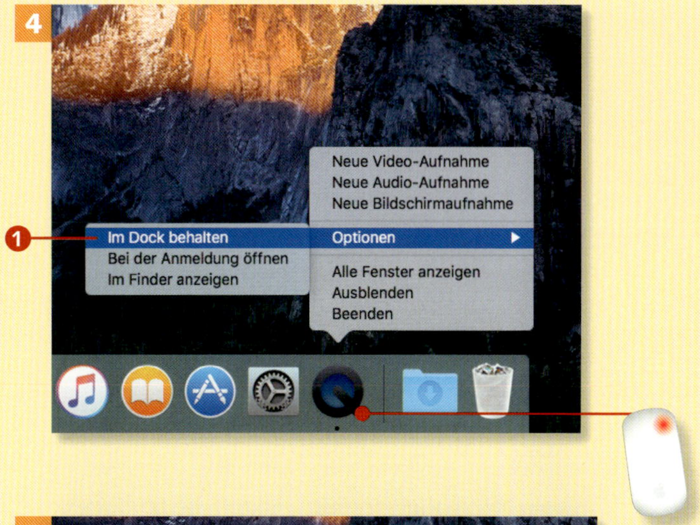


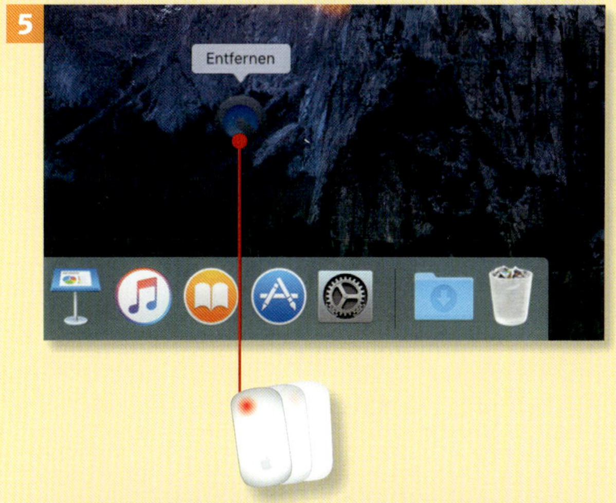


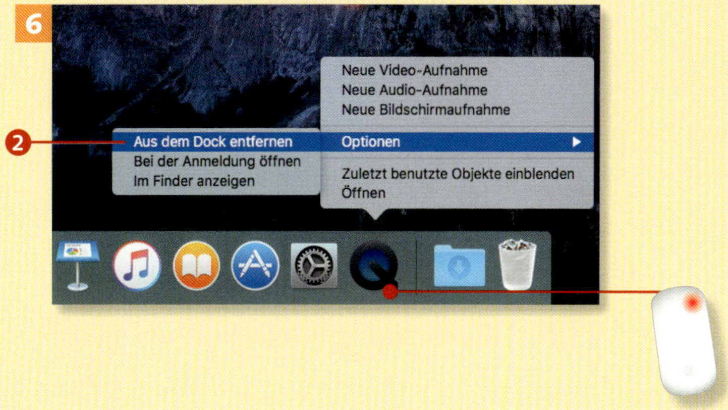

# Launchpad oder Dock? (Forts.)

## Schritt 7

Auch über das Launchpad haben Sie Zugriff auf alle installierten Programme. Es befindet sich ebenfalls direkt im Dock. Sie starten es mit einem Klick auf das Programmsymbol.

## Schritt 8

In einer bildschirmgroßen Übersicht werden alle im Ordner **Programme** befindlichen Programme angezeigt. Wenn Sie mehr Programme installiert haben, als auf einer Seite angezeigt werden können, wird das über kleine Punkte am unteren Bildschirmrand ❶ signalisiert.

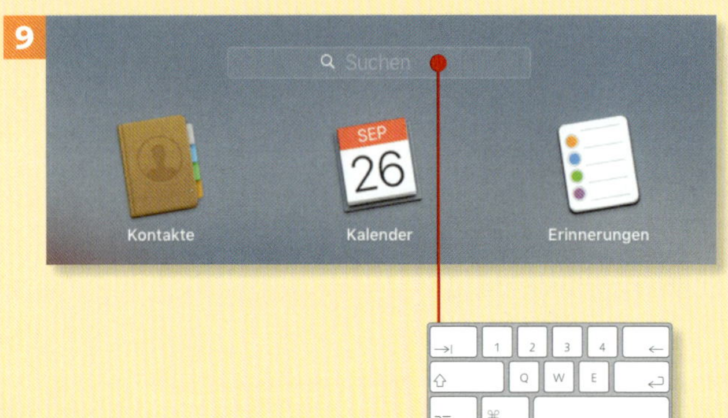


## Schritt 9

Wenn viele Programme installiert sind, verteilt Launchpad die Symbole auf mehrere Seiten. Um schnell auf ein bestimmtes Programm zuzugreifen, nutzen Sie die integrierte Suche. Geben Sie den Programmnamen in das Suchfeld ein. Launchpad zeigt Ihnen die zugehörigen Programme.

## Schritt 10

Auch im Launchpad können Sie Programme verschieben. Wählen Sie dazu das Programmsymbol aus, und ziehen Sie es mit gedrückter Maustaste an eine andere Stelle in der Übersicht. Dann lassen Sie die Maustaste los.

## Schritt 11

Auf diese Weise lassen sich Programme auch auf die nächste Seite des Launchpads verschieben. Wenn Sie das Programmsymbol in die rechte obere Ecke ziehen, wird automatisch eine Seite vorgeblättert. Ziehen Sie es in die linke obere Ecke, wird eine Seite zurückgeblättert. Lassen Sie die Maustaste an der Stelle los, an der die Anwendung platziert werden soll.

## Schritt 12

Sie verschaffen sich einen besseren Überblick, wenn Sie Programme im Launchpad zusammenfassen. Wählen Sie ein Programmsymbol aus, und ziehen Sie es auf ein anderes Programmsymbol. Automatisch wird eine Art Ordner erstellt. Sie können ihn auch umbenennen, indem Sie auf seinen Titel klicken und einen neuen Namen eingeben.

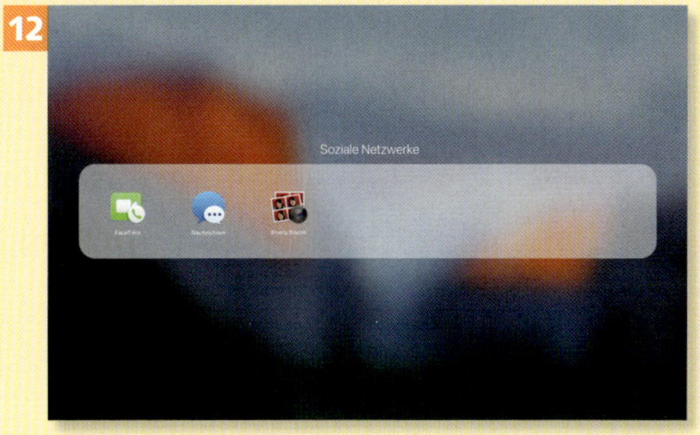

# Programme im Vollbildmodus nutzen

1

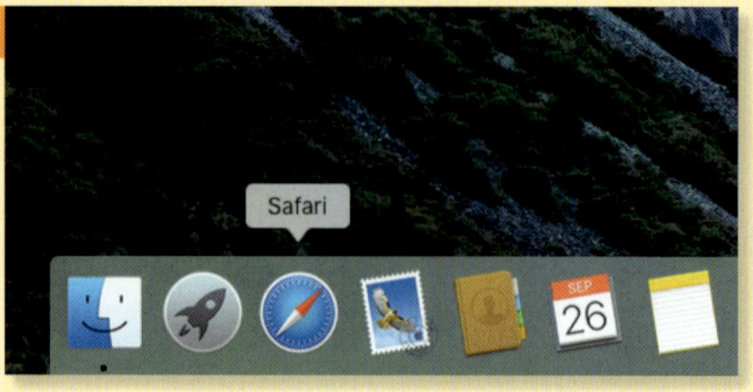


2

3

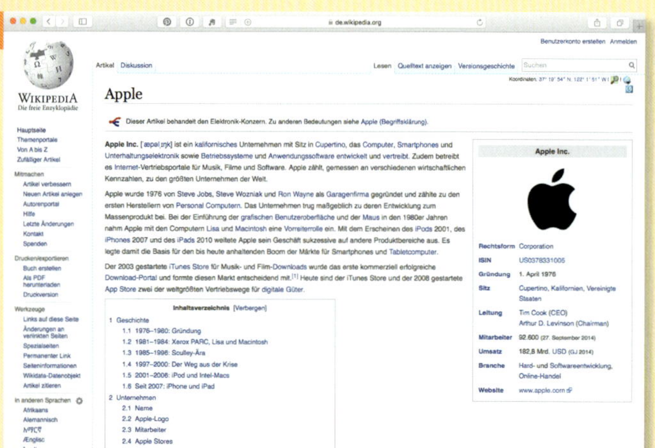


*Am Mac lassen sich alle Programme im Vollbildmodus verwenden. So nutzen Sie die komplette Bildschirmgröße für die Bearbeitung Ihrer Dokumente aus.*

## Schritt 1

Starten Sie zuerst das Programm, mit dem Sie arbeiten möchten, durch einen Klick auf das Programmsymbol im Dock.

## Schritt 2

Klicken Sie dann auf die grüne Schaltfläche **Vollbild**. Sie befindet sich in der linken oberen Ecke des Programmfensters.

## Schritt 3

Daraufhin wird das Programmfenster auf dem gesamten Bildschirm im Vordergrund angezeigt. Dabei wird auch die Menüleiste des Programms ausgeblendet.

## Schritt 4

Dennoch können Sie wie gewohnt auf alle Programmfunktionen zugreifen, z. B. die Steuerelemente ❶, und nach Belieben mit den Fensterelementen arbeiten.

## Schritt 5

Um die Menüleiste wieder einzublenden (sie wird dann über das Programmfenster »gelegt«), zeigen Sie mit der Maus auf den oberen Bildschirmrand.

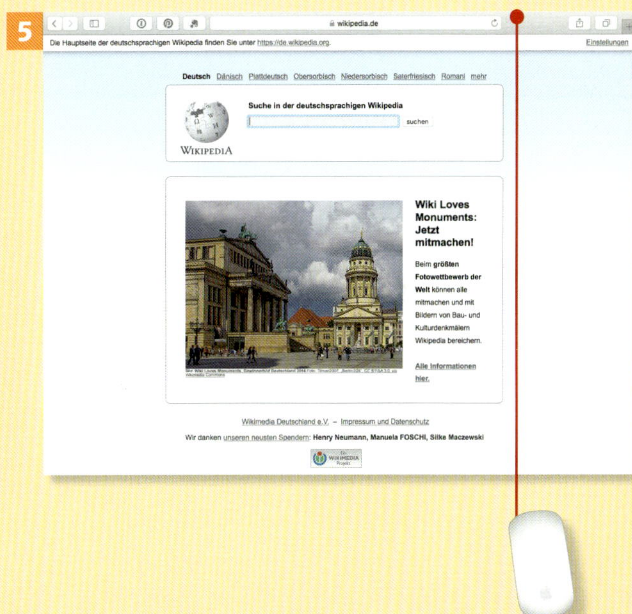


## Schritt 6

Klicken Sie erneut auf die Schaltfläche **Vollbild**, um wieder in den normalen Programmmodus zu wechseln.

**Vollbild per Geste**

Jedes Programm lässt sich auch über die Gestensteuerung Ihres Trackpads in den Vollbildmodus versetzen. Wischen Sie dazu mit vier Fingern horizontal über die Trackpad-Fläche.

# Zwischen Programmen wechseln

1

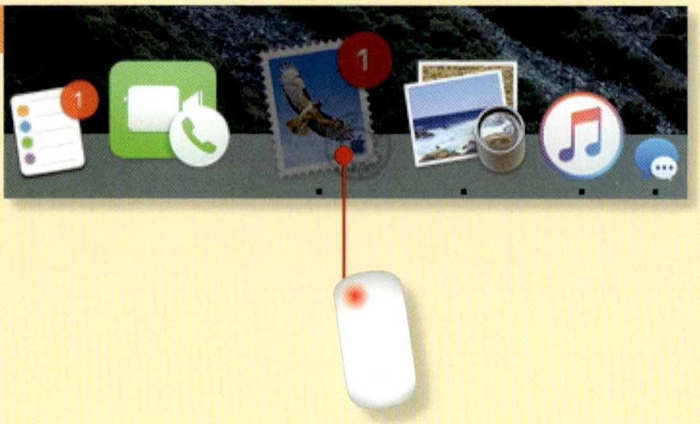

2

cmd ⌘ + →|

3

cmd ⌘ + →|

*Schnell von einem Programm zum anderen zu wechseln, ist eine Aufgabe, die Sie bei der täglichen Arbeit mit dem Mac häufig zu bewältigen haben.*

## Schritt 1

Sie wechseln ganz einfach zwischen mehreren geöffneten Programmen, indem Sie im Dock auf das jeweilige Programmsymbol klicken.

## Schritt 2

Ein schneller Wechsel zwischen den Programmen ist auch über den *Programmumschalter* möglich. Sie rufen ihn auf, indem Sie cmd gedrückt halten und die →|-Taste betätigen.

## Schritt 3

Hier werden alle aktiven Programme angezeigt. Mit Hilfe der →|-Taste und gedrückter cmd-Taste springen Sie von Programm zu Programm.

## Schritt 4

Wenn Sie beide Tasten auf einem Programmsymbol loslassen, wird dieses Programm in den Vordergrund geholt. Sie können also direkt damit weiterarbeiten.

## Schritt 5

Wenn Sie mehrere Programme gleichzeitig geöffnet haben, können Sie sie über das Programmmenü ein- und ausblenden. Um das aktuelle Programm auszublenden, wählen Sie **[Programmname] ▸ [Programmname] ausblenden** oder drücken cmd + H.

## Schritt 6

Um alle anderen geöffneten Programme in den Hintergrund zu verbannen, rufen Sie den Menüpunkt **[Programmname] ▸ Andere ausblenden** auf oder drücken alt + cmd + H.

4

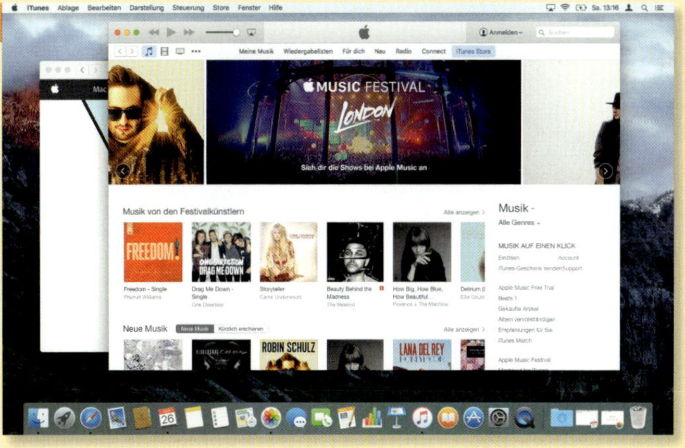

5

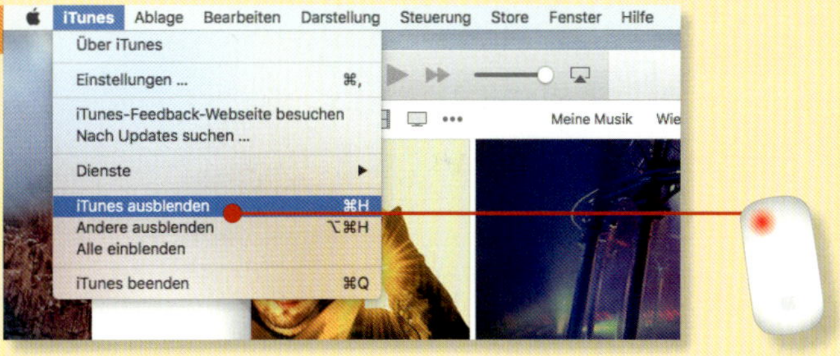


6

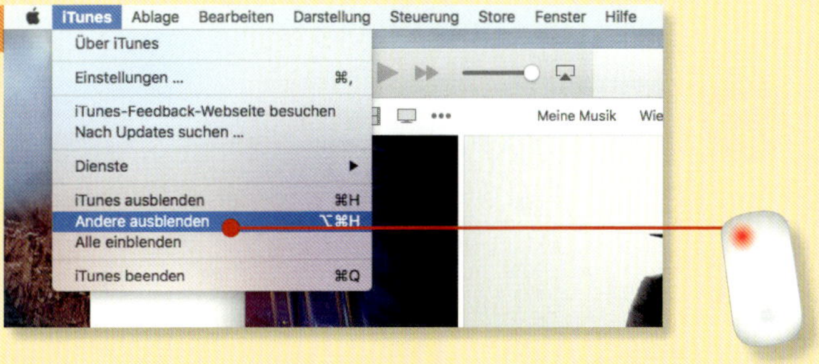


**Alle einblenden**
Die geöffneten Programme, die Sie ausgeblendet haben, können Sie sich über die Menüfunktion **[Programmname] ▸ Alle einblenden** wieder anzeigen lassen.

# Programme kaufen: der App Store

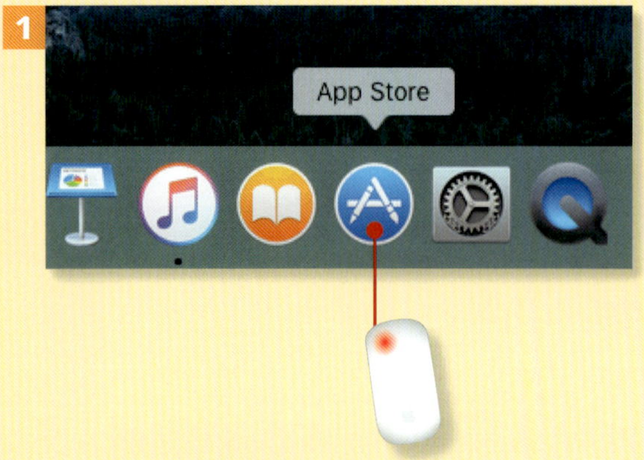

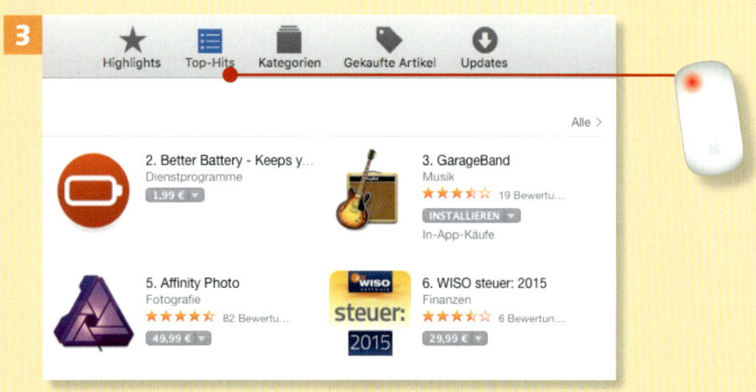


*Neue Programme können Sie direkt über den integrierten App Store beziehen. Hier finden Sie ein reichhaltiges Angebot an kostenfreien und kostenpflichtigen Programmen.*

## Schritt 1

Der App Store ist direkt im Dock platziert. Nach einem Klick auf das Programmsymbol können Sie sofort mit dem Einkaufsvergnügen beginnen. Allerdings muss hierzu eine Internetverbindung bestehen.

## Schritt 2

Die Startseite des App Stores öffnet sich unter dem Punkt **Highlights** ❶. Hier sehen Sie einige von Apple empfohlene Programme. In der Symbolleiste am Kopf des Programmfensters wechseln Sie zwischen den unterschiedlichen Kategorien im Store.

## Schritt 3

Wählen Sie den Bereich **Top-Hits** in der Symbolleiste aus, um Zugriff auf die am häufigsten im App Store gekauften Programme zu erhalten.

## Schritt 4

Einen Überblick bietet der Bereich **Kategorien**. Dort werden die Programme nach Kategorien geordnet aufgelistet. Stöbern Sie u. a. in **Wirtschaft** ❷, **Bildung** ❸ oder **Spiele** ❹.

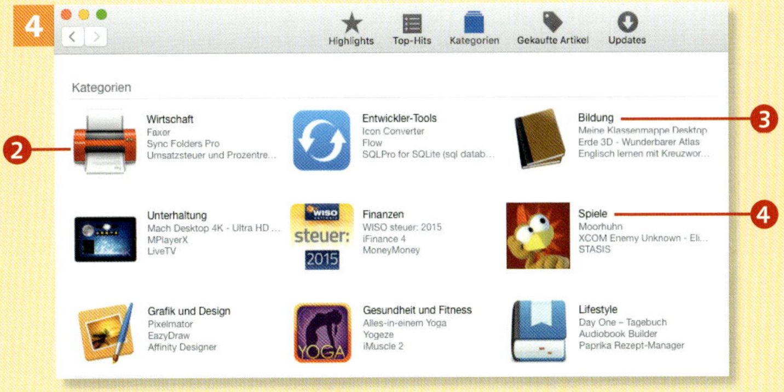


## Schritt 5

Unter **Gekaufte Artikel** ❺ finden Sie alle Programme, die Sie über Ihren Account erstanden haben. Wenn Sie ein Programm mit einem anderen Rechner gekauft haben, müssen Sie hier noch auf **Installieren** klicken, um es auch auf dem aktuell verwendeten Rechner einzurichten.

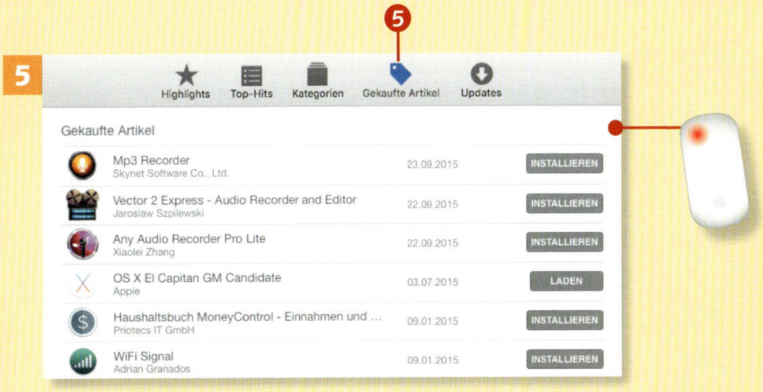


## Schritt 6

In der Rubrik **Updates** ❻ werden die Anwendungen aufgeführt, für die eine Aktualisierung zur Verfügung steht. Klicken Sie dann auf **Aktualisieren** bzw. **Update**.

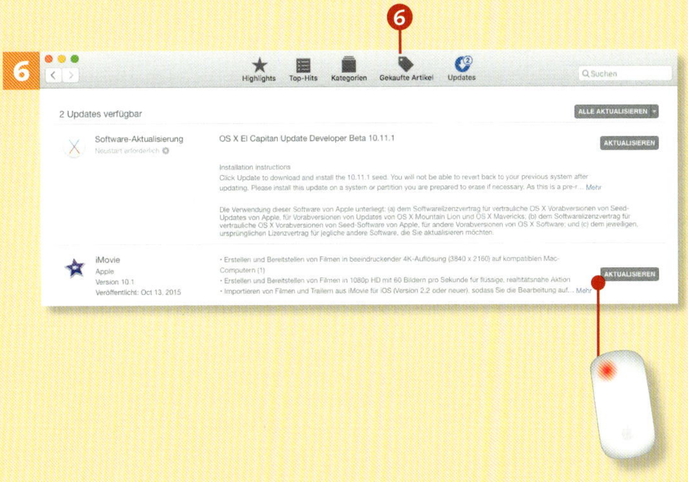


**Information zu Updates**

Wenn es eine Aktualisierung für eines Ihrer Programme gibt, werden Sie direkt über das Programmsymbol **App Store** informiert. Dort wird die Anzahl der möglichen Updates angezeigt.

# Programme kaufen: der App Store (Forts.)

### Schritt 7

Über das Suchfeld können Sie direkt nach einem bestimmten Programm suchen. Geben Sie Ihren Suchbegriff in das Feld ein, und drücken Sie die [↵]-Taste.

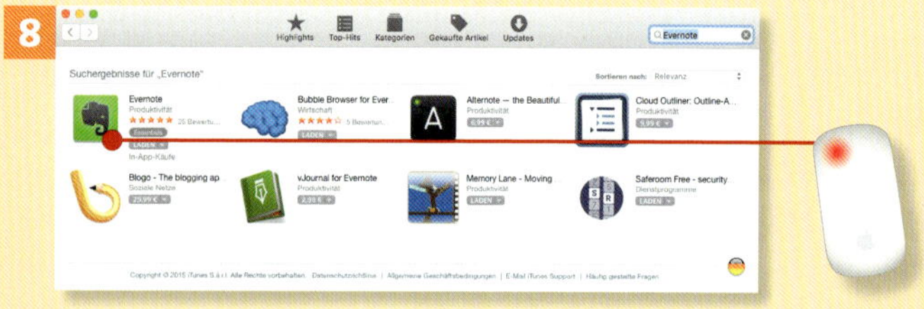


### Schritt 8

Der App Store zeigt daraufhin eine Ergebnisliste für Ihre Suche an. Sie gelangen mit einem Klick auf das Programmsymbol direkt zum gesuchten Programm.

### Schritt 9

Nach einem Klick auf die Preis-Schaltfläche bei kostenpflichtigen Programmen oder auf die Schaltfläche **Laden** ❶ bei kostenfreien Anwendungen wandelt sich die Schaltfläche in **App installieren**. Klicken Sie darauf, um das Programm auf Ihren Rechner zu laden.

**Detailinformationen und Bewertungen**

Auch zu den Suchergebnissen können Sie sich Details anzeigen lassen. Klicken Sie dazu eine App an. Hier finden Sie zusätzlich Bewertungen anderer Benutzer, die Ihnen bei der Auswahl behilflich sein können.

## Schritt 10

Falls Sie noch nicht beim App Store angemeldet sind, müssen Sie Ihre **Apple-ID** und das **Passwort** in die jeweiligen Felder im Dialogfenster eingeben. Klicken Sie dann auf die Schaltfläche **Anmelden**.

## Schritt 11

Die Anwendung wird dann aus dem App Store geladen und installiert. Das Symbol des neuen Programms erscheint im Launchpad mit dem Hinweis **Übertragen** sowie einem Balken ❷, der anzeigt, dass der Download im Gange ist.

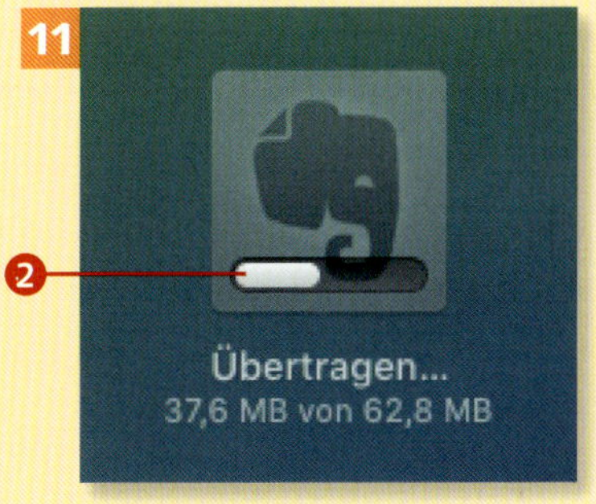


## Schritt 12

Ist die Installation beendet, wird das Programmsymbol im Launchpad mit einem blauen Punkt angezeigt. Sie starten die Anwendung jetzt ganz normal mit einem Mausklick auf das Symbol.

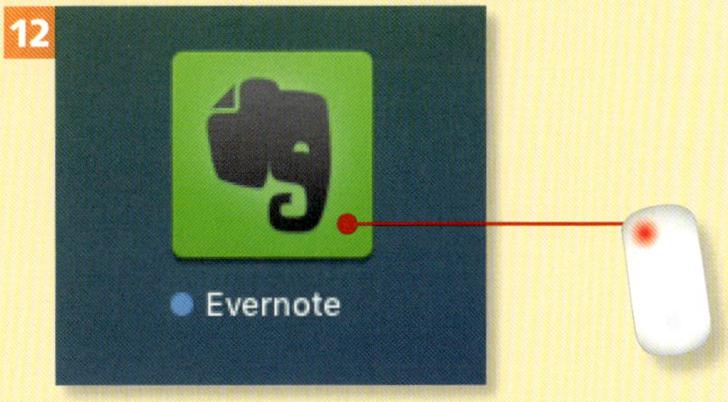


**Eine Apple-ID anlegen**

Eine Apple-ID können Sie direkt im App Store anlegen. Öffnen Sie den App Store mit einem Klick auf das Programmsymbol im Dock. Klicken Sie dann auf der Startseite auf den Punkt **Anmelden**. Im nächsten Dialogfenster wählen Sie **Apple-ID erstellen**. Folgen Sie den Anmeldeschritten.

# Programme installieren und aktualisieren

1

2

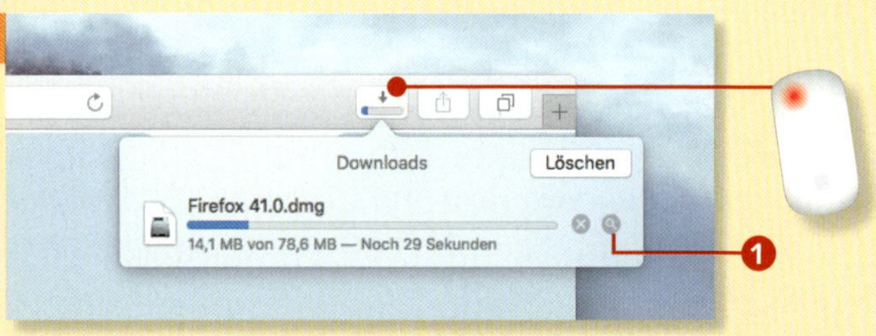


3

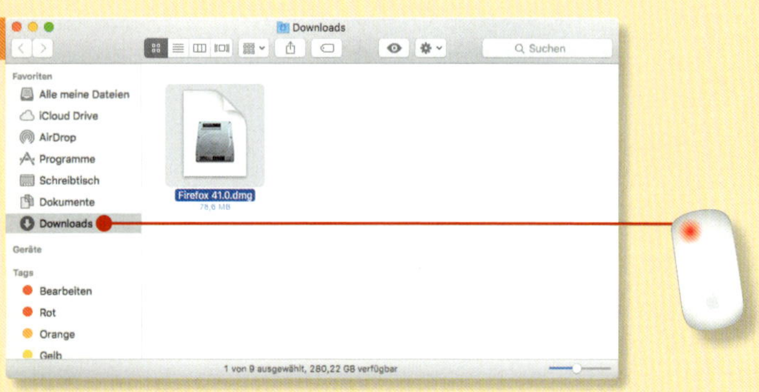


*Die Installation von Programmen geht am Mac leicht von der Hand, und installierte Programme halten Sie ganz einfach auf dem aktuellen Stand.*

## Schritt 1

Neue Programme können Sie meist über die Internetseite des Anbieters beziehen. Um die Datei auf den Rechner zu laden, klicken Sie auf die Download-Schaltfläche. Daraufhin startet der Browser mit dem Laden der Datei und legt sie im Ordner **Downloads** ab.

## Schritt 2

Navigieren Sie zum Ordner **Downloads** über die Schaltfläche **Downloads** in Safari. Es werden nun alle Download-Dateien angezeigt. Mit einem Klick auf die Lupe (1) gelangen Sie direkt zur geladenen Datei.

## Schritt 3

Im Ordner **Downloads** finden Sie das geladene Archiv. Im nächsten Schritt entpacken Sie es mit einem Doppelklick auf die *DMG*-Datei.

## Schritt 4

Nachdem die Datei entpackt ist, wird das Verzeichnis in der Seitenleiste unter **Geräte** und auf dem Schreibtisch angezeigt. Sie können darauf ebenfalls mit einem Mausklick zugreifen.

## Schritt 5

In der Regel können Sie das Programm einfach durch Kopieren installieren: Im Verzeichnis sehen Sie das Programmsymbol, das Sie mit gedrückter Maustaste auf den Punkt **Programme** ziehen. Sobald Sie die Maustaste loslassen, wird das Programm in diesen Ordner kopiert.

## Schritt 6

Ist der Kopiervorgang beendet, finden Sie die Anwendung im Ordner **Programme** ❷, und Sie können sie über das Launchpad aufrufen.

**Programme von CD/DVD**
Es ist auch möglich, Programme von einer CD oder DVD zu installieren. Legen Sie das Medium in das CD/DVD-Laufwerk Ihres Rechners ein. Daraufhin wird es auf dem Schreibtisch angezeigt. Doppelklicken Sie auf das Symbol, und starten Sie das Installationsprogramm.

# Programme installieren und aktualisieren (Forts.)

7

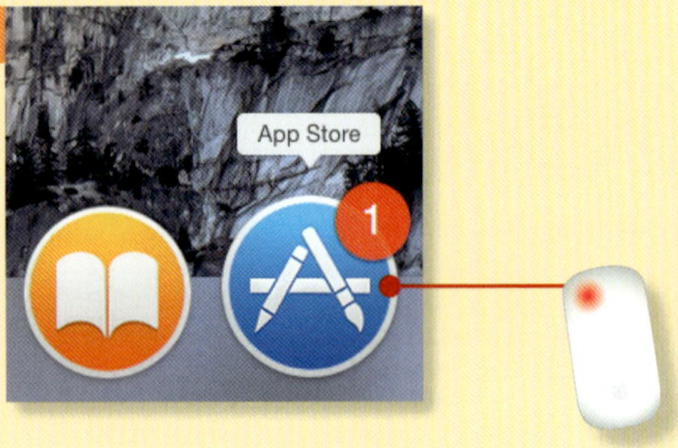


8

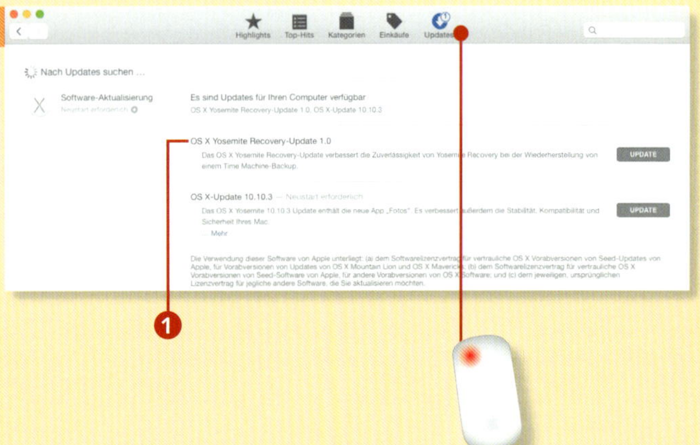


9

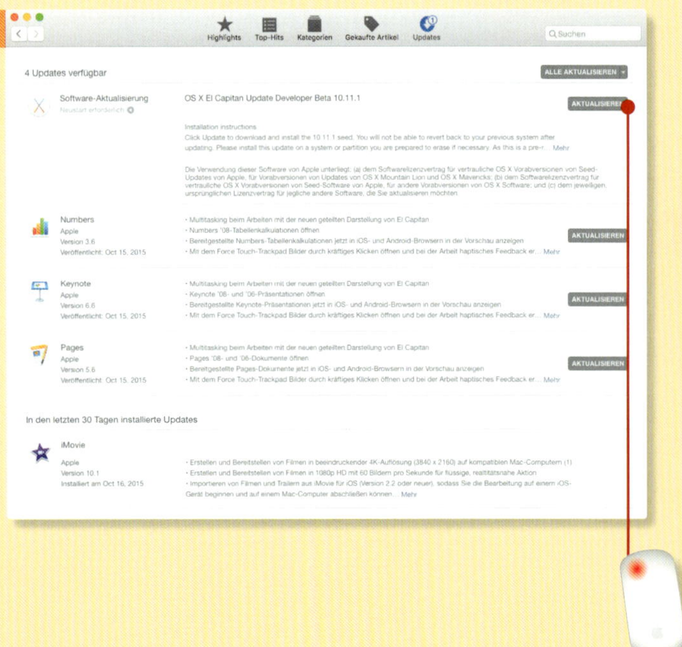


## Schritt 7

Die zentralen Programme und Ihr System können Sie leicht auf dem neusten Stand halten. Rufen Sie dazu im Dock den **App Store** auf.

## Schritt 8

Wählen Sie die Rubrik **Updates**. Werden Updates gefunden, werden sie in der Übersicht angezeigt. Sie erhalten genauere Informationen 1 über die Art der Änderungen und Neuerungen, die die neue Version mit sich bringt.

## Schritt 9

Klicken Sie auf die Schaltfläche **Update** bzw. **Aktualisieren**, wenn Sie die Aktualisierung vornehmen möchten. Das Update wird automatisch aus dem Internet geladen und installiert.

**Fremdprogramme installieren**
Um Programme zu installieren, die nicht aus dem **App Store** stammen, müssen Sie die Sicherheitseinstellungen anpassen: Aktivieren Sie in den **Systemeinstellungen** unter **Sicherheit ▸ Allgemein** die Option **Apps-Download erlauben von: Mac App Store und verifizierte Entwickler**. Genügt dies nicht, nutzen Sie die Option **Keine Einschränkungen**.

## Schritt 10

OS X kann sich nicht nur automatisch auf die Suche nach neuen Softwareaktualisierungen machen, sondern diese auch gleich installieren. Rufen Sie über das Apfel-Menü die **Systemeinstellungen** auf, und wählen Sie dort den Punkt **App Store**.

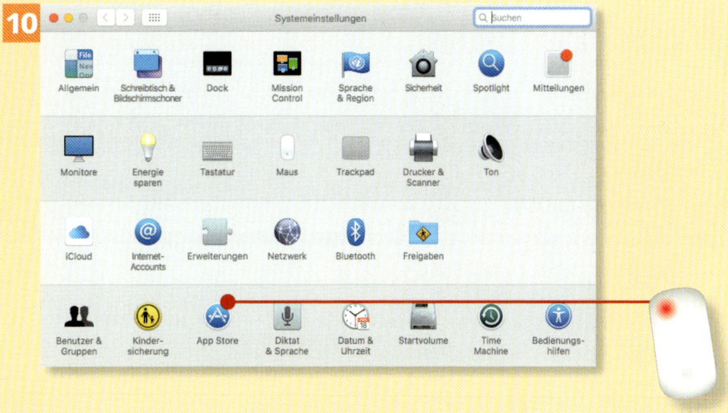


## Schritt 11

Zusätzlich zur Option **Automatisch nach Updates suchen** ❷ aktivieren Sie dann auch die Option **App-Updates installieren**.

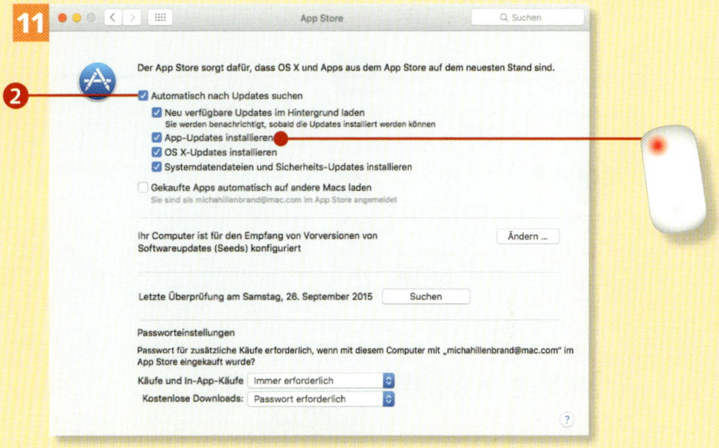


## Schritt 12

Haben Sie mit anderen Macs Programme gekauft und sollen diese automatisch auf allen Ihren Rechnern zur Verfügung stehen, aktivieren Sie außerdem den Punkt **Gekaufte Apps automatisch auf andere Macs laden**.

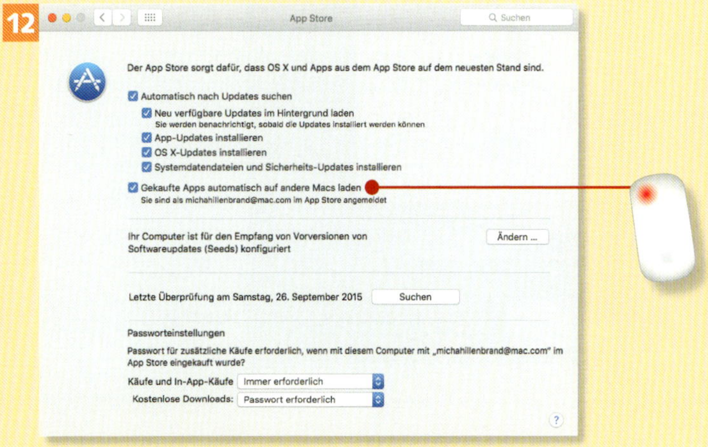


**Softwareaktualisierung**

Um automatische Softwareaktualisierungen zu unterbinden, deaktivieren Sie im Dialogfenster **App Store**, das Sie über die **Systemeinstellungen** erreichen, die Option **Automatisch nach Updates suchen**.

# Programme löschen

1

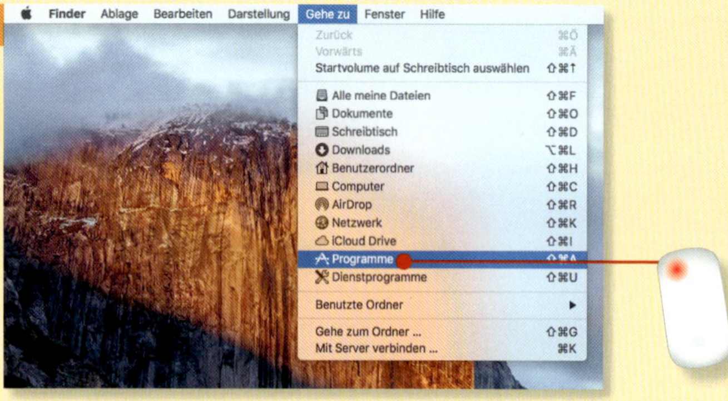


2

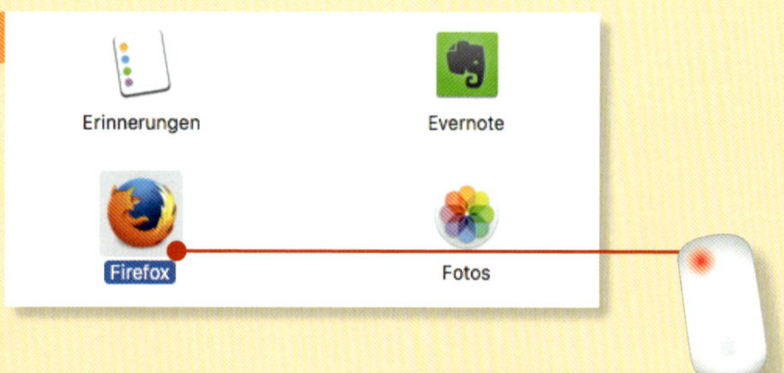


3

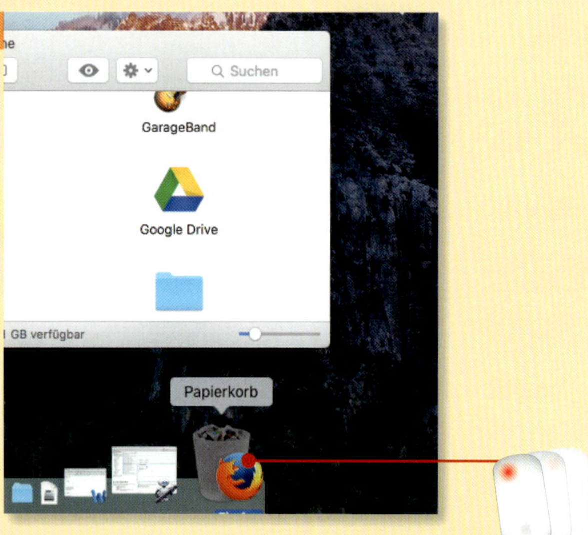


*Benötigen Sie bestimmte Programme nicht mehr, können Sie sie wieder von Ihrem Rechner löschen. Am Mac ist das kinderleicht.*

## Schritt 1

Sie löschen Anwendungen am Mac, indem Sie die Programmdatei aus dem Ordner **Programme** entfernen. Öffnen Sie diesen über das Menü **Gehe zu ▸ Programme**.

## Schritt 2

Aus der Übersicht des Ordners **Programme** wählen Sie das zu löschende Programm mit einem Mausklick aus. Wenn nötig, scrollen Sie durch das Fenster.

## Schritt 3

Ziehen Sie das Programm mit gedrückter Maustaste auf das Symbol **Papierkorb** im Dock. Alternativ können Sie auch die Taste ← drücken.

## Schritt 4

Sie können das Löschen eines Programms auch über das Kontextmenü erledigen. Rufen Sie es mit einem Rechtsklick auf. Wählen Sie dort die Option **In den Papierkorb legen** ❶.

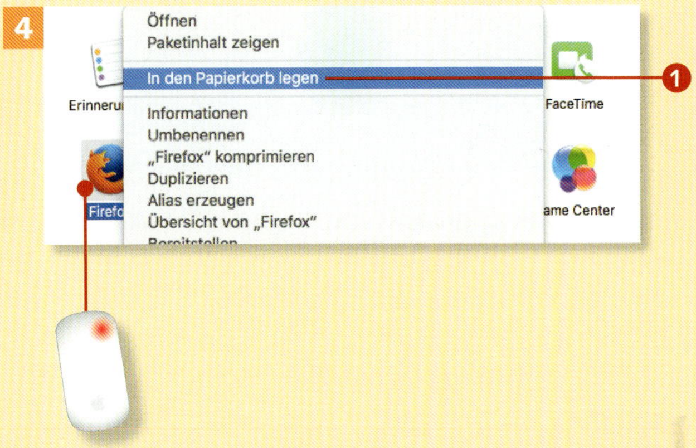


## Schritt 5

Damit das Programm endgültig von Ihrer Festplatte gelöscht wird, entleeren Sie den Papierkorb. Öffnen Sie dazu den Papierkorb, und klicken Sie auf die Schaltfläche **Entleeren**.

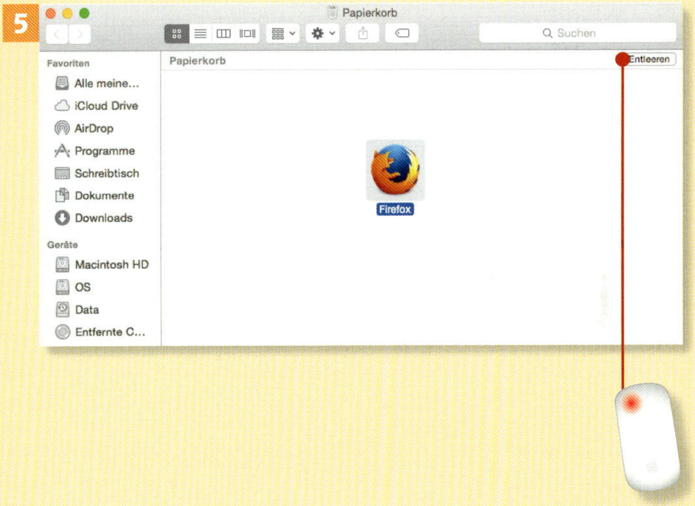


## Schritt 6

Bestätigen Sie im Anschluss das Löschen über die Schaltfläche **Papierkorb entleeren**. Damit werden alle Dateien im Papierkorb endgültig gelöscht, und so wird auch das Programm von der Festplatte entfernt.

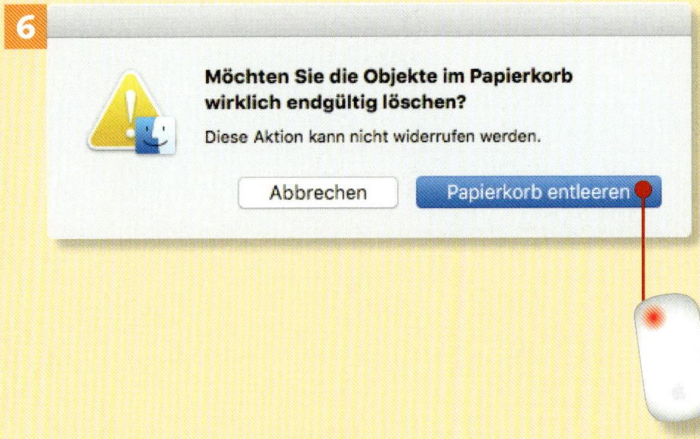


**Löschen über das Launchpad**

Programme, die Sie zusätzlich installiert haben, können Sie auch direkt über das Launchpad löschen. Halten Sie die Taste `alt` gedrückt, wenn Sie auf ein Programmsymbol klicken. Ein Kreuzchen erscheint. Klicken Sie mit der Maus darauf, und bestätigen Sie den Dialog mit einem Klick auf **Löschen**.

Kapitel 3

# Mit Dateien und Ordnern umgehen

Die Organisation Ihrer Dokumente und Dateien ist in OS X einfach. Sie können mit Ordnern eigene Strukturen aufbauen und auf Wunsch arrangieren. Wie Sie dabei vorgehen, lernen Sie in diesem Kapitel.

**Dateien in iCloud Drive sichern**

Um ein Dokument auf mehreren Rechnern oder auf Ihrem iPhone zu nutzen, können Sie es in *iCloud Drive* ❶, der Online-Festplatte von Apple, speichern. So sichern Sie Ihre Datei an einem Speicherort, auf den Sie von überall zugreifen können.

**Dateien verschieben**

Das Verschieben von Dateien ist recht einfach: Zuerst wählen Sie eine Datei aus, dann halten Sie die Maustaste gedrückt und ziehen die Datei an die gewünschte Stelle ❷. Sie wird jetzt verschoben, das heißt, vom ursprünglichen Speicherort an den neuen Ort bewegt.

**Aus Programmen drucken**

Sie können aus fast jedem Programm Ihr Arbeitsdokument drucken. Rufen Sie dazu den Menüpunkt **Ablage ▸ Drucken** auf. Jetzt müssen Sie nur noch den Drucker auswählen ❸, die Anzahl der auszudruckenden Exemplare einstellen und den Vorgang mit einem Klick auf **Drucken** bestätigen.

Sie können jedes Dokument über den Speicherdialog auch direkt in iCloud Drive sichern. ❶

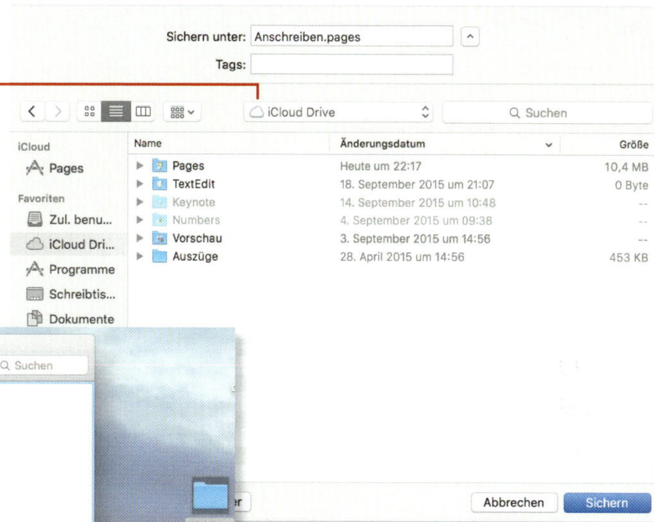


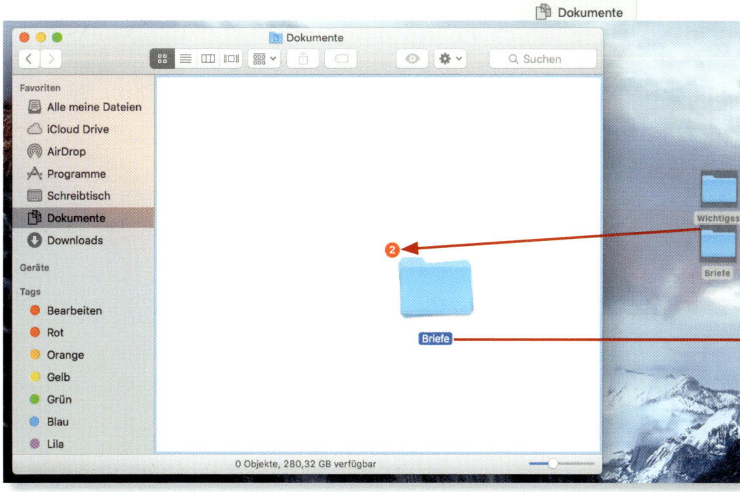


❷ Dateien lassen sich ganz einfach mit der Maus verschieben.

Dokumente bringen Sie über den **Drucken**-Dialog zu Papier. ❸

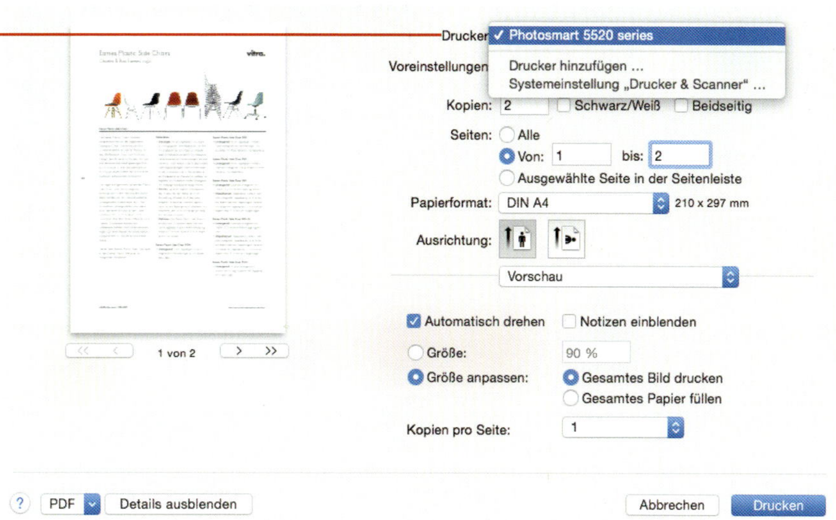

# Dateien öffnen und schließen

1

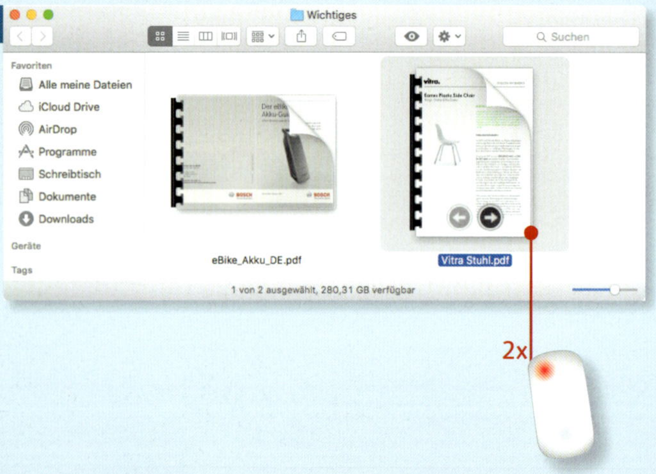


2

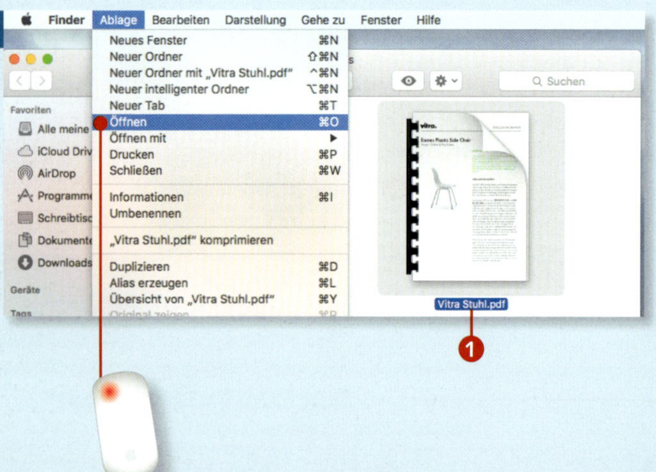


3

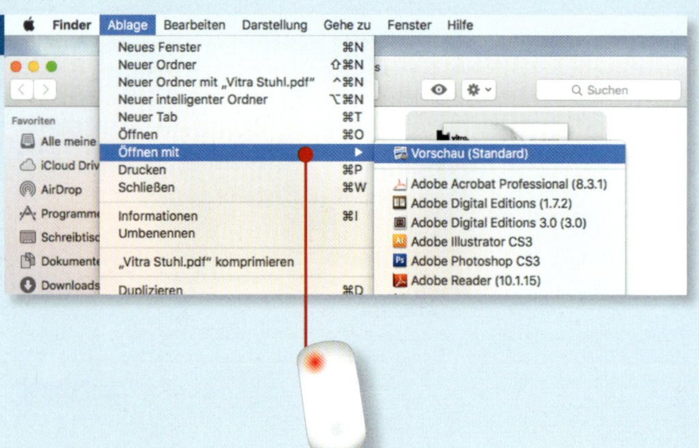


*Sie erfahren in dieser Anleitung, wie Sie Dateien mit den entsprechenden Programmen öffnen und schließen. Mit kleinen Tricks gestalten Sie die Arbeit mit Dateien sehr effektiv.*

## Schritt 1

Sie können eine Datei einfach mit einem Doppelklick aus dem Finder öffnen. Automatisch wird die dazu passende Anwendung gestartet und das Dokument geöffnet.

## Schritt 2

Alternativ verwenden Sie im Finder den Menübefehl **Ablage ▸ Öffnen** oder die Tastenkombination cmd + O. Damit der Menübefehl aktiv ist, müssen Sie vorher eine Datei ausgewählt haben ❶.

## Schritt 3

Möchten Sie, dass die Datei mit einem bestimmten Programm geöffnet wird, wählen Sie sie wie in Schritt 2 zu sehen aus, klicken auf **Ablage ▸ Öffnen mit** und dann auf das Programm, mit dem das Dokument geöffnet werden soll.

### Schritt 4

Sie können die Datei auch auf ein Programmsymbol im Dock ziehen. Ist die Datei mit dem Programm kompatibel, wird das Dokument automatisch mit dem gewählten Programm geöffnet.

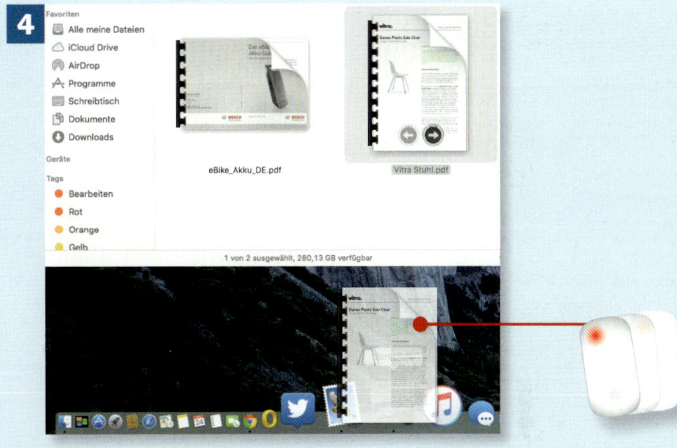


### Schritt 5

Sie können Dateien einfach schließen, indem Sie im Dokumentenfenster auf die rote Schaltfläche klicken.

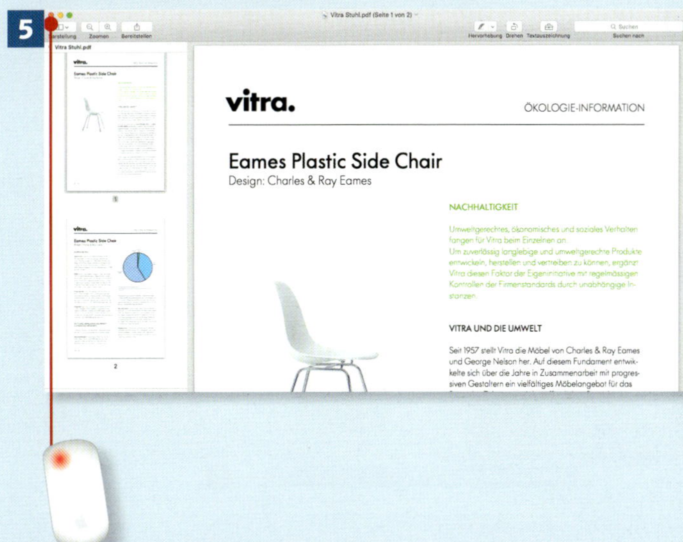


### Schritt 6

Ein geöffnetes Dateifenster können Sie auch über das Menü des Programms schließen, mit dem Sie die Datei geöffnet haben. Nutzen Sie dazu den Menüpunkt **Ablage ▸ Fenster schließen** oder das Tastenkürzel [cmd] + [W].

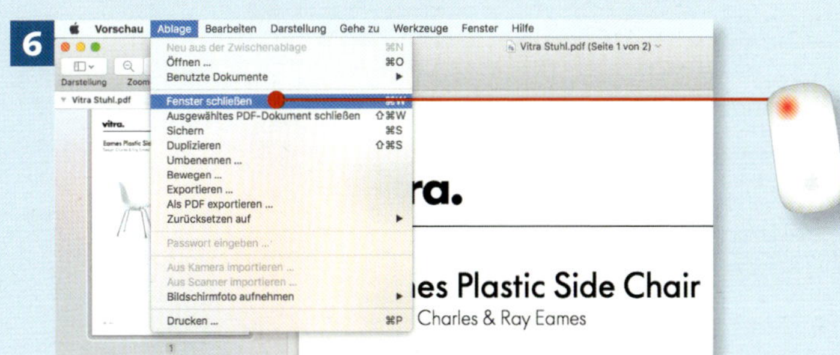


**Kein passendes Programm?**
Wenn Sie versuchen, eine Datei zu öffnen, für die Ihr Mac kein passendes Programm hat oder das richtige Programm noch nicht kennt, erhalten Sie eine Meldung. Sie können dann das Programm manuell zuordnen oder das fehlende Programm im App Store suchen.

# Dateien am richtigen Ort sichern

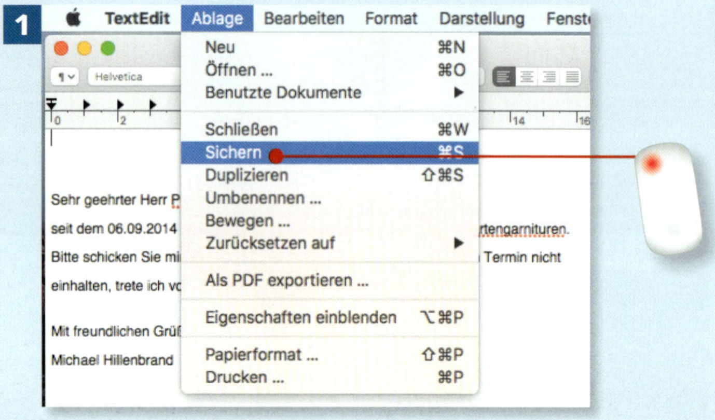


*Damit Sie Ihre Dateien schnell wieder auffinden, sollten Sie immer genau wissen, wo Sie sie ablegen.*

## Schritt 1

Während der Erstellung Ihres Dokuments sollten Sie dieses abspeichern. Den Speicherdialog finden Sie in der Menüleiste unter **Ablage** ▸ **Sichern**. Sie können auch die Tasten cmd + S verwenden.

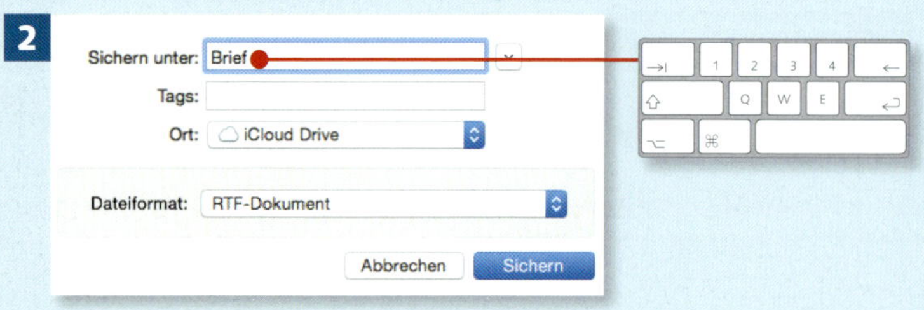


## Schritt 2

Vergeben Sie im Speicherdialog einen Namen für das Dokument. Klicken Sie dazu in das Feld **Sichern unter**, und überschreiben Sie den vom System vorgeschlagenen Titel.

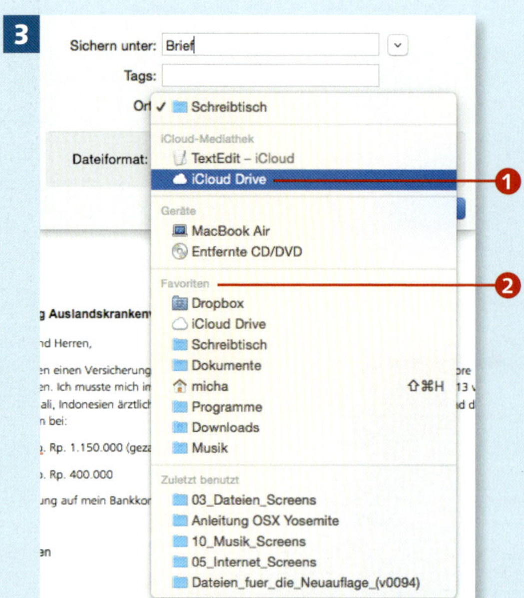


## Schritt 3

Wählen Sie aus dem Aufklappmenü **Ort** den Speicherort für Ihre Datei. Standardmäßig schlägt Ihr Mac die wichtigsten Speicherorte unter dem Punkt **Favoriten** ❷ vor. Sie können die Datei hier z. B. direkt im Ordner **Dokumente** sichern. Um Ihr Dokument auf einem anderen Gerät weiterzubearbeiten, können Sie es auch in **iCloud Drive** ❶ speichern, wenn der Ordner aktiviert ist.

## Schritt 4

Sie können aber auch einen Speicherort wählen, der nicht im Aufklappmenü angegeben ist. Klicken Sie dazu auf die Schaltfläche mit dem Pfeil, um den erweiterten Speicherdialog zu öffnen.

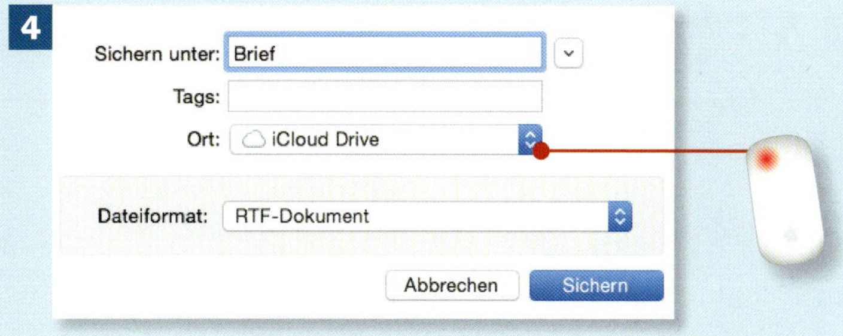


## Schritt 5

Hier können Sie, wie vom Finder gewohnt, zum gewünschten Speicherort navigieren. Über die Seitenleiste wechseln Sie z. B. bequem zu Ihrem **Dokumente**-Ordner ❸. Am Speicherort können Sie mit einem Klick auf **Neuer Ordner** einen neuen Ordner anlegen.

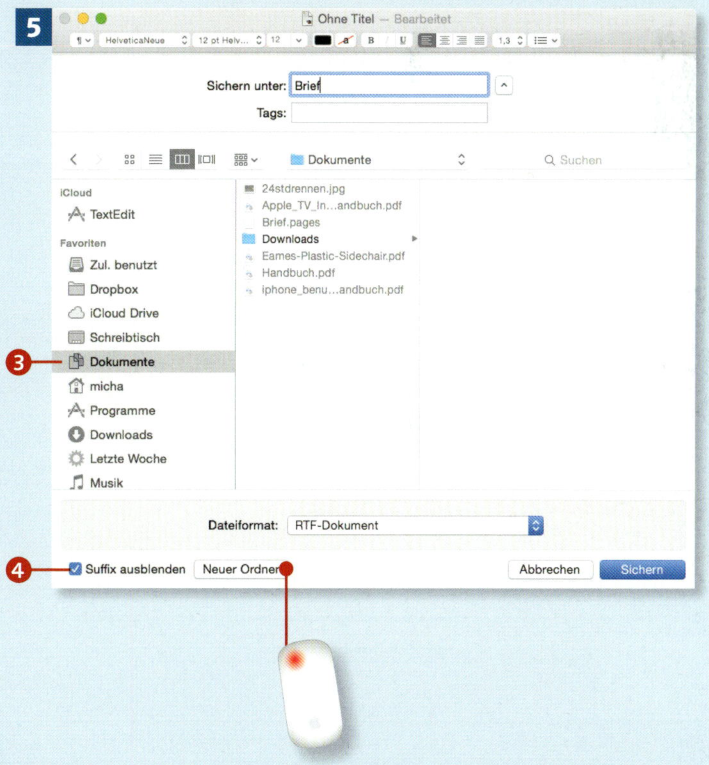


## Schritt 6

Geben Sie ihm einen Namen, und bestätigen Sie mit **Erstellen**. Ihr Mac öffnet den neuen Ordner, und Sie können die Datei mit einem Klick auf **Sichern** speichern.

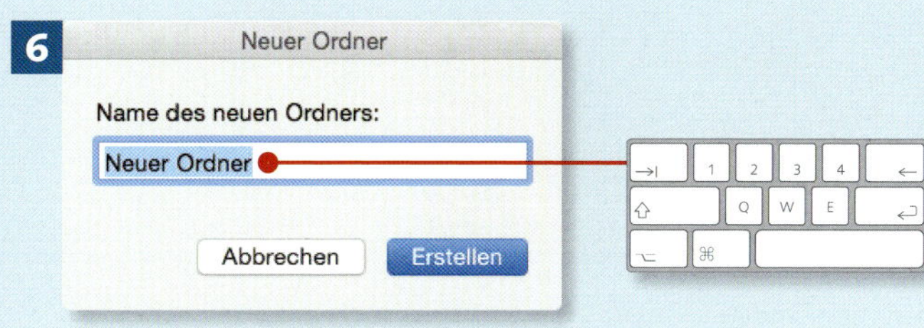


**Dateiendungen einblenden**

Sie können festlegen, ob die Dateiendung einer Datei angezeigt wird. Wählen Sie dazu die Datei aus, und rufen Sie über cmd + I den Infodialog auf. Hier regeln Sie über das Kontrollkästchen **Suffix ausblenden** unter **Name & Suffix**, wie Ihr Mac vorgehen soll. Das geht auch im Speicherdialog ❹.

# Ordner anlegen

1

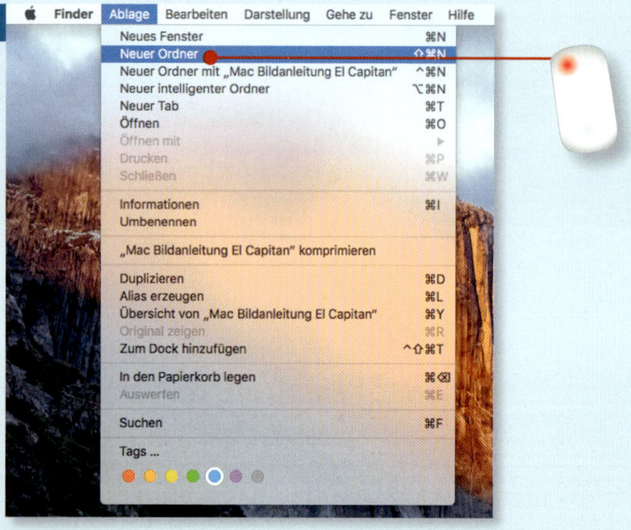


2

3

*Mit Ordnern organisieren und strukturieren Sie Dokumente, Dateien und Programme. Es gibt verschiedene Möglichkeiten, unter OS X einen Ordner anzulegen.*

## Schritt 1

Navigieren Sie zunächst über den Finder zu dem Ort, an dem Sie einen Ordner anlegen möchten. Verwenden Sie dann den Menübefehl **Ablage ▸ Neuer Ordner** oder die Tastenkombination [cmd] + [⇧] + [N].

## Schritt 2

Standardmäßig wird ein Ordner namens **Neuer Ordner** erstellt. Der Titel ist automatisch markiert, Sie können ihn also sofort überschreiben. Klicken Sie mit der Maus neben den Ordner, damit der neue Titel übernommen wird.

## Schritt 3

Sie können einen Ordner aber auch nachträglich umbenennen. Dazu markieren Sie ihn und drücken auf die [↵]-Taste. Jetzt geben Sie den neuen Namen ein. Klicken Sie dann wieder neben den Ordner.

### Schritt 4

Es ist auch möglich, den Namen eines Ordners über den Dialog **Infos zu: [Dateiname]** zu ändern. Klicken Sie dazu mit der rechten Maustaste auf den Ordner. Im Kontextmenü wählen Sie die Option **Informationen** ❶ aus.

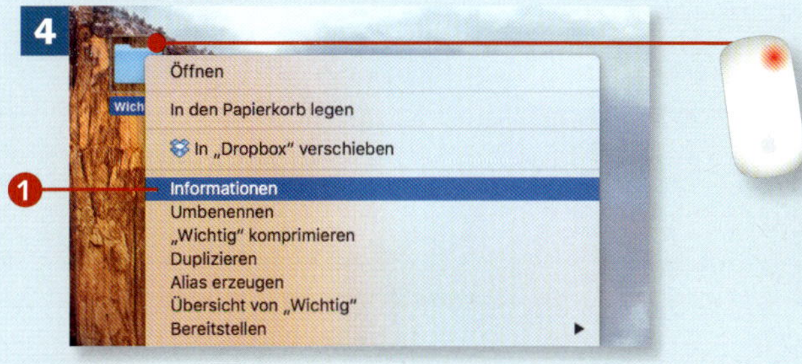


### Schritt 5

Klicken Sie jetzt mit der Maus in das Feld **Name & Suffix**, und überschreiben Sie den dort angezeigten Titel nach Belieben. Wenn Sie das Fenster über die rote Schaltfläche oben links ❷ schließen, wird Ihre Änderung direkt übernommen.

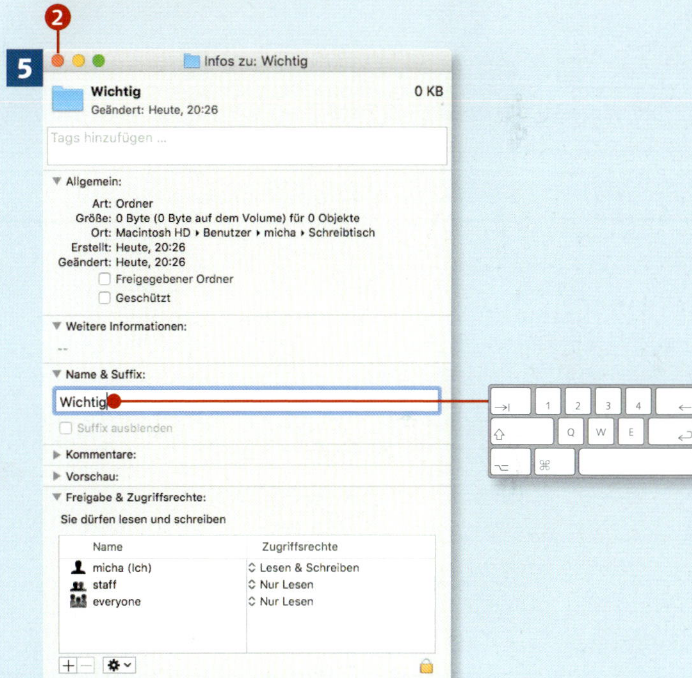


### Schritt 6

Sie füllen den neuen Ordner mit Inhalt, indem Sie Dateien mit gedrückter Maustaste auf ihn ziehen. Wird der Ordnername dunkler dargestellt, können Sie die Maustaste loslassen. Wenn Sie etwas länger mit dem Loslassen warten, wird der Ordner automatisch geöffnet.

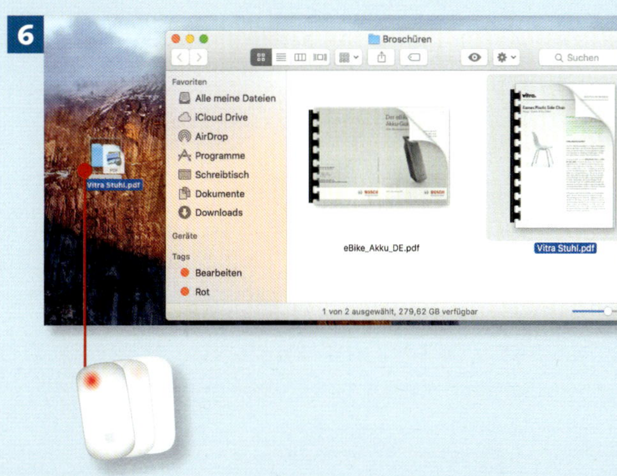

# Intelligente Ordner nutzen

*Dateien und Dokumente lassen sich automatisch in Ordner zusammenfassen und organisieren. Diese Ordner nennt man »intelligent«.*

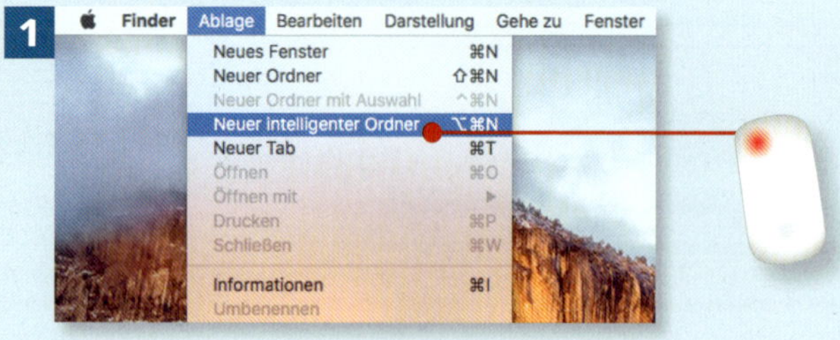


## Schritt 1

Sie können auch Ordner anlegen, die sich nach bestimmten Regeln automatisch füllen. Einen solchen *intelligenten Ordner* erstellen Sie über **Ablage ▸ Neuer intelligenter Ordner** oder mit der Tastenkombination cmd + alt + N.

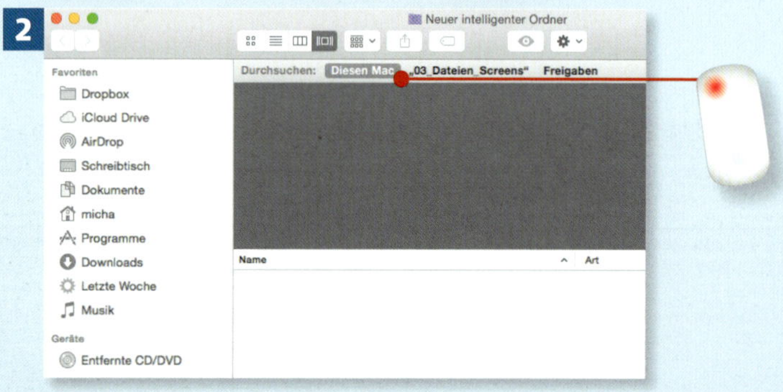


## Schritt 2

Im noch leeren Finder-Fenster wird nun eine neue Symbolleiste eingeblendet. Hier wählen Sie zunächst den Ort aus, der durchsucht werden soll, um den intelligenten Ordner zu füllen. Für den ganzen Rechner klicken Sie auf **Diesen Mac**.

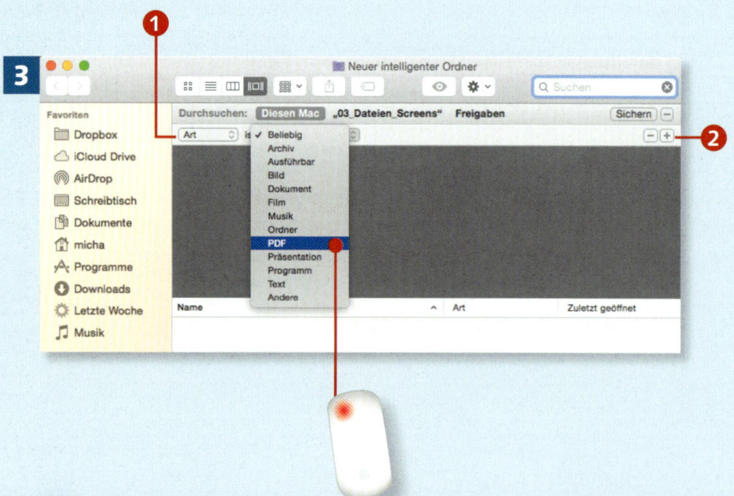


## Schritt 3

Klicken Sie auf das Plus ❷, um Regeln für die Zusammenstellung des Ordners anzulegen. Wählen Sie den Punkt **Art** ❶ aus dem ersten Aufklappmenü und aus dem zweiten z. B. die Option **PDF**, um alle PDFs auf dem Computer in diesem Ordner zu sammeln.

**Ordnerstruktur bleibt erhalten**

Nutzen Sie einen intelligenten Ordner, bleibt die Ordnung Ihrer Dateien unangerührt: Es werden lediglich Kopien der Dateien erzeugt und in einem intelligenten Ordner zusammengeführt.

## Schritt 4

Sie können weitere Regeln hinzufügen, um die Suche zu verfeinern. Dazu klicken Sie auf das Plus 3 in der zweiten Zeile. Eine dritte Zeile mit weiteren Aufklappmenüs wird eingeblendet, in der Sie z. B. **Erstellungsdatum** als Kriterium wählen.

## Schritt 5

Haben Sie alle Regeln festgelegt, können Sie den intelligenten Ordner mit einem Klick auf **Sichern** speichern.

## Schritt 6

Sie müssen nun einen Namen 4 für den Ordner eingeben und den Speicherort 5 wählen. Um später schnell im Finder auf den Ordner zugreifen zu können, achten Sie darauf, dass die Option **Zur Seitenleiste hinzufügen** 6 aktiviert ist. Bestätigen Sie Ihre Angaben mit einem Klick auf **Sichern**.

4

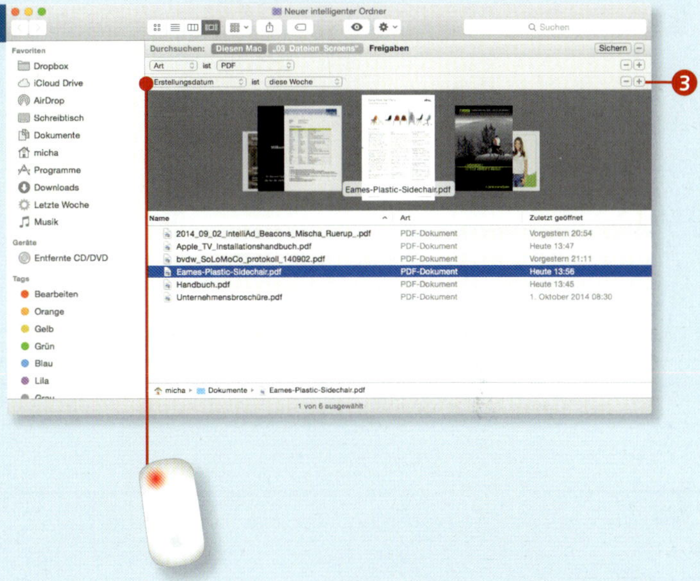


5

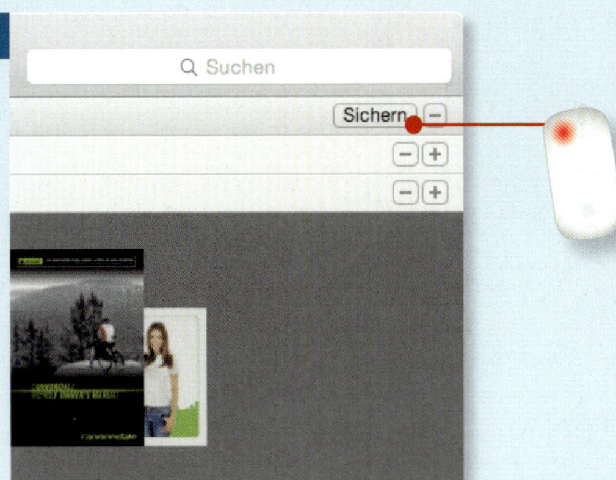


## Die Ordnergröße herausfinden

Um herauszufinden, welche Dateigröße ein Ordner hat, wählen Sie ihn mit einem Mausklick aus und drücken die Tastenkombination `cmd` + `I`. Lesen Sie die Dateigröße direkt im Kopf des Infofensters ab.

6

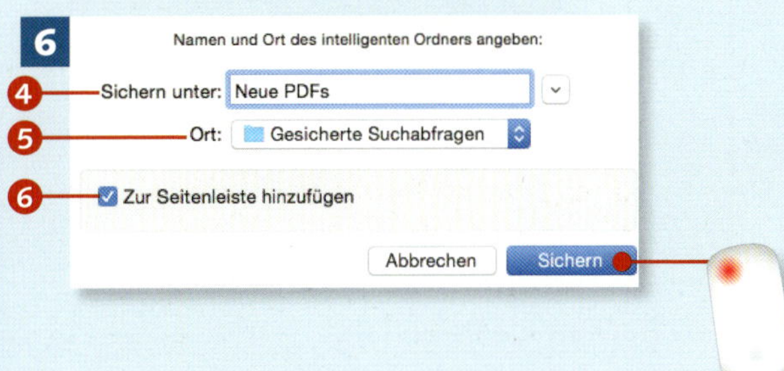

# Verschieben, kopieren und umbenennen

*Wie Sie Ihre Dokumente und Ordner verschieben, kopieren und umbenennen, erfahren Sie in dieser Anleitung. So organisieren Sie Ihre Dokumente noch schneller und einfacher.*

1

## Schritt 1

Um Dateien und Ordner von einem Ort zum anderen zu bewegen, wählen Sie sie zuerst aus. Klicken Sie auf das Datei- oder Ordnersymbol.

2

## Schritt 2

Eine Mehrfachauswahl an Ordnern oder Dateien erreichen Sie, indem Sie mit gedrückter Maustaste ein Rechteck über den Elementen aufziehen. Eine selektive Auswahl von nicht nebeneinanderliegenden Dateien erstellen Sie, indem Sie sie bei gedrückter [cmd]-Taste anklicken.

3

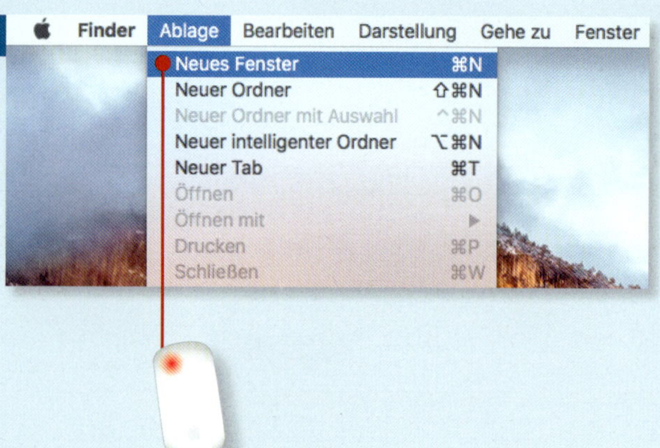


## Schritt 3

Öffnen Sie ein neues Finder-Fenster mit dem Menübefehl **Ablage ▸ Neues Fenster**.

**Icons am Mauszeiger**

Achten Sie stets auf den Mauszeiger. Er zeigt u. a. an, wie viele Dateien verschoben werden; ein grünes Plus symbolisiert, dass die Dateien kopiert werden.

## Schritt 4

Navigieren Sie zu dem Punkt, an dem die Ordner oder Dateien abgelegt werden sollen, beispielsweise zum Ordner **Dokumente**.

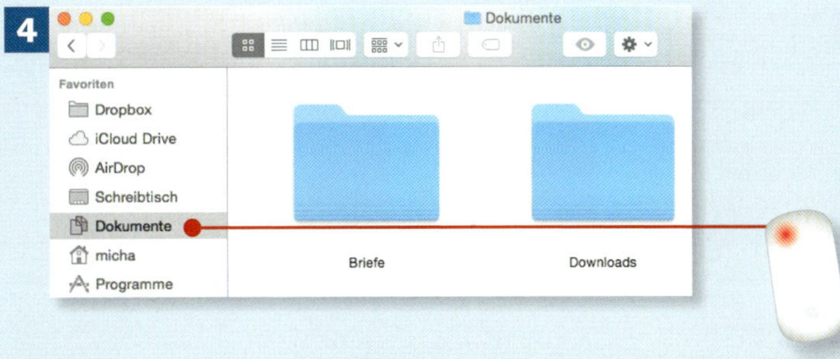


## Schritt 5

Klicken Sie mit der Maus auf Ihre Auswahl aus Schritt 1 oder 2, und halten Sie die Maustaste gedrückt. Ziehen Sie die Dateien oder Ordner an die gewünschte Stelle. Die ausgewählten Elemente werden verschoben.

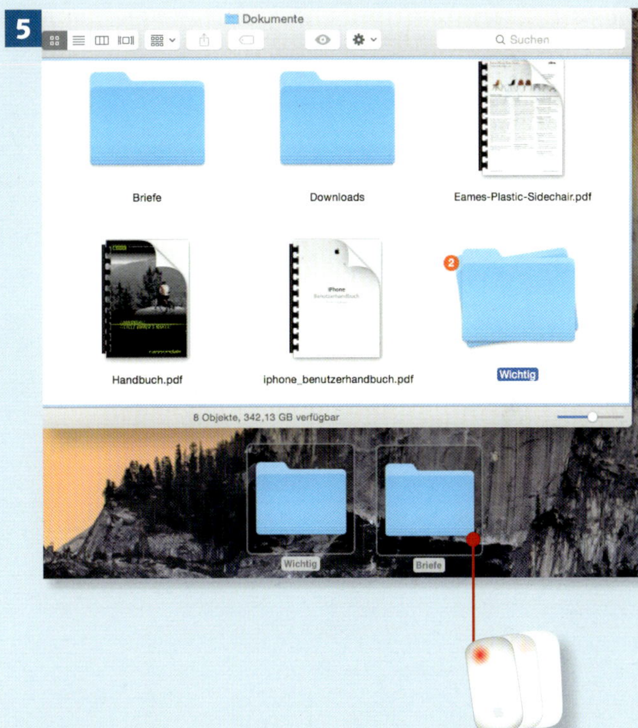


## Schritt 6

Sie können die Dateien auch an eine andere Stelle kopieren. Markieren Sie die gewünschten Objekte, und wählen Sie dann aus dem Finder-Menü den Befehl **Bearbeiten ▸ [Anzahl] Objekte kopieren**, oder drücken Sie alternativ die Tastenkombination [cmd] + [C].

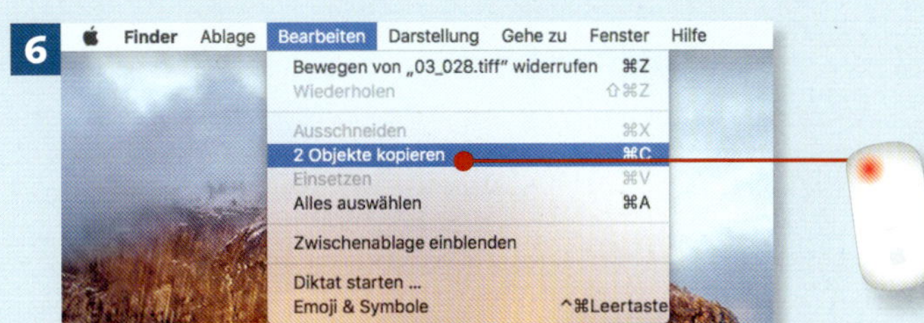

# Verschieben, kopieren und umbenennen (Forts.)

7

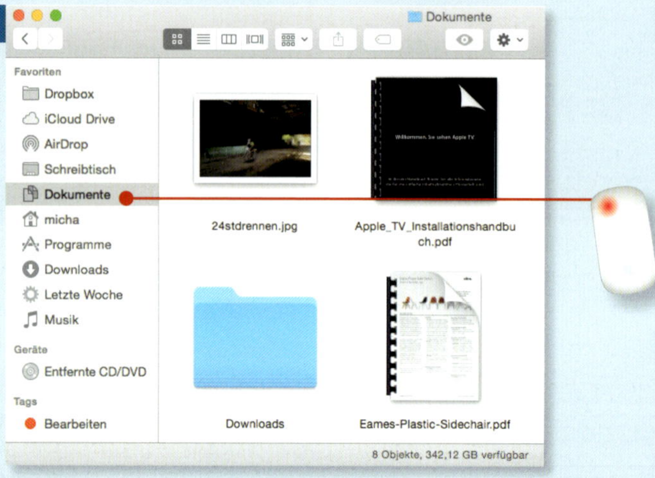


8

9

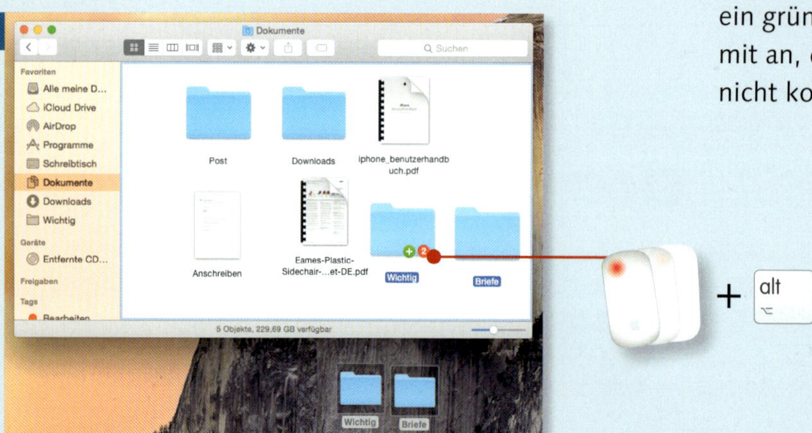


## Schritt 7

Öffnen Sie über den Menübefehl **Ablage ▸ Neues Fenster** ein neues Finder-Fenster, wie in Schritt 3 gezeigt, und navigieren Sie zu der Stelle, an die Sie die Dateien kopieren möchten, hier im Beispiel zum Ordner **Dokumente**.

## Schritt 8

Wenn Sie sich im gewünschten Ordner befinden, führen Sie den Menübefehl **Bearbeiten ▸ [Anzahl] Objekte einsetzen** aus. Die kopierten Daten werden dann direkt in den ausgewählten Ordner übertragen.

## Schritt 9

Sie können Dateien auch kopieren, indem Sie beim Ziehen mit der Maus gleichzeitig `alt` drücken. Der Mauszeiger verwandelt sich dann in ein grünes Plus und zeigt Ihnen damit an, dass die Dateien kopiert und nicht komplett verschoben werden.

## Schritt 10

Um eine Kopie des markierten Ordners am Speicherort des Originals abzulegen, wählen Sie den Menübefehl **Ablage ▸ Duplizieren**.

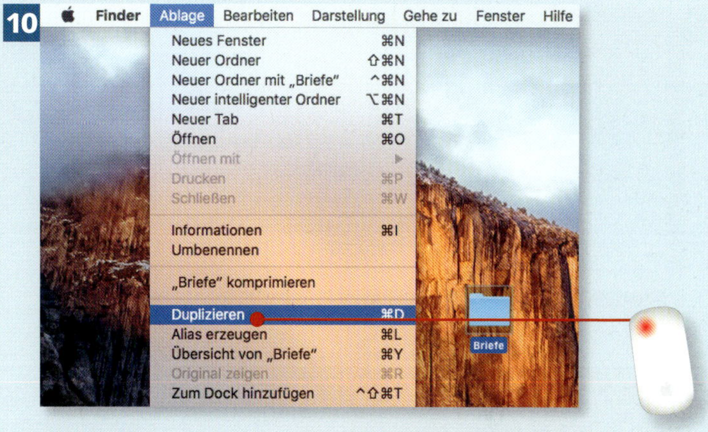


## Schritt 11

Einen schnellen Überblick über den Inhalt eines Ordners erhalten Sie, indem Sie ihn auswählen und **Ablage ▸ Übersicht von »[Dateiname]«** aufrufen. Alternativ drücken Sie die Tastenkombination cmd + Y.

## Schritt 12

Im Übersichtsfenster werden der Name ❶, die Größe ❷, die Anzahl der enthaltenen Dokumente ❸ und das Änderungsdatum ❹ angezeigt. Sie lassen sich den Ordnerinhalt anzeigen, indem Sie auf das Ordnersymbol klicken.

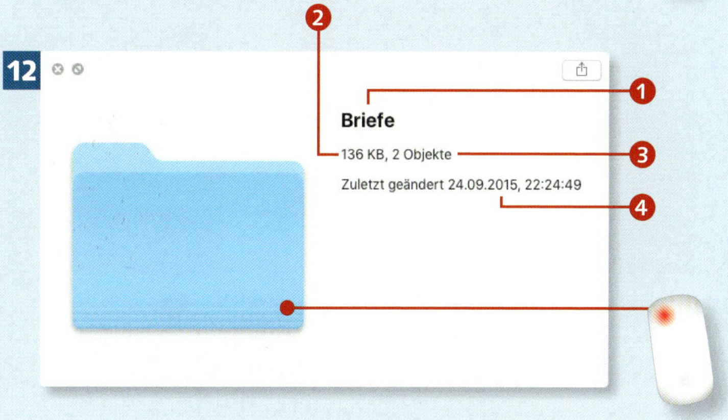


**Schnelle Übersicht**
Ad hoc gelangen Sie zur Übersicht, indem Sie einen Ordner mit der Maus auswählen und die Leertaste drücken.

# Verschieben, kopieren und umbenennen (Forts.)

13

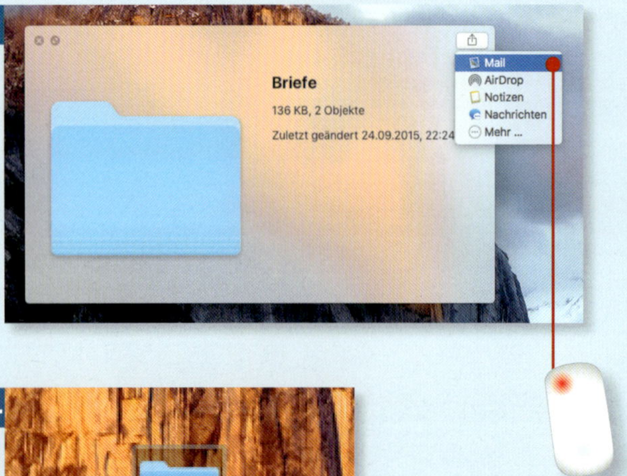


14

15

## Schritt 13

Die Schaltfläche **Teilen** ermöglicht es, den Ordner oder die Datei direkt an eine E-Mail oder eine Nachricht anzuhängen. Auch über die Funktion **Mail** können Sie sie mit anderen Benutzern austauschen.

## Schritt 14

Um Ordner und Dateien umzubenennen, markieren Sie sie, warten einen Moment und klicken dann erneut auf den Namen. Das Feld wird eingabebereit gemacht, und Sie können die Bezeichnung ändern.

## Schritt 15

Es ist auch möglich, die Bezeichnung über das Infofenster zu ändern. Wählen Sie die Datei oder den Ordner per Mausklick aus ①, und rufen Sie den Befehl **Ablage ▸ Informationen** auf. Dann verfahren Sie wie im Abschnitt »Ordner anlegen« ab Seite 78.

## Schritt 16

Je nach Programm, z. B. bei TextEdit, können Sie die Dateinamen direkt über den Menübefehl **Ablage ▸ Umbenennen** ändern.

## Schritt 17

Die Funktion lässt sich auch über den Kopf des Dokuments aufrufen. Klicken Sie dazu mit der Maus auf das kleine Dreieck hinter dem Dokumentennamen.

## Schritt 18

Es öffnet sich ein Dialog, in dem sich der Dokumentname ändern lässt. Überschreiben Sie diesen mit einem neuen Namen. Drücken Sie die Taste [↵], um die Eingabe zu bestätigen.

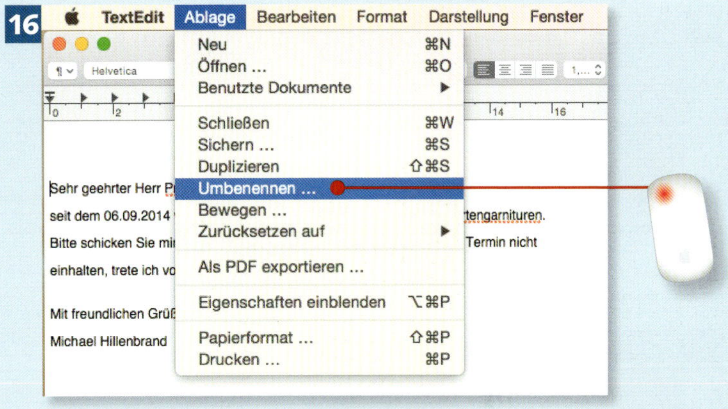


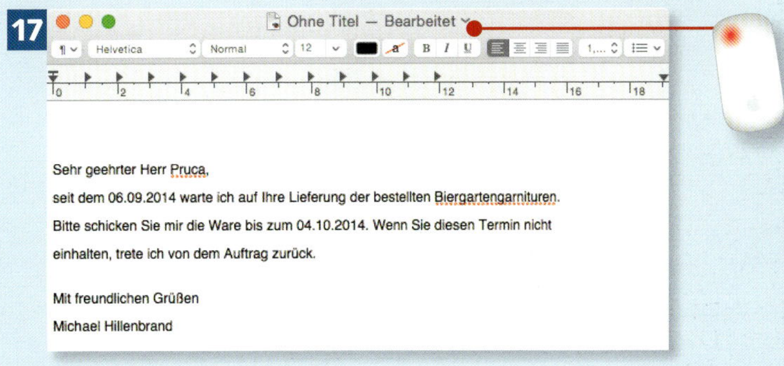


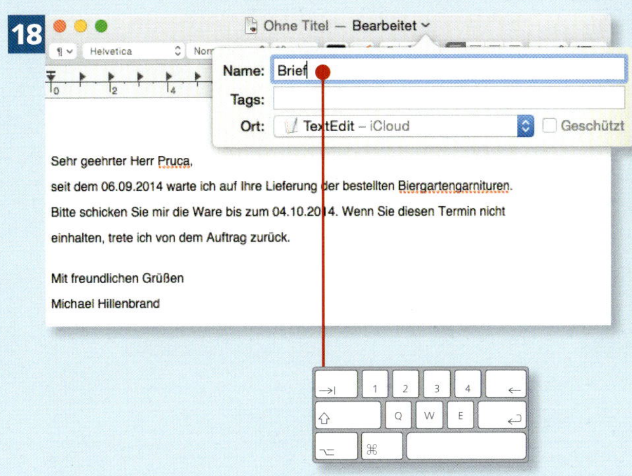


**Rückgängig machen**
Eine ausgeführte Aktion können Sie in den meisten Programmen einfach rückgängig machen: Rufen Sie dazu den Menübefehl **Bearbeiten ▸ Rückgängig** auf, oder drücken Sie [cmd] + [Z].

# Dateien löschen und wiederherstellen

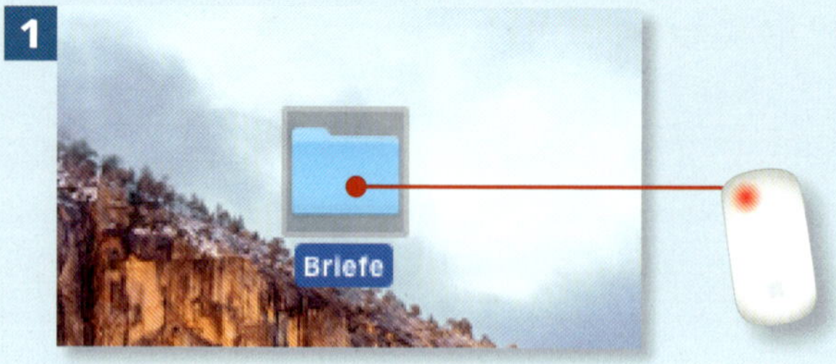


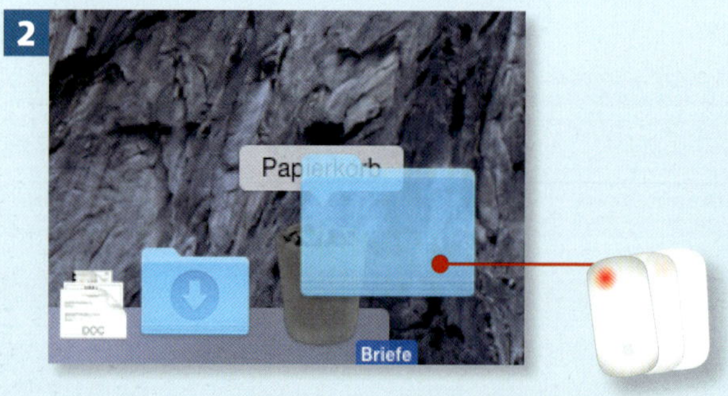


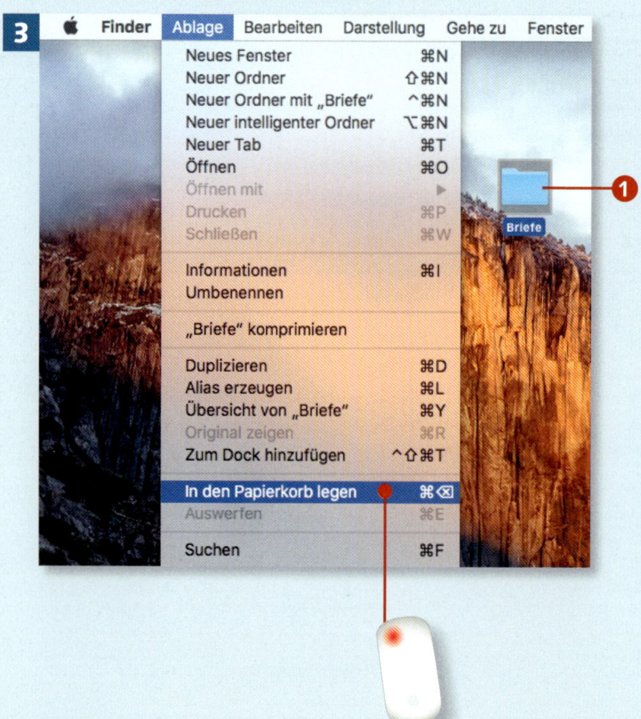


*Das Löschen von Dateien am Mac gestaltet sich sehr einfach, und keine Datei, die aus Versehen gelöscht wurde, ist gleich verloren.*

## Schritt 1

Wählen Sie mit einem Klick die Dateien oder Ordner aus, die Sie löschen möchten. Sie können mehrere Elemente gleichzeitig auswählen, indem Sie mit gedrückter Maustaste ein Auswahlfenster darüber aufziehen.

## Schritt 2

Um die ausgewählten Elemente zu löschen, haben Sie mehrere Möglichkeiten: Ziehen Sie sie z. B. auf den Papierkorb im Dock. Lassen Sie die Maustaste los, wenn der Papierkorb dunkler dargestellt wird.

## Schritt 3

Wer Drag & Drop (also das »Ziehen und Fallenlassen«) nicht mag, kann eine Datei markieren (1) und den Befehl **Ablage ▸ In den Papierkorb legen** in der Finder-Menüleiste oder die Tastenkombination cmd + ← nutzen.

## Schritt 4

Ab und zu sollten Sie auch den Papierkorb leeren. Verwenden Sie dazu den Menübefehl **Finder ▸ Papierkorb entleeren** oder das Kürzel cmd + ⇧ + ←.

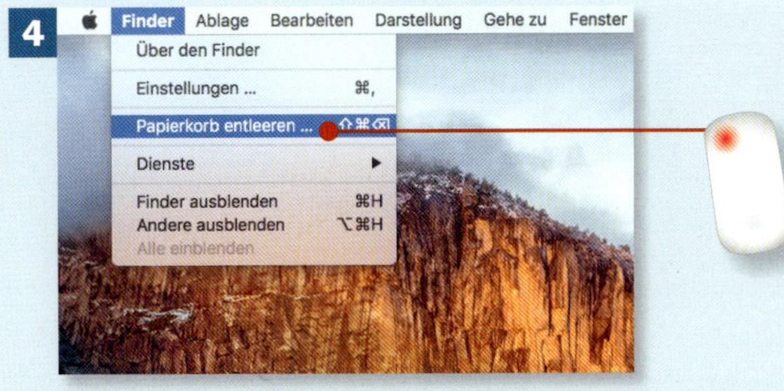


## Schritt 5

Es erscheint ein Dialog, den Sie mit einem Klick auf **Papierkorb entleeren** bestätigen müssen – eine Sicherungsstufe, um Dateien und Dokumente nicht aus Versehen zu löschen.

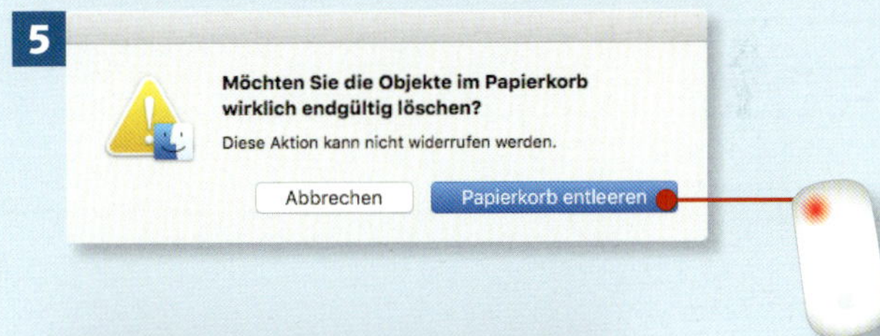


## Schritt 6

Um eine Datei wieder an ihren ursprünglichen Ort im Finder zu legen, öffnen Sie den Papierkorb per Klick auf das Icon im Dock. Markieren Sie dann das gewünschte Objekt ❷, klicken Sie auf die Zahnrad-Schaltfläche, und wählen Sie die Option **Zurücklegen** aus dem Menü.

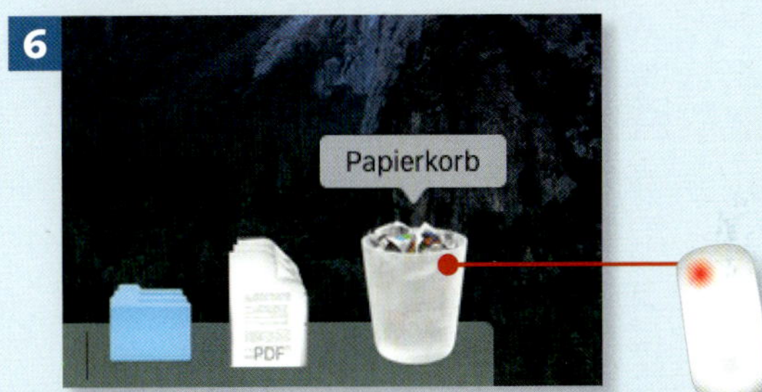


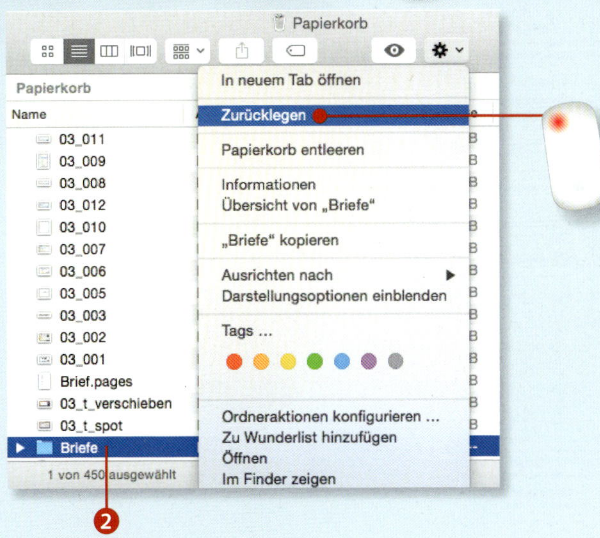


**Sicheres Löschen**

Wenn Sie den Papierkorb auf herkömmliche Weise leeren, können Ihre Daten mit bestimmten Programmen wiederhergestellt werden. Um sicherzugehen, dass sie endgültig gelöscht sind, verwenden Sie den Menübefehl **Finder ▸ Papierkorb sicher entleeren**.

# Die Programmzuordnung korrigieren

1

2

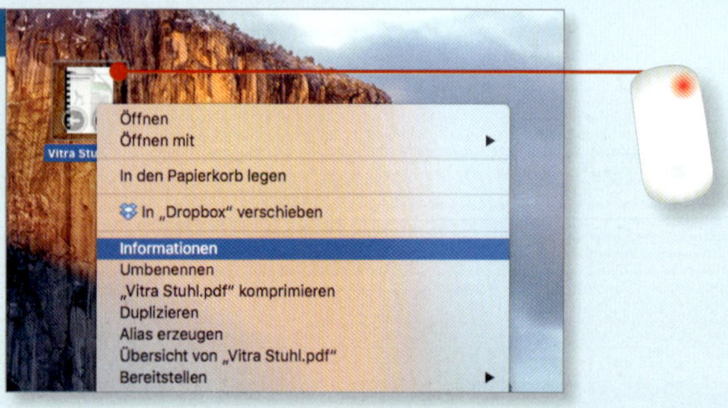


3

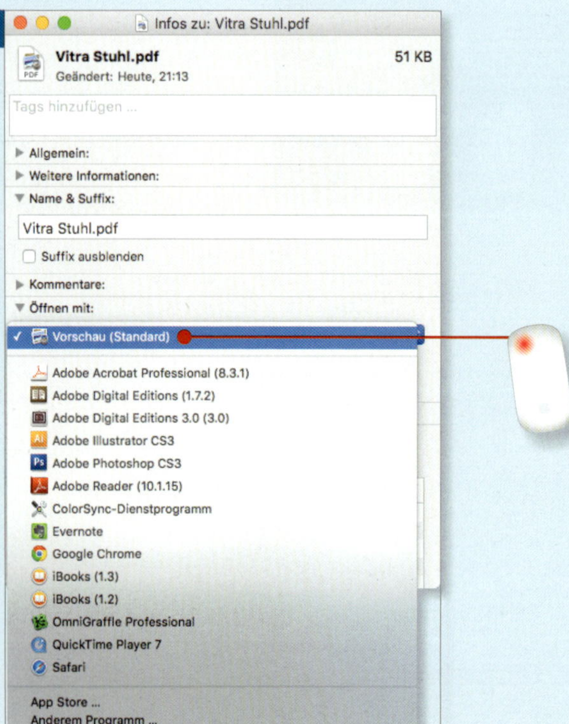


*Normalerweise werden Dateien ganz einfach per Doppelklick mit dem richtigen Programm geöffnet. Was aber, wenn Ihnen das von Apple vorgegebene Programm nicht gefällt? Hier erfahren Sie, wie Sie das Standardprogramm ändern.*

## Schritt 1

Für dieses Beispiel sollen PDF-Dateien nicht mehr mit dem Programm Vorschau, sondern mit *Adobe Reader* geöffnet werden. Markieren Sie dazu die PDF-Datei im Finder mit einem Klick.

## Schritt 2

Rufen Sie den Infodialog zu dieser Datei auf. Dazu klicken Sie mit der rechten Maustaste auf die markierte Datei und wählen aus dem Kontextmenü den Eintrag **Informationen**. Alternativ nutzen Sie die Tastenkombination [cmd] + [I].

## Schritt 3

Im Dialog **Infos zu: [Dateiname]** wählen Sie aus dem Aufklappmenü unter **Öffnen mit** das neue Programm aus.

### Schritt 4

Ist das Programm nicht in der Auswahlliste zu finden, klicken Sie auf die Option **Anderem Programm**.

### Schritt 5

Im folgenden Dialogfenster navigieren Sie zum gewünschten Programm und wählen es mit einem Klick aus. Bestätigen Sie Ihre Auswahl, indem Sie auf **Hinzufügen** klicken.

### Schritt 6

Wenn Sie in Zukunft alle Dokumente dieses Typs, im Beispiel alle Dateien im Format PDF, mit dem gewählten Programm öffnen wollen, klicken Sie im Dialog **Infos zu: [Dateiname]** auf **Alle ändern**.

**Die Symbolleiste anpassen**
Über das Menü **Darstellung ▸ Symbolleiste anpassen**, das sich nur aufrufen lässt, wenn ein Finder-Fenster geöffnet ist, können Sie die Symbolleiste erweitern. Ziehen Sie ein Symbol aus der Übersicht in die Symbolleiste, und klicken Sie dann auf **Fertig**. Um die Symbolleiste ein- und auszublenden, wählen Sie **Darstellung ▸ Symbolleiste ausblenden/einblenden** oder drücken cmd + alt + T.

4

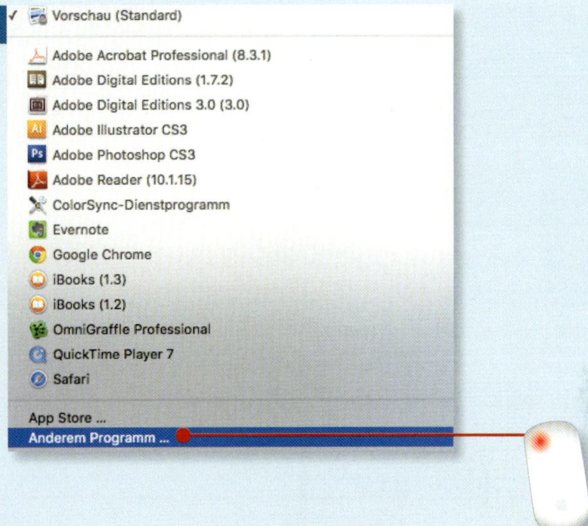


5

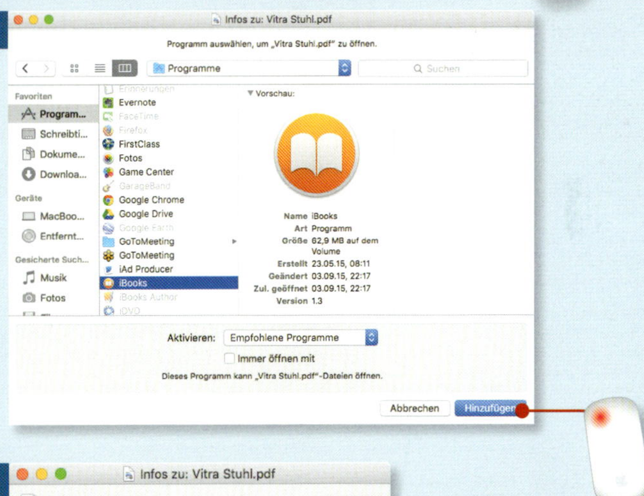


6

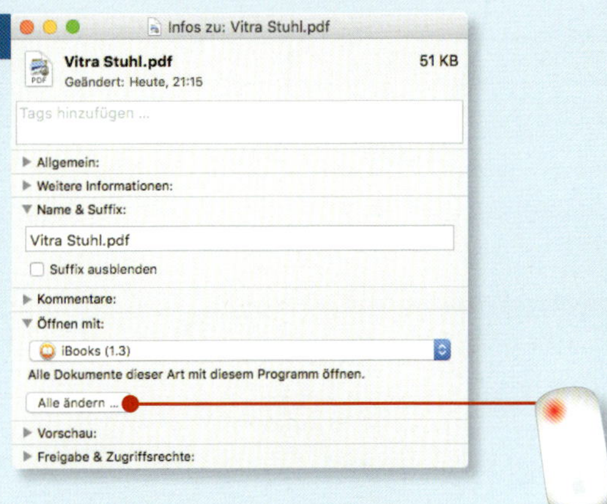

# Dateien komprimieren und entpacken

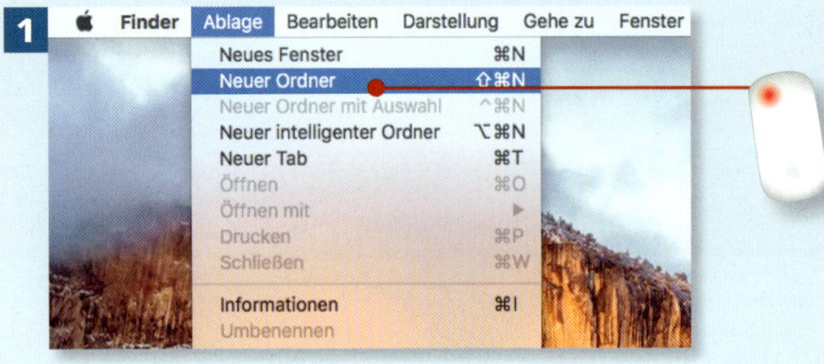


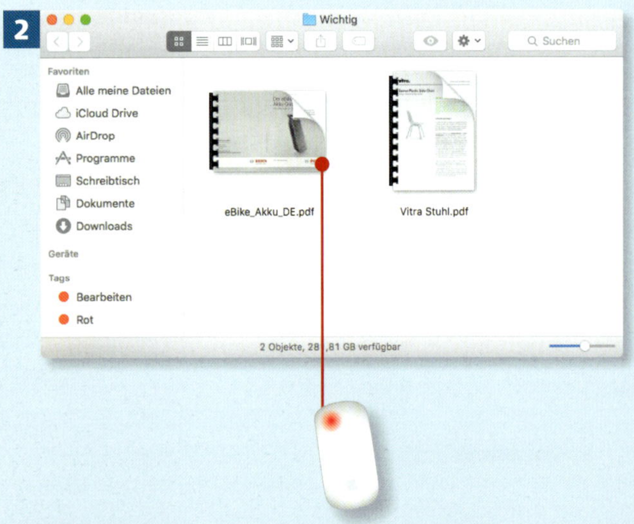


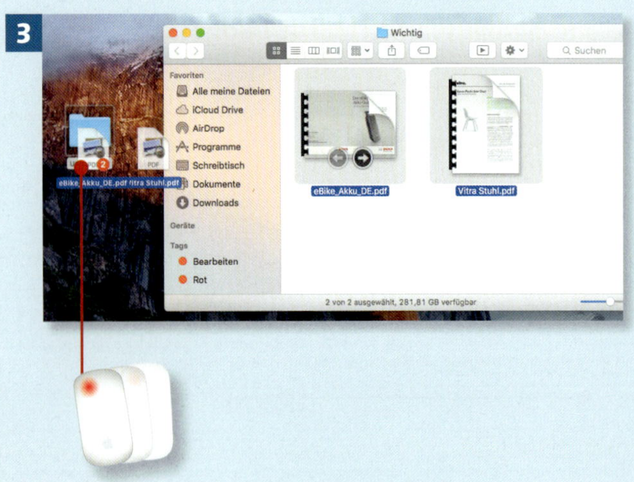


*Daten, die Sie über das Internet verschicken, sollten eine möglichst geringe Dateigröße aufweisen, um die Ladezeit zu verringern. Archive sind die Lösung für das Komprimieren und Entpacken von Dateien.*

## Schritt 1

Um ein Archiv aus mehreren Dateien zu erstellen, legen Sie zuerst über **Ablage ▸ Neuer Ordner** oder mit cmd + ⇧ + N einen Ordner an. Ersetzen Sie den vorgeschlagenen Ordnernamen durch einen aussagekräftigen Namen.

## Schritt 2

Wählen Sie jetzt die Dateien aus, die in dem Archiv gespeichert werden sollen. Nutzen Sie dazu beim Mausklick zusätzlich die Taste cmd, wenn Sie Dateien, die nicht unmittelbar nebeneinanderliegen, Klick für Klick auswählen möchten.

## Schritt 3

Ziehen Sie die Dateien mit gedrückter Maustaste auf den Ordner. Lassen Sie die Maustaste los, wenn sich die Dateien direkt über dem Ordnersymbol befinden. Sie werden dann in den Ordner verschoben.

## Schritt 4

Um den Ordner nun zu komprimieren, klicken Sie mit der rechten Maustaste darauf. Wählen Sie **»[Ordnername]« komprimieren** aus dem Kontextmenü aus.

4

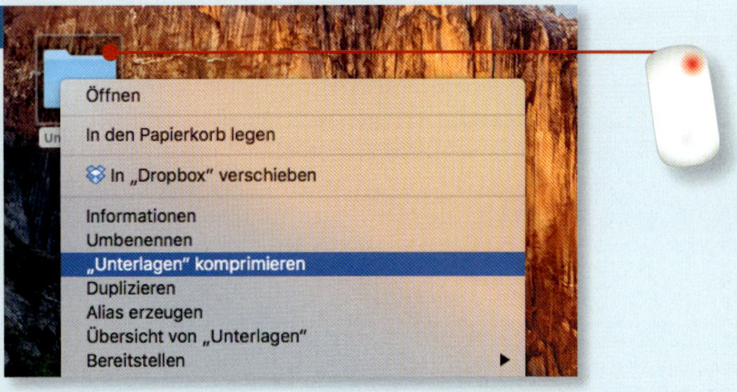


## Schritt 5

Das Ganze wird jetzt gepackt und komprimiert. Den Fortschritt können Sie im Statusfenster beobachten.

5

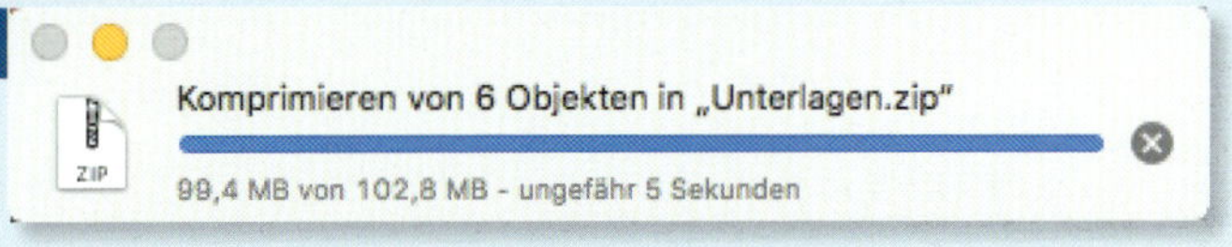


## Schritt 6

Zusätzlich zum Ordner wird eine Archivdatei, also die gepackte ZIP-Datei, mit dem gleichen Namen und der Endung *.zip* angezeigt. Diese können Sie jetzt versenden oder archivieren.

6

**Schnell ein ZIP-Archiv erstellen**
Sie können auch aus einer Dateiauswahl ein ZIP-Archiv erstellen. Wählen Sie die Dateien aus, indem Sie beispielsweise mit gedrückter Maustaste ein Auswahlrechteck darüber aufziehen. Rufen Sie nun mit der rechten Maustaste das Kontextmenü auf. Wählen Sie dort die Option **Objekte komprimieren**, dann erhalten Sie eine ZIP-Datei mit dem Namen *Archiv.zip*.

# Dokumente drucken

*Das Drucken gehört zur täglichen Routine bei der Arbeit mit Ihrem Mac. Sie erfahren nun, wie Sie aus Anwendungen heraus Ihre Dokumente drucken können.*

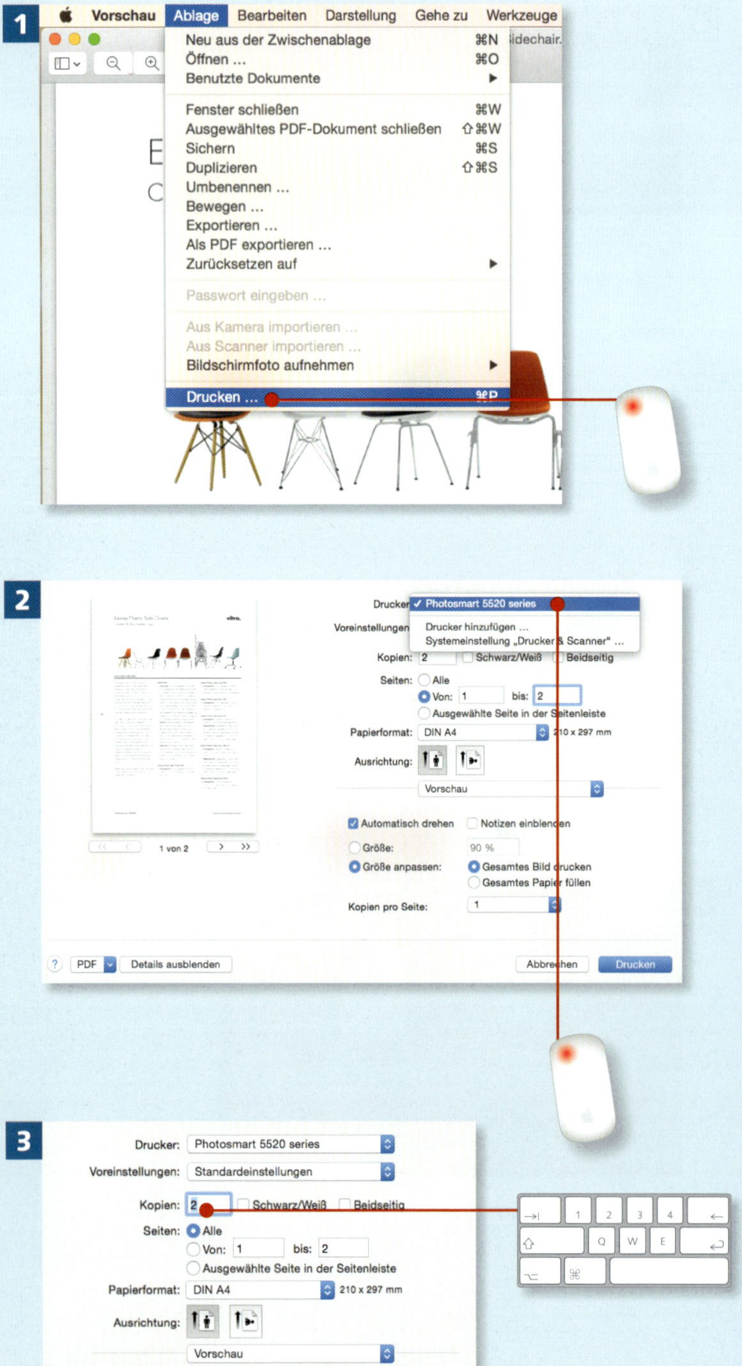


## Schritt 1

Die meisten Programme verfügen über einen integrierten Druckedialog, mit dessen Hilfe Sie das bearbeitete Dokument auf Ihrem Drucker ausgeben. Sie rufen ihn immer über **Ablage ▸ Drucken** oder mit cmd + P auf.

## Schritt 2

Falls Sie mehrere Drucker installiert haben, können Sie über das Aufklappmenü **Drucker** einen davon auswählen, indem Sie ihn in der Liste anklicken.

## Schritt 3

Um mehrere Exemplare Ihres Dokuments auszudrucken, geben Sie die gewünschte Anzahl in das Feld **Kopien** ein.

## Schritt 4

Sie können auch bestimmen, welche Seiten des Dokuments gedruckt werden. Um das gesamte Dokument zu drucken, wählen Sie die Option **Alle** aus dem Menü **Seiten**.

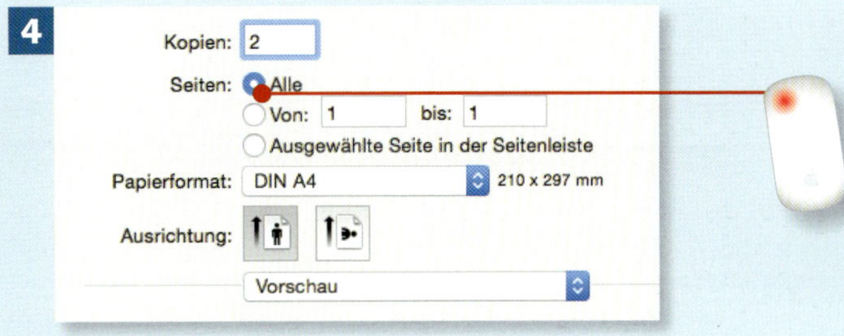


## Schritt 5

Soll nur ein bestimmter Bereich gedruckt werden, wählen Sie **Von** aus und geben in den Feldern, die in der gleichen Zeile erscheinen, einfach die Seiten des Dokuments an, die gedruckt werden sollen.

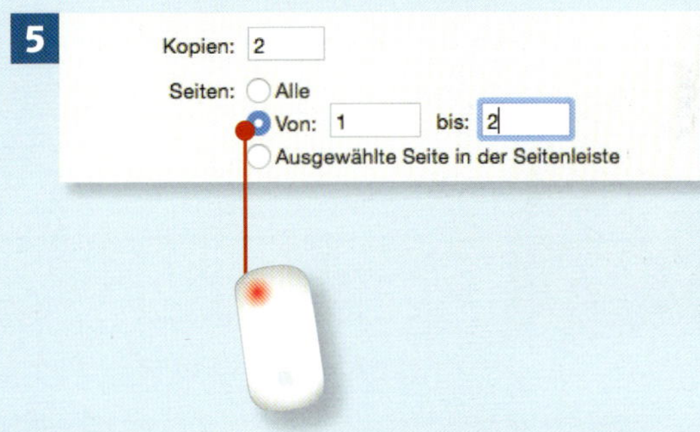


## Schritt 6

Wenn Sie alle nötigen Einstellungen vorgenommen haben, klicken Sie auf **Drucken**. Die Daten werden jetzt an den Drucker übertragen und ausgedruckt.

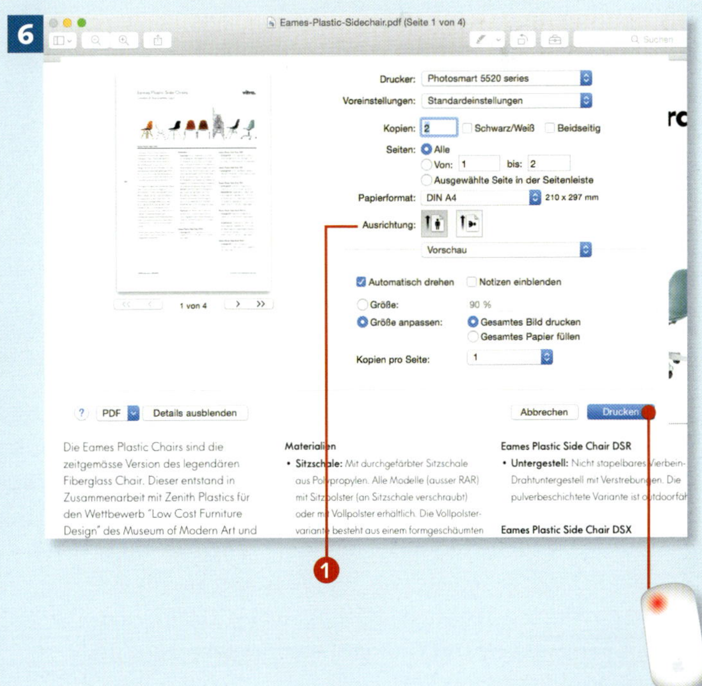


### Format ändern

Um das Dokument in einem anderen Format auszugeben, wählen Sie **Ablage ▸ Seite einrichten** (in einigen Programmen auch **Ablage ▸ Papierformat**). Im Dialogfenster wählen Sie dann zwischen Hoch- und Querformat. Klicken Sie auf die entsprechende Schaltfläche **1**, und bestätigen Sie Ihre Auswahl mit einem Klick auf die Schaltfläche **OK**.

# Dokumente und Dateien brennen

1

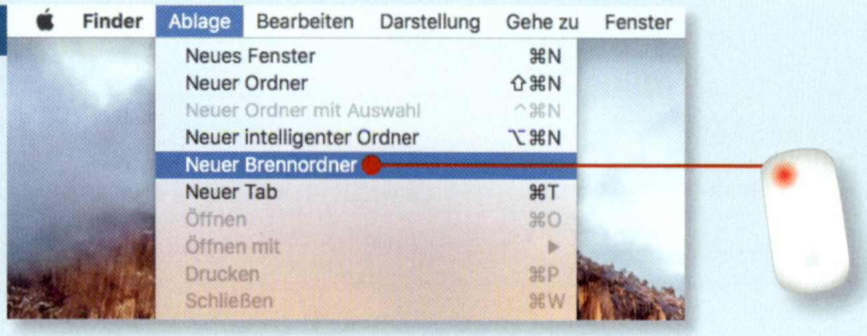


2

3

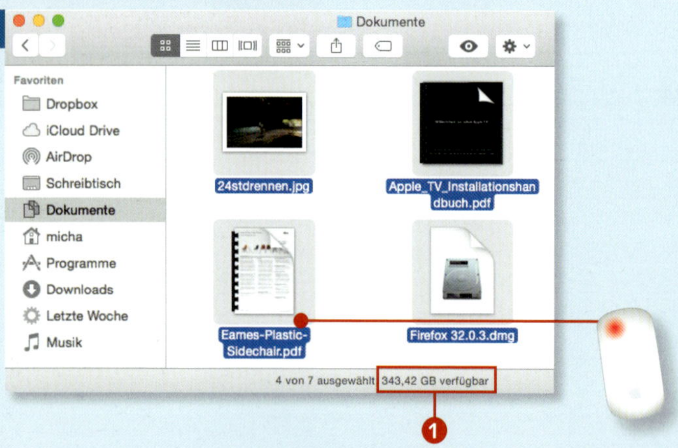


*In OS X ist ein Brennprogramm integriert. Sie können damit Dateien oder Ordner auf einen externen Datenträger brennen. Wie Sie dabei vorgehen, erfahren Sie in diesem Abschnitt.*

## Schritt 1

Sie können einen Brennordner erstellen, in dem Sie die Dateien ablegen, die später auf der CD/DVD landen sollen. Öffnen Sie dazu das Menü **Ablage ▸ Neuer Brennordner**.

## Schritt 2

Wenn nötig, geben Sie dem Ordner einen aussagekräftigeren Namen als »Brennen«. Klicken Sie dazu den Ordner mit der Maus an, und drücken Sie dann die [↵]-Taste. Geben Sie jetzt einen beliebigen Namen ein.

## Schritt 3

Öffnen Sie ein neues Finder-Fenster über **Ablage ▸ Neues Fenster**, und wählen Sie Ihre Dokumente zum Brennen aus. Eine Mehrfachauswahl erreichen Sie mit gleichzeitigem Drücken der [cmd]-Taste.

### Größe des Brennordners

In der Leiste am unteren Rand des geöffneten Brennordners wird die tatsächliche Datenmenge ❶ angezeigt. Daran sehen Sie, welches Medium Sie für den Brennvorgang benötigen: Genügt eine CD, oder benötigen Sie eine DVD mit größerer Speicherkapazität?

## Schritt 4

Kopieren Sie die Dokumente und Dateien, die Sie später auf die CD/DVD brennen möchten: Halten Sie die `alt`-Taste gedrückt, und ziehen Sie die Auswahl mit gedrückter Maustaste auf den Brennordner.

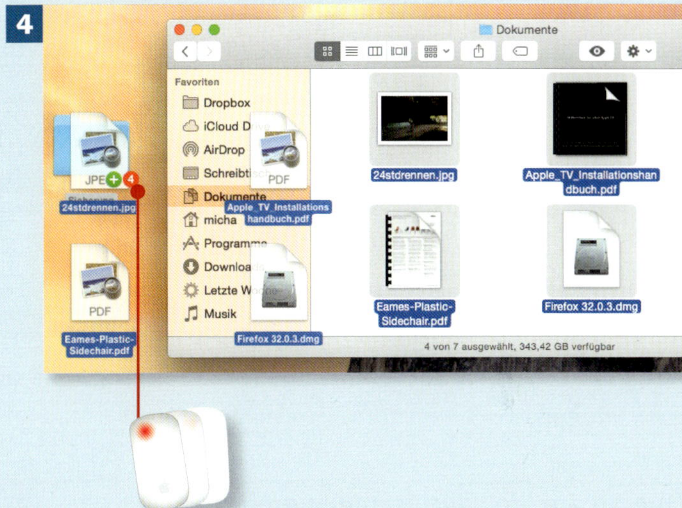


## Schritt 5

Um die Daten schließlich zu brennen, öffnen Sie den Brennordner per Doppelklick. Dann klicken Sie nur noch auf die Schaltfläche **Brennen**. Das System fordert Sie jetzt auf, ein beschreibbares Medium einzulegen.

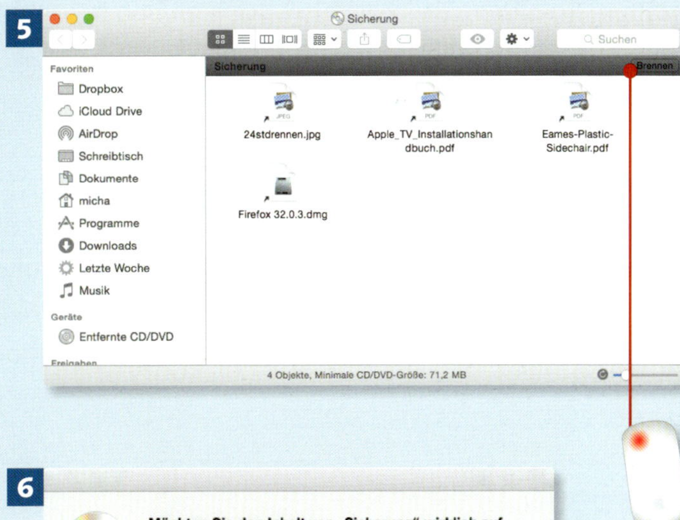


## Schritt 6

Nachdem Sie das getan haben, öffnet sich der Brenndialog. Als **CD/DVD-Name** ❷ wird der Name des Brennordners übernommen, was Sie noch ändern können, indem Sie einen anderen Namen eintippen. Starten Sie den Vorgang, indem Sie auf **Brennen** klicken. Es erscheint ein Statusfenster, über das Sie den Fortschritt verfolgen können. Zum Schluss ertönt ein Signal.

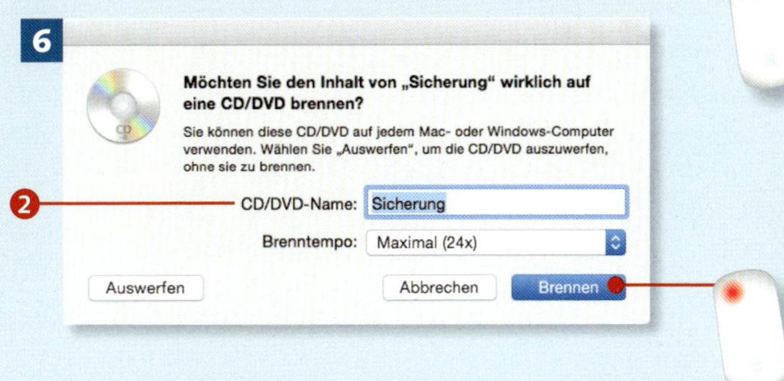

Kapitel 4

# Den Mac vernetzen

Der Mac ist kommunikativ; ob Sie Dateien oder Nachrichten verschicken oder sich per Videokonferenz mitteilen möchten, die notwendigen Konfigurationen sind schnell erledigt.

**Nachrichten austauschen**

Kurznachrichten zwischen Mac, iPhone oder iPad verschicken, das erledigt das Programm *Nachrichten* ❶. Neben einfachen Texten können Sie auch Bilder verschicken oder Telefonate starten.

**Überall auf aktuelle Daten zugreifen**

*iCloud Drive* ❷ ermöglicht es Ihnen, von verschiedenen Geräten auf Ihre Daten zuzugreifen. So haben Sie beispielsweise gleichermaßen von Ihrem Mac, vom iPad und vom iPhone Zugriff auf Ihre Kontakte, Kalendereinträge, Lesezeichen und Dateien. Speicherplatz von 5 Gigabyte bietet Apple kostenfrei an.

**Daten via AirDrop tauschen**

Über *AirDrop* ist der Austausch von Daten zwischen Macs oder iOS-Geräten innerhalb eines WLAN-Netzwerks einfach. Klicken Sie auf die Schaltfläche **AirDrop** ❸ in der Seitenleiste des Finders. Sie sehen dann alle mit AirDrop erreichbaren Geräte. Für den Austausch ziehen Sie einfach eine Datei auf das Symbol.

Das Programm **Nachrichten** ist die Zentrale für Textnachrichten zwischen Mac, iPhone und iPad.

iCloud Drive ist Ihr Onlinespeicher, über den Sie Dateien und Dokumente geräteübergreifend austauschen können.

Via AirDrop tauschen Sie auf die Schnelle Dateien mit anderen Mac-Nutzern aus.

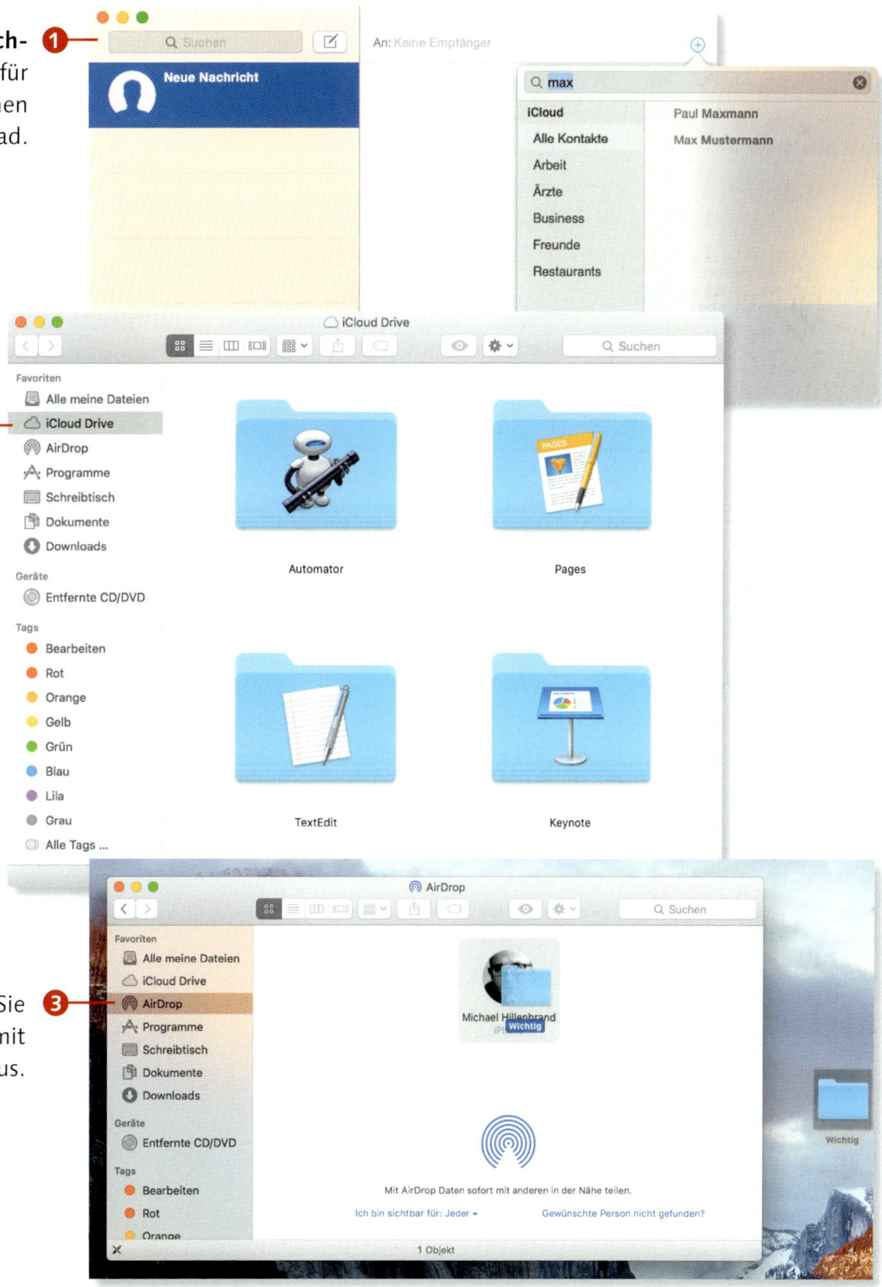

# Macs miteinander verbinden

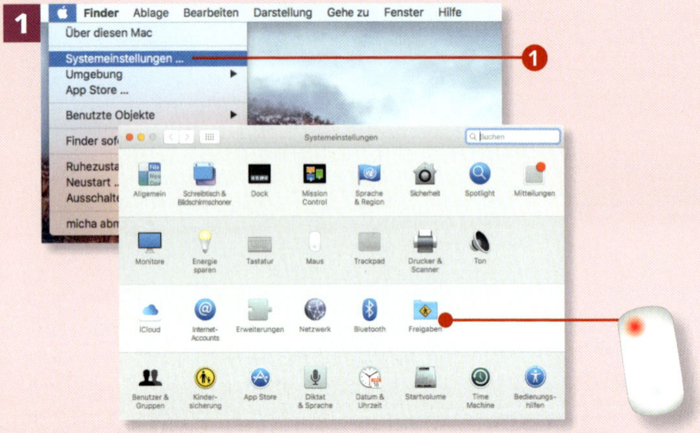


*Der Datenaustausch ist auch über ein drahtloses Netzwerk möglich. Wie Sie Daten von Mac zu Mac schicken, erfahren Sie in diesem Abschnitt.*

## Schritt 1

Um Dateien zwischen Macs auszutauschen, müssen Sie erst Ihren Rechner für den Datenaustausch freigeben. Rufen Sie dazu im Apfel-Menü **Systemeinstellungen** ❶ und **Freigaben** auf.

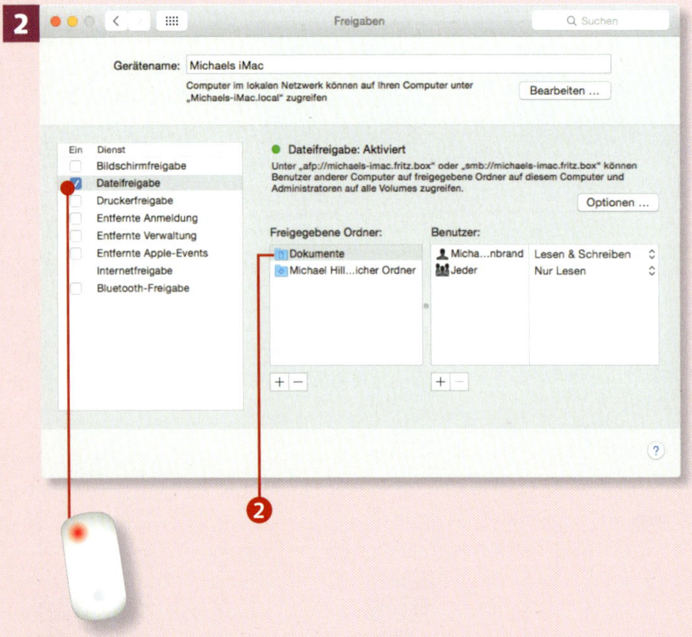


## Schritt 2

Im Dialogfenster **Freigaben** aktivieren Sie links die Option **Dateifreigabe** mit einem Mausklick auf das Kästchen. Auf diese Weise können andere Rechner auf Ihren Computer zugreifen. Als Standardordner wird der Ordner **Dokumente** ❷ freigegeben. Andere Benutzer können darauf zugreifen, ohne Ihre Zugangsdaten zu haben.

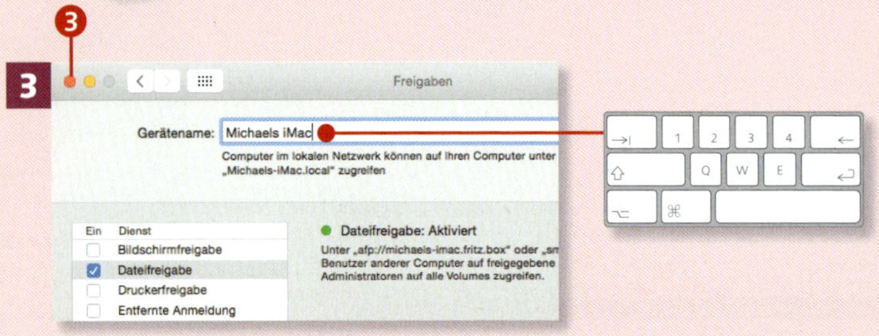


## Schritt 3

Im Feld **Gerätename** können Sie noch eine Bezeichnung für Ihren Rechner eingeben. Unter diesem Namen erscheint er dann bei anderen Nutzern in der Freigabenliste. Wenn Sie fertig sind, klicken Sie auf die rote Schaltfläche ❸.

## Schritt 4

Ist ein anderer Rechner für die Dateiweitergabe freigegeben, wird er in der Seitenleiste unter **Freigaben** angezeigt. Klicken Sie ihn an.

## Schritt 5

In der Mitte sehen Sie die freigegebenen Dateien und Ordner des Gegenübers. Das Verzeichnis **Öffentlich** ④ ist innerhalb eines geschlossenen Netzwerks frei zugänglich. In ihm befindet sich der Ordner **Briefkasten**. Dorthinein können Sie Daten kopieren, ohne dass Sie sich vorher bei dem anderen Rechner anmelden müssen. Ziehen Sie einfach eine Datei mit gedrückter Maustaste auf den Ordner.

## Schritt 6

Es erscheint ein Informationsdialog mit dem Hinweis zu den kopierten Dateien, und der Fortschritt wird angezeigt.

**Datenübertragung**
Die Voraussetzung für den hier gezeigten Datenaustausch ist, dass sich beide Macs im gleichen lokalen Netzwerk befinden, also über WLAN oder ein Netzwerkkabel miteinander verbunden sind.

4

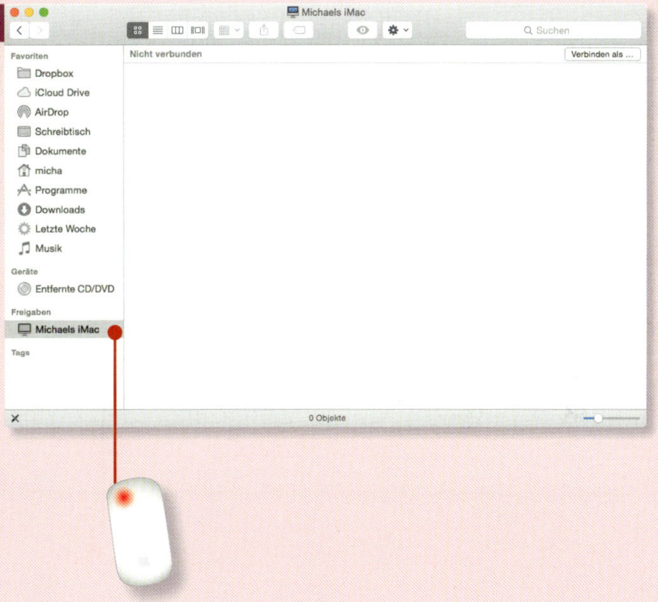


5

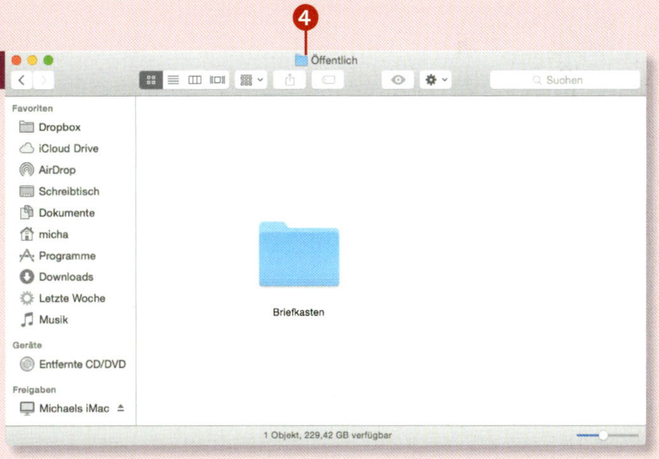


6

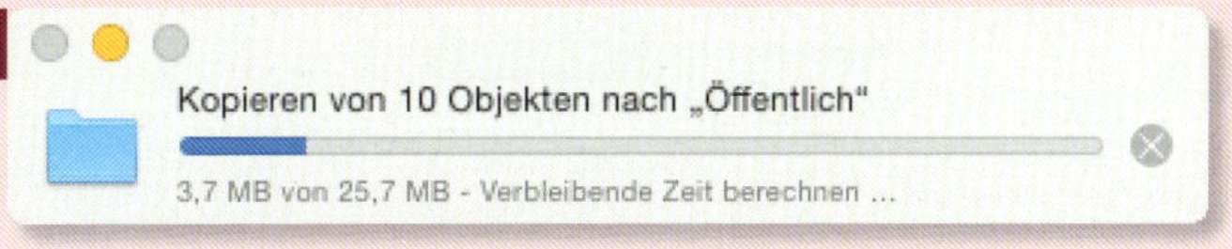

# Macs miteinander verbinden (Forts.)

7

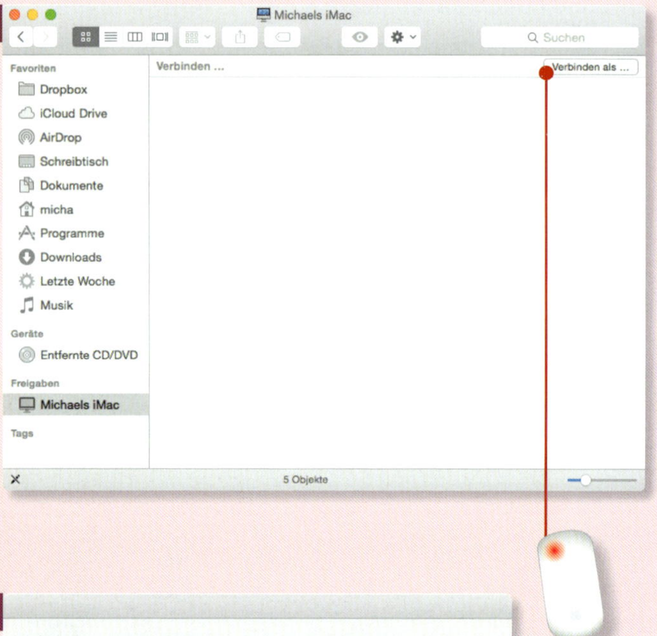


8

9

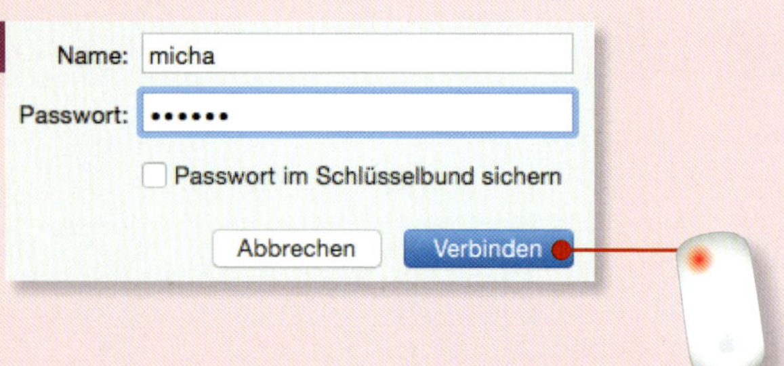


## Schritt 7

Um auf alle freigegebenen Dateien eines anderen Rechners zugreifen zu können, benötigen Sie den Benutzernamen und das Passwort des anderen Rechners. Um eine solche *Remote-Verbindung* herzustellen, klicken Sie oben rechts auf **Verbinden als**.

## Schritt 8

Im nächsten Dialogfenster aktivieren Sie bei **Verbinden als** die Option **Registrierter Benutzer**. Nehmen Sie nun die entsprechenden Eingaben in den Feldern **Name** und **Passwort** vor. Achten Sie hier darauf, dass Sie die Daten des anderen Rechners und nicht Ihre eigenen eingeben.

## Schritt 9

Bestätigen Sie Ihre Angaben dann mit einem Klick auf **Verbinden**. Nun wird eine Verbindung zu dem fremden Rechner hergestellt.

### Drucker teilen

Es ist auch möglich, einen Drucker, der an Ihren Rechner angeschlossen ist, mit anderen Rechnern im Netzwerk zu teilen. Aktivieren Sie dazu die Option **Druckerfreigabe** unter **Freigaben** in den Systemeinstellungen.

## Schritt 10

Wenn alle Angaben richtig waren, haben Sie jetzt Zugriff auf die freigegebenen Benutzerordner des anderen Rechners. Den Namen ❶ dieses Remote-Rechners sehen Sie in der Titelleiste.

## Schritt 11

Navigieren Sie zur gesuchten Datei. Wählen Sie sie mit einem Klick aus, und ziehen Sie sie mit gedrückter Maustaste auf den Schreibtisch Ihres Rechners. Sobald Sie die Taste loslassen, wird die Datei auf Ihren Schreibtisch kopiert. Bei großen Dateien wird der Fortschritt der Übertragung im Dateisymbol angezeigt.

## Schritt 12

Eine nicht mehr benötigte Verbindung können Sie wieder aufheben. Wählen Sie dazu den fremden Rechner ❷ unter **Freigaben** aus. Klicken Sie dann im **Freigaben**-Fenster oben rechts auf die Schaltfläche **Trennen**.

10
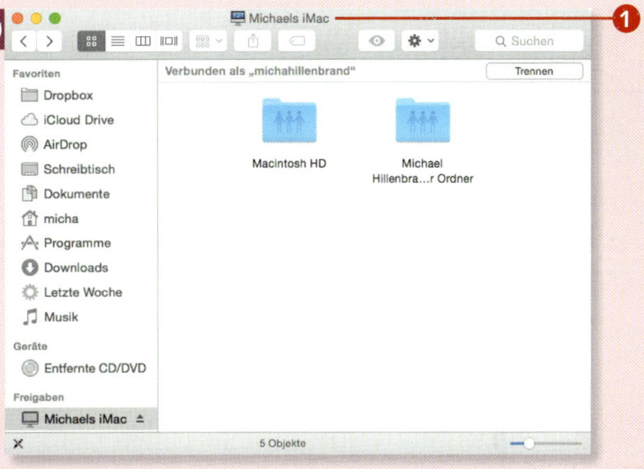


11
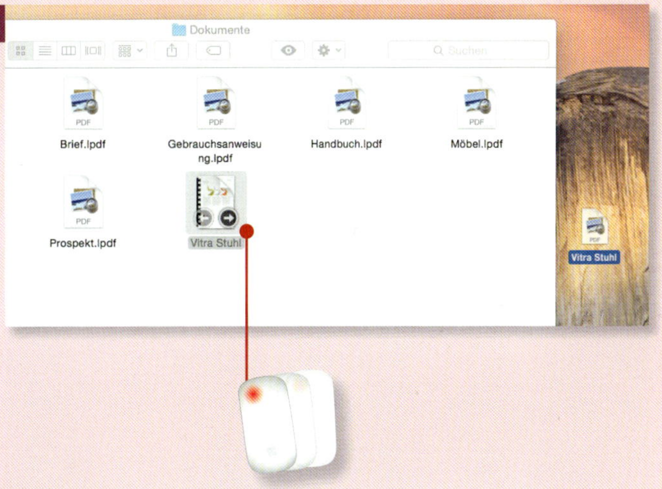


12
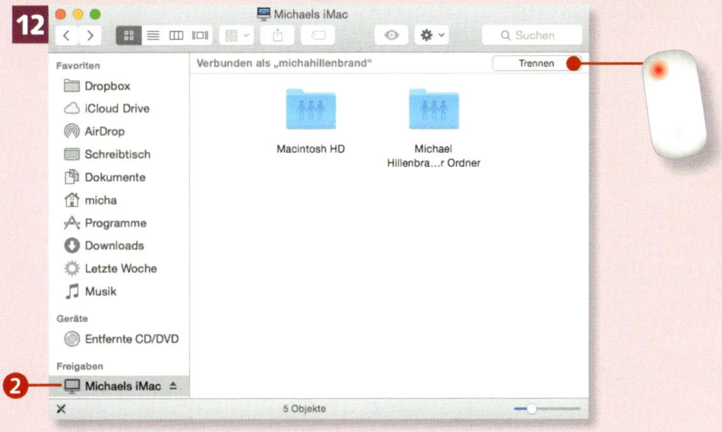

# Per Video telefonieren: FaceTime

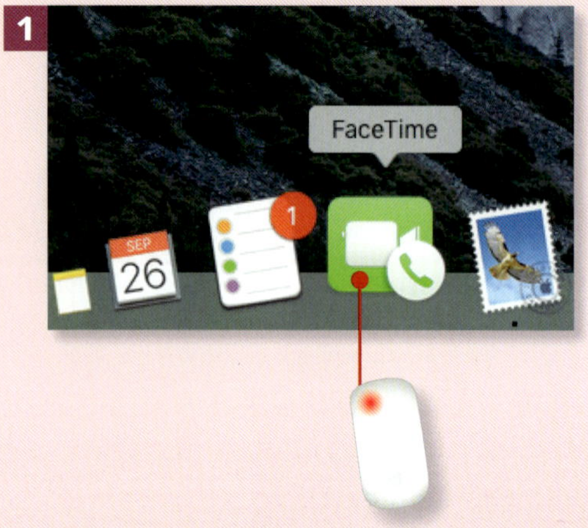


*Mit FaceTime haben Sie am Mac die Möglichkeit, zu telefonieren oder einen Video-Chat zu starten.*

## Schritt 1

Klicken Sie auf das Programmsymbol **FaceTime** im Dock, um das Programm zu starten.

## Schritt 2

Das **FaceTime**-Fenster öffnet sich. Im Hauptbereich sehen Sie eine Videoansicht mit einem Live-Bild der integrierten Bildschirmkamera Ihres Rechners.

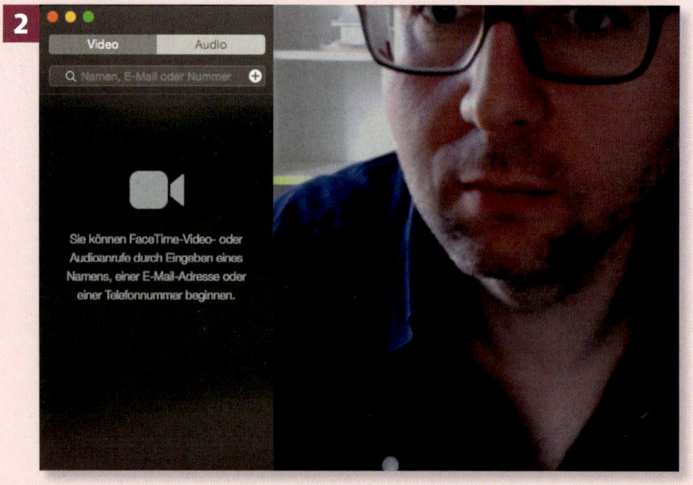


## Schritt 3

Sie können dann in das Suchfeld einen Namen, eine E-Mail-Adresse oder eine Telefonnummer eingeben. Je mehr Zeichen Sie eingeben, desto präziser wird das Suchergebnis, das Ihnen in einer Liste angezeigt wird.

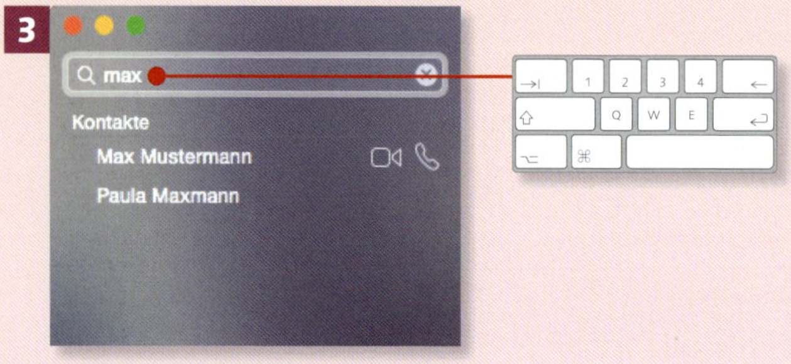


**Erreichbarkeit**
Sie können unter **FaceTime ▸ Einstellungen** festlegen, unter welcher Rufnummer bzw. E-Mail-Adresse Sie per FaceTime erreichbar sind.

## Schritt 4

Um eine Übersicht über den Bestand zu bekommen, klicken Sie auf das Plussymbol innerhalb des Suchfeldes. Haben Sie vorher das Suchfeld ausgewählt, müssen Sie zuerst die Auswahl wieder aufheben, indem Sie auf das Kreuz klicken. Es wandelt sich dann in ein Plussymbol (1).

## Schritt 5

Es wird eine alphabetische Übersicht aller Kontakte in Ihrem Adressbuch angezeigt. Ebenfalls haben Sie Zugriff auf Ihre Gruppen innerhalb des Adressbuchs. Sie »blättern« durch den Bestand, indem Sie den Scrollbalken an der Seite des Fensters nutzen.

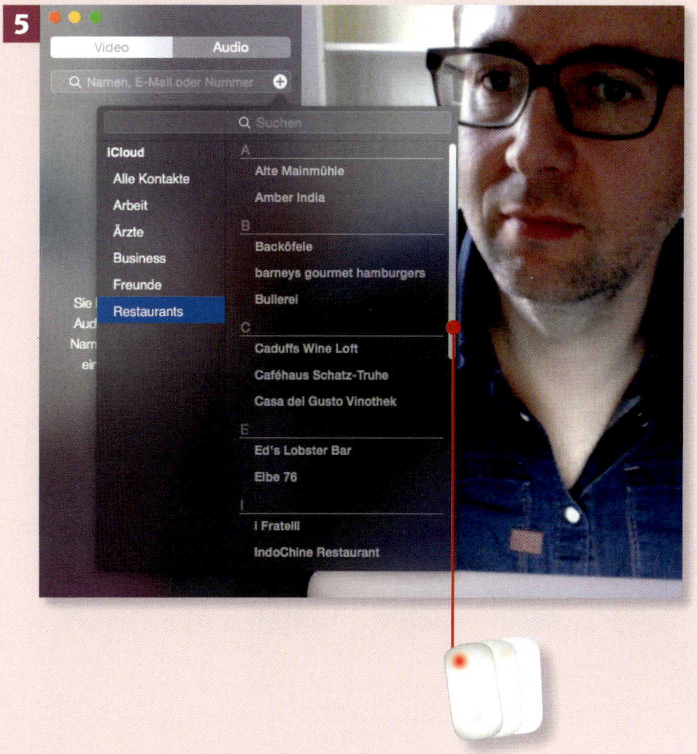


## Schritt 6

Hinter jedem Kontakt sind die Verbindungsmöglichkeiten – Audio oder Video – gelistet. Klicken Sie auf das entsprechende Symbol, um mit einem Kontakt per Audio oder Video in den Dialog zu treten.

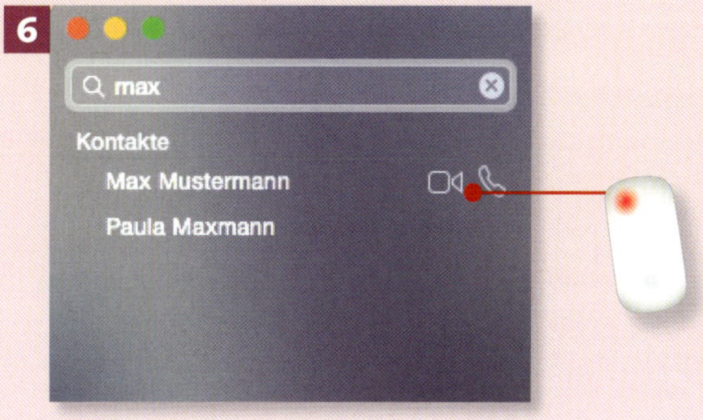

# Per Video telefonieren: FaceTime (Forts.)

7

## Schritt 7

Das Programm stellt nun eine Verbindung zu dem ausgewählten Kontakt her. Bei einem Videoanruf werden Sie im Kopf des Fensters über den Status informiert. Konnte die Verbindung hergestellt werden, erscheint Ihr Gegenüber großflächig im Anzeigebereich.

8

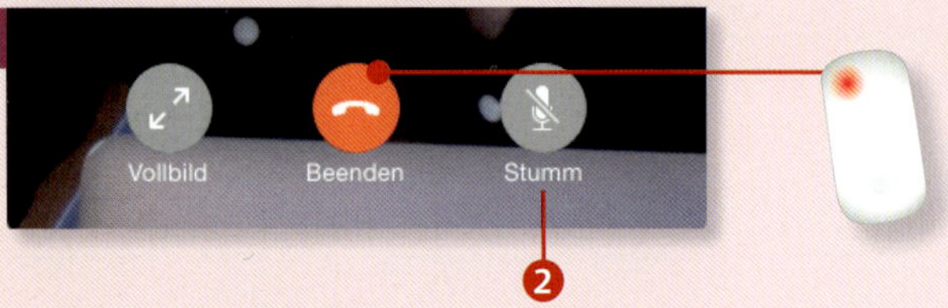


## Schritt 8

Sie beenden einen Anruf, indem Sie auf die Schaltfläche **Beenden** klicken. Um den Ton abzuschalten, nutzen Sie die Taste **Stumm** 2.

9

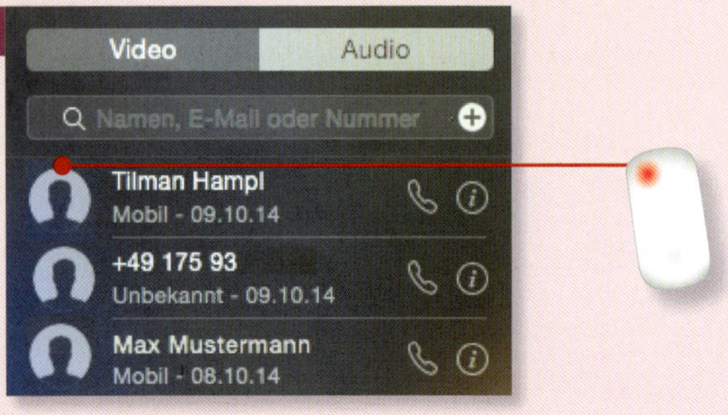


## Schritt 9

Haben Sie einen Anruf beendet, landet der Kontakt in der Anrufliste. Die Liste ist in die Bereiche **Video** und **Audio** unterteilt. Sie können erneut eine Verbindung aufbauen, indem Sie auf den Eintrag klicken.

**Video im Vollbildmodus**

Für den Vollbildmodus klicken Sie während des Videotelefonats auf die Schaltfläche **Vollbild**. Mit einem erneuten Klick verkleinern Sie das Fenster wieder.

## Schritt 10

Werden Sie angerufen, sehen Sie einen Hinweis in der Mitteilungszentrale. Mit einem Klick auf die Schaltfläche **Annehmen** akzeptieren Sie den Anruf. Daraufhin wird das **FaceTime**-Fenster geöffnet, und Sie können mit der Unterhaltung beginnen.

10

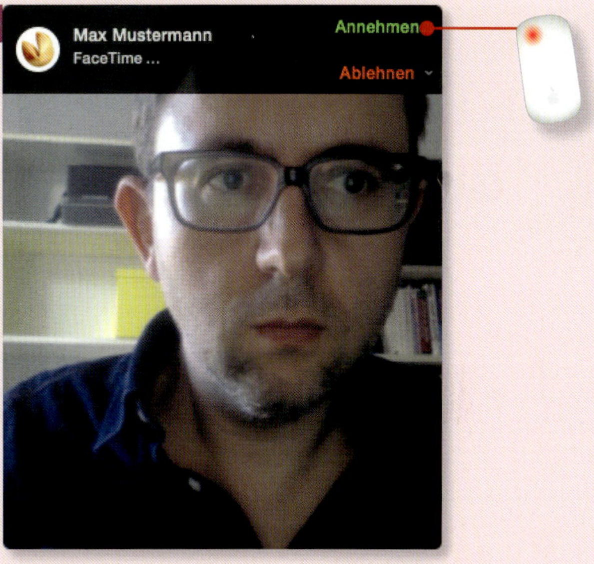


## Schritt 11

Es ist natürlich auch möglich, einen Anruf nicht entgegenzunehmen, wenn Sie beispielsweise beschäftigt sind. Klicken Sie dazu auf die Schaltfläche **Ablehnen**.

11

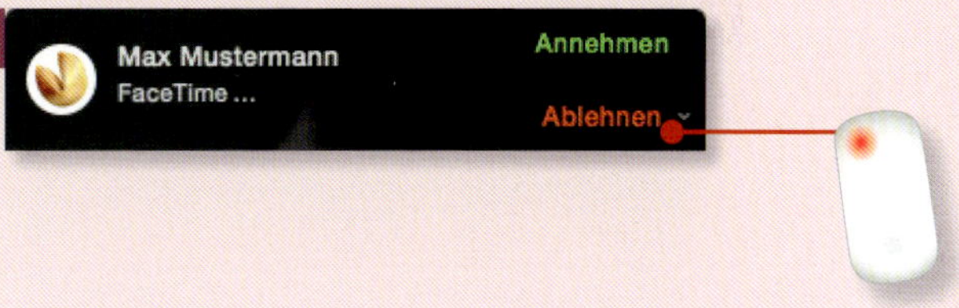


## Schritt 12

Möchten Sie dem Anrufer beim Ablehnen eine Nachricht zukommen oder sich an einen Rückruf erinnern lassen, dann klicken Sie auf das kleine Dreieck. Wählen Sie dann die entsprechende Option aus.

12

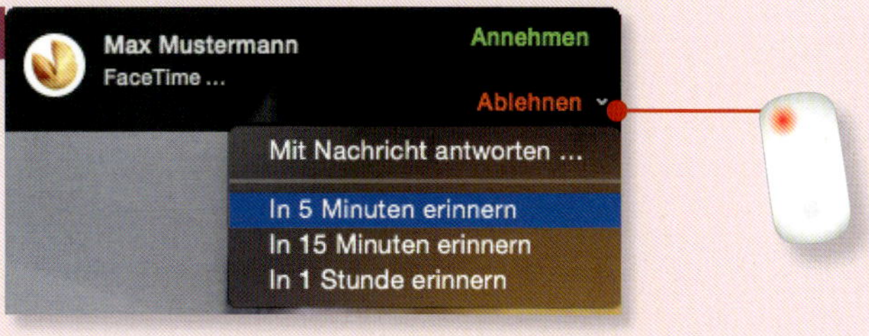


**FaceTime für mehrere Geräte**

FaceTime kann auf mehreren Geräten – z. B. Mac, iPhone oder iPad – genutzt werden. Ist auf allen Geräten in den FaceTime-Einstellungen dieselbe E-Mail-Adresse hinterlegt, klingeln bei einem Videoanruf alle gleichzeitig.

# Nachrichten mit anderen austauschen

**1**

**2**

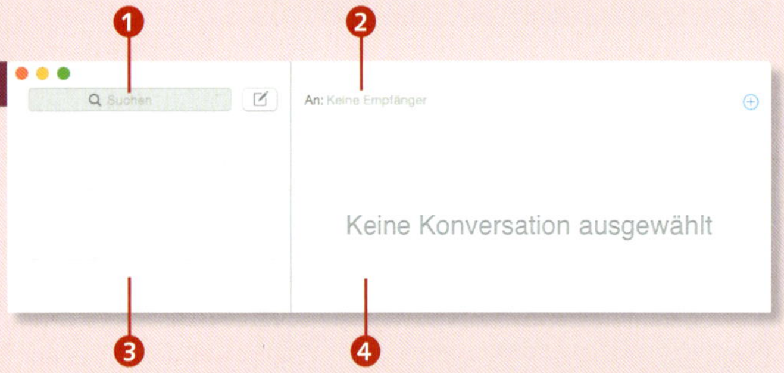


**3**

*Mit dem Programm Nachrichten kommunizieren Sie mit Freunden und Bekannten einfach über Textnachrichten.*

## Schritt 1

Starten Sie das Programm **Nachrichten**, indem Sie auf das Programmsymbol im Dock klicken.

## Schritt 2

Das Fenster **Nachrichten** öffnet sich. Es besteht aus dem Nachrichtenbereich ❸, einem Empfängerfeld ❷, der Unterhaltungsübersicht ❹ und einem Suchfeld ❶.

## Schritt 3

Um einer Person eine Nachricht zu senden, müssen Sie im ersten Schritt eine neue Konversation starten. Klicken Sie dazu auf die Schaltfläche **Neue Nachricht erstellen**.

**Erreichbarkeit festlegen**

Sie können unter **Nachrichten ▸ Einstellungen ▸ Accounts** festlegen, von welchem Account Sie eine Konversation starten möchten. Wählen Sie dazu den Account aus dem Aufklappmenü **Neue Konversation starten von** aus.

## Schritt 4

Den Adressaten der Nachricht wählen Sie über das Plus ❺ aus. Mit einem Klick werden Ihnen die Kontakte aus Ihrem Adressbuch angezeigt. Über das Suchfeld ❻ können Sie schnell nach einem Kontakt suchen. In der Liste wählen Sie den Adressaten mit einem Doppelklick aus.

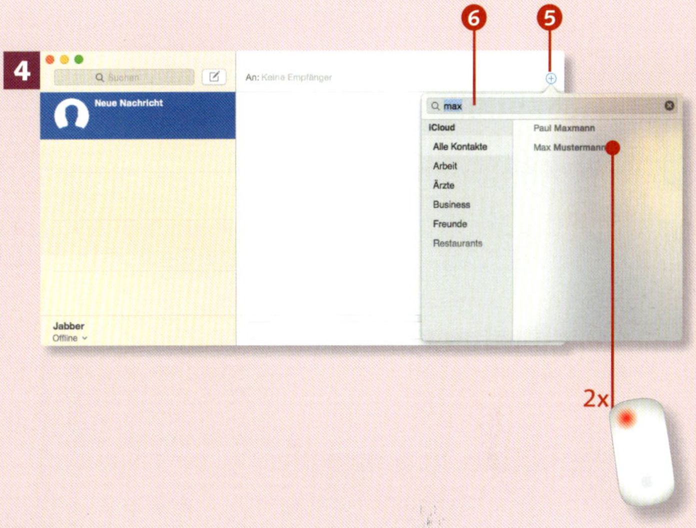


## Schritt 5

Tippen Sie Ihre Nachricht in das Eingabefeld, und drücken Sie die ↵-Taste, um sie abzuschicken. Ihr Text und die Antwort Ihres Gesprächspartners erscheinen im Verlauf im Nachrichtenbereich.

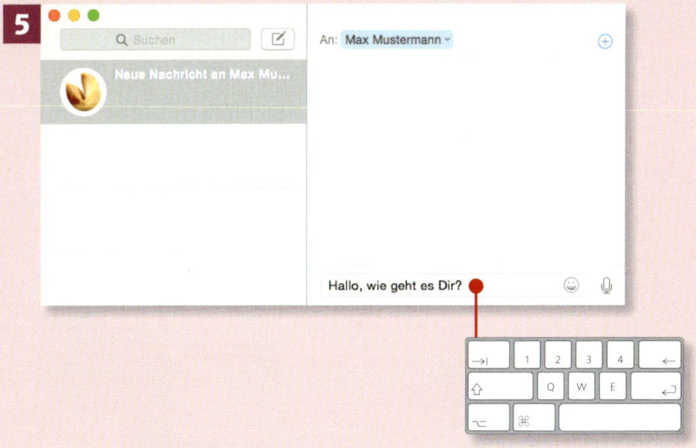


## Schritt 6

Im Nachrichtenbereich erhalten Sie auch die Information, ob die Nachricht zugestellt wurde ❼. Ihr Text und die Antwort werden chronologisch untereinander angeordnet.

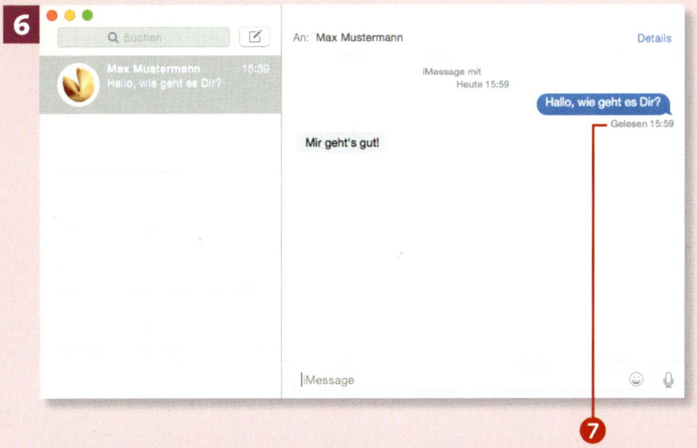

# Nachrichten mit anderen austauschen (Forts.)

7

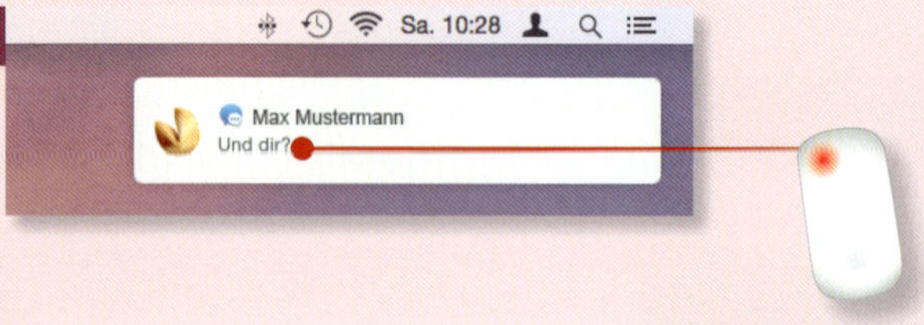


## Schritt 7

Wird Ihnen eine Nachricht zugestellt, werden Sie akustisch darauf aufmerksam gemacht. Zudem erscheint in der Mitteilungszentrale ein Hinweis. Mit einem Klick darauf landen Sie mitten in der Konversation im Nachrichtenbereich.

8

## Schritt 8

Sie können Ihre Nachrichten auch mit *Emoticons* (*Smileys*) versehen. Klicken Sie dazu auf die Smiley-Schaltfläche im Textfenster, und wählen Sie ein passendes Symbol mit einem Klick aus. Drücken Sie die [↵]-Taste, um es zu versenden.

9

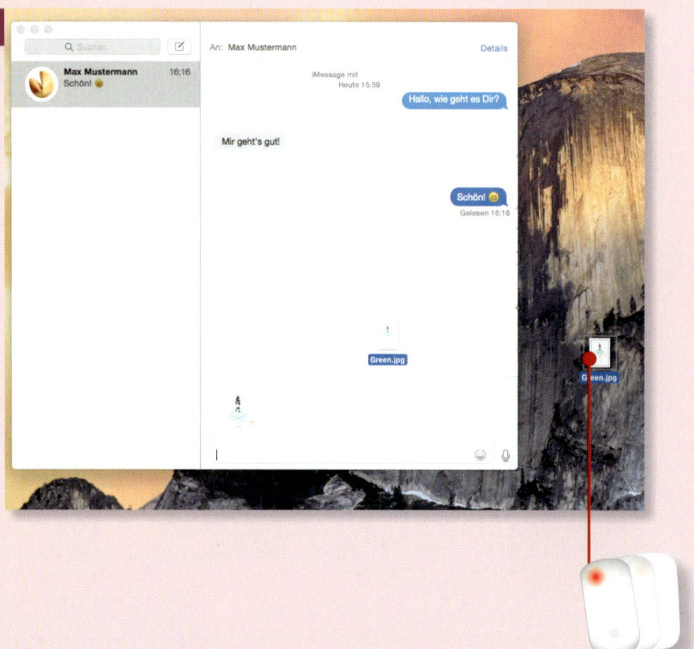


## Schritt 9

Sie können auch Bilder in einer Nachricht versenden. Ziehen Sie dazu eine Bilddatei mit gedrückter Maustaste auf den Nachrichtenbereich. Lassen Sie los, dann wird das Bild in die laufende Konversation eingefügt. Bestätigen Sie anschließend mit [↵], um die Nachricht zu versenden.

## Schritt 10

Haben Sie bereits eine Vielzahl an Konversationen zwischen verschiedenen Personen gestartet, dann können Sie die Unterhaltungen durchsuchen, um den Überblick zu behalten. Klicken Sie dazu in das Suchfeld.

10
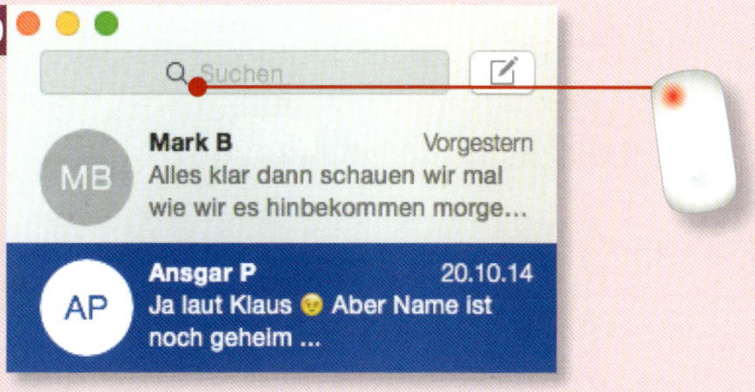


## Schritt 11

Geben Sie einen Suchgriff ein. Das Programm Nachrichten durchsucht alle Konversationen. Dabei ist es möglich, sowohl nach Namen als auch nach Textinhalten einer Unterhaltung zu suchen. Die Ergebnisse werden in einer Trefferliste unterhalb des Suchfelds angezeigt.

11
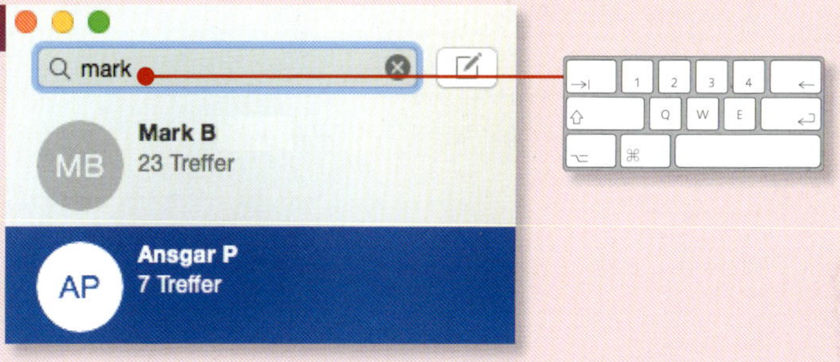


## Schritt 12

Sie können komplette Unterhaltungen löschen. Wählen Sie sie dazu in der Übersichtsliste mit einem Mausklick aus. Nutzen Sie dann das Tastenkürzel [cmd] + [←]. Bestätigen Sie im Anschluss den Dialog mit **Löschen**. Alternativ verwenden Sie den Menübefehl **Ablage ▸ Konversation löschen**.

12
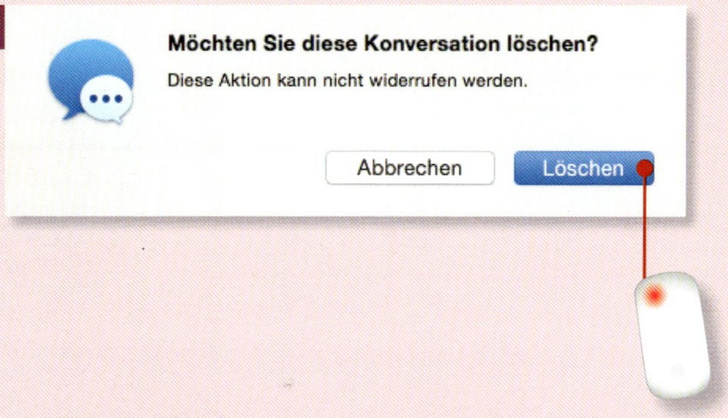

# Von Gerät zu Gerät: AirDrop

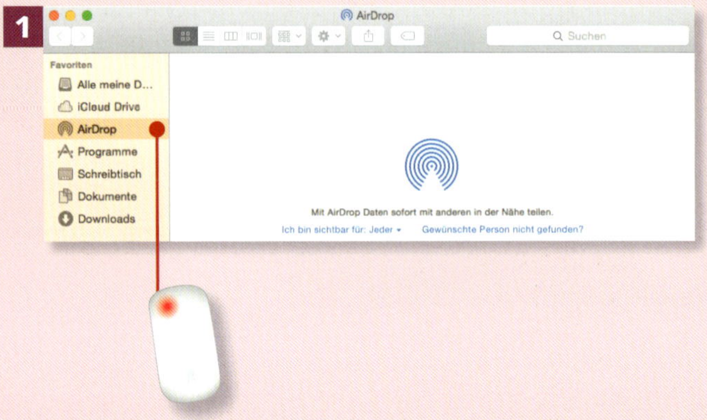


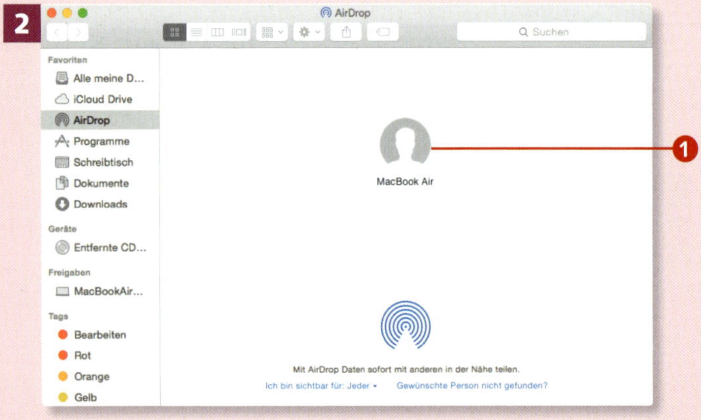


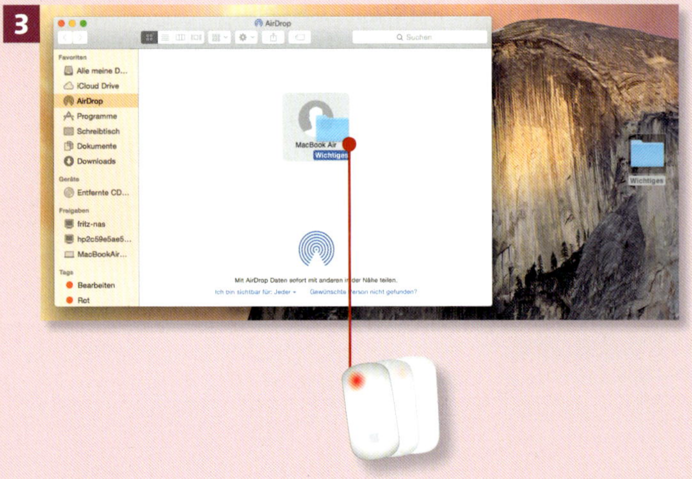


*Um Dateien von Gerät zu Gerät zu senden, können Sie AirDrop nutzen. Wie Sie dazu vorgehen, erfahren Sie hier.*

## Schritt 1

Um eine Verbindung zu einem Mac in der Nähe herzustellen, klicken Sie auf das Symbol **AirDrop** in der Finder-Seitenleiste.

## Schritt 2

Wenn im Umkreis von etwa zehn Metern via WLAN ein anderer Mac mit aktiver AirDrop-Funktion gefunden wird, wird er im **AirDrop**-Fenster angezeigt (1).

## Schritt 3

Um z. B. einen Ordner mit einem anderen Benutzer zu teilen, wählen Sie ihn mit der Maus aus und ziehen ihn mit gedrückter Maustaste auf das Benutzersymbol Ihres Gegenübers.

## Schritt 4

Dateien und Ordner werden aber nicht direkt zum Empfänger übertragen. Dieser muss die Sendung bestätigen. Solange dies noch nicht geschehen ist, sehen Sie den Status **Warten** 2 im **AirDrop**-Fenster.

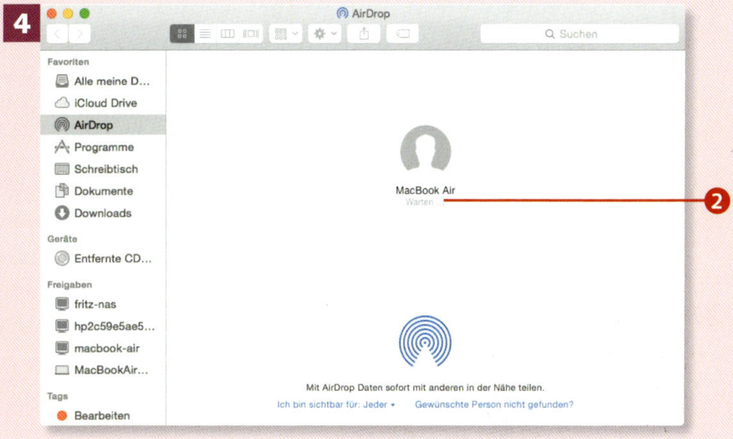


## Schritt 5

Der Gegenüber hat die Möglichkeit, die gesendete Datei zu akzeptieren oder die Übertragung abzulehnen. Bestätigt er mit **Akzeptieren**, wird die Übermittelung gestartet. Der Fortschritt wird im Infofenster angezeigt.

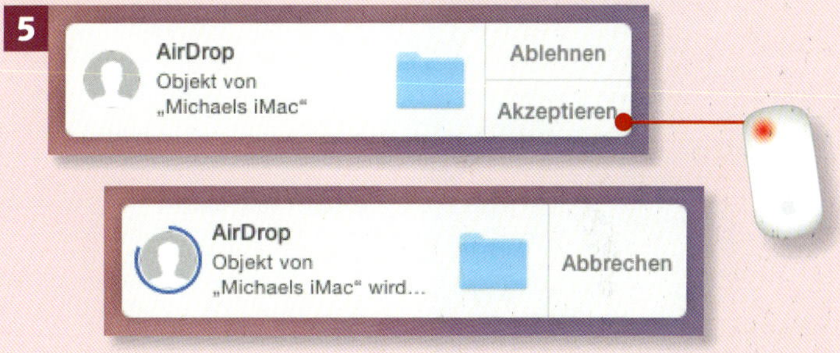


## Schritt 6

Die Dateien werden bei der Übertragung standardmäßig im Ordner **Downloads** 3 gespeichert.

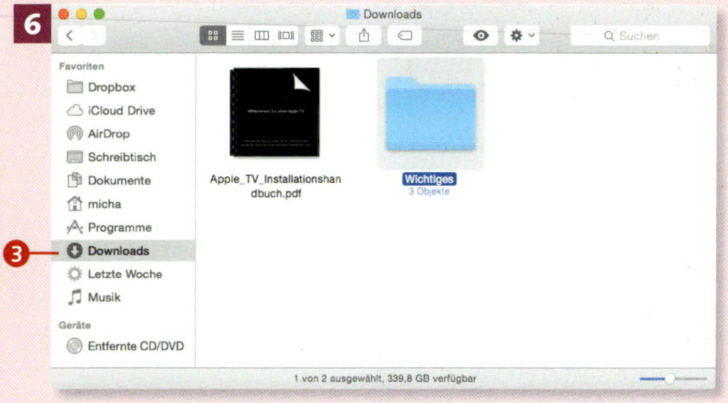


### Sichtbarkeit bestimmen

Sie können festlegen, ob Sie im **AirDrop**-Fenster anderer Nutzer auftauchen. Wählen Sie aus dem Aufklappmenü **Ich bin sichtbar für** die Option **Jeder** für alle Benutzer oder **Nur Kontakte**, wenn Sie nur für Ihre Kontakte dort sichtbar sein möchten.

# Die Mitteilungszentrale

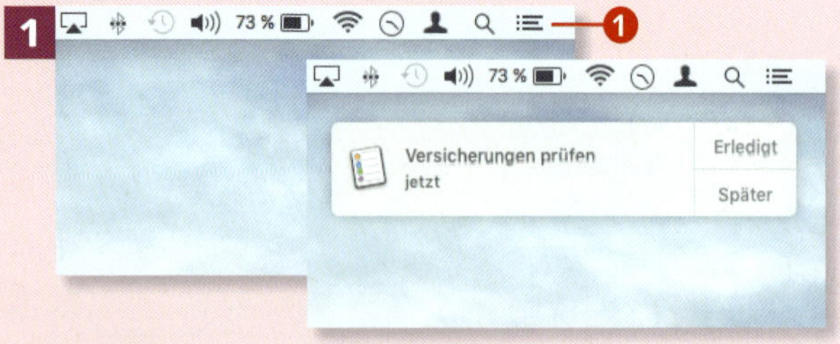


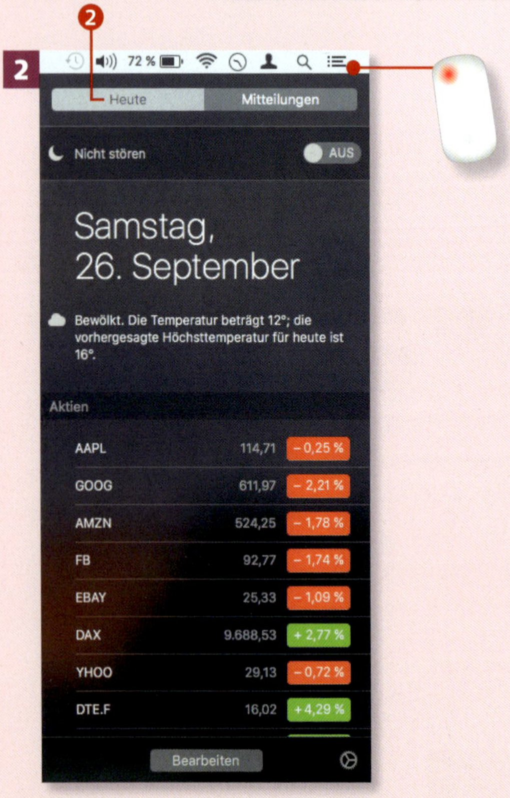

*Dank der Mitteilungszentrale haben Sie aktuelle Nachrichten, Ereignisse und Aufgaben immer im Blick. Egal, was Sie gerade am Rechner tun – neue E-Mails, Nachrichten oder anstehende Termine werden direkt auf dem Schreibtisch eingeblendet.*

## Schritt 1

Die Mitteilungszentrale finden Sie in der Hauptmenüleiste in Form eines *Menulets* ❶. Die neusten Mitteilungen zeigt das Programm als Hinweis in der rechten oberen Ecke des Schreibtischs.

## Schritt 2

Mit einem Klick auf das Menulet öffnen sich weitere Mitteilungen. Im Reiter **Heute** ❷ sehen Sie alle Mitteilungen, die am heutigen Tag aktuell sind. Ebenso gibt es folgende Details: das Programm, das Ihnen die Mitteilung geschickt hat, ihren Inhalt und den Zeitpunkt, an dem sie eingegangen ist.

## Schritt 3

Ein Klick auf den Reiter **Mitteilungen** öffnet eine Übersicht über alle bisherigen Mitteilungen.

## Schritt 4

Zurück in der Übersicht **Heute** ❸ können Sie die Reihenfolge konfigurieren, in der die Mitteilungen in der Übersicht erscheinen. Wählen Sie dazu **Bearbeiten**.

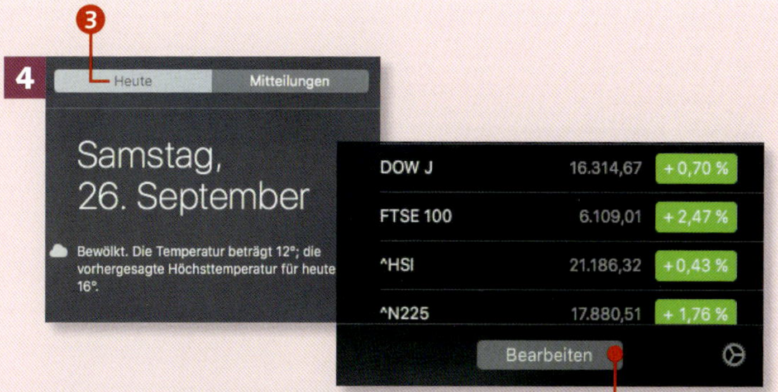


## Schritt 5

Rechts sehen Sie die Programme, die Ihnen aktuell in der Mitteilungszentrale Informationen senden dürfen, deren Mitteilungen aber noch nicht dort angezeigt werden. Wählen Sie ein Programm mit dem Plussymbol aus, um es hinzuzufügen. Mit einem Klick auf das zugehörige Minussymbol ❹ in der linken Spalte entfernen Sie ein Programm wieder.

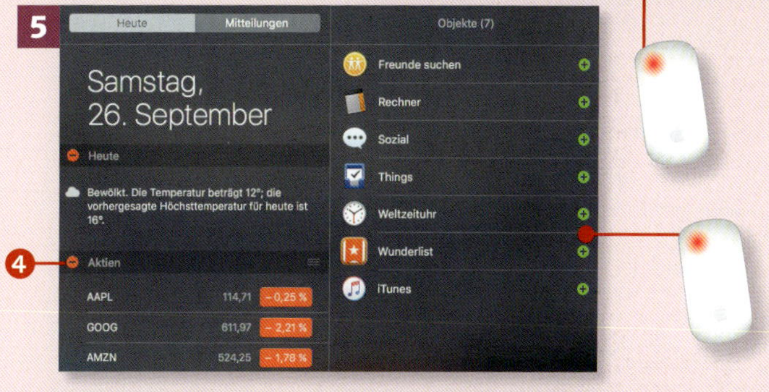


## Schritt 6

Die Position einer Mitteilung in der Übersicht bestimmen Sie, indem Sie die Einträge an der Griffleiste mit der Maus anfassen und mit gedrückter Maustaste verschieben. Bestätigen Sie am Ende mit **Fertig** ❺.

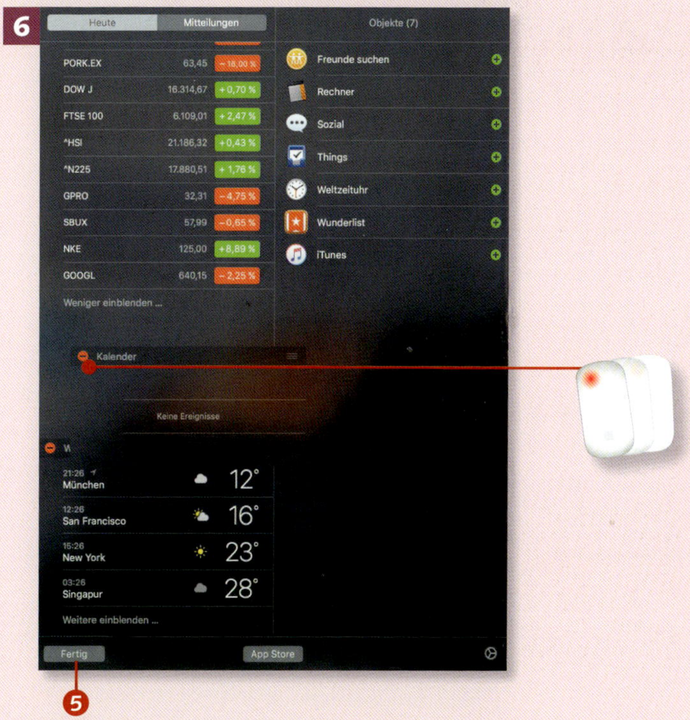


**Mitteilungen konfigurieren**

Sie können einstellen, welche Programme Ihnen Mitteilungen schicken dürfen. Wählen Sie dazu in den Systemeinstellungen den Punkt **Mitteilungen**. Dort finden Sie eine Übersicht aller Programme und Einstellmöglichkeiten.

# iCloud einrichten und nutzen

1
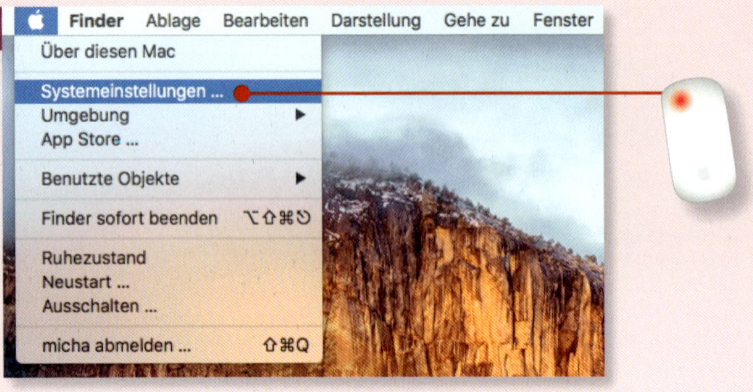


2
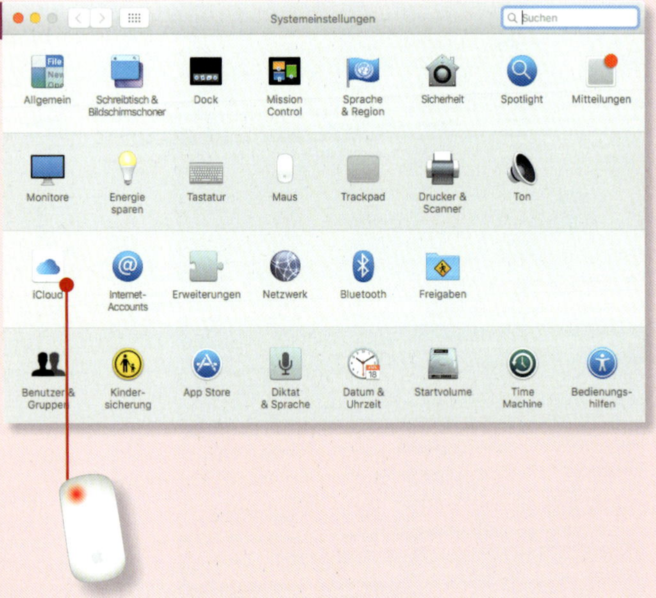


3
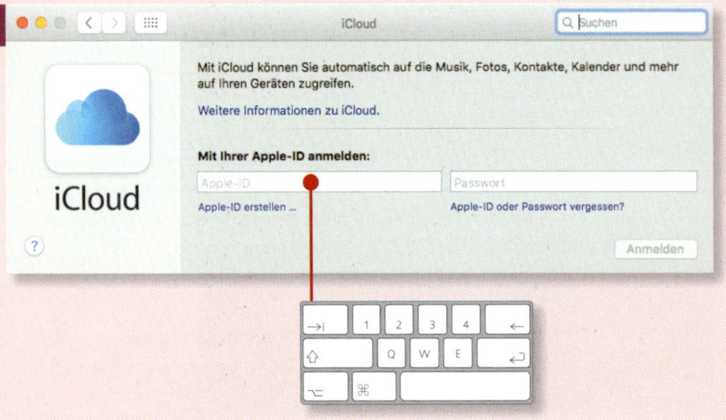


*Die wichtigsten Informationen und Dokumente auf dem Mac, dem iPhone und dem iPad immer griffbereit zu haben, ermöglicht Apples iCloud. Wie Sie den Dienst einrichten und nutzen, erfahren Sie in diesem Abschnitt.*

## Schritt 1

Wenn Sie iCloud nicht beim ersten Start Ihres Rechners eingerichtet haben, können Sie dies jederzeit über die Systemeinstellungen nachholen. Rufen Sie dazu über das Apfel-Menü die **Systemeinstellungen** auf.

## Schritt 2

Im Fenster **Systemeinstellungen** klicken Sie auf **iCloud**, um mit der Einrichtung des Dienstes zu starten.

## Schritt 3

iCloud steht Ihnen mit dem Standardfunktionsumfang kostenfrei zur Verfügung. Um den Dienst zu nutzen, müssen Sie sich mit Ihrer Apple-ID und Ihrem Passwort anmelden. Wird Ihnen das nebenstehende Dialogfenster nicht automatisch angezeigt, dann klicken Sie auf die Schaltfläche **Passwort eingeben**.

## Schritt 4

Haben Sie Ihre Daten eingegeben, klicken Sie auf **Anmelden**. Wenn Sie noch keine Apple-ID haben, bekommen Sie eine über den Link **Apple-ID erstellen** ❶.

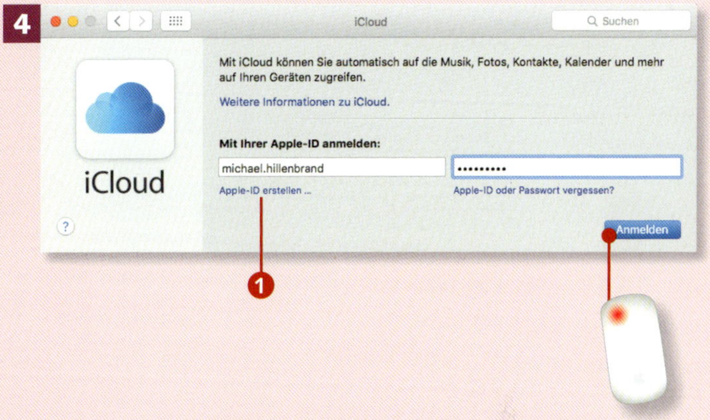


## Schritt 5

Beim Einrichten entscheiden Sie, ob all Ihre Kontakte, Kalendereinträge und Lesezeichen in iCloud gespeichert werden sollen. Damit können Sie sie auch auf anderen Geräten als Ihrem Mac nutzen, z. B. auf dem iPhone. Aktivieren Sie die Option **iCloud für Mail, Kontakte, Kalender, Erinnerungen, Notizen und Safari verwenden** ❷. Mit **„Meinen Mac suchen" verwenden** ❸ können Sie den Standort Ihres Rechners bei Verlust ermitteln. Klicken Sie auf **Weiter**.

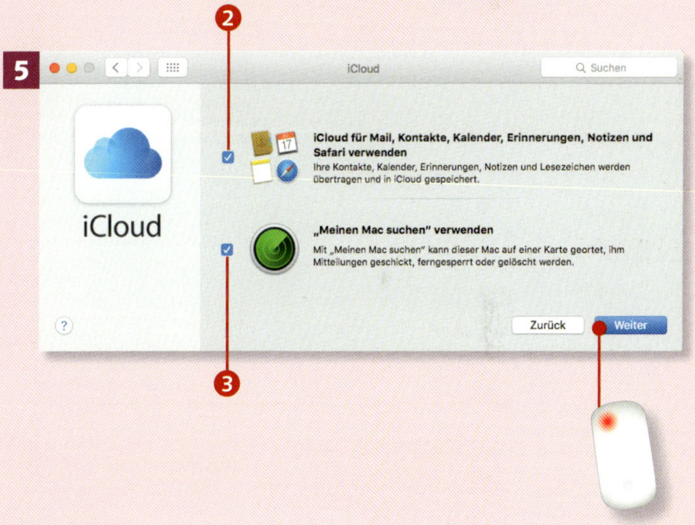


## Schritt 6

Aktivieren Sie die Optionen **Meinen Mac suchen**, müssen Sie im Anschluss die Standortnutzung für den Mac freigeben. Bestätigen Sie den Dialog mit Klick auf **Erlauben**.

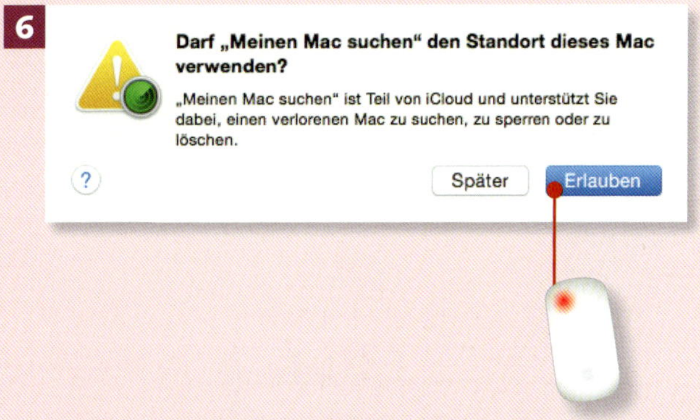

# iCloud einrichten und nutzen (Forts.)

7

## Schritt 7

Der Schlüsselbund in iCloud ermöglicht es u.a., Passwörter und Zahlungsinformationen auf all Ihren Geräten auf dem gleichen Stand zu halten. Um die Funktion für den Mac freizuschalten, geben Sie das **Passwort** ❶ Ihrer Apple-ID ein. Anschließend müssen Sie mit einem bereits angemeldeten Gerät bestätigen, dass der Mac den Schlüsselbund nutzen darf. Klicken Sie dazu auf **Bestätigung anfordern**.

8

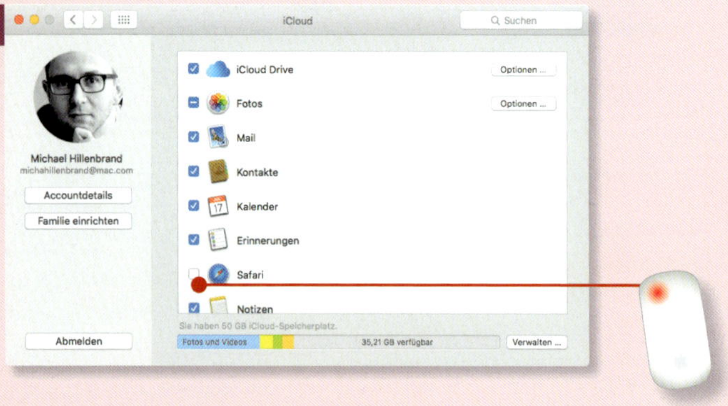


## Schritt 8

Das Dialogfenster **iCloud** zeigt daraufhin eine Übersicht über alle Dienste. Hier steuern Sie, welche Programme mit iCloud synchronisiert werden. Entfernen Sie das Häkchen vor einem Programm, wird die Nutzung mit iCloud deaktiviert.

9

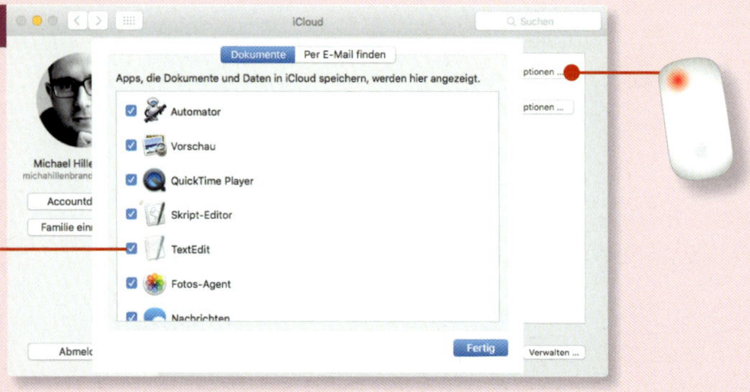


## Schritt 9

Sie können hier auch Ihre virtuelle Internet-Festplatte **iCloud Drive** verwalten. Klicken Sie auf **Optionen**. Sie erhalten dann eine Übersicht über alle Programme, die Ihre Dokumente in iCloud Drive speichern dürfen. Möchten Sie die Berechtigung entziehen, entfernen Sie den Haken vor dem Programm ❷. Ihre Änderungen bestätigen Sie mit **Fertig**.

## Schritt 10

Am Fuß des Fensters sehen Sie die Speicherbelegung von iCloud Drive ❸. Möchten Sie Platz schaffen, klicken Sie auf **Verwalten**.

## Schritt 11

Im Anschluss können Sie die Dokumente und Dateien der einzelnen Programme löschen. Wählen Sie dazu das entsprechende Programm aus der Liste aus, und bestätigen Sie den Löschvorgang mit **„Dokumente & Daten" löschen**. Den Vorgang schließen Sie mit der Schaltfläche **Fertig** ab.

## Schritt 12

Sie können iCloud Drive direkt über die Seitenleiste aufrufen, oder verwenden Sie das Tastenkürzel cmd + ⇧ + I. Sie sehen den Inhalt Ihrer virtuellen Festplatte. Dort finden Sie Ordner, die Sie bereits in iCloud Drive gespeichert haben.

10

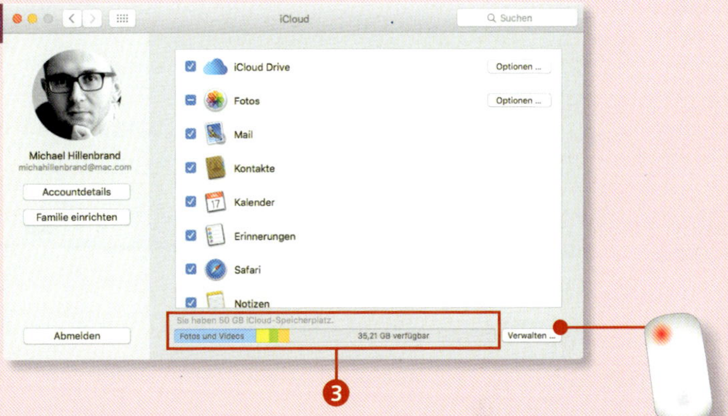


11

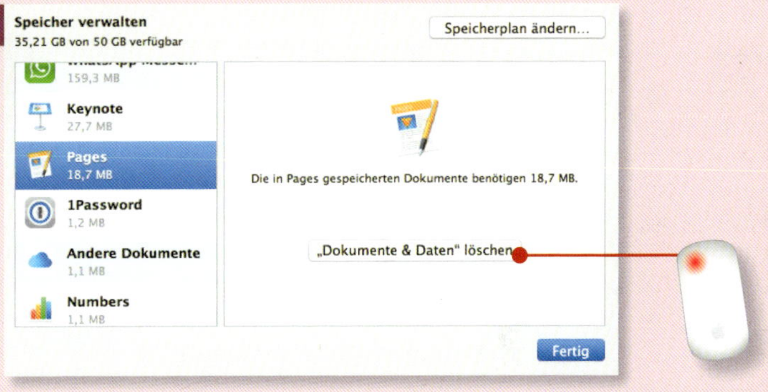


12

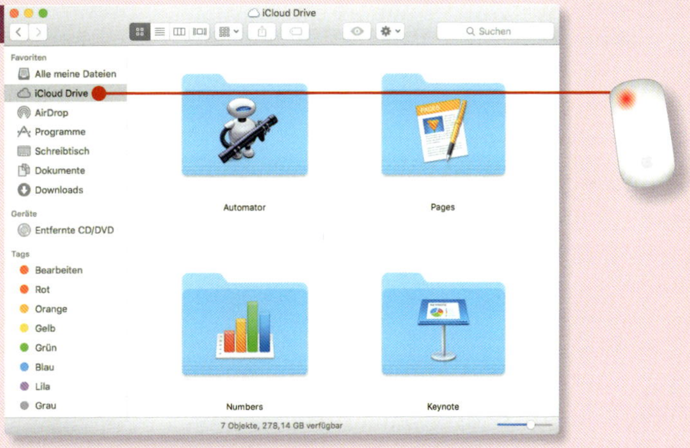

# Dateien mit anderen teilen: iCloud Drive

1

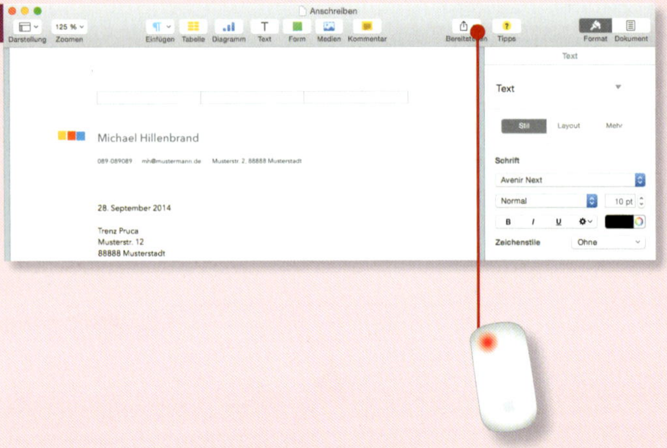


2

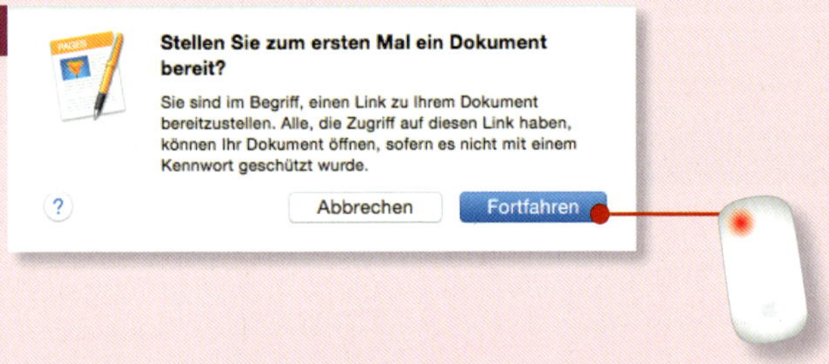


3

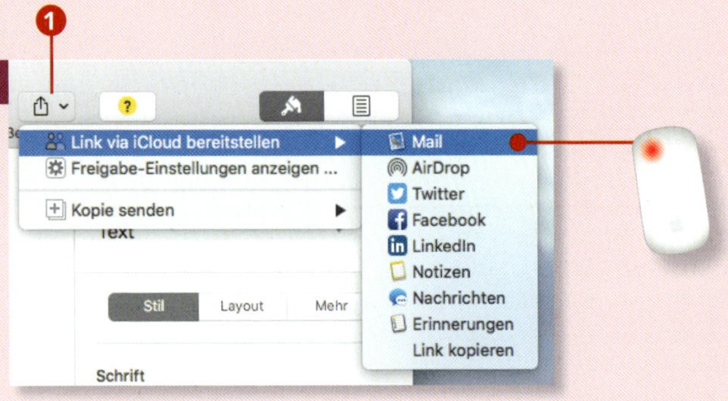


*Einige OS X-Programme, wie z. B. Pages, bieten die Möglichkeit, Dokumente via iCloud Drive direkt mit anderen zu teilen. Auf diese Weise können Sie gemeinsam an Dokumenten arbeiten.*

## Schritt 1

Arbeiten Sie an einem Dokument in *Pages*, können Sie es über die Schaltfläche **Bereitstellen** mit anderen via iCloud teilen.

## Schritt 2

Bei der ersten Bereitstellung weist Sie das Programm darauf hin, dass über den erzeugten Link jeder Zugriff auf das Dokument hat. Bestätigen Sie den Dialog mit der Schaltfläche **Fortfahren**.

## Schritt 3

Klicken Sie auf **Bereitstellen** ❶, und wählen Sie die Option **Link via iCloud bereitstellen**. Bestimmen Sie dann, über welchen Kommunikationskanal Sie den Link versenden möchten. Zum Versand via E-Mail wählen Sie beispielsweise die Option **Mail**.

## Schritt 4

Das Dokument kann nur über iCloud geteilt werden, wenn es auch in iCloud Drive gespeichert wurde. Liegt das Dokument lokal auf Ihrer Festplatte, erscheint eine Fehlermeldung. Bestätigen Sie diese mit einem Klick auf **Zu iCloud**, um das Dokument dorthin zu kopieren.

4

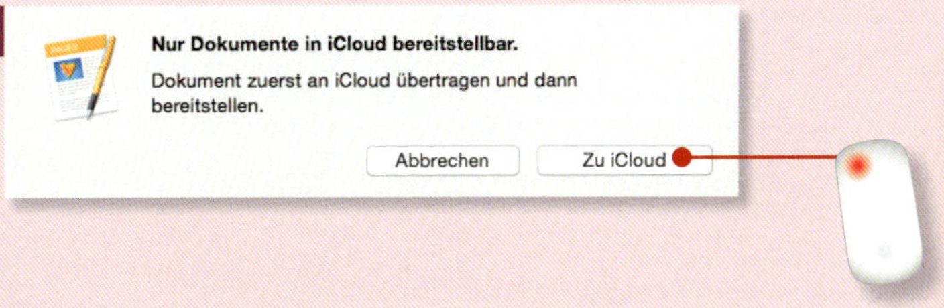


## Schritt 5

Im Anschluss wird – wenn Sie wie in Schritt 3 **Mail** gewählt haben – automatisch das Programm **Mail** gestartet und eine E-Mail mit dem Link ❷ erzeugt. Geben Sie über das Feld **An** einen Empfänger ein, und versenden Sie die E-Mail über die Schaltfläche **Senden**.

5

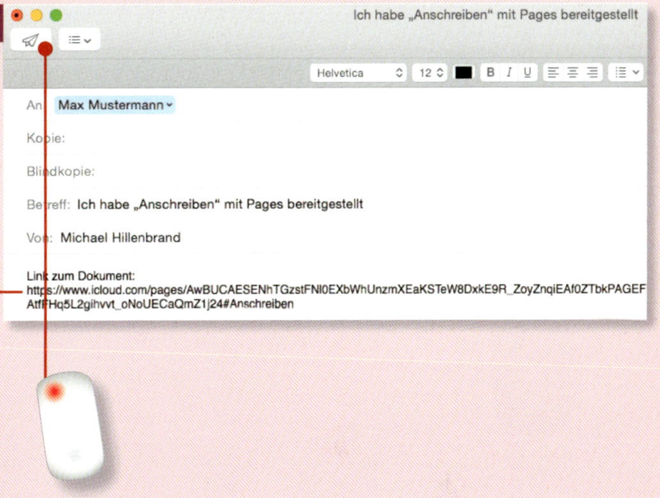


## Schritt 6

Sie können den Link nochmals senden, indem Sie über die Schaltfläche **Bereitstellen** die Option **Freigabe-Einstellungen anzeigen** aufrufen. Klicken Sie dann auf **Link senden**.

6

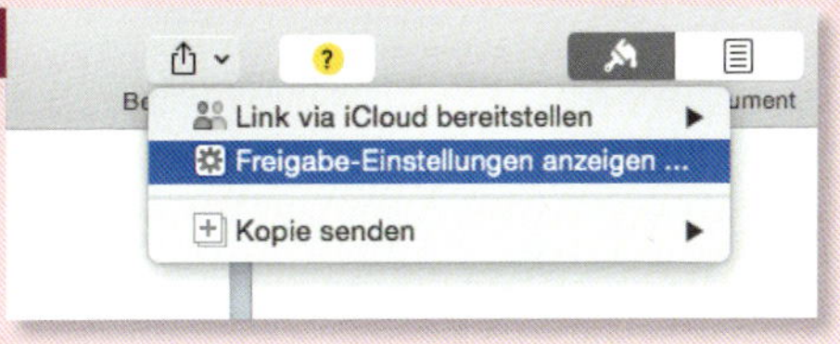


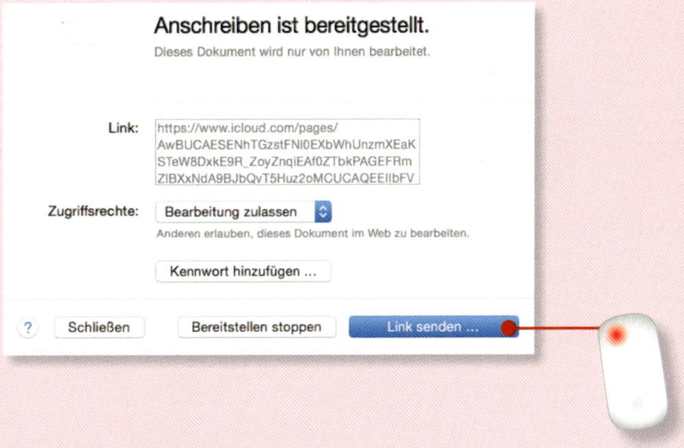

# Geräte per Bluetooth mit dem Mac verbinden

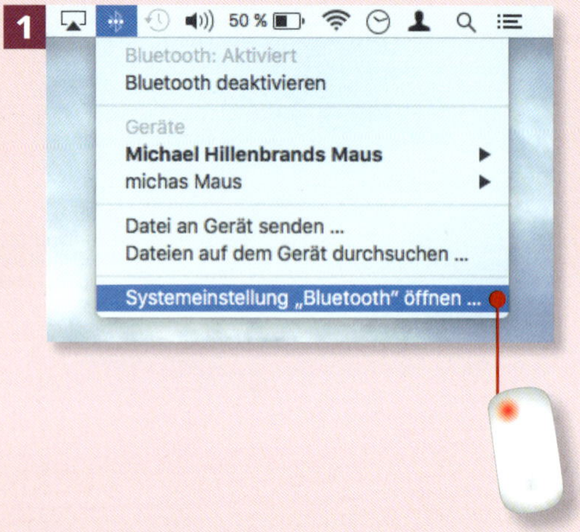


*Die Auswahl an Bluetooth-Geräten ist groß und reicht von Tastaturen bis hin zu Lautsprechern. Ich zeige Ihnen, wie Sie eine Bluetooth-Maus mit dem Mac verbinden.*

## Schritt 1

Um ein Bluetooth-Gerät zu konfigurieren, öffnen Sie die Systemeinstellungen **Bluetooth** über das **Bluetooth**-Menulet. Rufen Sie dort den Punkt **Systemeinstellungen »Bluetooth« öffnen** auf.

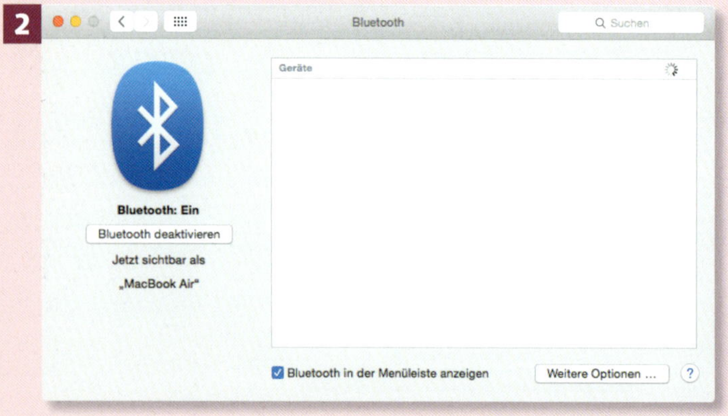


## Schritt 2

Das Fenster **Bluetooth** zeigt eine Übersicht aller verbundenen Geräte an. Die Liste ist leer, wenn noch keine Geräte angeschlossen sind. Parallel sucht der Mac nach erreichbaren Bluetooth-Geräten.

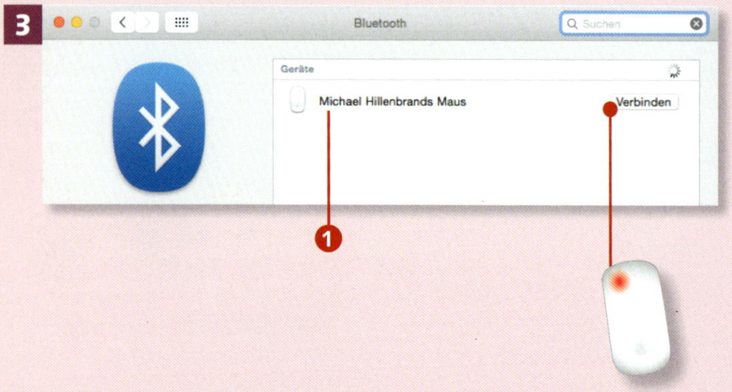


## Schritt 3

Wurde ein Gerät gefunden, wird es in der Liste angezeigt. Klicken Sie das Gerät (1) an, und klicken Sie auf **Verbinden**.

**Verbindungsanforderung**
Bei einigen Geräten muss ein Code ausgetauscht werden, um eine Bluetooth-Verbindung herzustellen, und Sie werden aufgefordert, diesen Code zu prüfen.

## Schritt 4

War die Anlage erfolgreich, bekommt das Gerät in der Übersicht den Status **Verbunden** ❷. Falls Sie das Gerät wieder entfernen möchten, klicken Sie auf das Kreuz.

## Schritt 5

Damit das Gerät endgültig aus der Liste gelöscht wird, bestätigen Sie den Vorgang mit einem Klick auf **Entfernen**. Möchten Sie das Gerät weiterhin per Bluetooth nutzen, klicken Sie auf **Abbrechen**.

## Schritt 6

Wenn Sie in der Menüleiste auf das **Bluetooth**-Symbol ❸ klicken, können Sie aus dem Aufklappmenü jetzt die gekoppelte Maus auswählen. In einem weiteren Menü wählen Sie dann die Option **Trennen**, falls Sie die Bluetooth-Verbindung zu diesem Gerät aufheben möchten.

**!**

**Bluetooth-Menulet**

Erscheint das **Bluetooth**-Menulet nicht in der Menüleiste, müssen Sie die Einstellungen ändern. Gehen Sie dazu in die Systemeinstellungen. Unter dem Punkt **Bluetooth** setzen Sie einen Haken bei **Bluetooth in der Menüleiste anzeigen**.

4

5

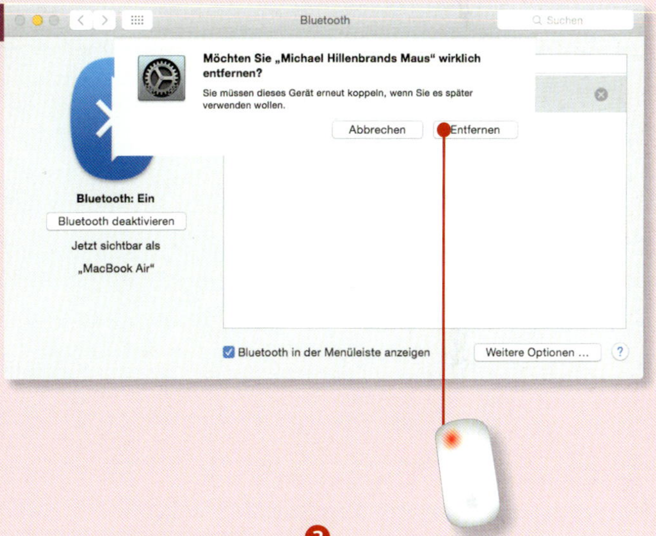


6

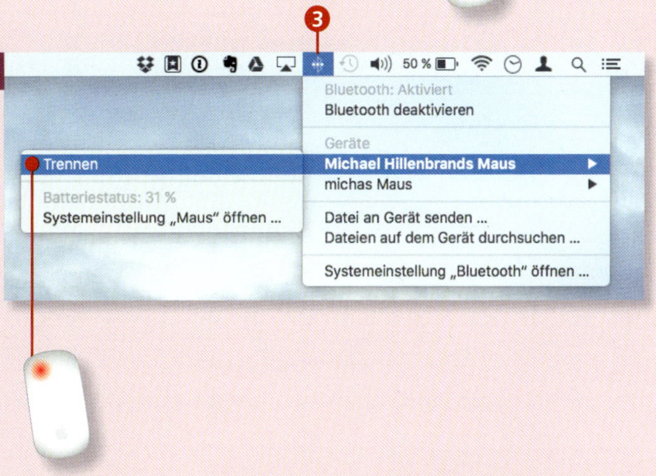

# Den Drucker einrichten

1

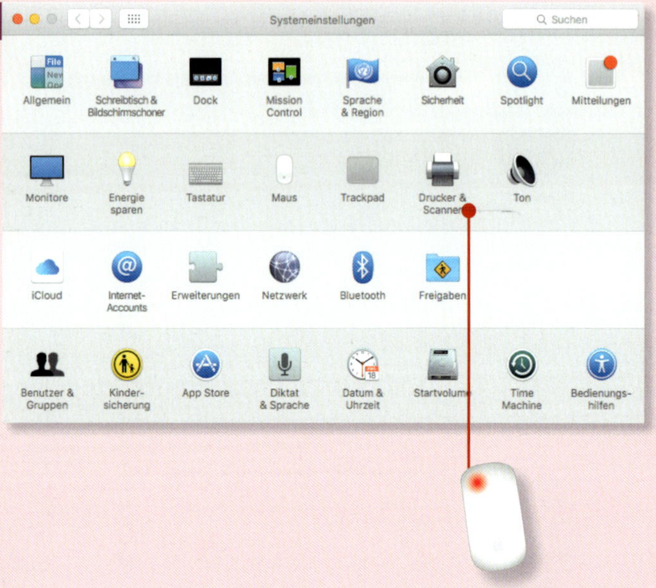


2

3

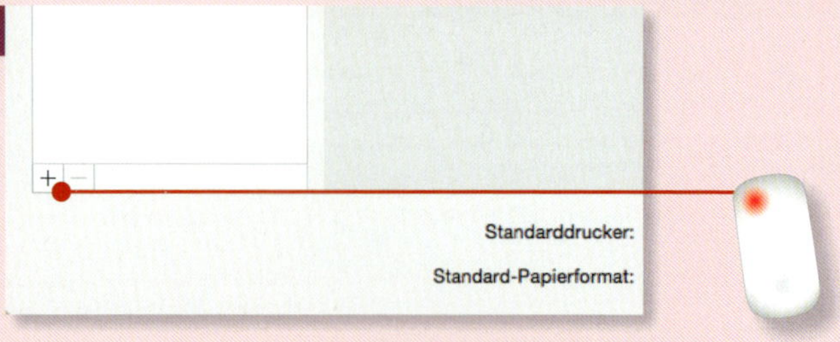


*Mit dem Mac geht die Konfiguration eines Druckers dank des Drucker-Dienstprogramms einfach von der Hand.*

## Schritt 1

Um einen neuen Drucker einzurichten, rufen Sie im Apfel-Menü über **Systemeinstellungen ▸ Drucker & Scanner** die zugehörigen Systemeinstellungen auf.

## Schritt 2

Das Dialogfenster **Drucker & Scanner** zeigt eine Übersicht der installierten Drucker und Scanner. Sind solche Geräte noch nicht vorhanden, ist der Bereich leer.

## Schritt 3

Um einen neuen Drucker hinzuzufügen, klicken Sie auf das Plus. Der Drucker muss dabei eingeschaltet und betriebsbereit sein, um erkannt zu werden.

## Schritt 4

Das Dialogfenster **Hinzufügen** startet in der Ansicht **Standard** ❶. Alle erreichbaren und aktiven Drucker werden angezeigt. Sie sehen den Namen ❷ des Druckers und seinen Typ ❸, d.h. wie er mit dem Rechner verbunden ist.

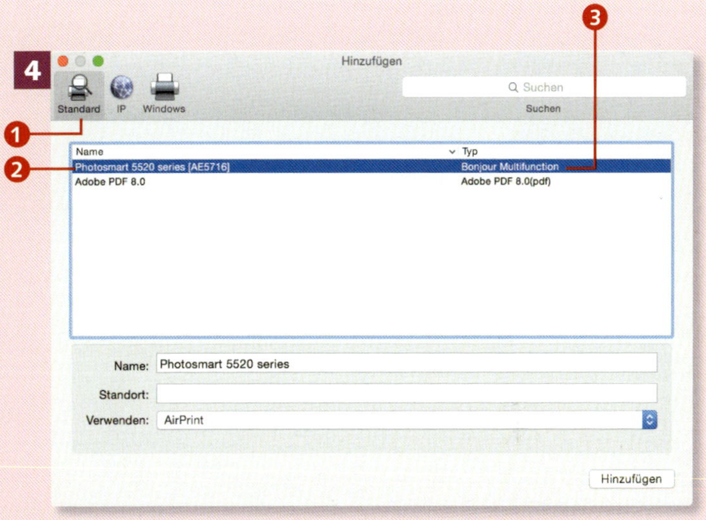


## Schritt 5

Klicken Sie auf den Drucker, den Sie hinzufügen möchten. Im Feld **Name** wird automatisch die Bezeichnung des Geräts angezeigt; Sie können sie ändern, indem Sie in das Feld klicken und den Eintrag überschreiben.

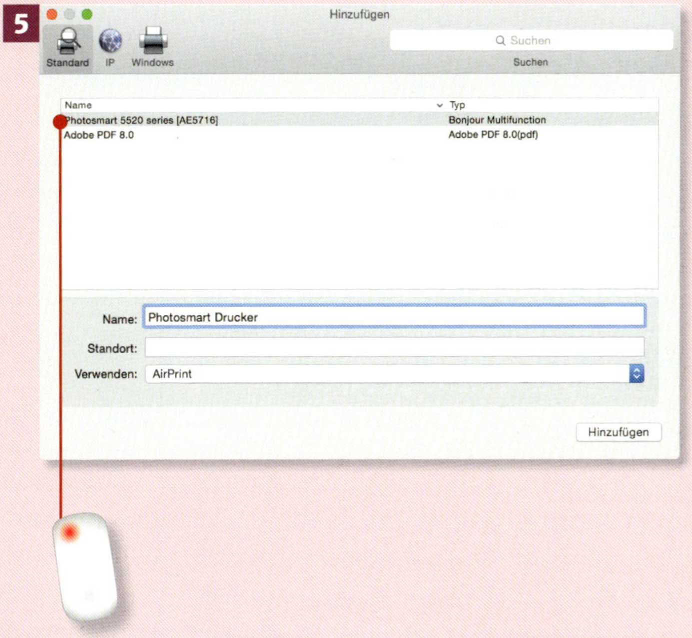


## Schritt 6

Klicken Sie abschließend auf die Schaltfläche **Hinzufügen**, um den Drucker anzulegen.

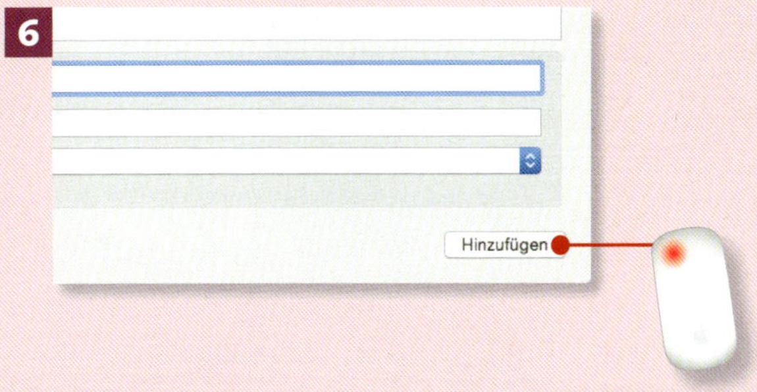


**Druckersoftware aktualisieren**
Wird kein passender Drucker gefunden, kann es daran liegen, dass für das Modell keine passende Druckersoftware vorliegt. Rufen Sie in dem Fall über das Apfel-Menü den Punkt **App Store** auf, und klicken Sie auf die Schaltfläche **Updates**. Mac OS X sucht dann nach passenden Software-Updates für den Drucker.

# Den Drucker einrichten (Forts.)

7
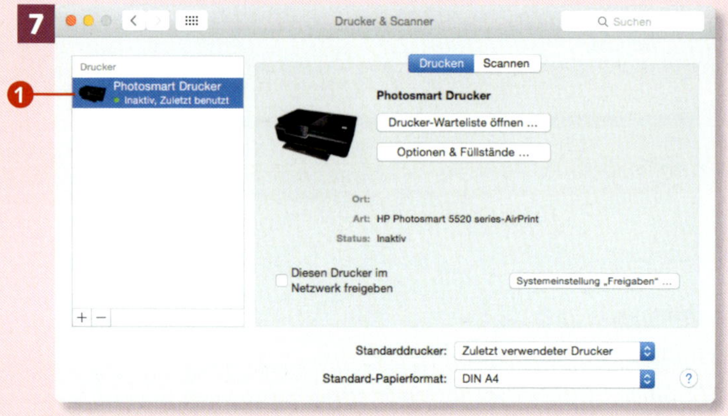


8
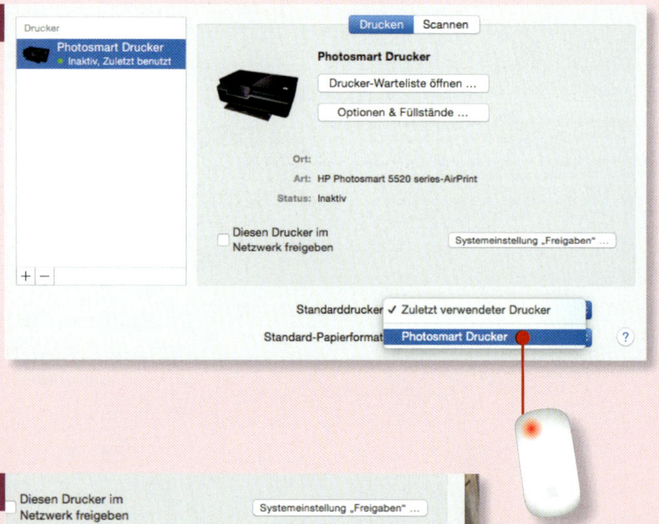


9
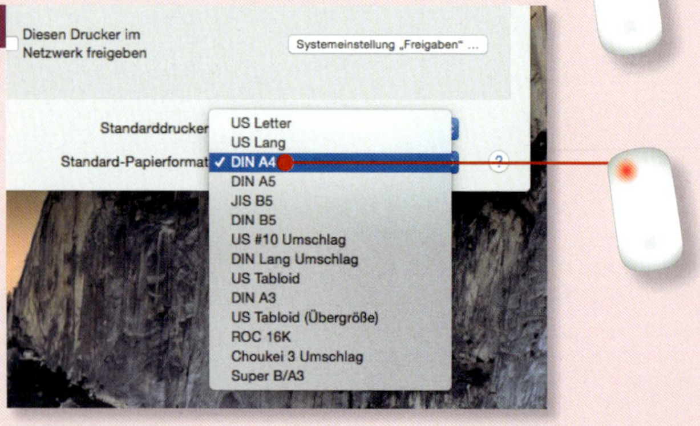


## Schritt 7

Der Drucker erscheint daraufhin in der Druckerliste auf der linken Seite des Fensters **Drucker & Scanner**. Das grüne Statussymbol ❶ vor dem Gerät signalisiert, dass der Drucker betriebsbereit ist.

## Schritt 8

Wenn Sie mehrere Drucker installiert haben, können Sie einen Standarddrucker festlegen, auf dem dann immer automatisch gedruckt wird. Wählen Sie ihn einfach im Aufklappmenü **Standarddrucker** aus.

## Schritt 9

Um festzulegen, auf welchem Papierformat Ihr Drucker zukünftig druckt, klappen Sie das Menü des Feldes **Standard-Papierformat** mit einem Klick auf den Pfeil rechts am Feld auf. In der Liste klicken Sie das gewünschte Format an, z. B. **DIN A4**.

## Schritt 10

Um sich zusätzliche Informationen anzeigen zu lassen, klicken Sie auf die Schaltfläche **Optionen & Füllstände**.

10

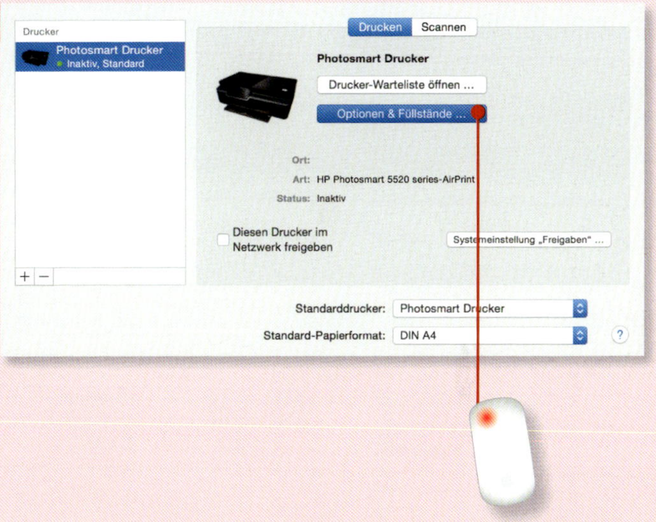


## Schritt 11

Im folgenden Dialogfenster klicken Sie auf die Registerkarte **Füllstände**. Hier sehen Sie – sofern Sie einen Tintenstrahldrucker besitzen –, ob Ihr Drucker noch genügend Tinte enthält. Der jeweilige Füllstand der unterschiedlichen Patronen wird einzeln angezeigt.

11

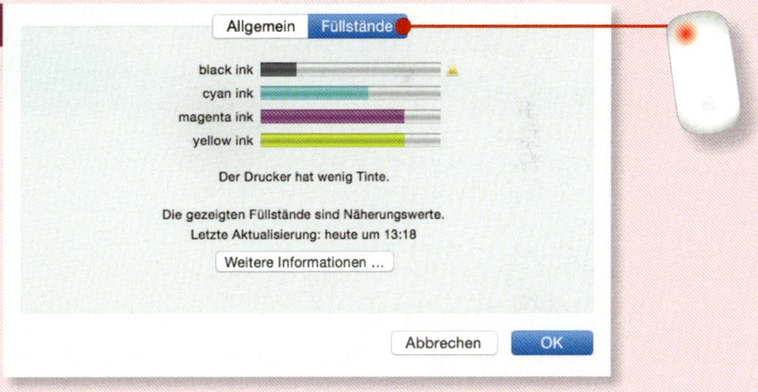


## Schritt 12

Um den Dialog zu verlassen, klicken Sie auf **OK**. Nun haben Sie den Drucker eingerichtet und können die Systemeinstellungen verlassen.

12

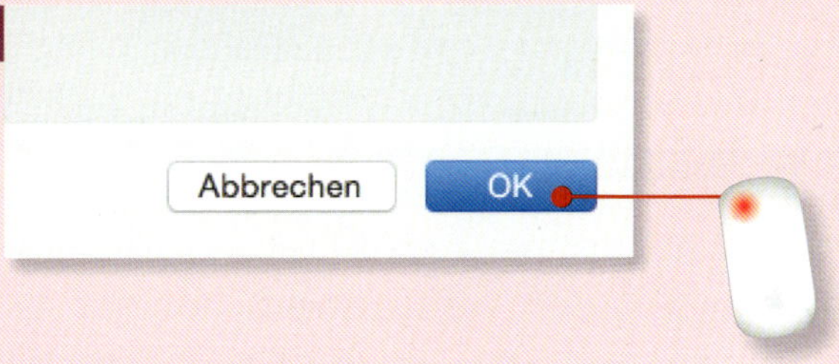


**!** **Druckoptionen**

Die zusätzlichen Informationen, die Ihnen im Fenster **Drucker & Scanner** angezeigt werden, unterscheiden sich nach Ihrem Drucker.

# USB-Stick, externe Festplatte und Co. anschließen

1

2

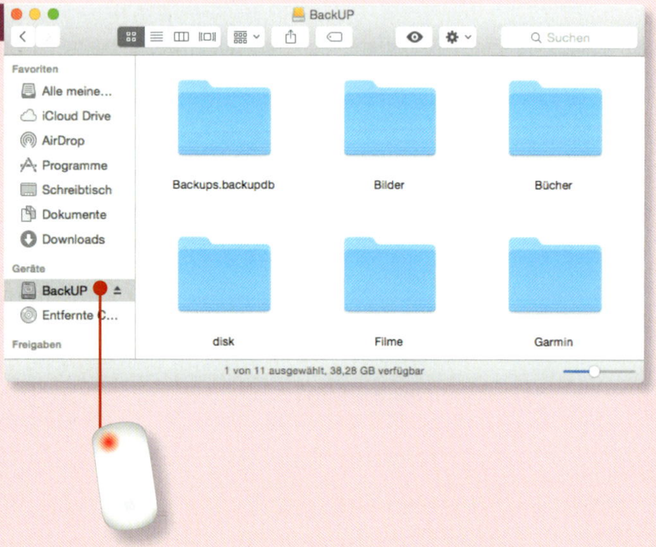


3

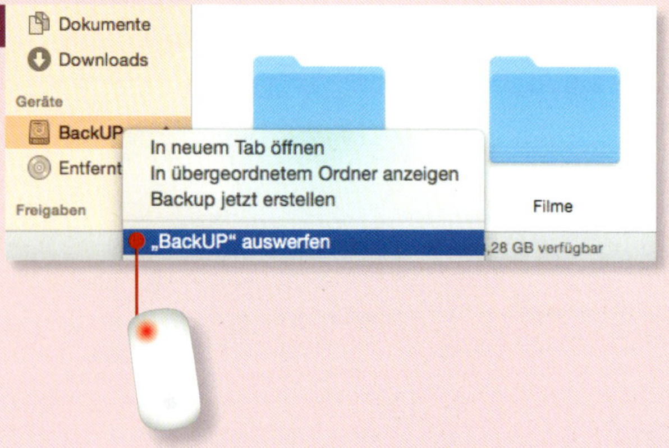


*Festplatten und andere Speichermedien können Sie auf unterschiedlichen Wegen, z. B. über USB, mit Ihrem Rechner verbinden.*

## Schritt 1

Verbinden Sie das Speichermedium mit Ihrem Rechner. Einen USB-Stick oder eine USB-Festplatte schließen Sie an einen der USB-Anschlüsse (1) Ihres Rechners an.

## Schritt 2

Das Medium erscheint dann in der Seitenleiste des Finder-Fensters unter **Geräte**. Nach einem Klick auf das Festplattensymbol zeigt sich der Inhalt des Speichermediums rechts im Finder-Fenster.

## Schritt 3

Benötigen Sie das Speichermedium nicht mehr, klicken Sie mit der rechten Maustaste auf den Eintrag in der Seitenleiste. Wählen Sie anschließend die Option **„[Gerätename]“ auswerfen** aus dem Menü. Alternativ drücken Sie [cmd] + [E].

## Schritt 4

Sie können sich externe Festplatten und Speichermedien auch direkt auf dem Schreibtisch anzeigen lassen. Rufen Sie dazu die Einstellungen über das Menü **Finder ▸ Einstellungen** auf.

4

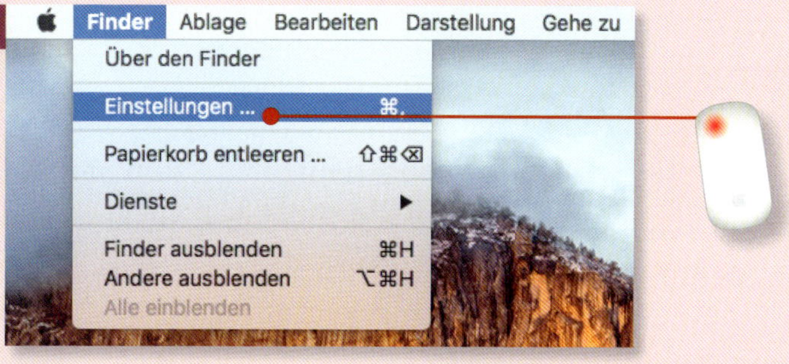


## Schritt 5

Im Dialogfenster **Finder-Einstellungen** aktivieren Sie auf der Registerkarte **Allgemein** ❷ im Bereich **Diese Objekte auf dem Schreibtisch anzeigen** die Option **Externe Festplatten**.

5

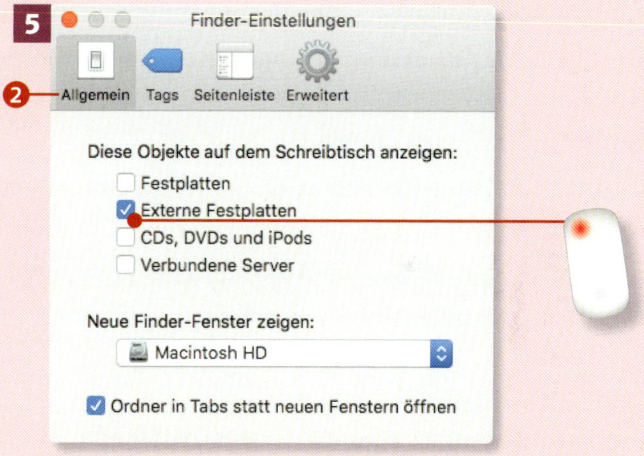


## Schritt 6

Wenn Sie von nun an eine Festplatte oder ein Wechselmedium anschließen, wird das Objekt direkt auf dem Schreibtisch angezeigt. Sie können es auch von dort aus direkt auswerfen, indem Sie das Symbol auf den Papierkorb ziehen. Das Symbol für den Papierkorb wandelt sich dabei in das **Auswerfen**-Symbol.

6

Kapitel 5

# Mit dem Mac ins Internet

Ein Internetzugang gehört heutzutage zum Standard, um mit anderen zu kommunizieren und immer informiert zu sein. Richten Sie am Mac eine Internetverbindung ein, und surfen Sie mit dem Browser Safari im Internet.

**Eine Internetverbindung einrichten**

Eine Internetverbindung richten Sie am Mac mit dem Netzwerkassistenten ❶ ein. Er hilft Ihnen beim Konfigurieren einer Verbindung mit einem DSL-Modem oder auch einem WLAN. Sie rufen ihn in den Systemeinstellungen unter dem Punkt **Netzwerk** auf.

**Mit Safari im Internet surfen**

Safari ist der Internetbrowser in OS X. Mit ihm rufen Sie bequem, einfach und schnell Websites auf oder suchen mit Suchmaschine Google nach Internetseiten. Um eine Website aufzurufen, geben Sie die Adresse, z. B. *www.apple.com/de*, in die Adressleiste ❷ des Browsers ein und bestätigen sie mit der [↵]-Taste.

**Sich Websites merken**

Die Leseliste in Safari ist bequem. Speichern Sie dort interessante Websites, um sie für einen späteren Zeitpunkt vorzumerken. Nutzen Sie dazu die Taste **Senden** ❸ in der Symbolleiste, und wählen Sie dort die Option **Zur Leseliste hinzufügen**. Safari legt dann die Seite direkt in die Leseliste.

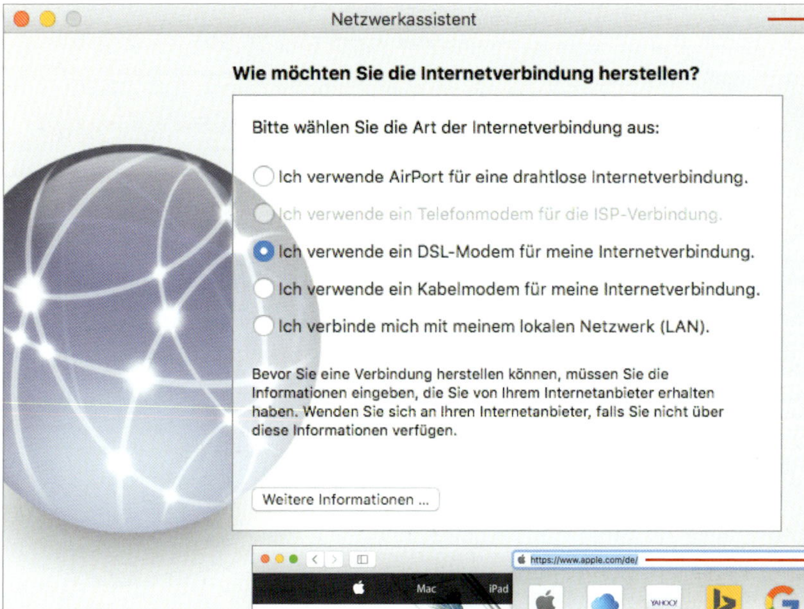


❶ Sie haben die Wahl zwischen verschiedenen Verbindungsarten, wenn Sie mit Ihrem Rechner ins Internet möchten.

❷ Zum Aufrufen einer Website geben Sie ihre Adresse in die Adressleiste ein.

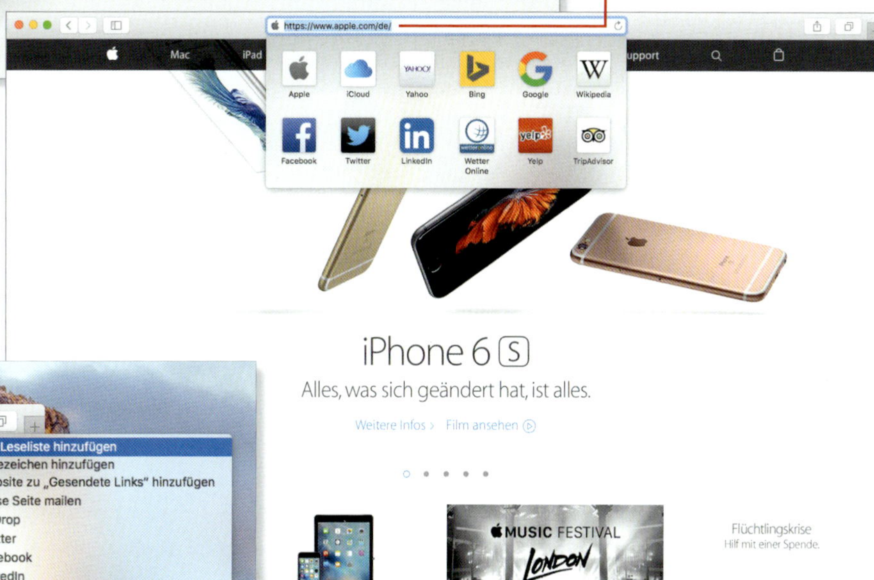


❸ In der Leseliste können Sie interessante Websites speichern, um diese später zu lesen.

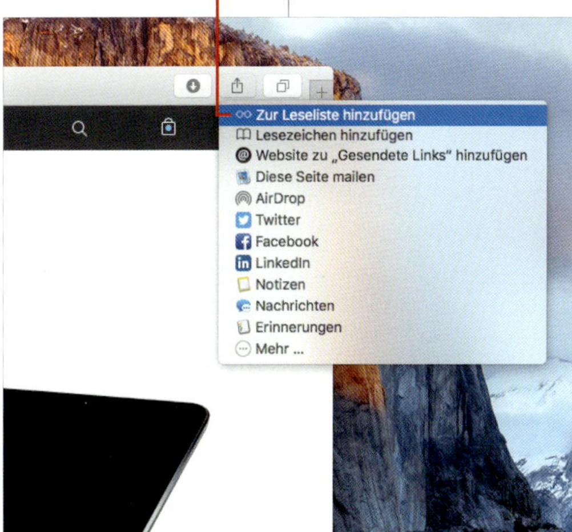

# Eine Internetverbindung einrichten

1

2

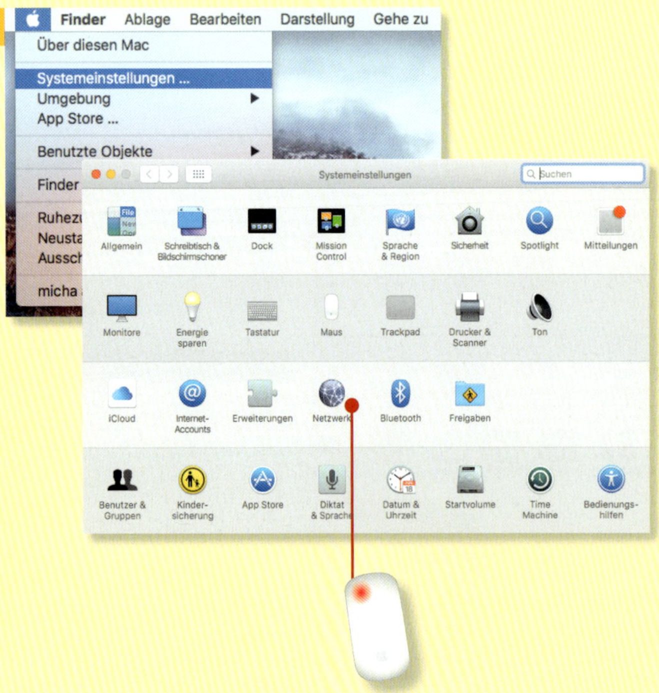


3

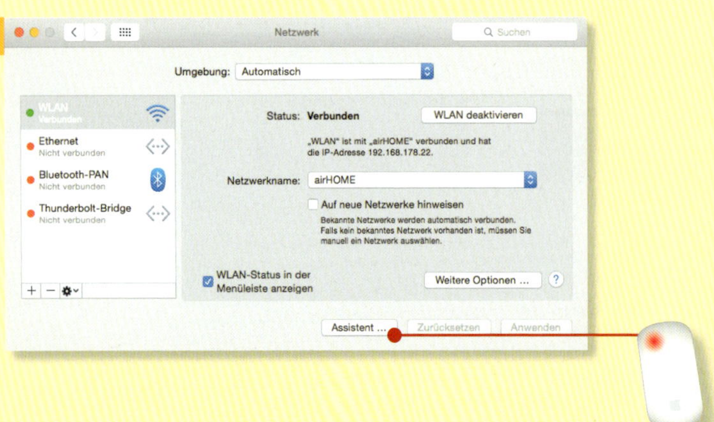


*Der Weg ins Internet ist mit dem Mac kinderleicht. Die wichtigsten Einstellungen für den Zugriff auf eine Internetverbindung erkläre ich Ihnen in diesem Abschnitt.*

## Schritt 1

Stellen Sie sicher, dass Ihr DSL-Router über ein Netzwerkkabel (*Ethernet-Kabel*) mit dem Ethernet-Anschluss ❶ Ihres Rechners verbunden ist.

## Schritt 2

Um eine neue Netzwerkverbindung einzurichten, rufen Sie über **Systemeinstellungen ▸ Netzwerk** das passende Dialogfenster auf.

## Schritt 3

Im Dialogfenster **Netzwerk** können Sie sich Ihre Verbindung bequem von einem Assistenten einrichten lassen. Klicken Sie dazu auf die Schaltfläche **Assistent**.

## Schritt 4

Bestätigen Sie auch den erscheinenden Dialog mit einem Klick auf die Schaltfläche **Assistent**.

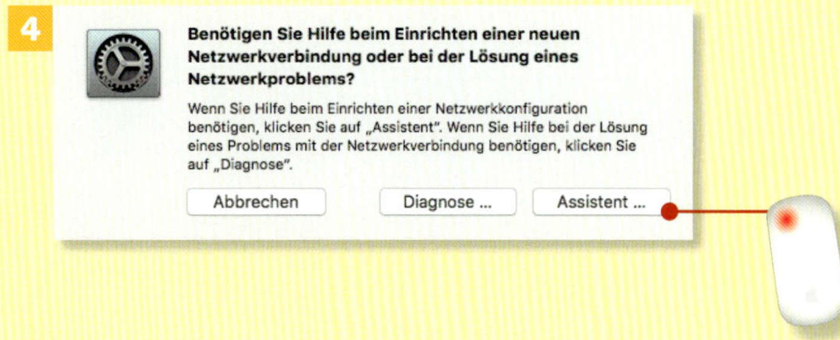


## Schritt 5

Vergeben Sie einen Namen für die neue Netzwerkumgebung, z. B. »DSL« für Ihre kabelgebundene Internetverbindung. Bestätigen Sie Ihre Angabe mit einem Klick auf die Schaltfläche **Fortfahren**.

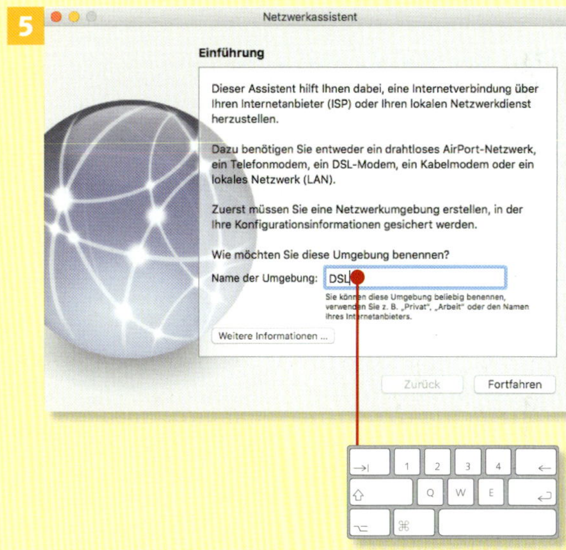


## Schritt 6

Nun geben Sie die Art Ihres Anschlusses an. Wählen Sie z. B. die Option **Ich verwende ein DSL-Modem für meine Internetverbindung**, wenn Sie einen Anschluss einrichten möchten, der eine direkte Verbindung zu einem DSL-Modem hat. Klicken Sie dann auf **Fortfahren**.

**Schneller von Feld zu Feld**

Wenn Sie wie hier viele Felder füllen müssen, springen Sie bequem und schnell von Feld zu Feld, indem Sie die ⇥-Taste drücken.

# Eine Internetverbindung einrichten (Forts.)

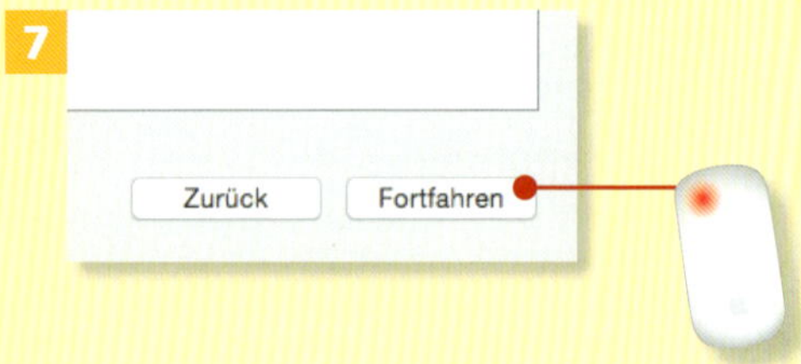


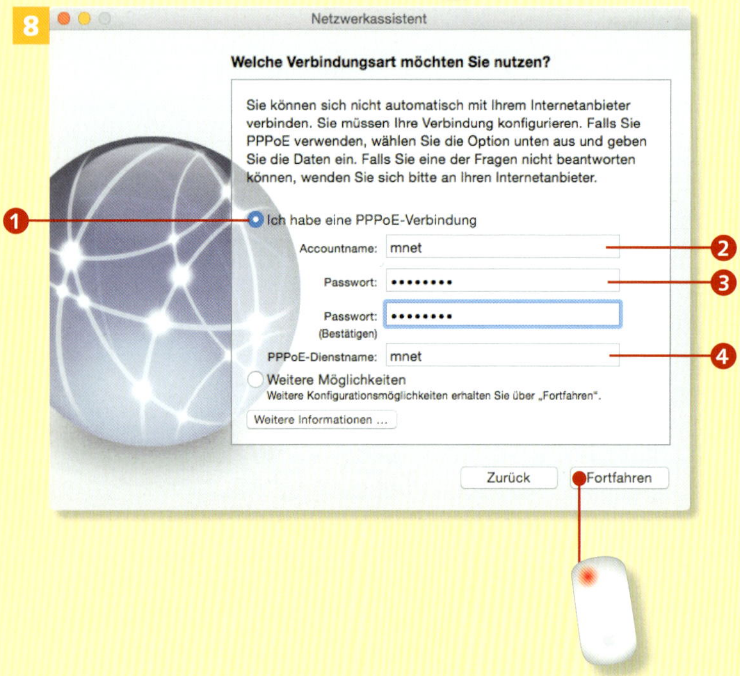


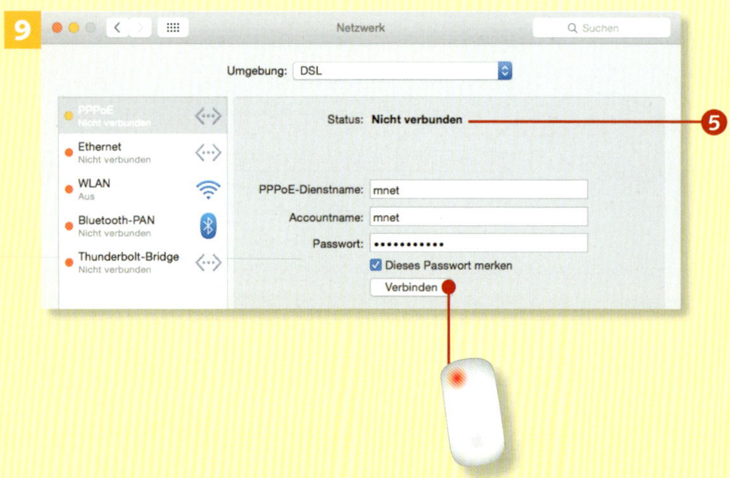


## Schritt 7

Bei einigen Anbietern können Sie die Verbindung nun schon ohne die Angabe weiterer Informationen herstellen. Klicken Sie hierzu erneut auf **Fortfahren**. War die Suche nicht erfolgreich, wird automatisch das nächste Dialogfenster angezeigt.

## Schritt 8

Tragen Sie hier die Informationen Ihres Internetanbieters ein. Lassen Sie die Option **Ich habe eine PPPoE-Verbindung** ❶ aktiviert, wenn es sich bei Ihrem Anschluss um DSL handelt. Geben Sie den **Accountnamen** ❷ und das **Passwort** ❸ ein. In das Feld **PPPoE-Dienstname** ❹ können Sie den Namen Ihres Anbieters eintragen. Alle diese Daten bekommen Sie von Ihrem Provider. Fragen Sie dort ggf. nach. Bestätigen Sie mit **Fortfahren**, und beenden Sie den Assistenten, indem Sie in den folgenden Fenstern auf **Fortfahren** bzw. **Fertig** klicken.

## Schritt 9

Im Fenster **Netzwerk** können Sie nun überprüfen, ob die Verbindung erfolgreich angelegt wurde. Sie sollte mit dem Status **Nicht verbunden** ❺ in der Seitenleiste des Fensters stehen. Klicken Sie auf **Verbinden**, um die Internetverbindung herzustellen.

## Schritt 10

Sie erhalten dann eine Statusmeldung sowohl in der Seitenleiste 6 als auch im Kopf des Fensters 7. Zusätzlich können Sie Informationen zu Verbindungsdauer und Netzwerkaktivität anzeigen lassen. Die Verbindung beenden Sie mit einem Klick auf **Trennen** 8.

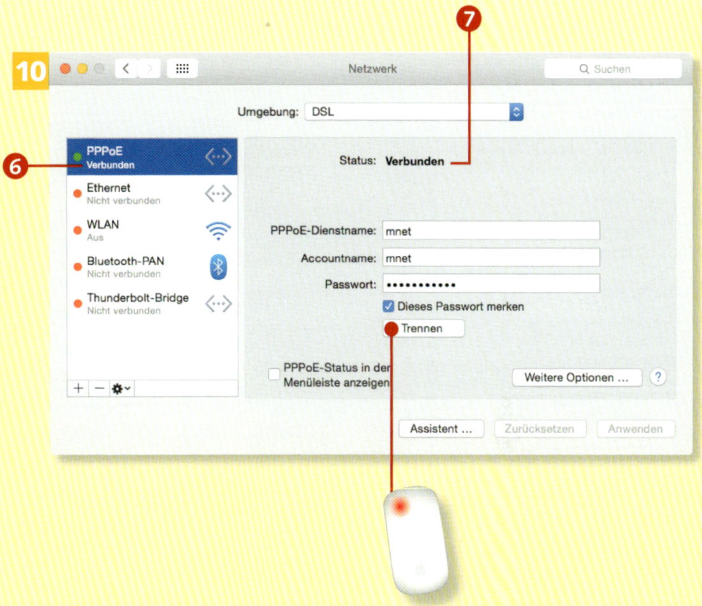


## Schritt 11

Um sich in Zukunft den Verbindungsstatus in der Menüleiste anzeigen zu lassen, aktivieren Sie das Kontrollkästchen **PPPoE-Status in der Menüleiste anzeigen** 8. Dann klicken Sie auf **Anwenden**.

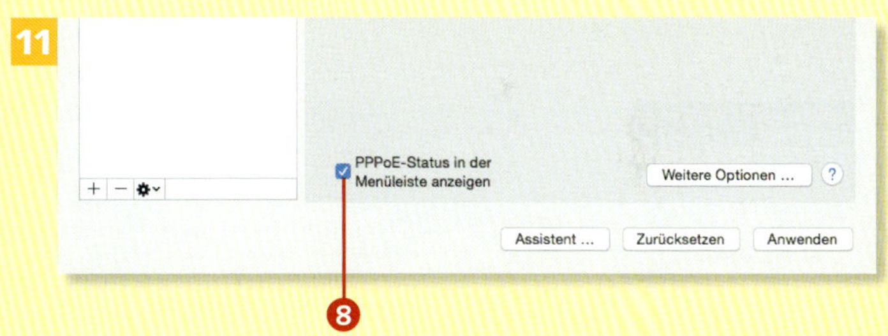


## Schritt 12

Nun können Sie Ihre Internetverbindung herstellen oder beenden, indem Sie auf das PPPoE-Symbol und dann auf **Mit „[PPPoE-Accountname]" verbinden** bzw. **Verbindung zu „[PPPoE-Accountname]" trennen** klicken.

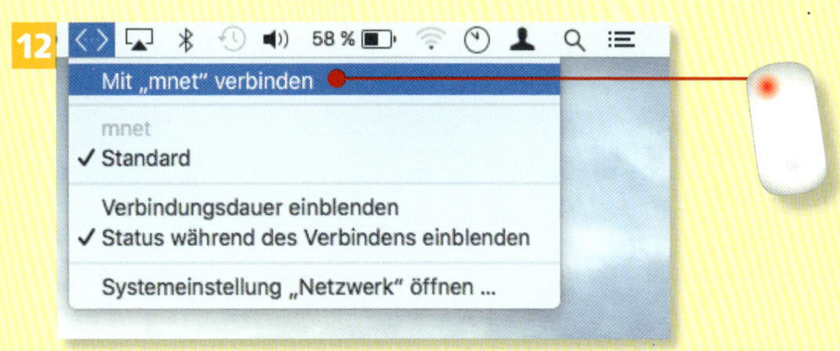


**Was ist PPPoE?**

PPPoE ist ein spezielles Netzwerkprotokoll für die Verbindung über einen DSL-Anschluss. *PPP* steht für »Punkt-zu-Punkt-Verbindung« und *oE* für »over Ethernet« (»über Ethernet«).

# Mit einem WLAN verbinden

1

2

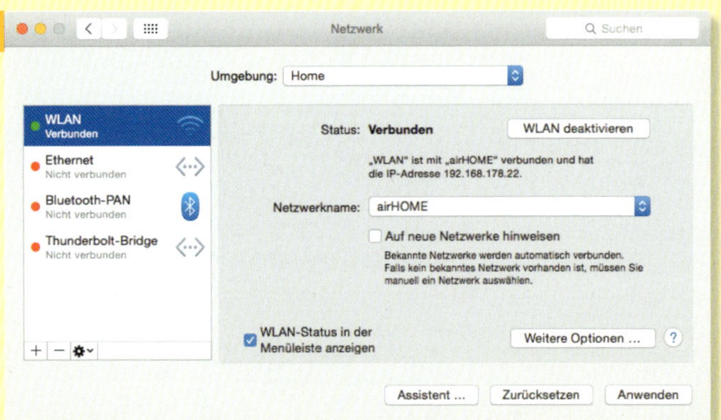


3

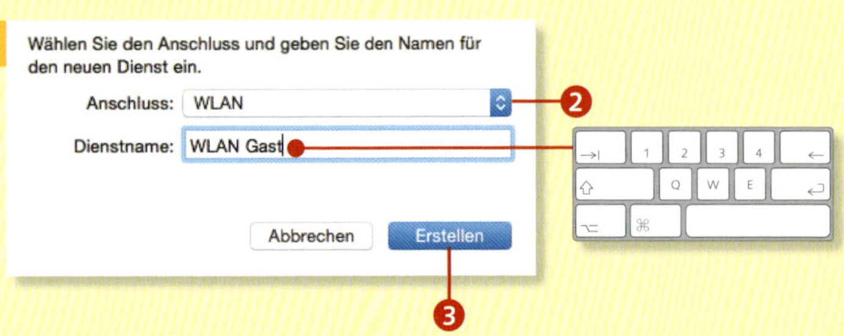


*Die Unterstützung für WLAN ist direkt in OS X integriert. Wie Sie sich in ein WLAN einwählen, erfahren Sie in diesem Abschnitt.*

## Schritt 1

Um eine Verbindung zu einem Drahtlosnetzwerk herzustellen, (*WLAN*, manchmal auch *Wi-Fi* genannt), rufen Sie mit einem Klick auf das **WLAN**-Symbol ❶ in der Menüleiste und dem Befehl **Systemeinstellungen „Netzwerk" öffnen** das Dialogfenster **Netzwerk** auf.

## Schritt 2

Hier können Sie eine weitere Netzwerkverbindung einrichten. Klicken Sie dazu auf das Plussymbol am Fuß der Verbindungsliste.

## Schritt 3

Wählen Sie die Option **WLAN** aus dem Aufklappmenü **Anschluss** ❷, und geben Sie im Feld **Dienstname** eine Bezeichnung für das neu anzulegende Netzwerk an, z. B. »WLAN Gast«. Klicken Sie anschließend auf die Schaltfläche **Erstellen** ❸.

## Schritt 4

Wählen Sie aus der Auswahlliste **Netzwerkname** mit einem Mausklick das Netzwerk aus, zu dem Sie eine Verbindung herstellen möchten.

## Schritt 5

Geben Sie dann das Passwort für dieses Netzwerk in das Feld **Passwort** ein, und bestätigen Sie Ihre Angaben mit einem Klick auf **Verbinden** ❹. Das Passwort steht – falls sie es noch nicht geändert haben – meist auf dem Router.

## Schritt 6

Um das angelegte drahtlose Netzwerk zu speichern und später wieder darauf zugreifen zu können, bestätigen Sie das Dialogfenster mit der Schaltfläche **Anwenden**.

### Verbindungsreihenfolge

Sie können über **Systemeinstellungen ▸ Netzwerk** festlegen, in welcher Reihenfolge der Rechner versucht, die Verbindungen aufzubauen, vorausgesetzt, Sie haben mehrere Verbindungen konfiguriert. Klicken Sie auf das Zahnradsymbol ❺, und wählen Sie **Reihenfolge der Dienste festlegen**. Bringen Sie die Dienste in die gewünschte Reihenfolge, und bestätigen Sie mit **OK**.

4

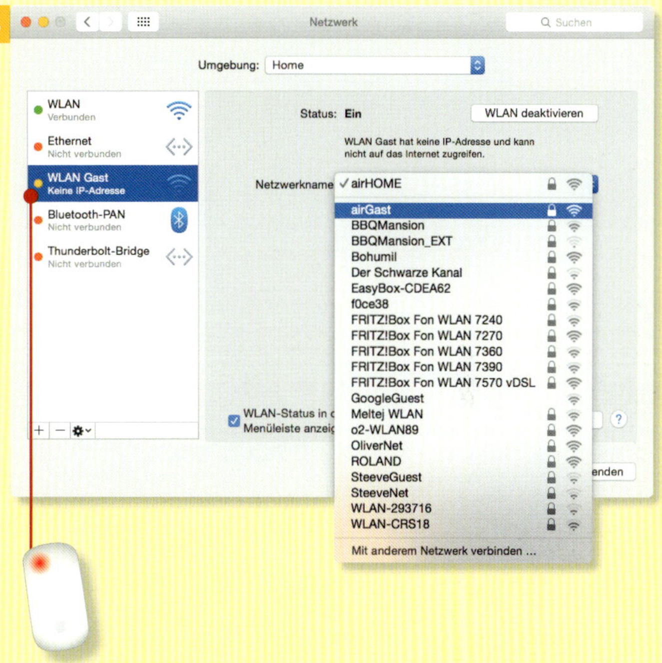


5

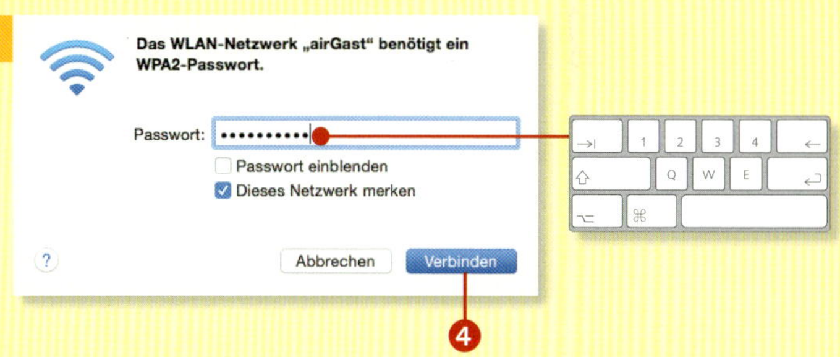


6

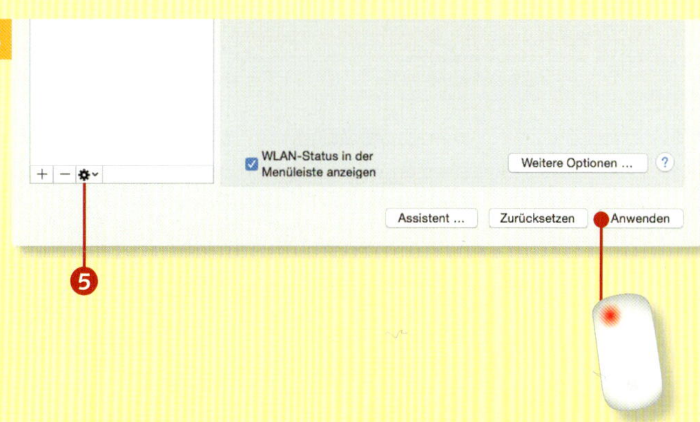

# Mit einem WLAN verbinden (Forts.)

## Schritt 7

In der Menüleiste zeigt Ihnen das WLAN-Statussymbol ❶ die Signalstärke des aktuell verbundenen WLANs an. Werden insgesamt vier Balken angezeigt, verfügen Sie über eine hervorragende Verbindung. Nur ein Balken steht für eine schwache Verbindung.

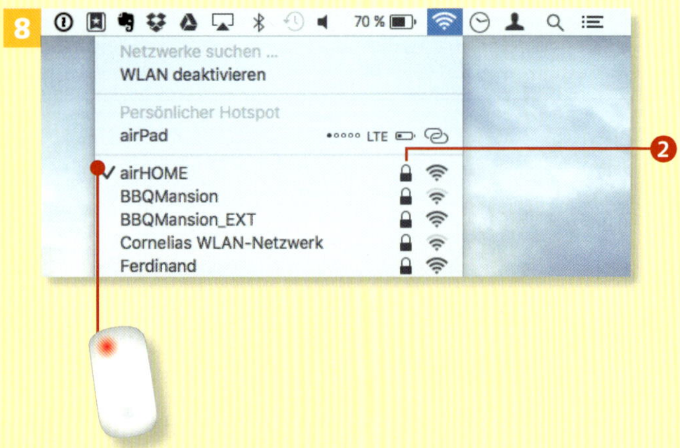


## Schritt 8

Sie können zwischen verschiedenen WLANs wechseln. Wenn Sie auf das WLAN-Symbol klicken, öffnet sich eine Liste mit erreichbaren WLANs. Hier erhalten Sie auch gleich Informationen über die Signalstärke und darüber, ob das Netzwerk passwortgeschützt ist ❷. Um sich mit einem Netzwerk zu verbinden, klicken Sie in der Liste darauf.

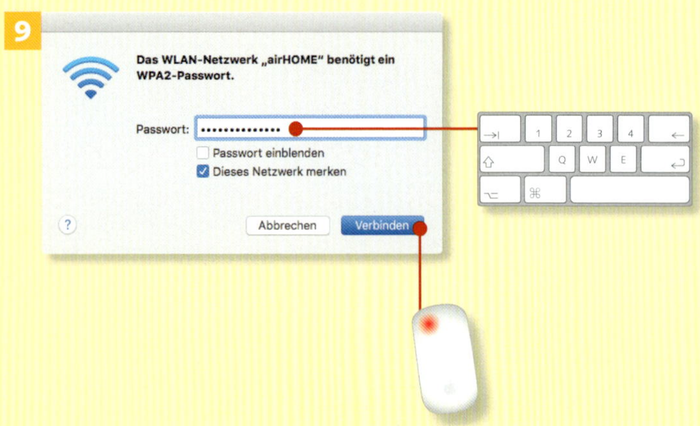


## Schritt 9

Falls das Netzwerk passwortgeschützt ist, öffnet sich ein Eingabedialog. Geben Sie das **Passwort** ein, und bestätigen Sie es mit einem Klick auf **Verbinden** ❸.

## Schritt 10

Steht das gewünschte Netzwerk nicht in der Liste, können Sie versuchen, es über die Option **Mit anderem Netzwerk verbinden** zu erreichen.

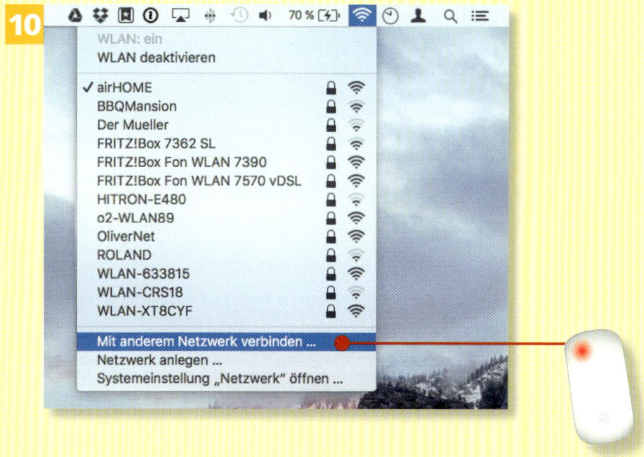


## Schritt 11

Im folgenden Dialog geben Sie im Feld **Netzwerkname** das gesuchte Netzwerk ein.

## Schritt 12

Verfügt das Netzwerk über eine Passwortsicherung, wählen Sie aus dem Aufklappmenü **Sicherheit** ❹ die Sicherungsart und geben das **Passwort** ❺ ein. Dem allgemeinen Sicherheitsstandard entspricht die Option **Persönlicher WPA2**. Bestätigen Sie das Dialogfenster anschließend mit einem Klick auf **Verbinden**.

**WLAN deaktivieren**

Klicken Sie auf das WLAN-Symbol, und wählen Sie dann die Option **WLAN deaktivieren**. Das WLAN-Symbol wird in der Leiste daraufhin grau dargestellt.

# Websites mit Safari aufrufen

1

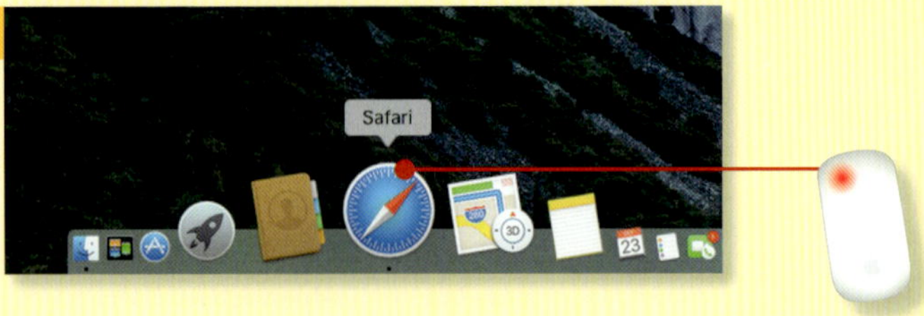


2

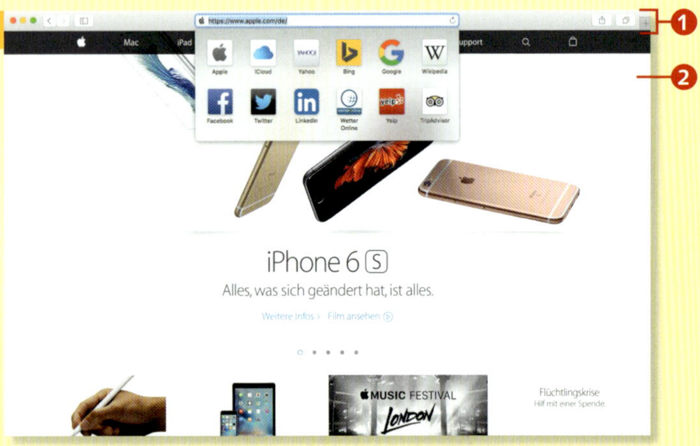


3

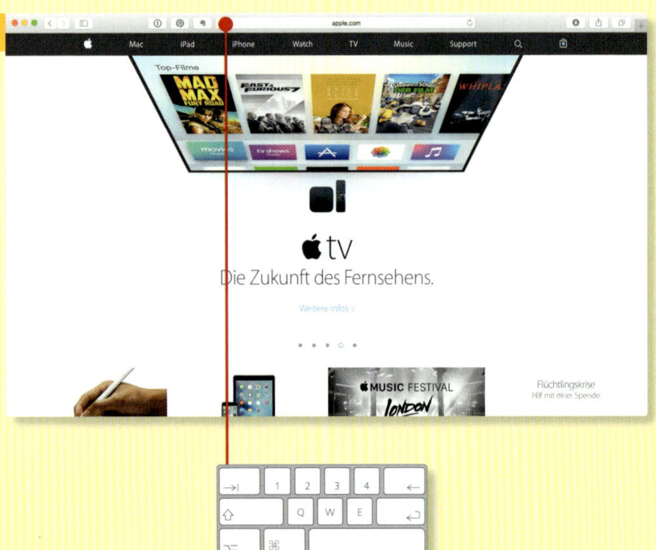


*Mit dem mitgelieferten Browser Safari können Sie vortrefflich im Internet surfen.*

## Schritt 1

Sie finden den Browser direkt im Dock. Starten Sie das Programm **Safari** mit einem Klick auf das Programmsymbol.

## Schritt 2

Das Browserfenster öffnet sich. Es besteht aus einer *Symbolleiste* ❶ und dem *Anzeigebereich* ❷. In der Symbolleiste finden Sie die wichtigsten Funktionen, hier geben Sie auch die Internetadresse ein. Der Anzeigebereich zeigt beim Öffnen des Fensters direkt eine Favoritenübersicht, über die Sie eine Seite auswählen können.

## Schritt 3

Um eine Internetseite aufzurufen, geben Sie ihre Webadresse in der Adressleiste ein. Zum Aufrufen der Apple-Website tippen Sie z. B. folgende Adresse ein: *www.apple.com/de*. Nachdem Sie die [↵]-Taste gedrückt haben, wird die Seite aufgerufen.

## Schritt 4

Der Seiteninhalt wird jetzt im Anzeigebereich dargestellt. Ist er länger als das Browserfenster, klicken Sie auf den rechten Fensterrand. Es erscheint ein *Scrollbalken*. Ziehen Sie ihn mit gedrückter Maustaste nach unten, um den unteren Seiteninhalt zu sehen.

## Schritt 5

Sie können auch mehrere Websites parallel aufrufen. Dazu öffnen Sie ein weiteres Browserfenster. Wählen Sie den Menübefehl **Ablage ▸ Neues Fenster**, oder drücken Sie cmd + N.

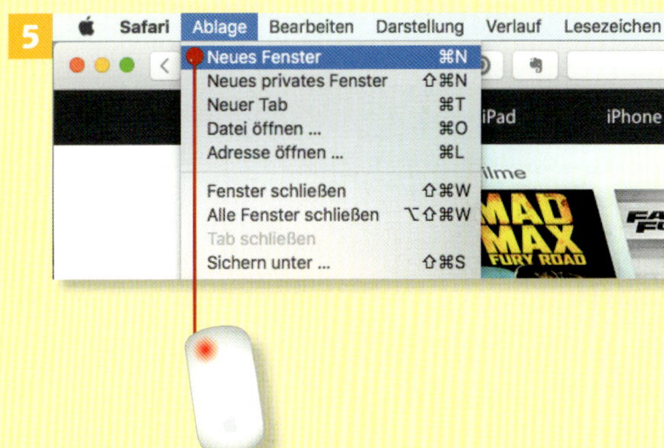


## Schritt 6

Anstatt für jede neue Seite ein Browserfenster zu öffnen, können Sie auch *Tabs* benutzen. So werden mehrere Seiten »gestapelt« und können nacheinander aufgerufen werden. Einen neuen Tab legen Sie über das Plus in der Symbolleiste oder mit der Tastenkombination cmd + T an.

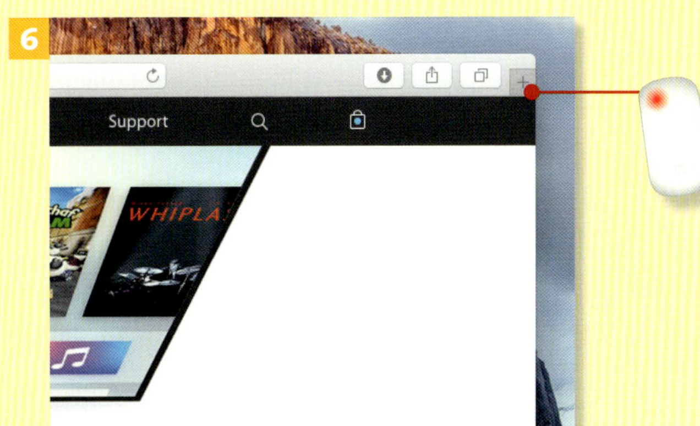

# Im Internet suchen mit Google

1

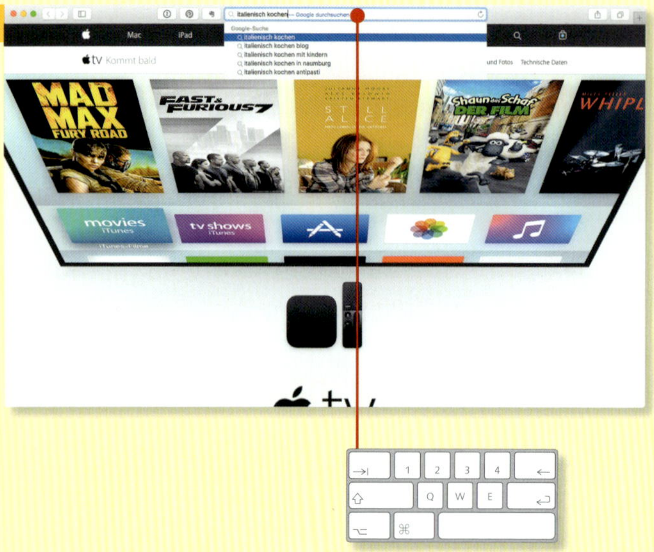

2

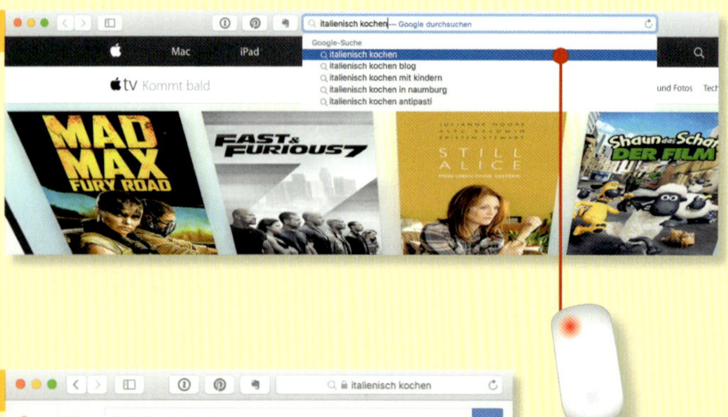

3

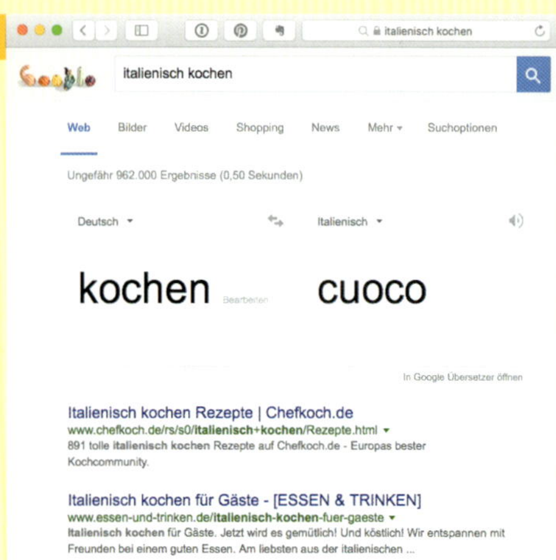


*Praktische Unterstützung bei der Suche nach Websites bieten Suchmaschinen. Wie Sie gezielt mit der Suchmaschine Google im Internet suchen, erfahren Sie hier.*

## Schritt 1

Mit Safari nutzen Sie die Suche, indem Sie in die Adressleiste klicken und den Suchbegriff eingeben. Sofort erscheint eine Liste mit Vorschlägen von Google – aber auch in Ihren Lesezeichen und den Seiten, die Sie zuletzt besucht haben, wird gesucht.

## Schritt 2

Wenn Sie etwas »tippfaul« sind, markieren Sie einen Vorschlag mit der Maus, z. B. einen unter dem Punkt **Google-Suche**. Drücken Sie die [↵]-Taste, um sich die Google-Ergebnisse zu Ihrem Suchbegriff anzeigen zu lassen.

## Schritt 3

Safari »übergibt« den Suchbegriff direkt an Google. Im Anzeigebereich wird jetzt die Google-Seite geöffnet, und es werden alle zu Ihrem Begriff gefundenen Suchergebnisse aufgeführt.

## Schritt 4

Die Ergebnisse sind nach ihrer Relevanz sortiert: Zuerst kommen die Ergebnisse mit dem größten Bezug zum Suchbegriff, dann die mit geringerem Bezug. Wenn Sie den Scrollbalken rechts mit der Maus nach unten schieben, können Sie sich alle Ergebnisse ansehen.

## Schritt 5

Je nach Suchbegriff findet Google sehr viele Treffer und teilt sie auf mehrere Seiten auf. Indem Sie am Fuß der Seite auf den Link **Weiter** klicken, navigieren Sie zur nächsten Ergebnisseite. Sie können auch direkt auf eine Seitenzahl ❶ klicken.

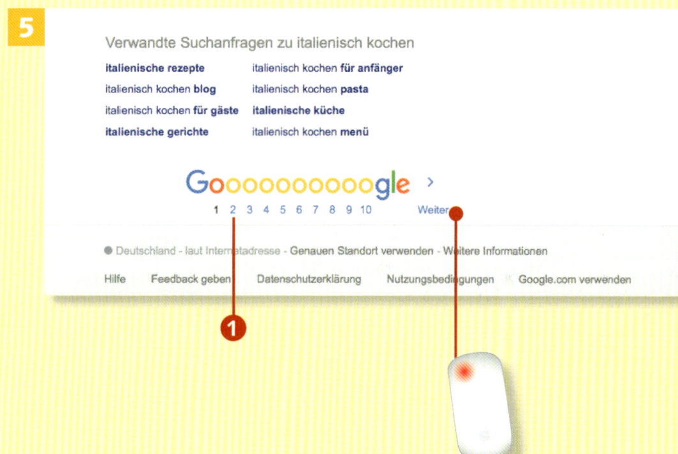


## Schritt 6

Zu jedem Ergebnis zeigt Google eine kurze Beschreibung, so dass Sie sich vorab ein Bild über jedes einzelne Ergebnis machen können. Klicken Sie auf die blaue Überschrift, um zu einer Website zu gelangen.

**Scrollen per Geste**

Wenn Sie ein Trackpad haben, kommen Sie auch ganz ohne Scrollbalken aus. Bewegen Sie einfach zwei Finger vertikal über das Trackpad, um sich auf der Seite auf und ab zu bewegen.

# Lesezeichen und Favoriten anlegen

1

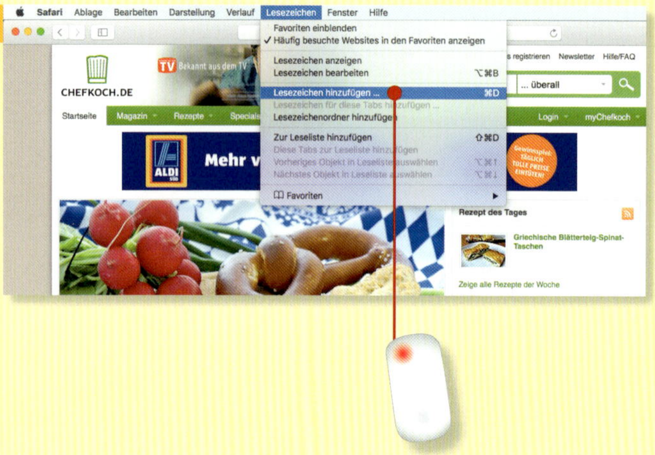


2

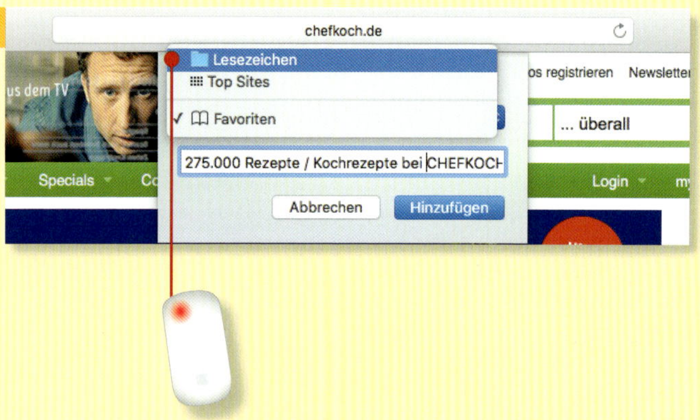


3

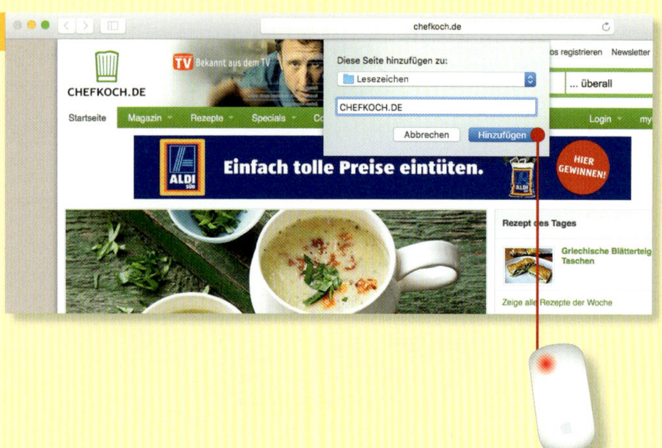


*Sie können interessante Websites mit einem Lesezeichen versehen. Sehr häufig aufgerufene Seiten übernimmt Safari automatisch als Favoriten.*

## Schritt 1

Um eine Website für zukünftige Zugriffe als Lesezeichen zu speichern, rufen Sie den Menüpunkt **Lesezeichen ▸ Lesezeichen hinzufügen** auf, während Sie sich auf dieser Website befinden.

## Schritt 2

Ein kleines Dialogfenster wird geöffnet. Legen Sie im Aufklappmenü **Diese Seite hinzufügen zu** den Speicherort des Lesezeichens fest: **Lesezeichen**, **Top Sites** oder **Favoriten**.

## Schritt 3

Legen Sie jetzt einen Namen für das Lesezeichen fest. Safari schlägt automatisch den Seitentitel vor. Bei Bedarf klicken Sie in das Feld, um den kompletten Text zu markieren und ihn zu überschreiben. Dann klicken Sie auf **Hinzufügen**.

## Schritt 4

Eine Website über ein Lesezeichen aufzurufen ist recht einfach: Klicken Sie einfach auf den Menüpunkt **Lesezeichen**. In der Liste klicken Sie dann auf das gesuchte Lesezeichen.

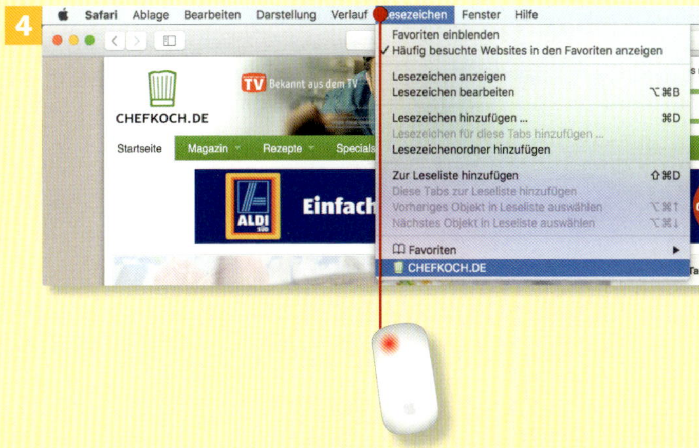


## Schritt 5

Sie können aber auch die Seitenleiste einblenden. Dort bilden die Lesezeichen die erste Rubrik. Auch hier genügt ein Klick auf den jeweiligen Titel der Seite, und die hinterlegte Internetseite wird geöffnet.

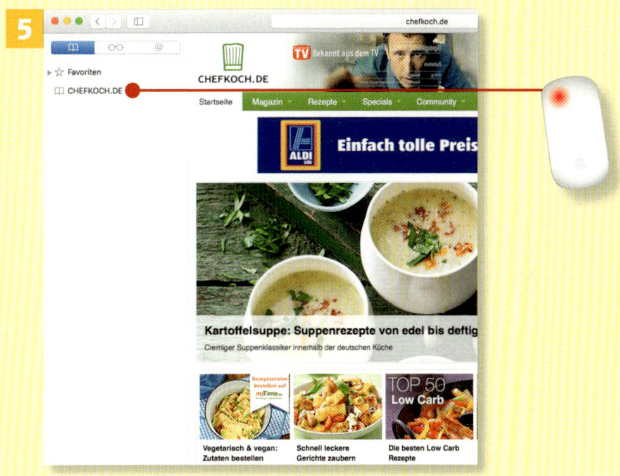


## Schritt 6

Möchten Sie Lesezeichen ändern oder anders organisieren, rufen Sie zunächst den Menüpunkt **Lesezeichen ▸ Lesezeichen bearbeiten** auf.

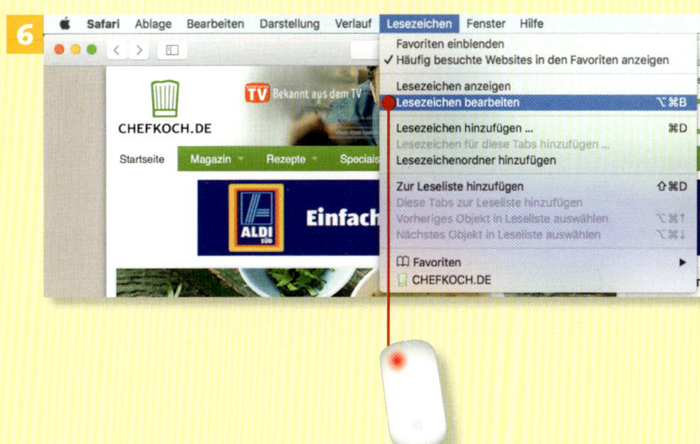


**Lesezeichen bearbeiten**

Mit Lesezeichen gelangen Sie schnell auf Websites, die Sie häufig besuchen möchten. Legen Sie allerdings viele Lesezeichen an, wird es schnell unübersichtlich. Wie Sie Ordnung in Ihre Liste von Lieblingswebsites bringen, können Sie auf der folgenden Seite nachlesen.

# Lesezeichen und Favoriten anlegen (Forts.)

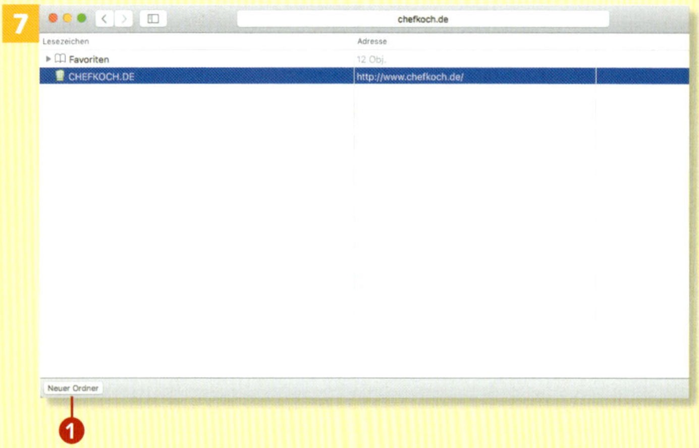


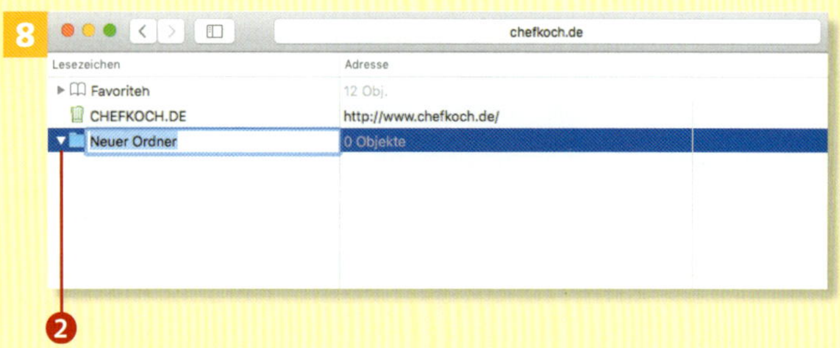


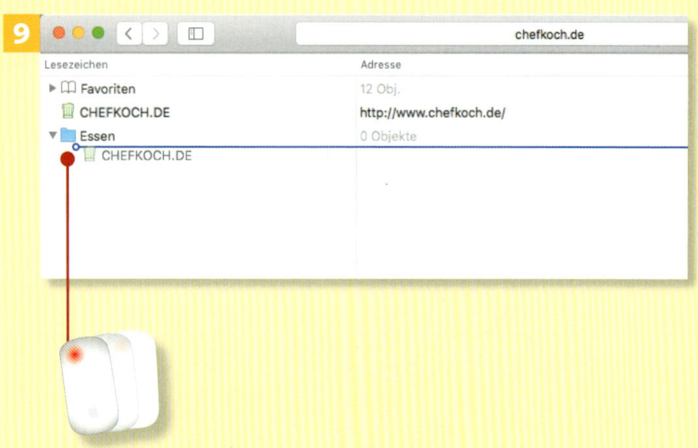


## Schritt 7

In der Lesezeichenübersicht finden Sie eine komplette Liste aller verwalteten Lesezeichen. Sie können hier z. B. einzelne Lesezeichen in der Reihenfolge verschieben oder in Ordnern zusammenfassen.

## Schritt 8

Klicken Sie auf **Neuer Ordner** ❶. Es wird ein neuer Ordner ❷ im Lesezeichenmenü angelegt. Klicken Sie den Ordner an, und überschreiben Sie die Standardbezeichnung nach Wunsch.

## Schritt 9

Wählen Sie das Lesezeichen aus, das Sie verschieben möchten. Ziehen Sie es dann mit gedrückter Maustaste auf den neu angelegten Ordner, um es dorthin zu verschieben.

**Favoriten im direkten Zugriff**
Sie können sich Ihre Favoriten auch direkt unterhalb der Adressleiste anzeigen lassen. Rufen Sie dazu aus dem Menü **Darstellung** den Befehl **Favoritenleiste einblenden** auf.

## Schritt 10

Sind Sie mit der Organisationsarbeit fertig, rufen Sie den Menüpunkt **Lesezeichen ▸ Lesezeicheneditor ausblenden** auf. Es wird dann direkt wieder der Anzeigebereich dargestellt.

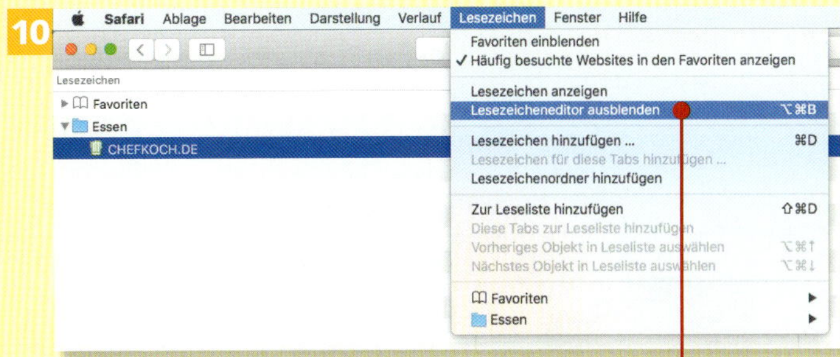


## Schritt 11

Zu den *Favoriten* zählen alle Websites, die Sie besonders häufig aufrufen. Sie lassen sie sich anzeigen, indem Sie die Seitenleiste über die Schaltfläche einblenden. Klappen Sie dann über das kleine Dreieck den **Favoriten**-Ordner auf, um Zugriff auf die Seiten zu haben.

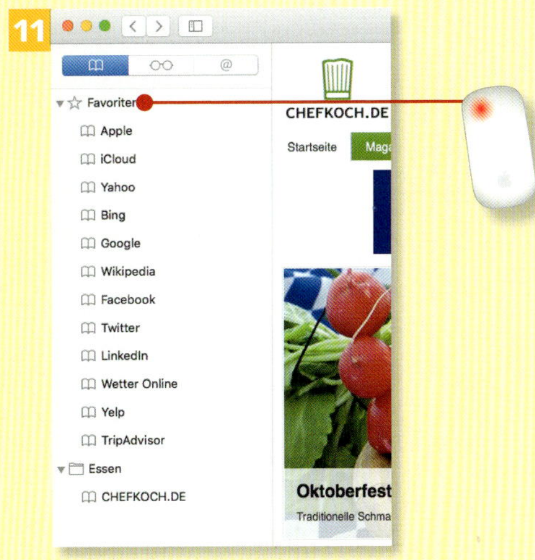


## Schritt 12

Ganz unten links sehen Sie die Schaltfläche **Bearbeiten**. Klicken Sie darauf, um die Favoriten zu verwalten. Die Bearbeitung funktioniert analog zu den Lesezeichen.

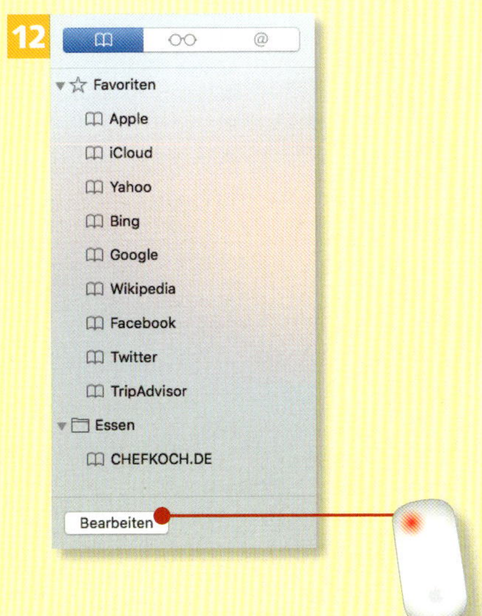

# Die Leseliste und Feeds nutzen

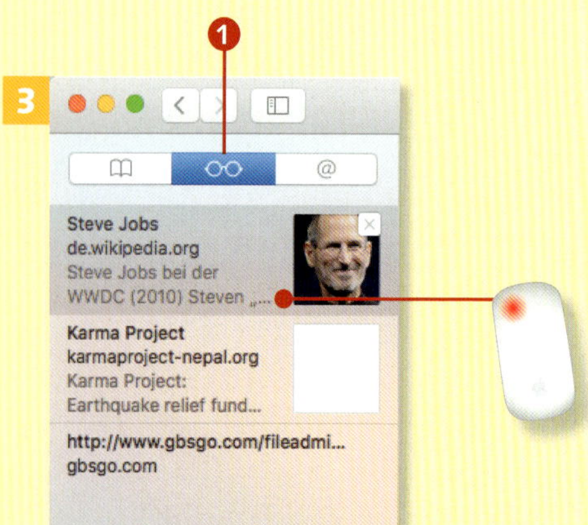


*Wenn Sie beim Surfen auf eine interessante Website stoßen, die Sie später weiter durchstöbern möchten, können Sie sie einer Leseliste hinzufügen.*

## Schritt 1

Rufen Sie eine Website auf, und klicken Sie auf die Schaltfläche **Senden**. Wählen Sie aus dem Aufklappmenü die Option **Zur Leseliste hinzufügen** aus. Die Seite wird daraufhin der Leseliste hinzugefügt.

## Schritt 2

Sie erreichen die Leseliste über die Seitenleiste. Rufen sie diese mit einem Klick auf die Schaltfläche **Seitenleiste einblenden** auf.

## Schritt 3

Die Leseliste finden Sie unter dem Brillensymbol **1**. Dort sind alle Websites chronologisch einsortiert. Sie rufen hier gespeicherte Seiten wieder auf, indem Sie auf den entsprechenden Eintrag in der Leseliste klicken.

## Schritt 4

Alle ungelesenen Seiten in der Leseliste, die Sie sich gespeichert haben, finden Sie unter der Rubrik **Ungelesen**. Sie rufen sie mit einem Klick auf den Reiter **Ungelesen** auf.

4

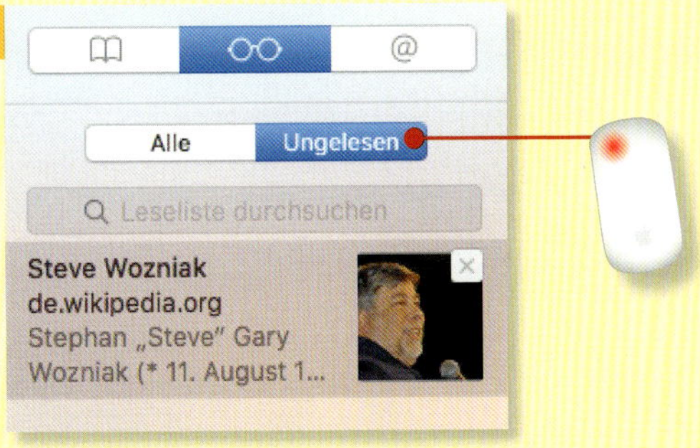


## Schritt 5

Um einen Eintrag wieder aus der Liste zu löschen, wählen Sie ihn mit einem Mausklick aus. Nutzen Sie dann die [←]-Taste, oder klicken Sie auf das Kreuz in der rechten oberen Ecke. Die Seite wird aus der Leseliste entfernt.

5

## Schritt 6

Ist die Leseliste schon recht umfangreich geworden, finden Sie Einträge am schnellsten über die Suchfunktion. Klicken Sie dazu auf das Suchfeld. Geben Sie den Suchbegriff ein, und Sie erhalten direkt Ergebnisse angezeigt, die den gesuchten Begriff enthalten.

6

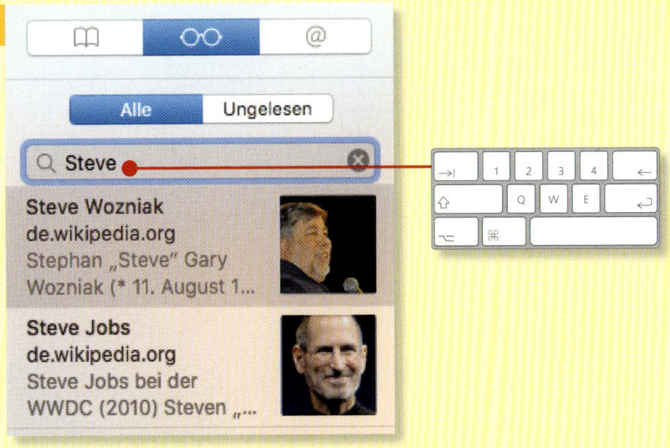

# Dateien aus dem Internet laden

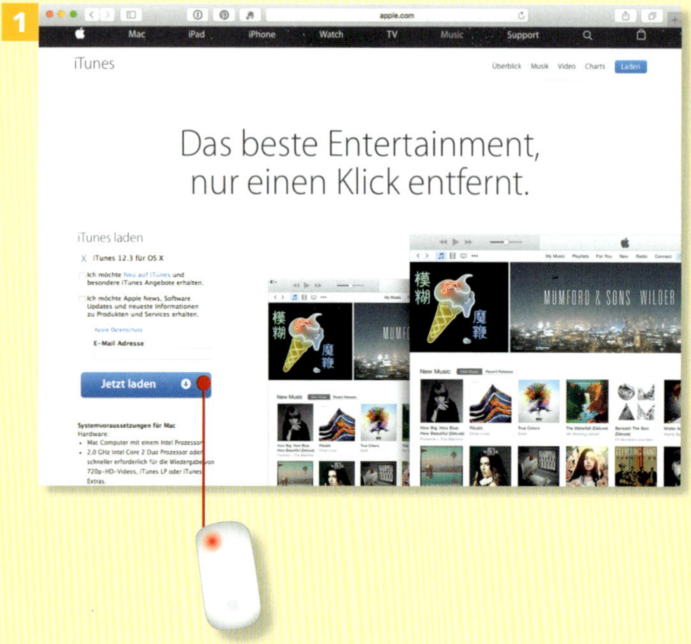


*Sie können mit Safari nicht nur Websites besuchen, sondern dort auch Dateien herunterladen.*

## Schritt 1

Mit dem Download-Manager ist das Herunterladen einer Datei sehr leicht. Klicken Sie einfach auf den Download-Link auf der Webseite, von der Sie eine Datei herunterladen möchten. Safari beginnt automatisch mit dem Download.

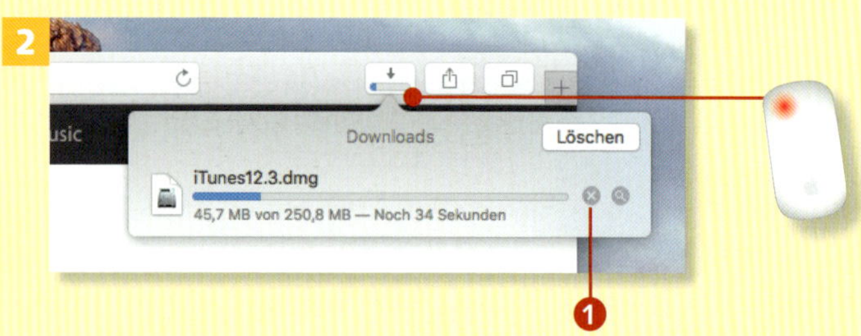


## Schritt 2

Klicken Sie oben rechts im Download-Manager auf die **Downloads**-Schaltfläche. Im Menü, das sich unter der Schaltfläche öffnet, können Sie den Fortschritt des Downloads beobachten. Unerwünscht ausgelöste Downloads brechen Sie ab, indem Sie auf das Kreuz ❶ klicken.

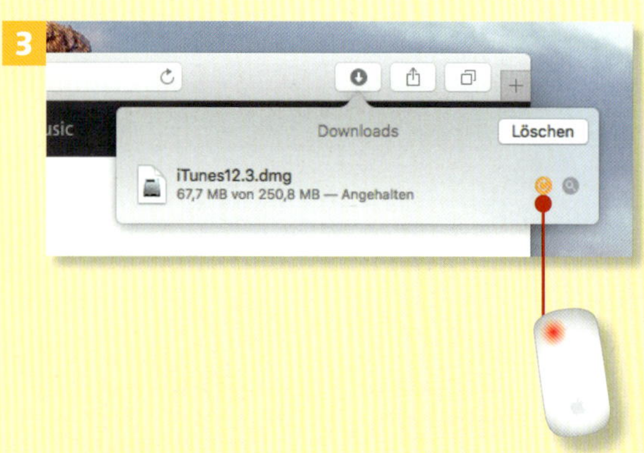


## Schritt 3

Falls Sie das Laden einer Datei unterbrochen haben, können Sie den Download später wieder neu starten. Klicken Sie dazu in der Download-Liste auf die orangefarbene Schaltfläche mit dem Pfeil.

## Schritt 4

Mit einem Klick auf die Lupe gelangen Sie direkt zum Speicherort der geladenen Datei.

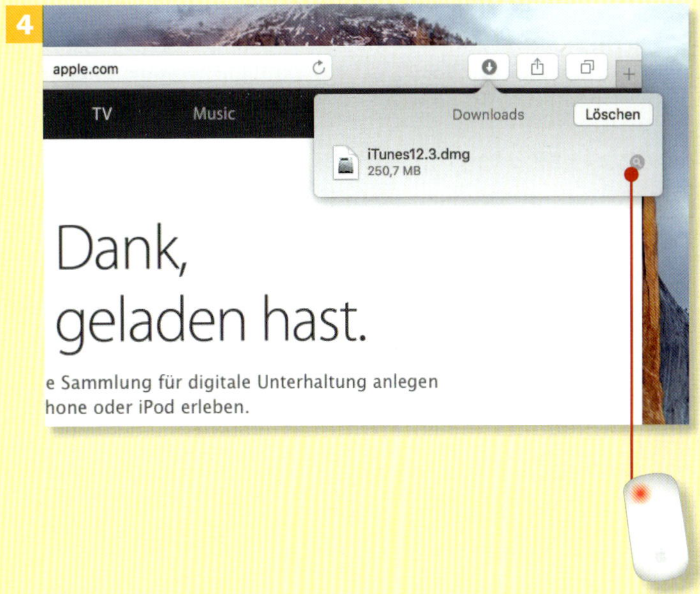


## Schritt 5

Standardmäßig – d.h., wenn Sie keinen anderen Ordner angegeben haben – werden heruntergeladene Dateien im Ordner **Downloads** ❷ abgelegt.

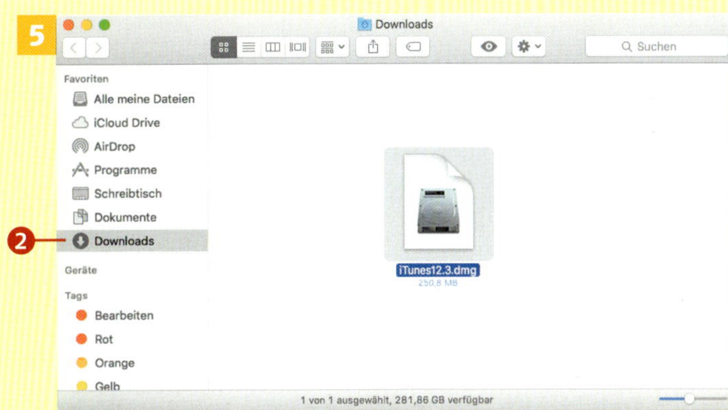


## Schritt 6

Wenn Sie viele Dateien heruntergeladen haben, können Sie das Fenster **Downloads** aufräumen. Die Übersicht lässt sich komplett löschen, indem Sie auf die Schaltfläche **Löschen** im Kopf des Fensters klicken.

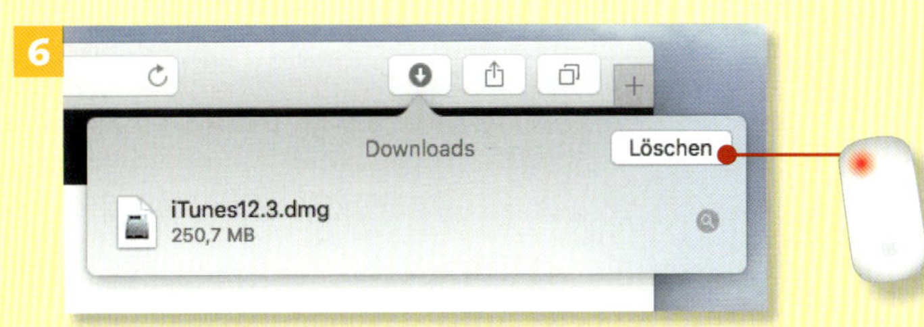


**Speicherort von Downloads**

Sie können den Speicherort für die Downloads in den Einstellungen von Safari ändern. Rufen Sie dazu den Menüpunkt **Safari ▸ Einstellungen** auf. Wählen Sie dann unter der Rubrik **Allgemein** über das Aufklappmenü **Downloads sichern in** den gewünschten Speicherort.

# Webseiten mit anderen teilen

1

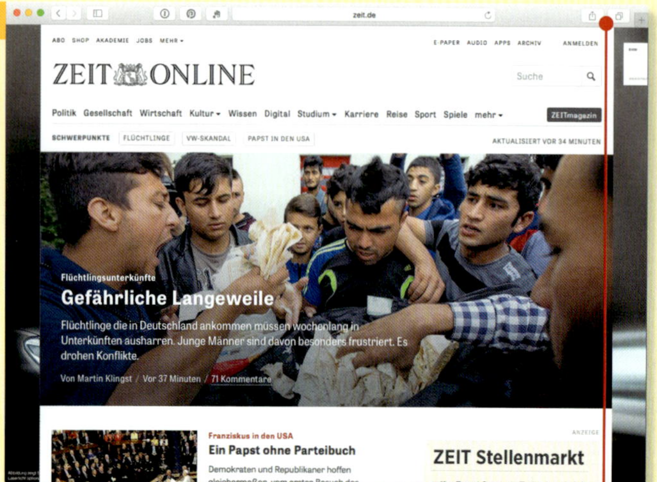


2

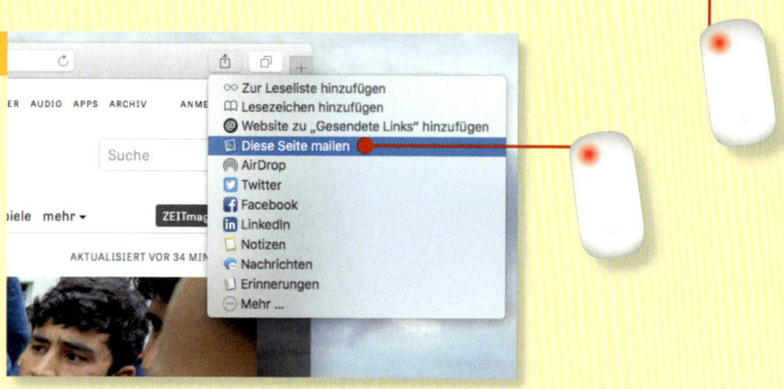


3

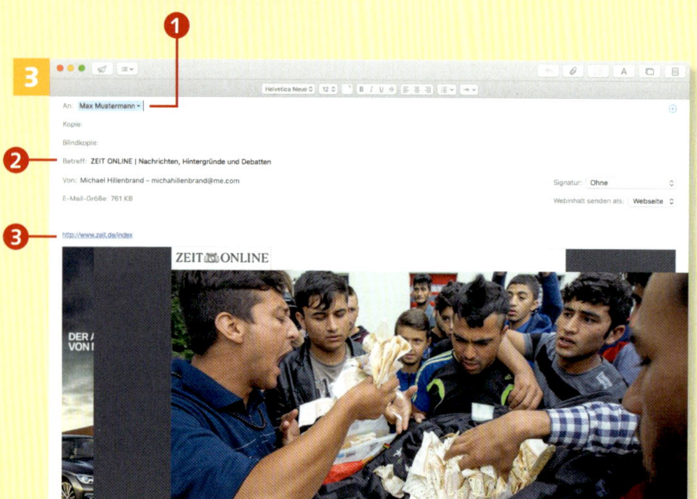


*Haben Sie im Web eine interessante Seite oder einen tollen Artikel gefunden, können Sie den entsprechenden Link mit Freunden und Bekannten teilen. Safari bietet dafür verschiedene Möglichkeiten.*

## Schritt 1

Zum Teilen von Websites klicken Sie auf die Schaltfläche **Senden** in der Symbolleiste.

## Schritt 2

Planen Sie, den Link per E-Mail zu versenden, wählen Sie anschließend aus dem Aufklappmenü die Option **Diese Seite mailen** aus.

## Schritt 3

Automatisch wird daraufhin Mail gestartet. Safari übergibt automatisch den Link ❸ sowie die Text- und Bildinhalte der zu teilenden Website. Ebenso wird der Seitentitel ❷ schon als Betreff der E-Mail übernommen. Sie müssen jetzt nur noch den Empfänger eintragen ❶ und die Nachricht versenden.

## Schritt 4

Sie haben aber auch die Möglichkeit, die Webadresse als Nachricht zu verschicken. Rufen Sie dazu die Option **Nachrichten** aus dem Aufklappmenü auf.

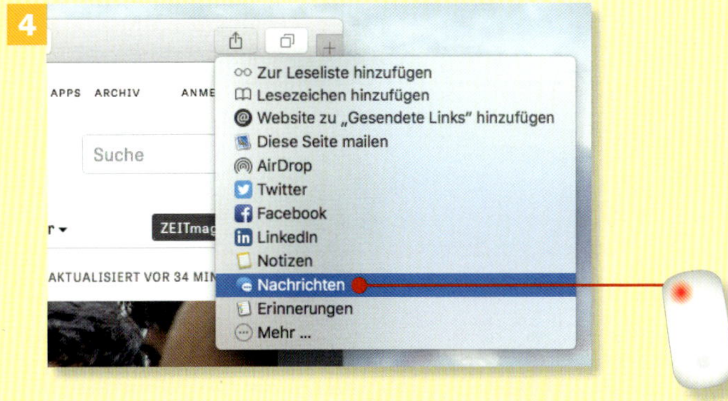


## Schritt 5

Es öffnet sich ein kleines Fenster in der Mitte des Anzeigebereichs. Safari übernimmt darin automatisch den Link zur Website ❹ und erstellt ein Miniaturvorschaubild ❺.

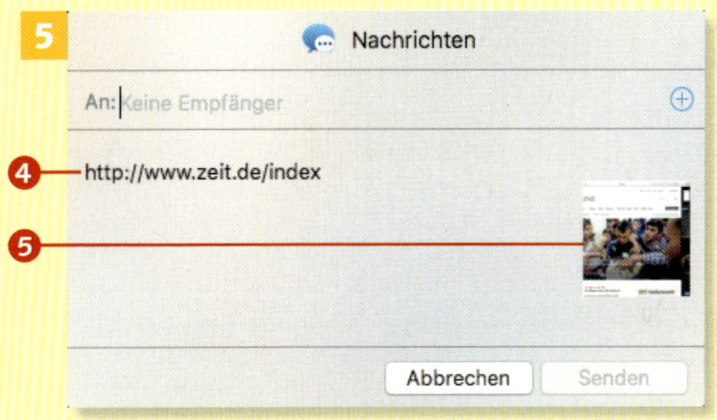


## Schritt 6

Geben Sie jetzt in das Feld **An** ❻ den Kontakt ein, an den Sie den Link weiterleiten möchten. Sie können auch mehrere Empfänger hintereinander angeben. Initiieren Sie anschließend den Versand mit einem Klick auf **Senden**.

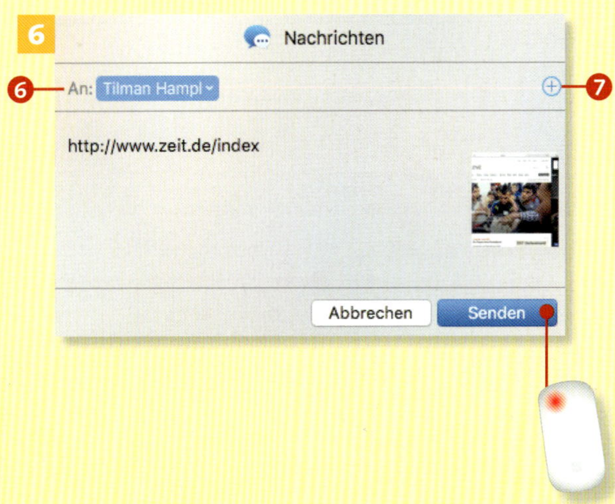


**Größerer Empfängerkreis**
Sie können eine Nachricht auch an mehrere Empfänger senden. Klicken Sie auf das blaue Plus ❼ im Feld **An**, um sich alle Ihre Kontakte aus dem Adressbuch anzeigen zu lassen.

# Die Startseite festlegen

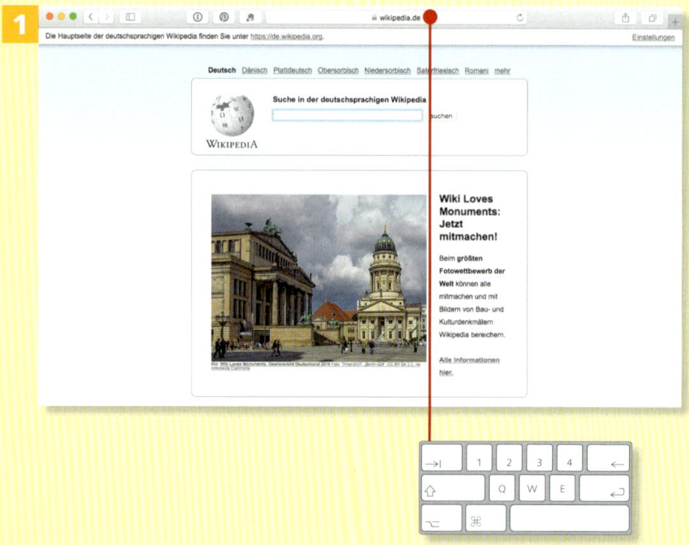


*Um bei jedem Start von Safari sofort auf Ihrer Lieblingswebsite zu landen, können Sie eine feste Startseite bestimmen. Wie Sie dazu vorgehen, erfahren Sie in diesem Abschnitt.*

## Schritt 1

Um eine Startseite festzulegen, rufen Sie die gewünschte Seite auf. Dazu geben Sie die Internetadresse oben in die Adressleiste ein, z. B. *www.wikipedia.de*, und drücken die [↵]-Taste.

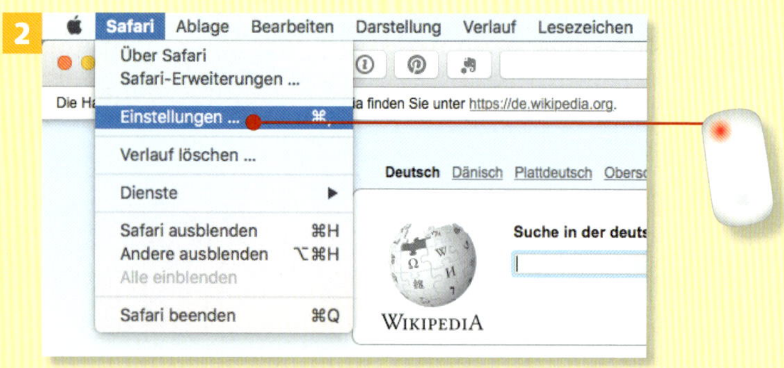


## Schritt 2

Wechseln Sie über den Menüpunkt **Safari ▸ Einstellungen** in die Programmeinstellungen des Apple-Browsers.

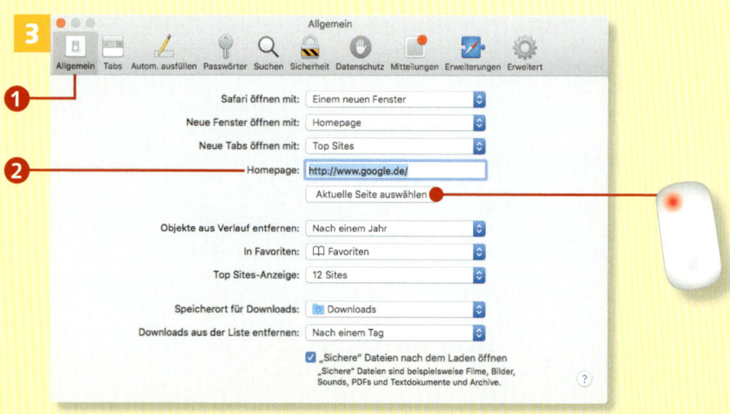


## Schritt 3

Öffnen Sie dort die Rubrik **Allgemein** ❶. Im Feld **Homepage** ❷ steht die Adresse der standardmäßigen Startseite. Klicken Sie auf die Schaltfläche **Aktuelle Seite auswählen**, um die aktuell geöffnete Seite als neue Startseite zu übernehmen.

## Schritt 4

Natürlich können Sie eine Adresse auch direkt in das Feld **Homepage** eintragen, ohne dass die entsprechende Seite geöffnet sein muss, und zwar in folgender Form: *www.wikipedia.de*. Beenden Sie den Dialog mit einem Klick auf die rote Schaltfläche ❸.

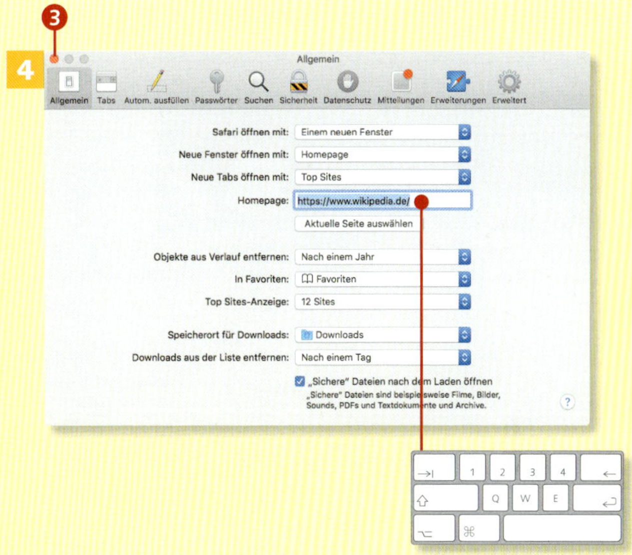


## Schritt 5

Damit die Seite standardmäßig beim Öffnen eines neuen Fensters aufgerufen wird, wählen Sie aus dem Aufklappmenü **Neue Fenster öffnen mit** die Option **Homepage**.

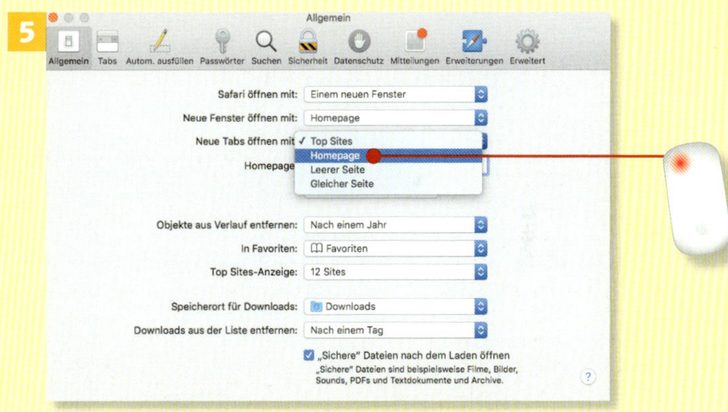


## Schritt 6

Wenn Sie jetzt über **Ablage** ein **Neues Fenster** öffnen, wird automatisch die eingestellte Startseite geöffnet.

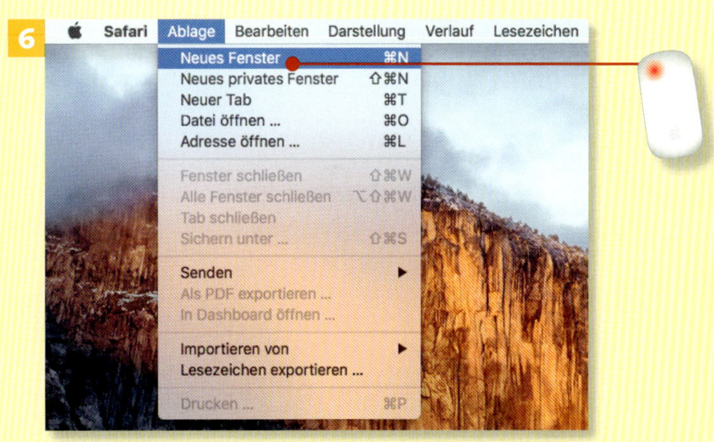


### Andere Browser installieren

Neben Safari können Sie auch andere Browser installieren. Die gängigsten sind Firefox (*http://www.mozilla.org/de/firefox*) und Google Chrome (*http://www.google.com/chrome*). Laden Sie den Browser herunter, und installieren Sie ihn, indem Sie das Programmsymbol in den Ordner **Programme** ziehen.

# Mit der Karten-App navigieren

1

2

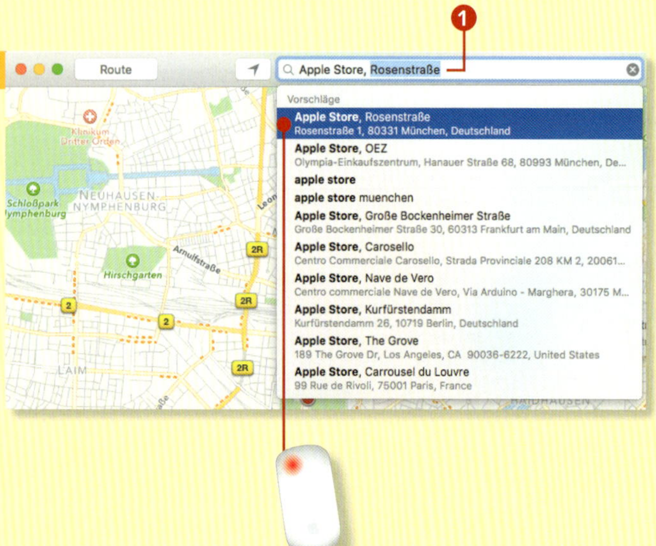


3

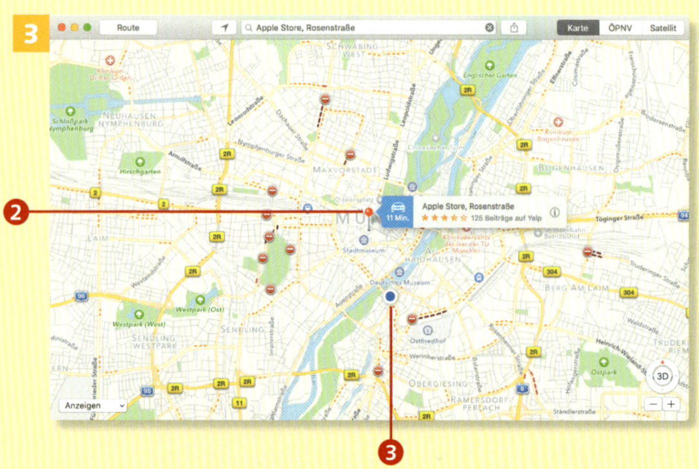


*Den richtigen Weg von A nach B zeigt die Karten-App in OS X. Die Kartenanwendung bietet eine umfangreiche Navigationslösung, mit der Sie immer an Ihrem Ziel ankommen.*

## Schritt 1

Um sich mittels Karten Orientierung zu verschaffen, rufen Sie die **Karten**-App mit einem Klick auf das Programmsymbol auf.

## Schritt 2

Eine Adresse auf der Karte können Sie sich darstellen lassen, indem Sie eine Adresse in das Suchfeld ❶ eingeben. Dabei erhalten Sie automatisch Vorschläge, die zu der eingegeben Adresse passen. Gibt es eine Übereinstimmung, wählen Sie die gewünschte Adresse aus der Liste mit einem Mausklick aus. Das Ziel wird auf der Karte mit einem roten Pin ❷ markiert.

## Schritt 3

Möchten Sie sich Ihren Standort im Bezug zur eingegebenen Adresse anzeigen lassen, klicken Sie auf das Pfeilsymbol. Ihr Standort wird daraufhin als blauer Punkt ❸ in der Karte markiert.

## Schritt 4

Den Weg zur ausgewählten Adresse von Ihrem Standort finden Sie über eine Routenberechnung. Nutzen Sie dazu die Schaltfläche **Route**.

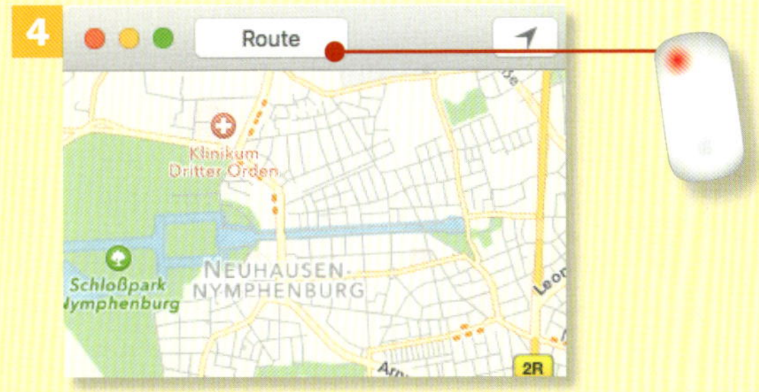


## Schritt 5

Im Feld **Start** wird automatisch Ihr aktueller Standort als Ausgangspunkt übernommen, im Feld **Ende** erscheint die vorher gewählte Zieladresse. Für eine Korrektur klicken Sie in das Feld und geben eine Adresse ein. Auch hier erhalten Sie wieder Vorschläge. Wählen Sie den Wunschort aus der Liste mit einem Klick aus.

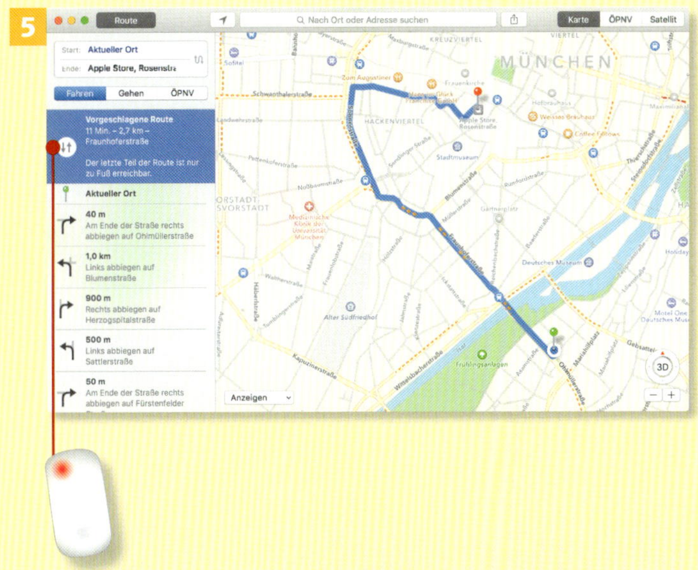


## Schritt 6

In der Karte bekommen Sie dann Ihre Route präsentiert. Ebenso erhalten Sie eine Liste mit Richtungsanweisungen und Entfernungsangaben vom Start- bis zum Endpunkt mit allen wichtigen Eckpunkten, an denen Sie abbiegen müssen.

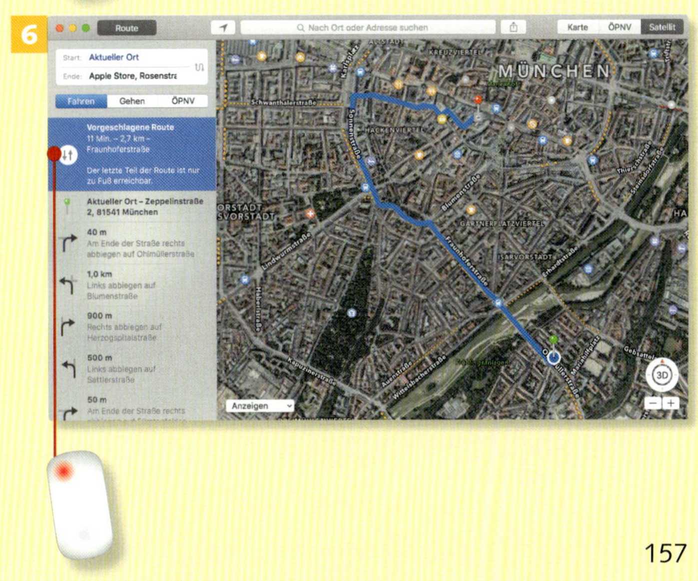

# Kapitel 6
# E-Mails schreiben und organisieren

Die Kommunikation via E-Mail ist heute essentiell. Und Ihr Mac ist bestens gerüstet für den Empfang, das Verfassen und die Organisation von E-Mails. Wie Sie effektiv mit dem Programm Mail umgehen, erfahren Sie in diesem Kapitel.

**Mailkonten einrichten**

Viele unterschiedliche Anbieter bieten aktuell E-Mail-Dienste an. Auch Apple hat mit iCloud ❶ einen solchen Dienst im Angebot. Es ist sehr einfach, ein entsprechendes Konto in Mail einzurichten.

**E-Mails schreiben und senden**

Mit Mail bringt der Mac ein Programm mit, mit dem Sie E-Mails schreiben, senden und verwalten. E-Mails erstellen ❷ und auf den Weg zum Empfänger bringen, ist damit schnell erledigt.

**E-Mails organisieren**

Bei der täglichen Kommunikation per E-Mail haben Sie es mit einer Menge neuer Nachrichten zu tun. Mail bietet daher verschiedene Möglichkeiten, Ihre E-Mails zu organisieren. Dabei helfen Ihnen z. B. ein übersichtliches Ordnersystem oder intelligente Postfächer ❸.

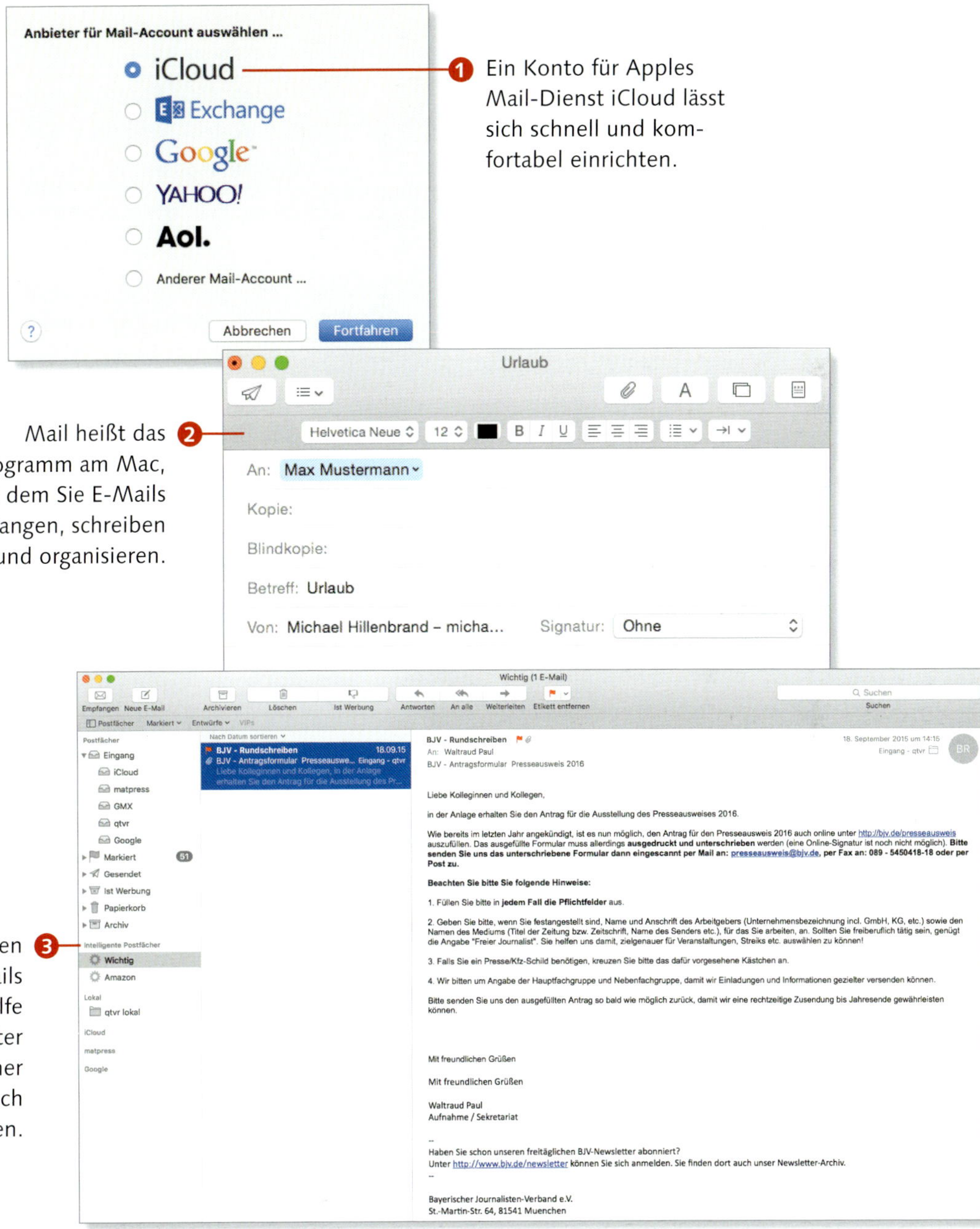


1 Ein Konto für Apples Mail-Dienst iCloud lässt sich schnell und komfortabel einrichten.

2 Mail heißt das Programm am Mac, mit dem Sie E-Mails empfangen, schreiben und organisieren.

3 In Mail lassen sich E-Mails mit Hilfe intelligenter Postfächer automatisch organisieren.

# Ein E-Mail-Konto einrichten

1

2

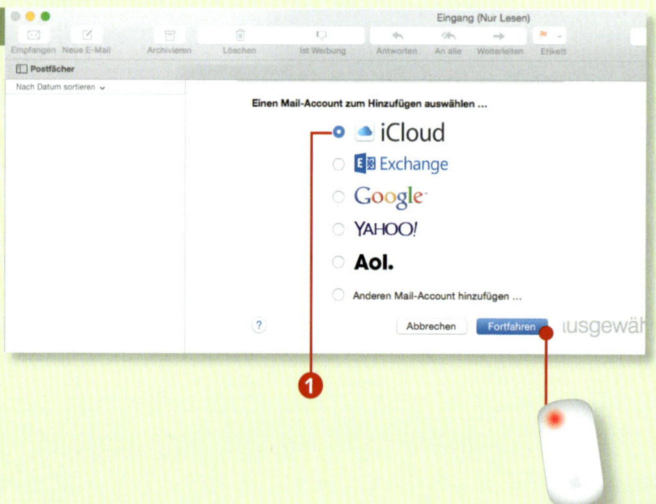


3

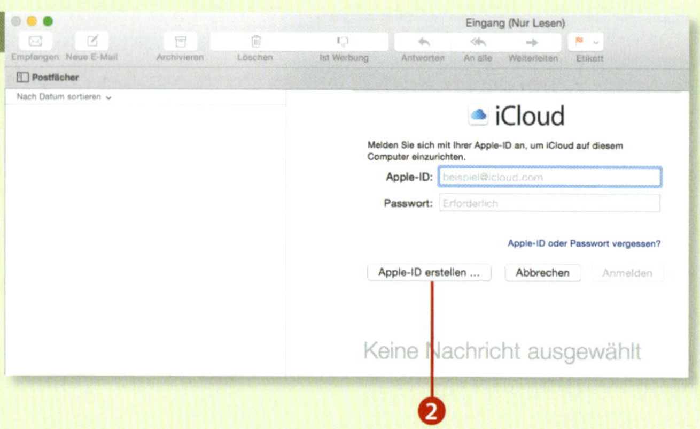


*Um E-Mails versenden zu können, benötigen Sie zuerst ein E-Mail-Konto. Wie Sie im Programm Mail ein Konto einrichten, erfahren Sie in diesem Abschnitt.*

## Schritt 1

Um Ihr E-Mail-Konto einzurichten, müssen Sie zuvor das Programm **Mail** starten. Dazu klicken Sie auf das Programmsymbol im Dock.

## Schritt 2

Mail startet automatisch mit einem Assistenten, wenn Sie das Programm zum ersten Mal aufrufen. Er leitet Sie Schritt für Schritt durch die Kontoerstellung. Zum Erstellen eines iCloud-Kontos wählen Sie die Option **iCloud** ❶ aus der Liste aus und bestätigen mit einem Klick auf **Fortfahren**.

## Schritt 3

Sie werden jetzt aufgefordert, Ihre Apple-ID anzugeben. Sollten Sie noch keine besitzen, erstellen Sie sich eine über die Option **Apple-ID erstellen** ❷.

## Schritt 4

Sind Sie schon mit einer Apple-ID versorgt, geben Sie sie in das Feld **Apple-ID** ein und tippen darunter Ihr **Passwort** ein. Zur Bestätigung klicken Sie auf **Anmelden**.

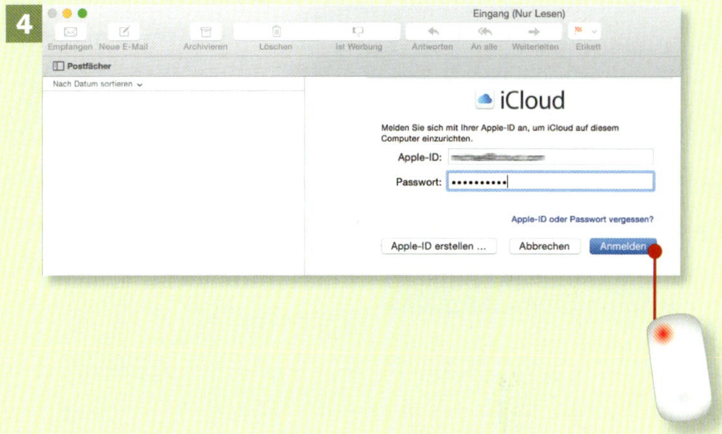


## Schritt 5

Sie erhalten jetzt eine Übersicht der Dienste, die über iCloud verwaltet werden können. Aktivieren bzw. deaktivieren Sie (un)gewünschte Dienste. Wichtig ist im Zusammenhang mit dem Versand von E-Mails, dass der Dienst **Mail** ❸ aktiviert ist. Ist alles in Ordnung, bestätigen Sie mit einem Klick auf **Account hinzufügen**.

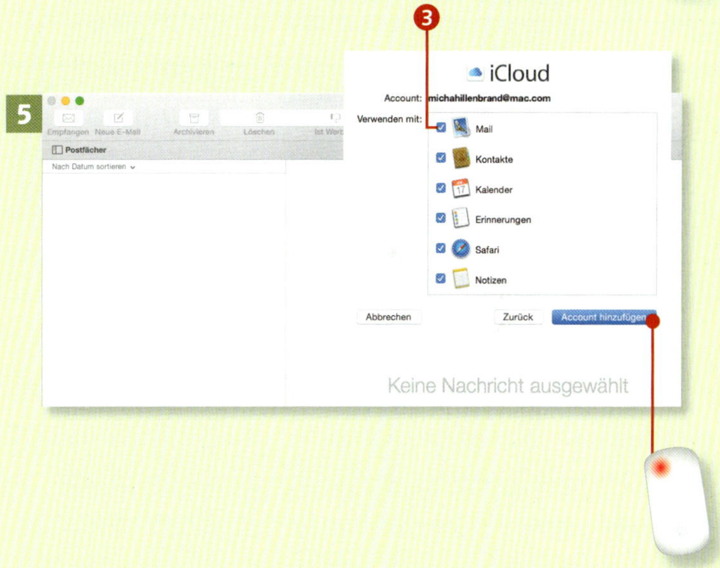


## Schritt 6

Das Programmfenster von Mail öffnet sich. Zunächst sehen Sie noch keine E-Mails, diese werden aber kurz nach dem Programmstart geladen. Das Fenster gliedert sich in die *Symbolleiste* ❻ mit den wichtigsten Funktionen und den einzelnen Ordnern, die *Seitenleiste* ❹, in der Sie die Liste aller E-Mails finden, und den *Darstellungsbereich* ❺.

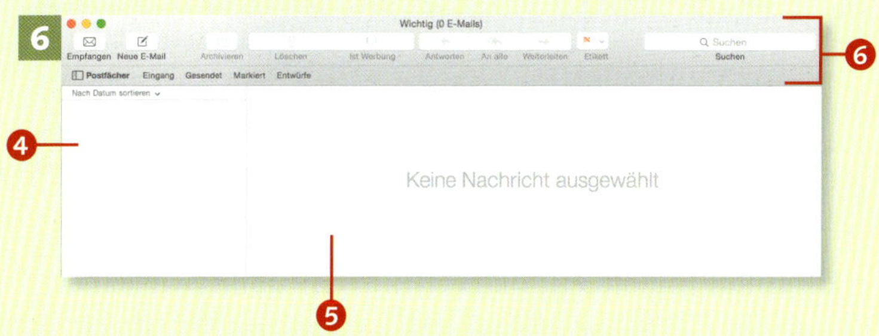

# Ein E-Mail-Konto einrichten (Forts.)

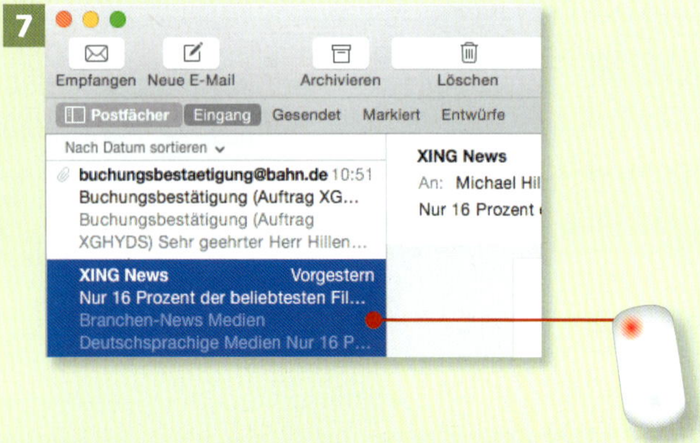


## Schritt 7

Sobald alle E-Mails geladen sind, die im Postfach auf dem Server auf Sie warten, können Sie sie lesen. Wählen Sie dazu aus der Übersicht aller E-Mails in der Seitenleiste eine Nachricht mit der Maus aus. Der Inhalt der Nachricht wird dann im Darstellungsbereich angezeigt.

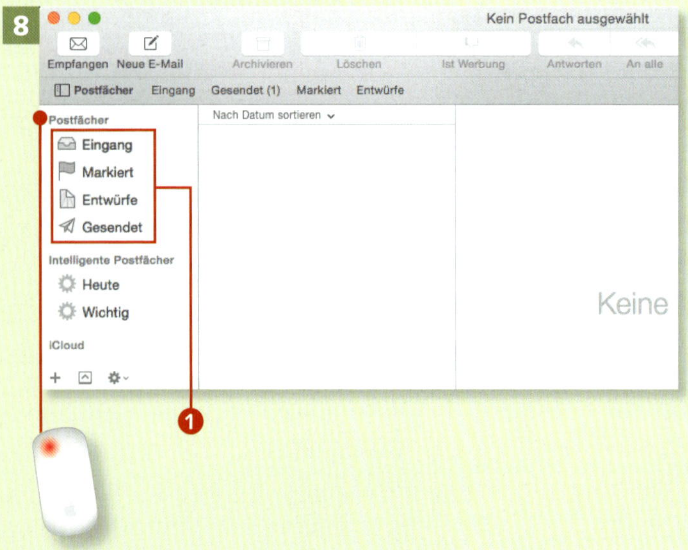


## Schritt 8

Mit einem Klick auf **Postfächer** öffnen Sie die Postfach-Übersicht in der Seitenleiste, in der Sie die Ordner **Eingang**, **Markiert, Entwürfe** und **Gesendet** ❶ finden. Auch intelligente Postfächer, Ordner und der Papierkorb mit gelöschten E-Mails werden dort angezeigt.

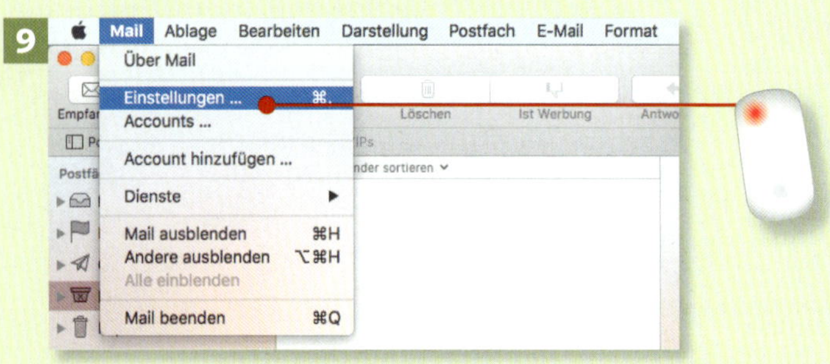


## Schritt 9

Weitere E-Mail-Accounts können Sie jetzt über die Voreinstellungen anlegen. Sie rufen sie über den Menübefehl **Mail ▸ Einstellungen** oder alternativ mit der Tastenkombination cmd + , auf.

### E-Mails markieren

Sie können E-Mails über einen Rechtsklick mit Etiketten versehen, um sie zu organisieren. Alle mit einem Etikett ausgezeichneten E-Mails sammelt Mail in dem Ordner **Markiert**.

## Schritt 10

Das Einstellungsfenster öffnet sich mit der Kategorie **Allgemein** ❷. Klicken Sie auf die Schaltfläche **Accounts**, um den Bereich zu öffnen, der die Möglichkeit zur Eingabe von Kontoinformationen bietet.

10

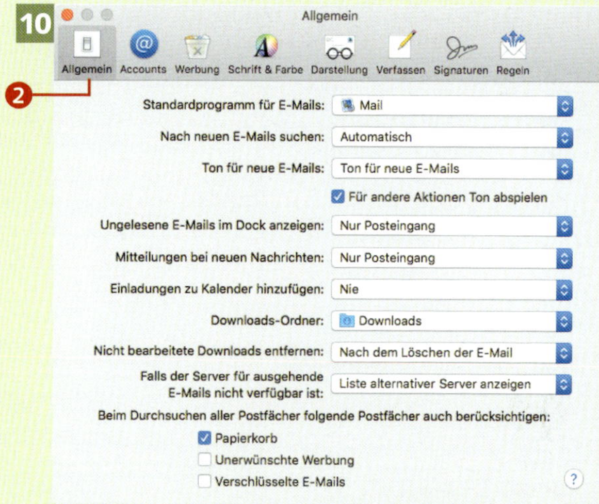


## Schritt 11

Das Fenster zeigt die Accountliste ❸ und standardmäßig die Registerkarte **Accountinformationen** ❹. In der Accountliste finden Sie alle Accounts, die Sie mit Mail verwalten. Die Registerkarte enthält alle Grundeinstellungen für den jeweils ausgewählten Account.

11

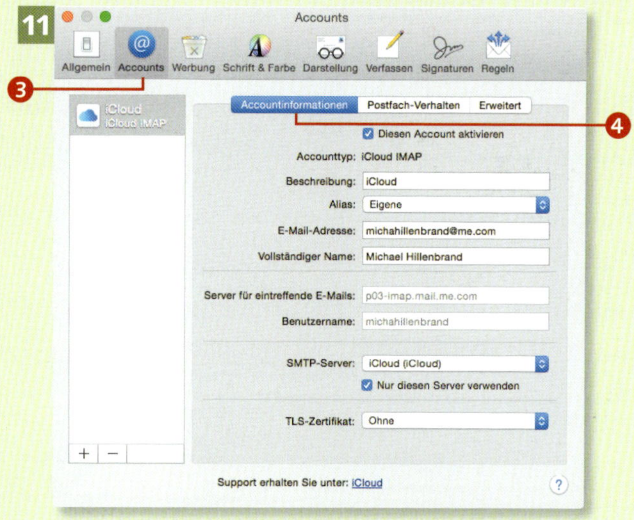


## Schritt 12

Am Fuß der Accountliste finden Sie eine Plus-Schaltfläche. Sie ist der Schlüssel für die Neuanlage eines weiteren Accounts. Klicken Sie darauf, wenn Sie ein weiteres E-Mail-Konto einrichten möchten.

12

**E-Mail-Adresse beziehen**

Für das Einrichten eines E-Mail-Accounts in Mail benötigen Sie einen E-Mail-Zugang und eine E-Mail-Adresse. Dafür gibt es viele kostenfreie Angebote, z. B. von Google, T-Online oder GMX.

# Ein E-Mail-Konto einrichten (Forts.)

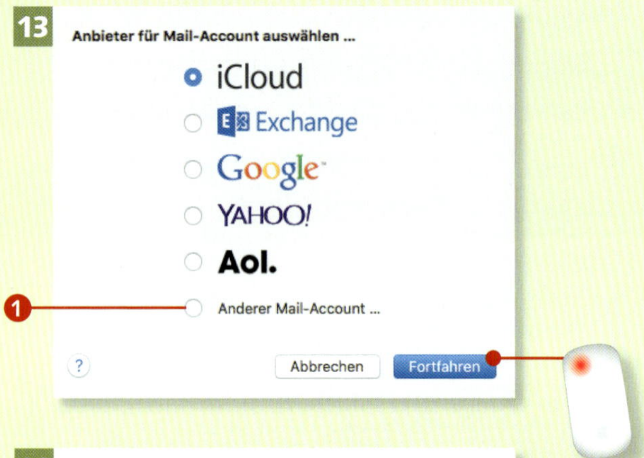


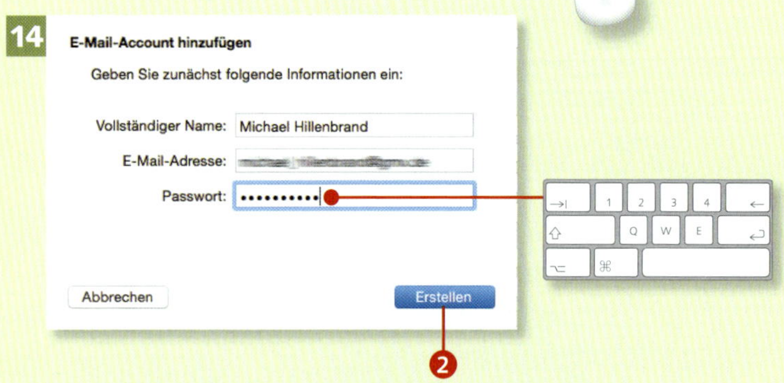


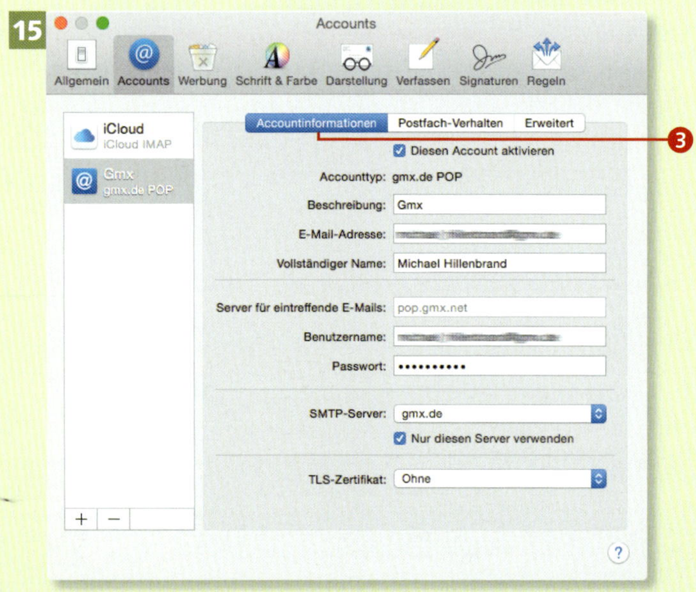


## Schritt 13

Wählen Sie im folgenden Dialog den Mail-Dienst aus, den Sie konfigurieren möchten. Wählen Sie **Anderer Mail-Account ...** ❶, wenn Ihr Dienst nicht in der Liste erscheint. Klicken Sie dann auf **Fortfahren**.

## Schritt 14

Mail sucht automatisch nach den passenden E-Mail-Servern. Einen positiven Fund bestätigt das Programm mit dem Dialog **E-Mail-Account hinzufügen**. Geben Sie dort Ihren **Vollständigen Namen**, Ihre **E-Mail-Adresse** und Ihr **Passwort** ein. Bestätigen Sie mit **Erstellen** ❷.

## Schritt 15

Ist das Konto angelegt, wird es automatisch in der Accountübersicht angezeigt. Die Informationen zum Konto sehen Sie dann in der Registerkarte **Accountinformationen** ❸.

### Unerwünschte Werbung

Sie können Mails direkt im Posteingang als unerwünschte Werbung kennzeichnen. Wählen Sie die Nachricht aus, und klicken Sie auf den nach unten gerichteten Daumen in der Symbolleiste. Mail klassifiziert ähnliche E-Mails zukünftig automatisch als Werbung.

## Schritt 16

Die Eigenschaften des E-Mail-Postfachs können Sie über die Registerkarte **Postfach-Verhalten** bestimmen. Wählen Sie das Konto in der Accountliste aus ❹, und klicken Sie auf **Postfach-Verhalten**. Hier bestimmen Sie, wie mit gesendeten E-Mails ❺ oder Werbung (Spam) ❻ umgegangen wird oder wann der Papierkorb geleert werden soll ❼.

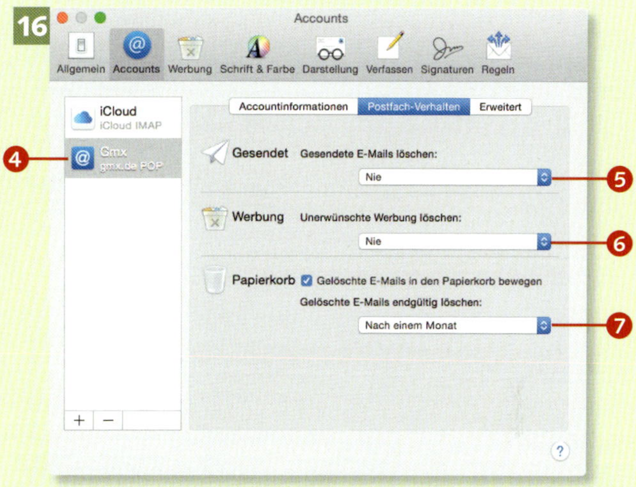


## Schritt 17

Wenn Sie gesendete E-Mails nach einer bestimmten Zeitspanne löschen wollen, klicken Sie auf den Pfeil am Feld **Gesendete E-Mails löschen**, und wählen Sie eine Einstellung aus der Liste aus, z. B. **Nie**.

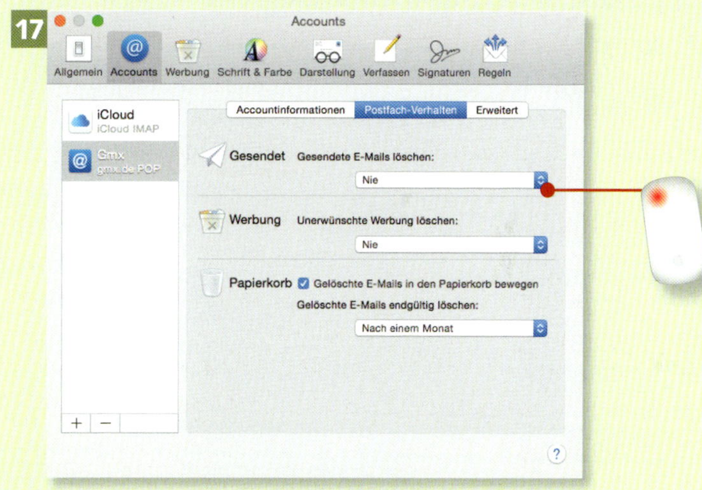


## Schritt 18

Im Feld **Werbung** legen Sie fest, wann als Werbung gekennzeichnete E-Mails gelöscht werden. Klicken Sie auf den Pfeil am Feld, und wählen Sie eine Möglichkeit aus der Liste, z. B. **Nach einer Woche**.

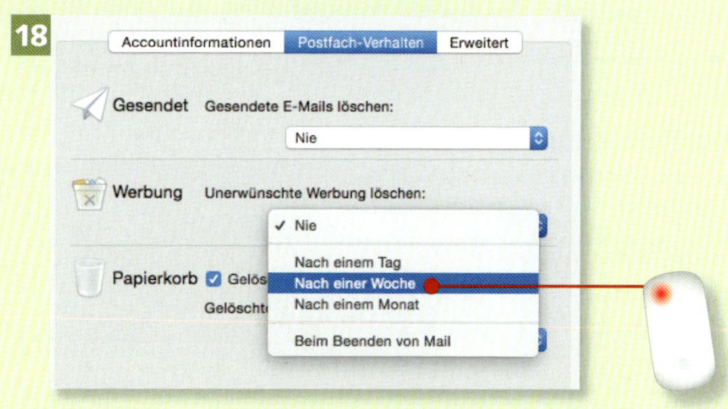

# Ein E-Mail-Konto einrichten (Forts.)

19

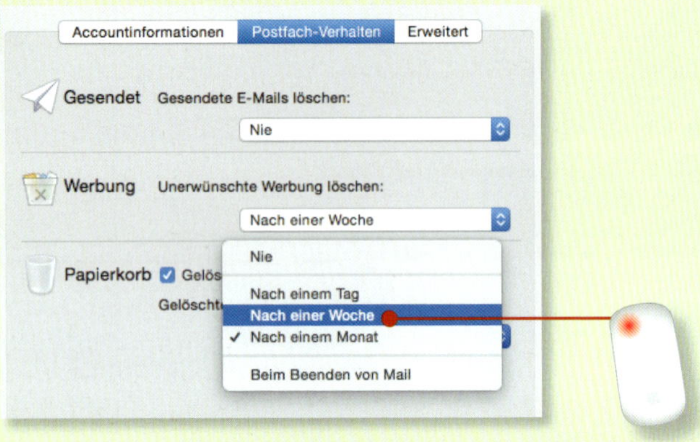


20

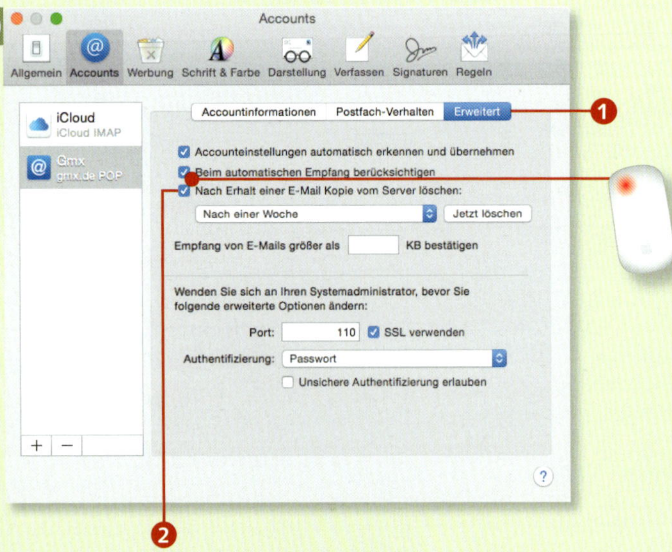


21

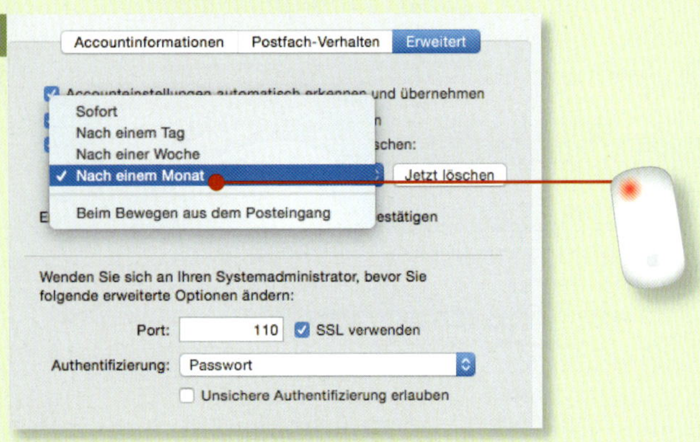


## Schritt 19

Im Aufklappmenü **Papierkorb** geben Sie schließlich an, nach welcher Zeitspanne die E-Mails endgültig gelöscht werden, die Sie in den Papierkorb verschoben haben. Wählen Sie hier z. B. die Option **Nach einer Woche**.

## Schritt 20

Experteneinstellungen nehmen Sie auf der Registerkarte **Erweitert** ❶ vor. Hier können Sie z. B. festlegen, dass das Konto immer aktiv ist und sofort beim Start des Programms Mail zum ersten Mal nach neuen E-Mails gesucht wird. Aktivieren Sie hierzu den Punkt **Beim automatischen Empfang berücksichtigen**.

## Schritt 21

Manche Accounttypen, z. B. POP3, »holen« Ihre E-Mails automatisch vom Server. Wenn Sie möchten, dass die E-Mails danach vom Server gelöscht werden, klicken Sie das Kästchen **Nach Erhalt einer E-Mail Kopie vom Server löschen** ❷ an. Wählen Sie dann aus dem Aufklappmenü das Intervall, z. B. **Nach einem Monat**.

## Schritt 22

Falls Sie nur über eine langsame Internetverbindung verfügen, können Sie angeben, dass das Laden von E-Mails nur bis zu einer gewissen Größe automatisch erfolgen soll. Für eine E-Mail-Größe von 10.000 KB tragen Sie in das Feld **Empfang von E-Mails größer als [...] KB bestätigen** z. B. den Wert »10000« ein.

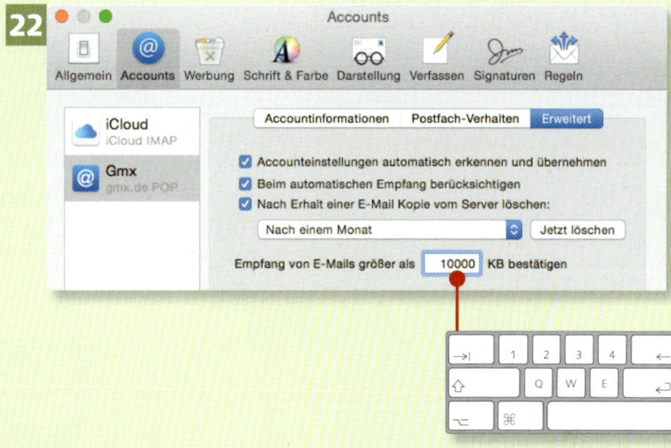


## Schritt 23

Um ein vorhandenes Konto zu löschen, wählen Sie es in der Accountliste mit einem Mausklick aus **3**. Klicken Sie dann auf das Minus.

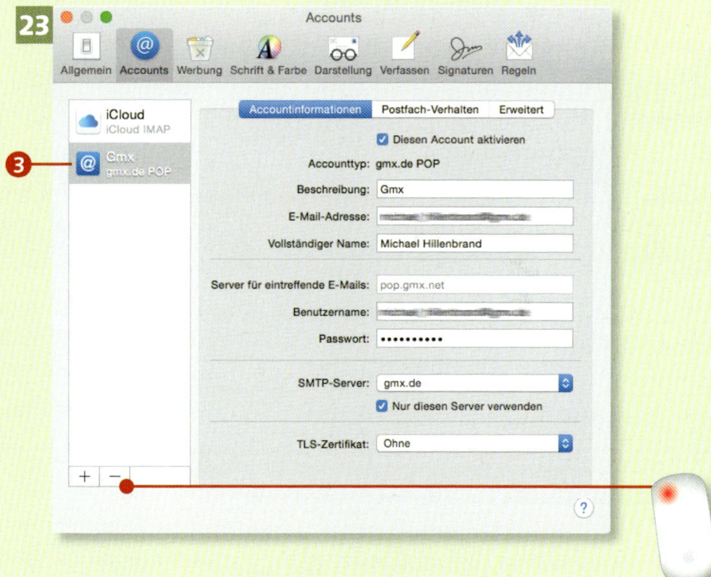


## Schritt 24

Bestätigen Sie den nächsten Hinweis und damit das Löschen mit einem Klick auf die Schaltfläche **Account entfernen**. Bei dieser Aktion werden das Konto und sein kompletter Inhalt gelöscht.

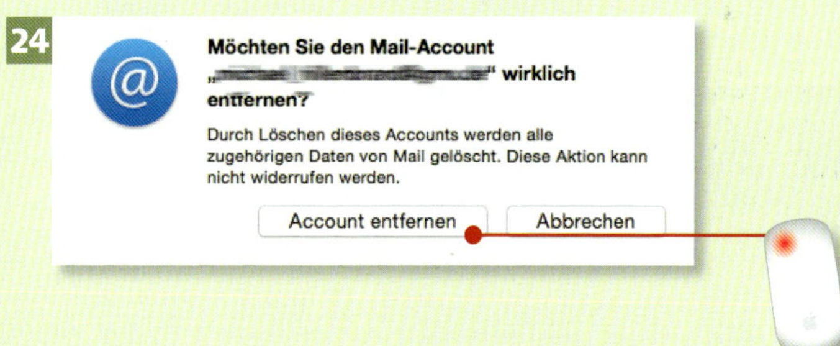


**POP3 vs. IMAP**

POP3 und IMAP sind die gängigsten Übertragungsprotokolle für E-Mails. Mit POP3 werden alle E-Mails vom Server an das Mail-Programm übertragen und dort gespeichert. Mit IMAP bleiben die E-Mails auf dem Server: Im E-Mail-Programm wird dann lediglich auf das Original »verwiesen«.

# E-Mails schreiben, senden und empfangen

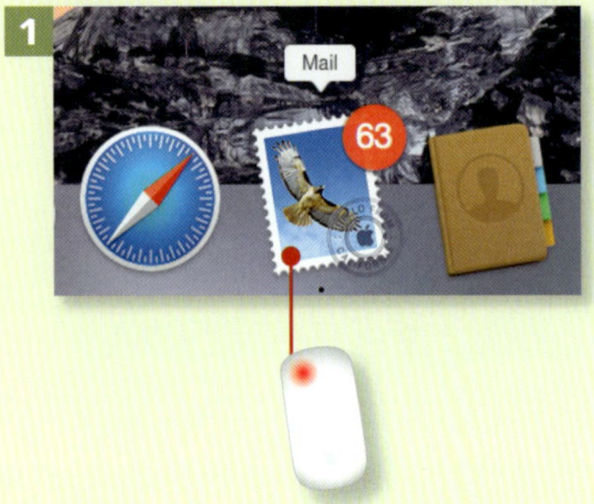


*Wie Sie mit Mail selbst E-Mail-Nachrichten erstellen, diese versenden und auch Nachrichten von anderen empfangen, lernen Sie in diesem Abschnitt.*

## Schritt 1

Starten Sie das Programm **Mail** mit einem Mausklick auf das Programmsymbol im Dock.

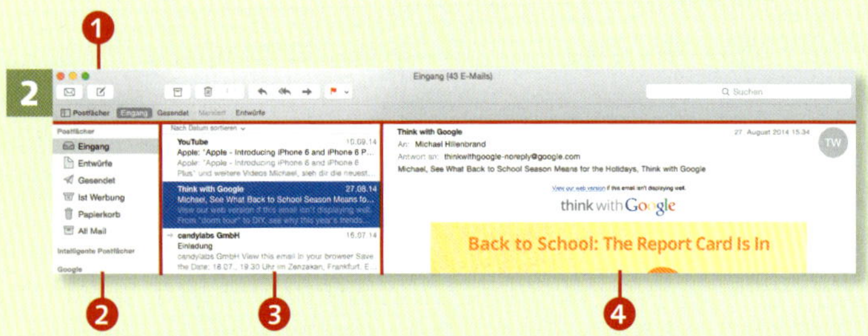


## Schritt 2

Das Fenster gliedert sich in die *Symbolleiste* ❶ mit den wichtigsten Funktionen, die *Seitenleiste* ❷ mit den verschiedenen Konten, den eingegangenen, gesendeten und gelöschten E-Mails, einer Liste ❸ der im ausgewählten Ordner liegenden Mails und den *Darstellungsbereich* ❹, in dem der Inhalt der E-Mail angezeigt wird.

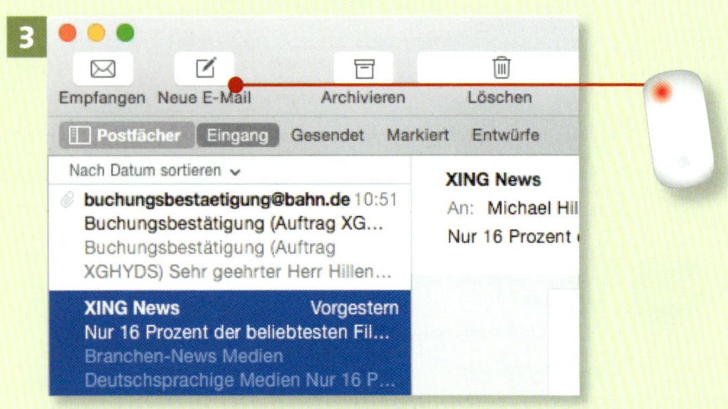


## Schritt 3

Um eine neue E-Mail zu schreiben, klicken Sie auf die Schaltfläche **Neue E-Mail** in der Symbolleiste. Alternativ verwenden Sie die Menüfunktion **Ablage ▸ Neue E-Mail** oder die Tastenkombination [cmd] + [N].

### Schritt 4

Ein Fenster öffnet sich. Geben Sie im Feld **An** die E-Mail-Adresse des Empfängers ein. Das Programm ergänzt die Adresse automatisch, wenn der Kontakt in Ihrem Adressbuch steht oder Ihnen schon einmal eine E-Mail gesendet hat.

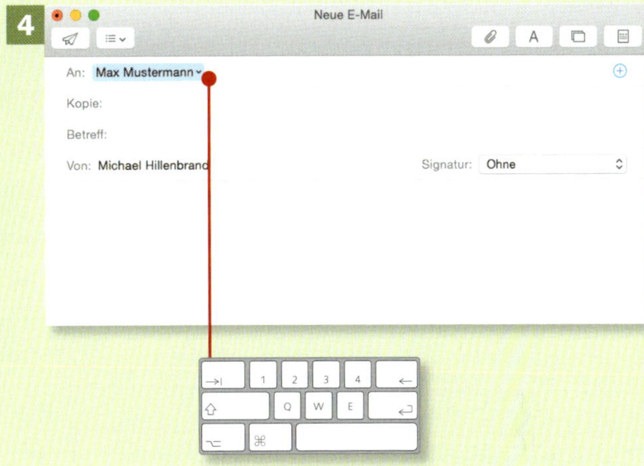


### Schritt 5

Im Feld **Kopie** können Sie weitere Adressaten hinzufügen. Diese erhalten dann eine Kopie Ihrer E-Mail. Die Domainbezeichnung *.de* ist meist länderspezifisch; sie kann aber auch länderübergreifend sein und beispielsweise *.com* oder *.org* lauten.

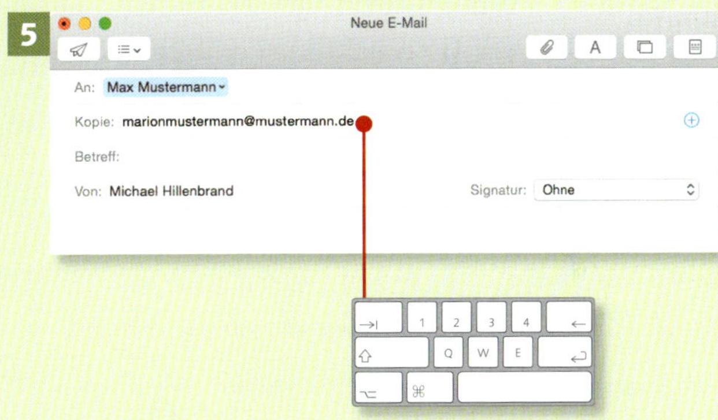


### Schritt 6

In das Eingabefeld **Betreff** schreiben Sie den Grund bzw. das Thema Ihrer E-Mail. Klicken Sie mit der Maus in das Feld, und tippen Sie einen aussagekräftigen Text ein.

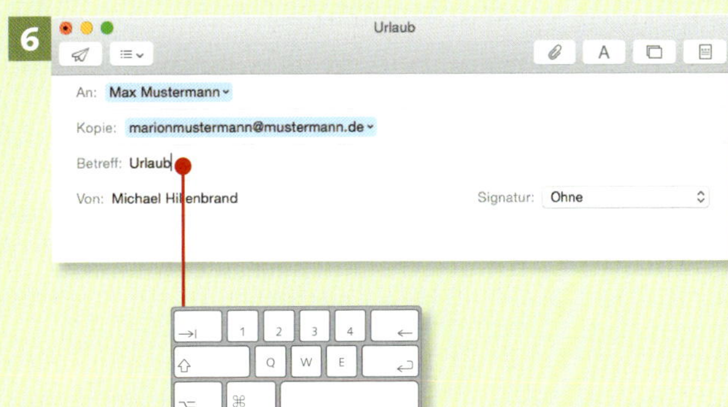


**Was ist eine Blindkopie?**
Um eine Kopie einer E-Mail an eine weitere Person zu schicken, ohne dass der Empfänger es bemerkt, fügen Sie über **Darstellung ▸ Adressfeld „Blindkopie"** ein Adressfeld hinzu. Dann tragen Sie einfach die E-Mail-Adresse des zusätzlichen Empfängers in das neue Feld **Blindkopie** ein.

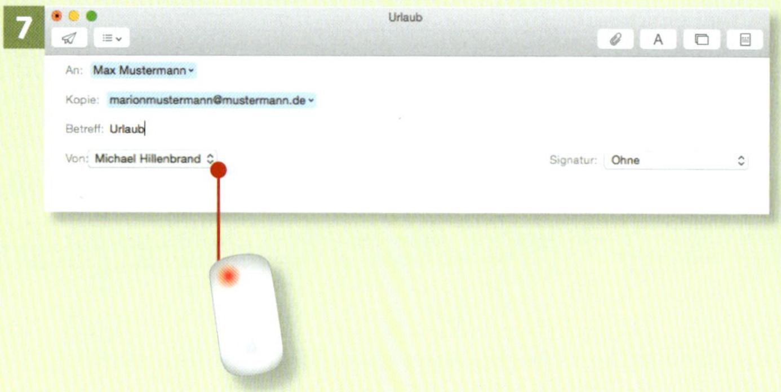


## Schritt 7

Falls Sie mehrere E-Mail-Accounts angelegt haben, können Sie nun bestimmen, welche Adresse für den Versand genutzt werden soll. Klicken Sie in das Feld **Von**, und wählen Sie den Account aus.

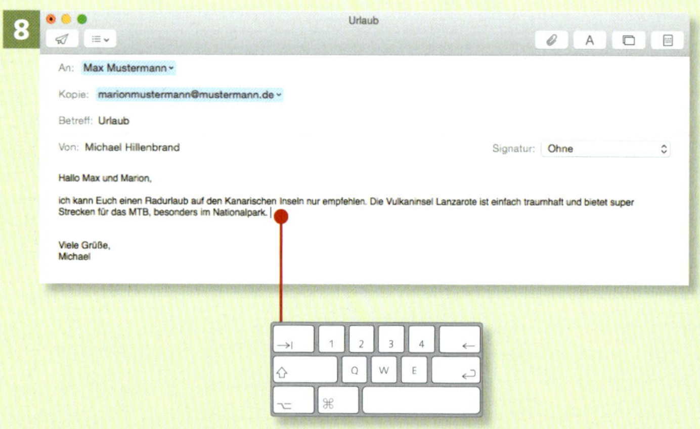


## Schritt 8

Im Textbereich schreiben Sie jetzt Ihre Nachricht. Klicken Sie dazu mit der Maus in den leeren Bereich, und beginnen Sie wie gewohnt mit dem Schreiben des Textes.

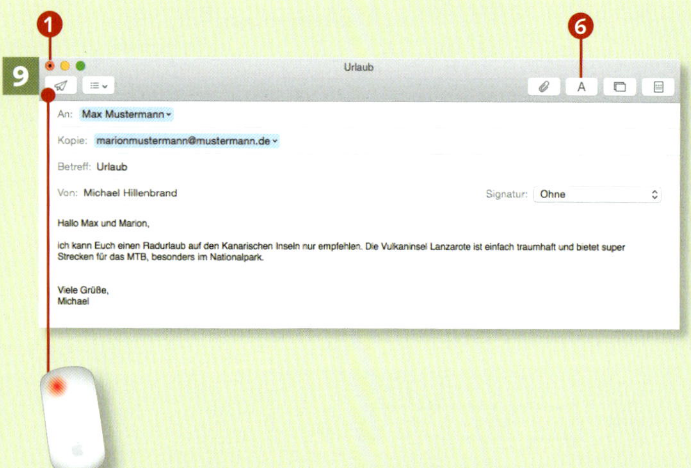


## Schritt 9

Haben Sie Ihre E-Mail fertiggestellt, bringen Sie sie mit einem Klick auf die Schaltfläche **Senden** auf den Weg zum Empfänger.

**Einen Entwurf speichern**

Sie können eine E-Mail auch später versenden. Klicken Sie nach dem Erstellen der Nachricht auf die rote Schaltfläche ❶ oben links, und bestätigen Sie das Dialogfenster, das sich dann öffnet, mit einem Klick auf **Sichern**. Mail legt die Nachricht im Ordner **Entwürfe** ❸ ab. Um sie weiterzubearbeiten, öffnen Sie den Ordner und klicken die Nachricht einfach an.

## Schritt 10

Neue E-Mails werden in Intervallen vom E-Mail-Server abgeholt (siehe Schritt 20 im Abschnitt »Ein E-Mail-Konto einrichten« auf Seite 160). Sie landen im Ordner **Eingang** ❷. Sie können die Abholung mit einem Klick auf **Empfangen** oder über **Postfach ▸ Alle neuen E-Mails empfangen** auch manuell anstoßen.

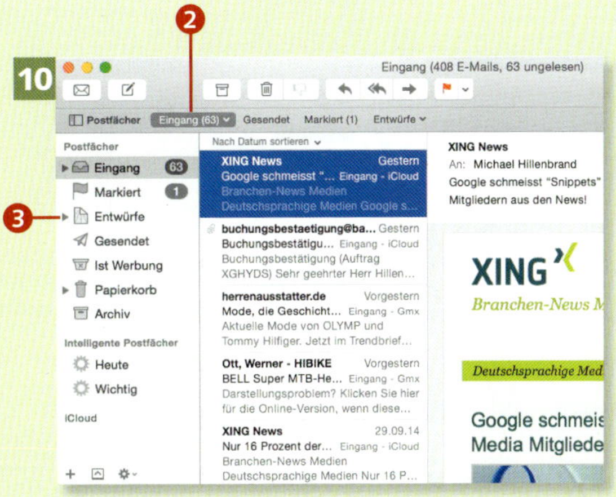


## Schritt 11

Neue, ungelesene E-Mails werden im Ordner **Eingang** ❹ angezeigt und mit einem Marker ❺ gekennzeichnet. Mit einem Klick öffnen Sie die Nachricht zum Lesen. Sie wird daraufhin im Darstellungsbereich angezeigt.

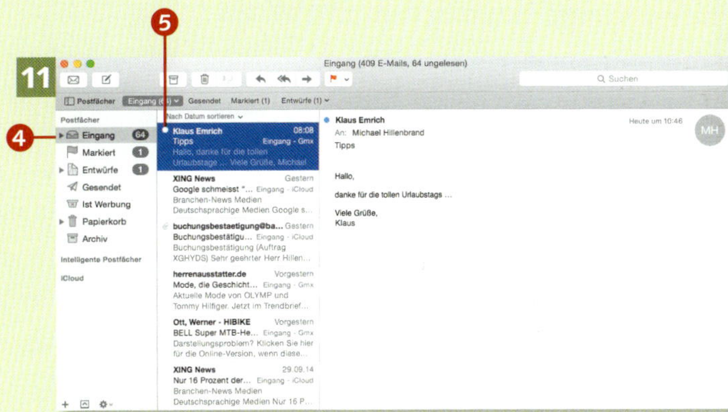


## Schritt 12

Eingegangene E-Mails lassen sich nicht nur lesen, Sie können auch direkt darauf antworten. Klicken Sie dazu auf die Schaltfläche **Antworten**. Automatisch wird eine neue E-Mail erstellt.

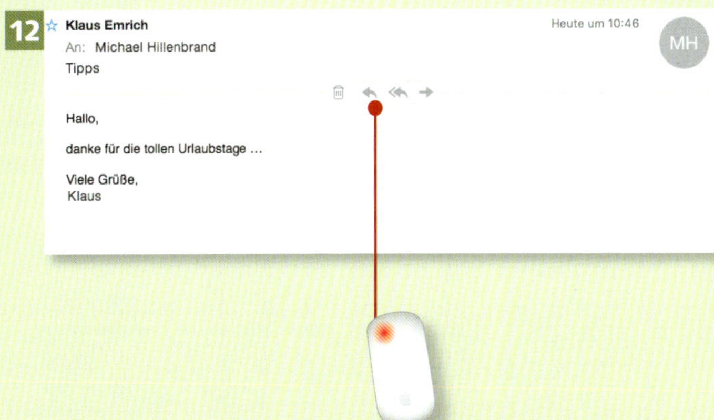


### E-Mails formatieren

Blenden Sie die Formatierungsleiste ein, indem Sie auf die Schaltfläche mit dem **A** ❻ klicken. Dann können Sie Schriftart, -größe, -schnitt und -farbe oder auch die Ausrichtung des Textes verändern.

# E-Mails mit Anhängen versenden

*E-Mails können nicht nur Text enthalten, es ist auch möglich, Dateien an die Nachricht anzuhängen. In Mail ist der Versand von E-Mail-Anhängen sehr einfach.*

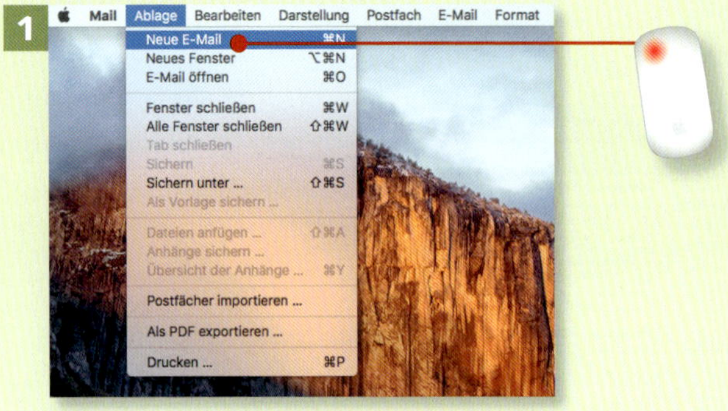


## Schritt 1

Um eine Nachricht mit Anhang zu versenden, erstellen Sie zuerst eine neue E-Mail über den Menübefehl **Ablage ▸ Neue E-Mail**.

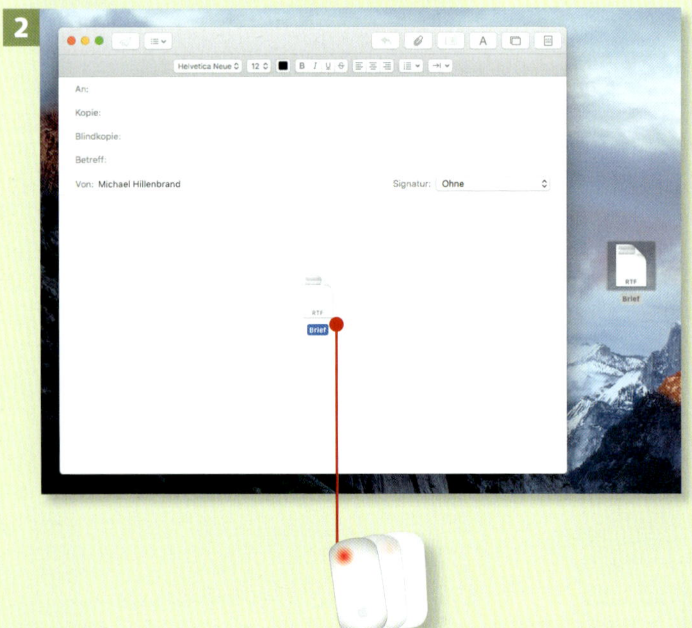


## Schritt 2

Ziehen Sie jetzt einfach das Dokument, das Sie mit der E-Mail versenden wollen, mit gedrückter Maustaste vom Schreibtisch oder aus einem Ordner auf das Mailfenster. Sobald Sie das Dokument über dem Fenster loslassen, erstellt Mail daraus automatisch einen Anhang.

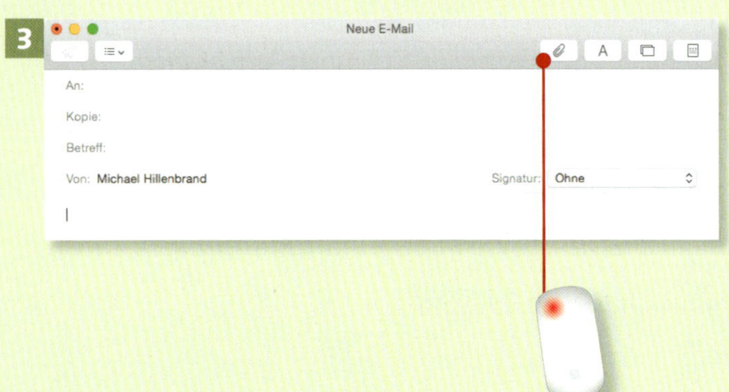


## Schritt 3

Sie können über die Schaltfläche **Anhang** auch direkt zum Speicherort des anzuhängenden Dokuments navigieren. Alternativ verwenden Sie den Menübefehl **Ablage ▸ Dateien anfügen**.

### Schritt 4

Im **Öffnen**-Dialog wählen Sie die Datei für den Anhang aus, z. B. eine PDF-Datei ❶, und übernehmen sie mit einem Klick auf **Datei wählen**. Der Anhang wird dann direkt in die E-Mail eingefügt, wenn Sie beispielsweise Bilder oder PDF-Dokumente anfügen.

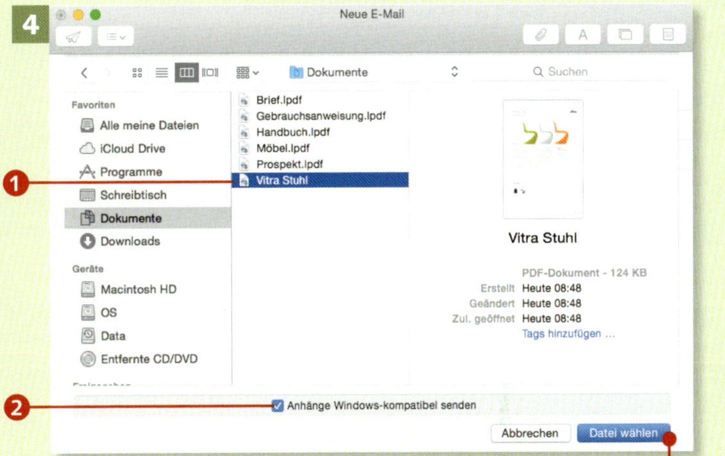


### Schritt 5

Wenn Sie Bilder verschicken möchten, können Sie direkt aus Mail heraus auf Ihr Fotos-Archiv zugreifen. Klicken Sie dazu auf die Schaltfläche **Fotoübersicht ein-/ausblenden**.

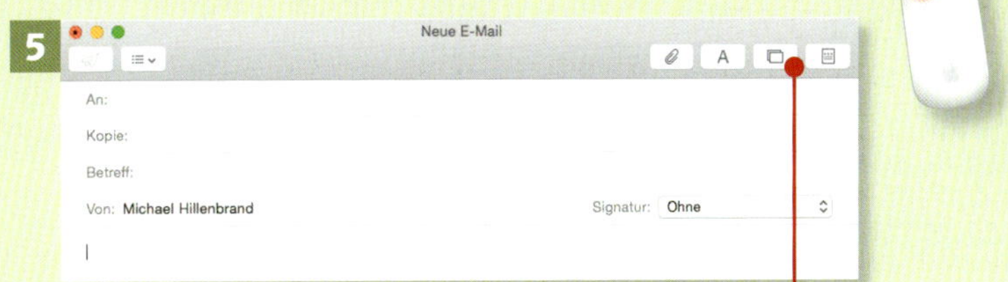


### Schritt 6

Wählen Sie anschließend ein Foto aus, und übernehmen Sie es mit einem Doppelklick. Das Foto wird dann direkt in die E-Mail eingefügt.

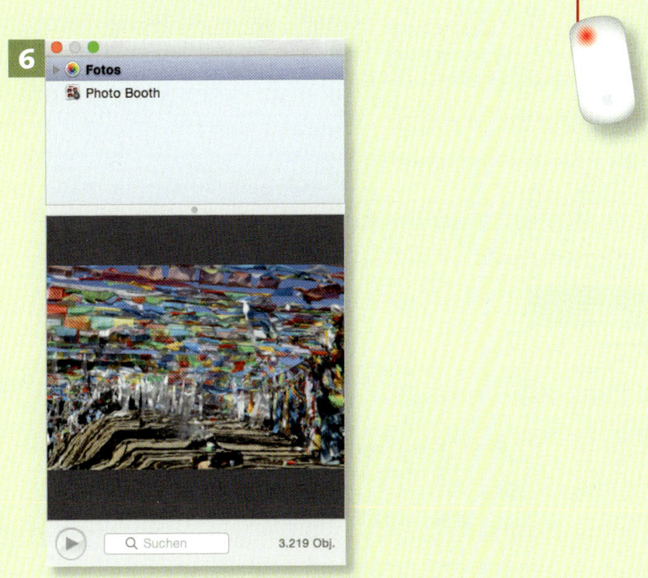


**Anhänge für Windows**
Nutzt der Empfänger Ihrer E-Mail einen Windows-Rechner, achten Sie darauf, dass das Kontrollkästchen **Anhänge Windows-kompatibel senden** ❷ aktiviert ist, das Sie in Schritt 4 sehen.

# Eine E-Mail-Signatur anlegen

*Sie können jede E-Mail, die Sie senden, mit zusätzlichen Informationen zum Absender versehen – mit der sogenannten Signatur. Wie Sie sie anlegen, erfahren Sie nun.*

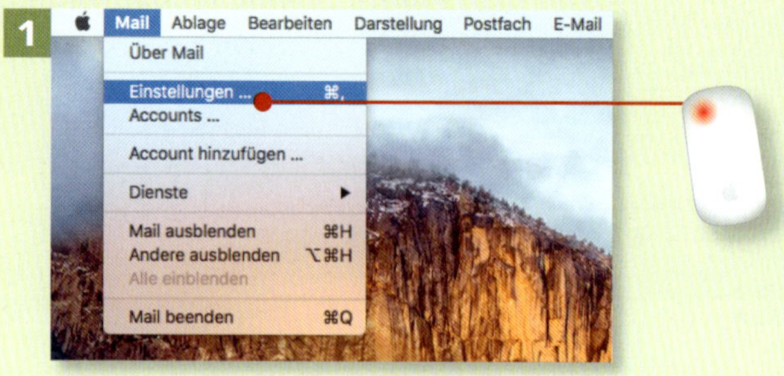


## Schritt 1

Um eine Signatur anzulegen, rufen Sie zuerst die Programmeinstellungen von Mail auf. Nutzen Sie dazu den Menüpunkt **Mail ▸ Einstellungen**.

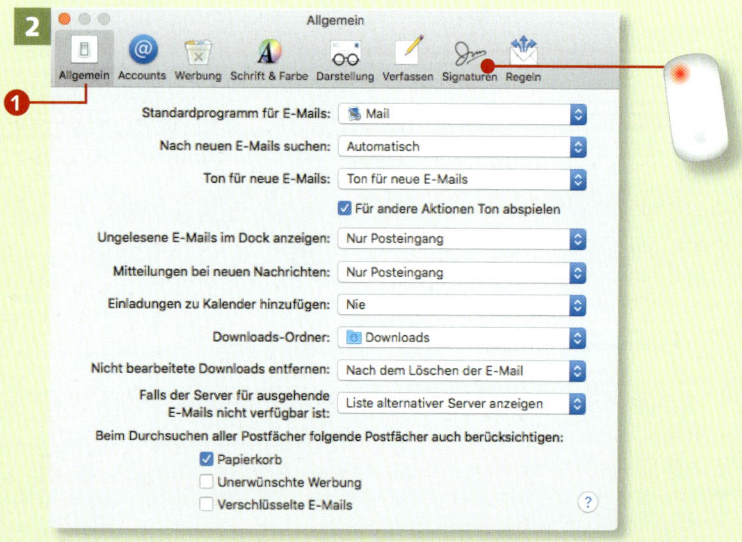


## Schritt 2

Der Einstellungsdialog von Mail öffnet sich mit dem Bereich **Allgemein** ❶. Wechseln Sie in die Kategorie **Signaturen**, indem Sie auf die gleichnamige Schaltfläche klicken.

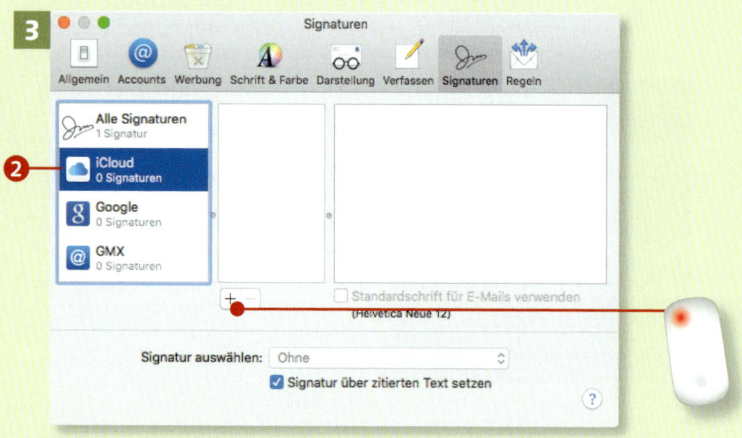


## Schritt 3

Auf der linken Seite finden Sie die Übersicht über Ihre E-Mail-Konten. Wählen Sie das Konto ❷ aus, für das Sie eine Signatur anlegen möchten. Klicken Sie dann auf das Plus, um mit dem Anlagevorgang zu starten.

## Schritt 4

In der mittleren Spalte wird jetzt eine neue Signatur angelegt. Standardmäßig trägt sie den Titel **Signatur 1**. Überschreiben Sie ihn einfach mit einem aussagekräftigen Namen, z. B. »Privat«.

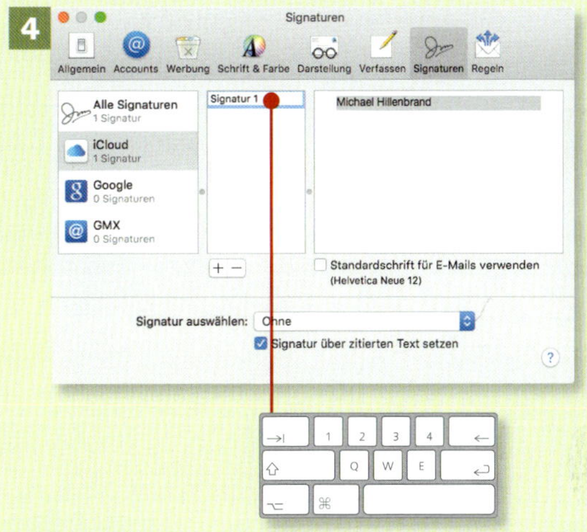


## Schritt 5

Auf der rechten Seite sehen Sie das Textfeld. Hier erstellen Sie Ihren persönlichen Signaturtext. Üblicherweise gibt man dort seinen Namen, seine Postanschrift und weitere Kommunikationsdaten ein.

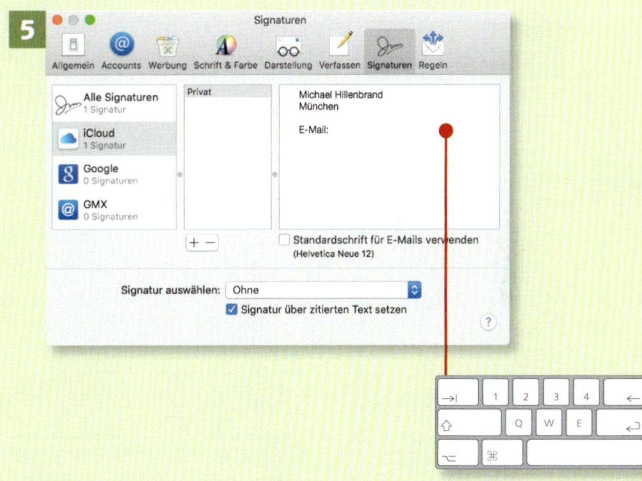


## Schritt 6

Wenn Sie diese Signatur automatisch bei jeder neuen E-Mail einfügen wollen, wählen Sie sie ganz unten im Aufklappmenü des Feldes **Signatur auswählen** aus.

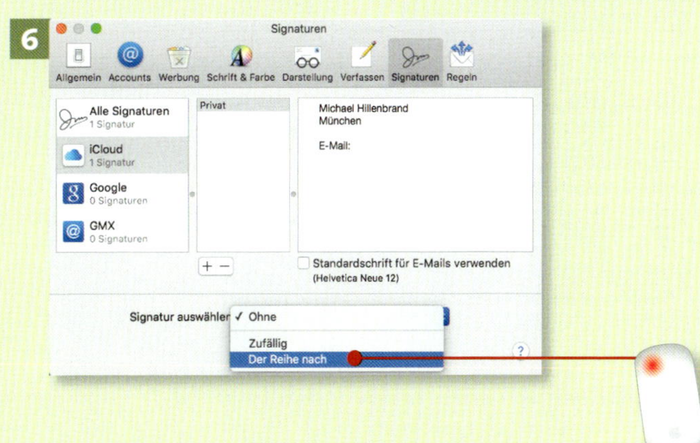


**Signaturen verwenden**

Signaturen können alle Informationen enthalten, die Sie Ihren E-Mails standardisiert anfügen möchten, z. B. Ihre Adresse, eine Grußformel oder Werbung. Wenn Sie eine Signatur angelegt haben, fügen Sie sie über das Aufklappmenü **Signatur** im Kopf Ihrer E-Mail hinzu.

# E-Mails organisieren

1

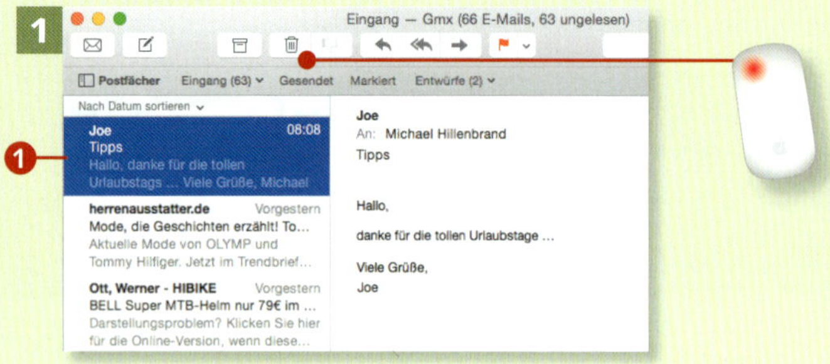


*Das Programm Mail bietet verschiedene Möglichkeiten, die tägliche E-Mail-Flut im Griff zu behalten.*

## Schritt 1

Nicht mehr benötigte Nachrichten können Sie aus dem Postfach löschen. Markieren Sie die Nachricht ❶, und klicken Sie auf das Papierkorbsymbol oder drücken Sie auf die Taste [←].

2

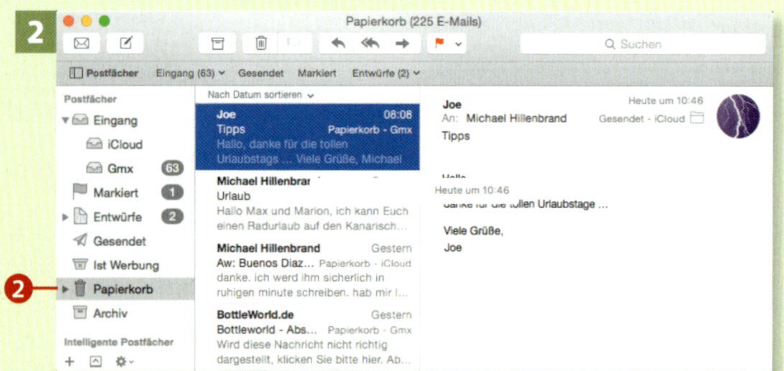


## Schritt 2

Die Nachricht wird nicht direkt gelöscht, sondern wandert in den Ordner **Papierkorb** ❷ in der Seitenleiste. Er wird nach einem bestimmten Zeitplan entleert, und die Nachrichten werden dann endgültig gelöscht (siehe Schritt 19 im Abschnitt »Ein E-Mail-Konto einrichten« auf Seite 160).

3

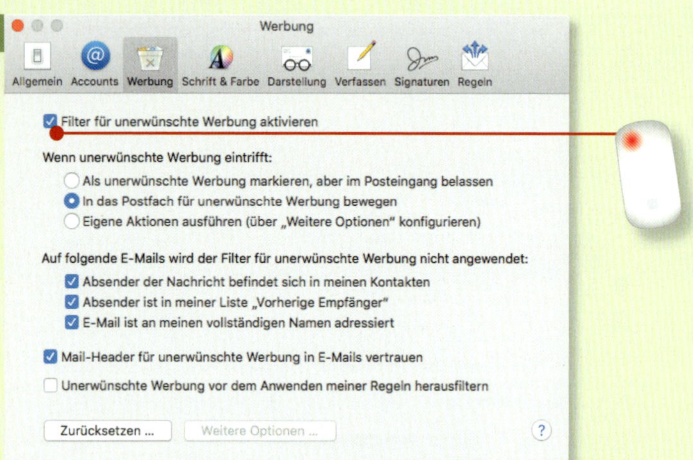


## Schritt 3

Sie können E-Mails, die Sie ungewollt erhalten, als Werbung kennzeichnen. Dafür müssen Sie in den Einstellungen den Werbefilter aktivieren. Rufen Sie **Mail ▸ Einstellungen** auf. Wählen Sie anschließend unter dem Reiter **Werbung** die Option **Filter für unerwünschte Werbung aktivieren**.

## Schritt 4

Wählen Sie die ungewünschte E-Mail aus, und klicken dann auf die Schaltfläche mit dem Daumen nach unten. Zukünftige E-Mails mit dem gleichen Muster verschiebt Mail automatisch in den Ordner **Ist Werbung** ❸.

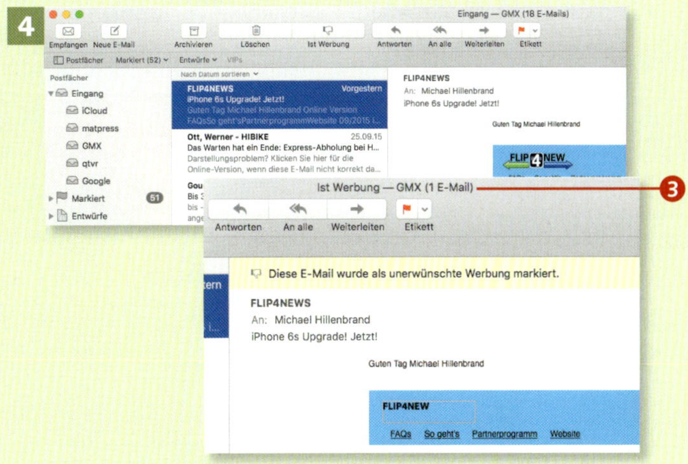


## Schritt 5

Sie können auch eigene Archivordner anlegen, um darin E-Mails abzulegen. Rufen Sie dazu über das Menü **Postfach ▸ Neues Postfach** auf.

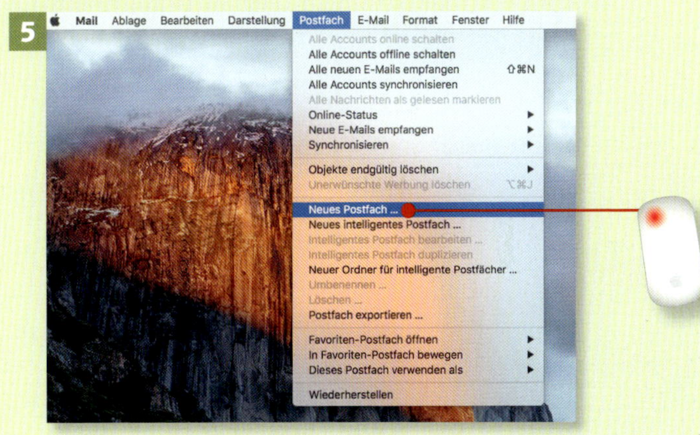


## Schritt 6

Im nächsten Dialogfenster bestimmen Sie über das Aufklappmenü **Ort** ❹ den Speicherort für den neuen Ordner. Sie können das Postfach lokal (auf Ihrem Rechner) anlegen oder in iCloud, damit Sie auch mit anderen Geräten darauf zugreifen können. Benennen Sie den Ordner im Feld **Name** ❺, und bestätigen Sie Ihre Angaben abschließend mit **OK**.

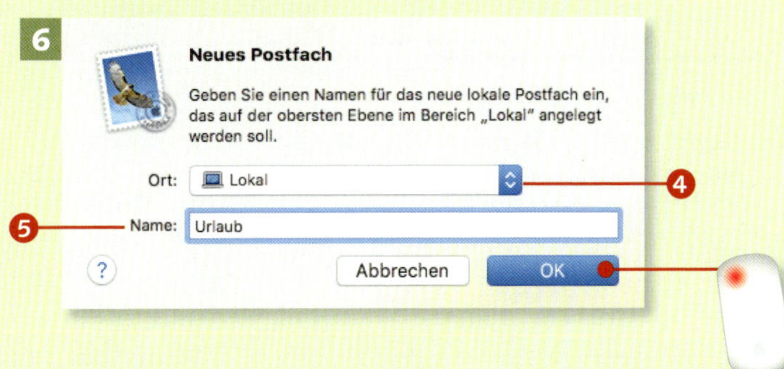

# E-Mails organisieren (Forts.)

7

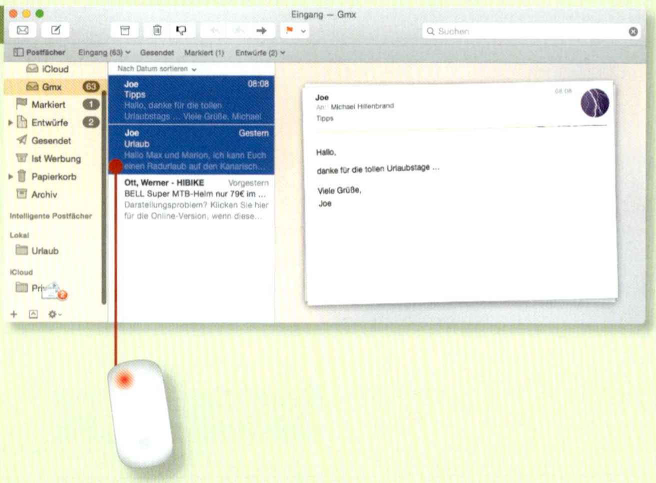

8

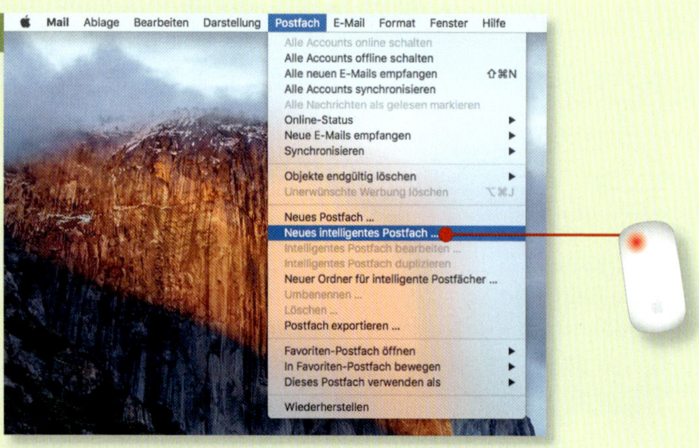

9

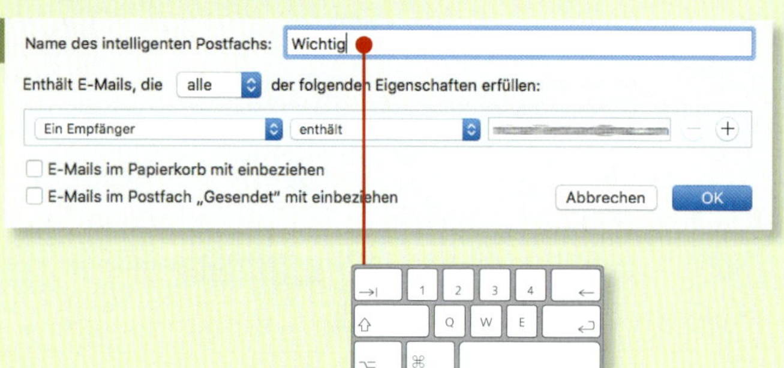

## Schritt 7

Nun wählen Sie die Nachrichten in der Übersicht aus, die Sie in diesen Ordner legen wollen. Mehrere markieren Sie, indem Sie beim Anklicken die Taste cmd gedrückt halten. Ziehen Sie die E-Mails mit gedrückter Maustaste auf den neuen Archivordner, um sie dort abzulegen.

## Schritt 8

Mail bietet auch die Möglichkeit, *intelligente Postfächer* anzulegen. Über festgelegte Kriterien wandern dann Ihre E-Mails automatisch in die entsprechenden Postfächer, und Ihre E-Mail-Korrespondenz sortiert sich quasi von selbst. Wählen Sie **Postfach ▸ Neues intelligentes Postfach**.

## Schritt 9

Legen Sie zuerst den **Namen des intelligenten Postfachs** fest. Überschreiben Sie hierfür den Standardtext.

### Schritt 10

Bestimmen Sie die Regeln. Sollen z. B. alle E-Mails, die als dringend gekennzeichnet sind, in einem Ordner gesammelt werden, wählen Sie die Option **Priorität ist hoch** ❶. Wenn Sie mit Ihren Angaben fertig sind, bestätigen Sie sie mit **OK**.

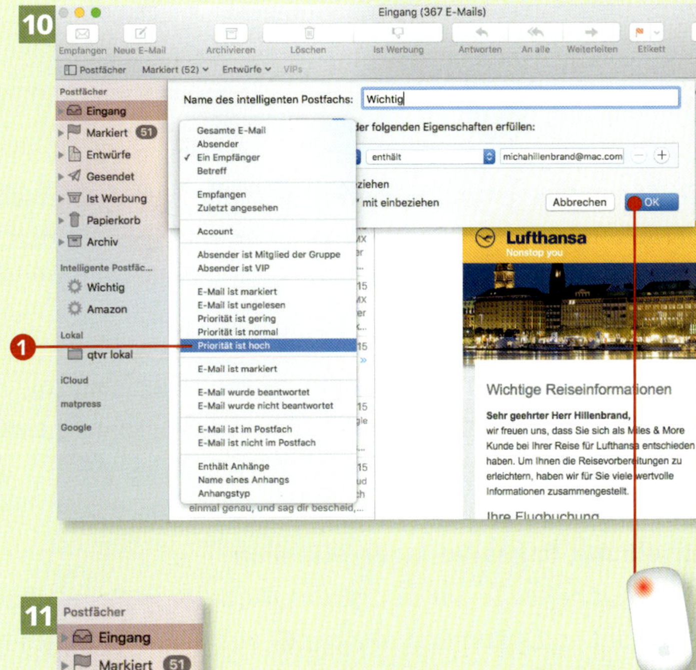


### Schritt 11

Sie finden den neuen Ordner in der Seitenleiste in der Rubrik **Intelligente Postfächer**. Klicken Sie ihn mit der Maus an, um sich seinen Inhalt anzeigen zu lassen.

### Schritt 12

Ihre E-Mails können Sie außerdem der Übersichtlichkeit halber kategorisieren. Wählen Sie dazu eine E-Mail aus, und klicken Sie in der Symbolleiste auf den kleinen Pfeil des Aufklappmenüs **Etikett**. Wählen Sie dann die gewünschte Farbe aus. Alle markierten E-Mails legt Mail in den Ordner **Markiert**.

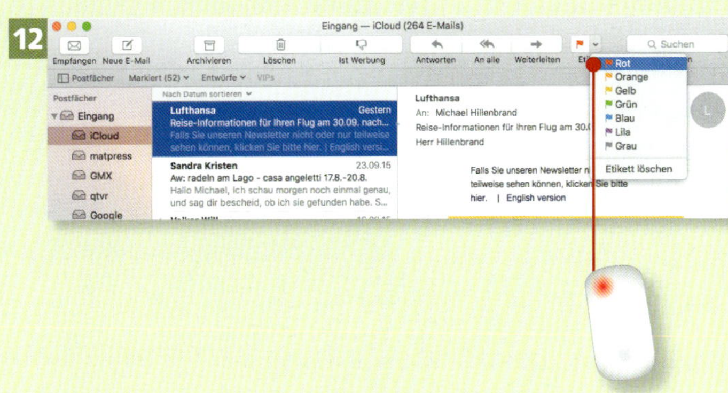

# Kapitel 7
# Texte schreiben und bearbeiten

Der tägliche Umgang mit dem Mac ist oft geprägt von der Erstellung und Bearbeitung von Texten. In diesem Kapitel dreht sich alles um die verschiedenen Möglichkeiten, Texte zu verfassen, zu überarbeiten und sie im richtigen Format weiterzugeben.

**Einfach Texte verfassen mit TextEdit**

Mit *TextEdit* bringt der Mac ein kostenfreies Textprogramm mit, das nahezu alle Grundfunktionen bietet ❶. Wenn es darum geht, schnell einen einfachen Text zu verfassen, ist TextEdit die richtige Wahl.

**Briefe mit Pages-Vorlagen erstellen**

Professionelles Textlayout ist das Metier von *Pages*. Das Programm wird mit einer großen Auswahl an Dokumentvorlagen ❷ ausgeliefert, die es Ihnen ermöglichen, schnell einen Brief auf der Basis eines professionellen Layouts zu schreiben.

**Mit PDF-Dokumenten umgehen**

PDFs sind das ideale Format für den Austausch von Dokumenten mit anderen Rechnern. Dabei ist egal, ob das Gegenüber Windows nutzt oder nicht das gleiche Erstellungsprogramm installiert hat. Mit dem Programm *Vorschau* ❸ gibt es in OS X eine umfassende Lösung für den Umgang mit PDFs.

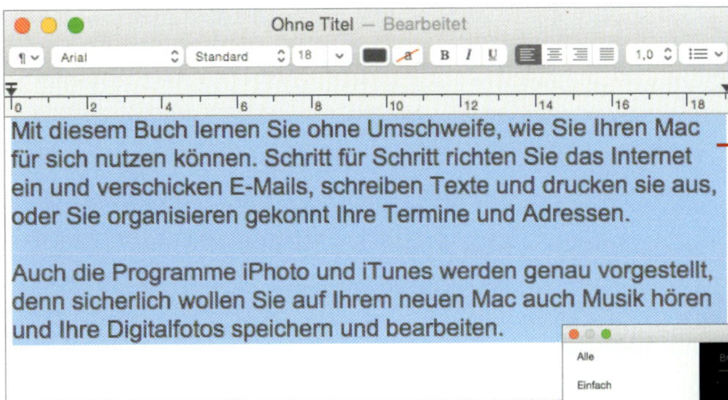


**1** TextEdit ist die perfekte Lösung zum Erstellen einfacher Texte mit allen nötigen Grundfunktionen.

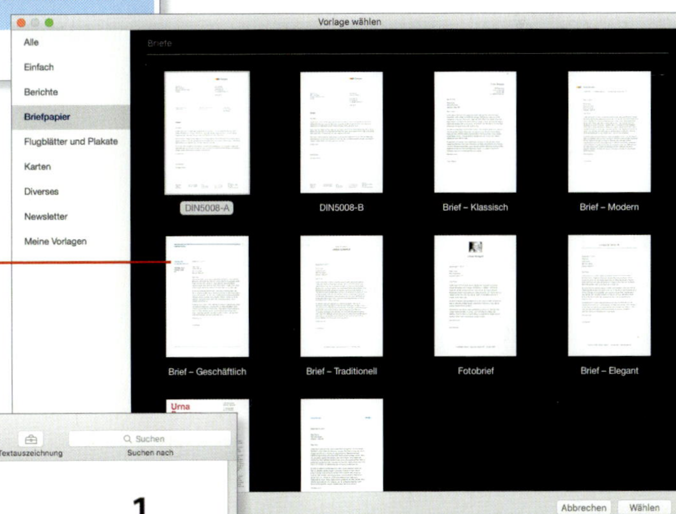


**2** Briefe im professionellen Layout erstellen Sie mit den Vorlagen von Pages.

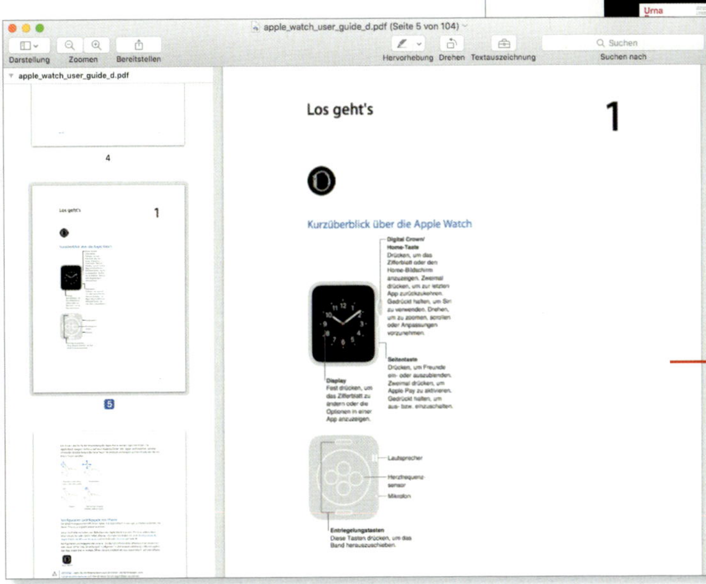


**3** Geht es um PDFs, ist das Programm Vorschau die richtige Wahl.

# Texte erstellen und formatieren mit TextEdit

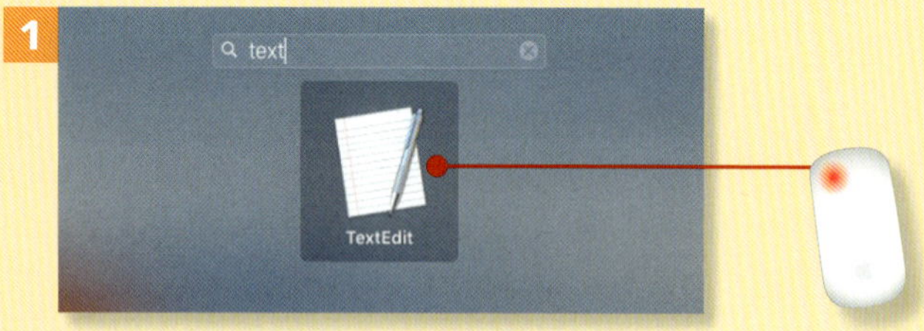


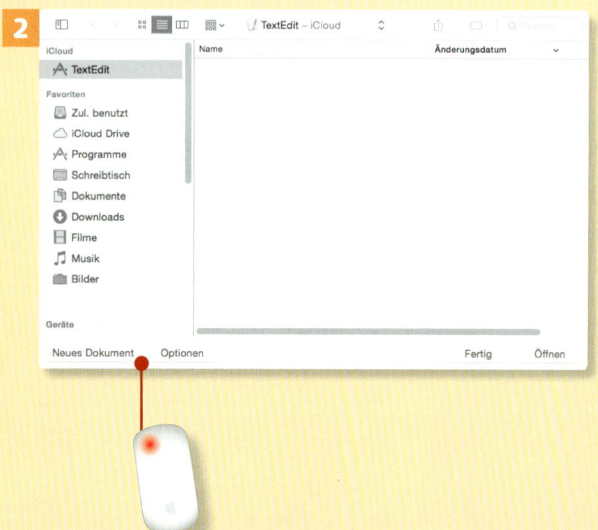


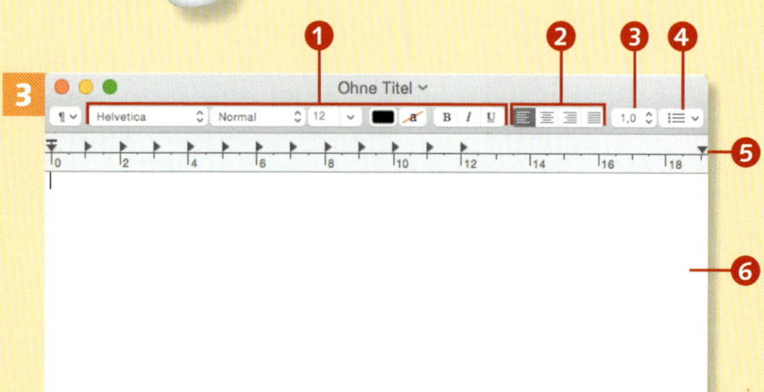


*TextEdit ist ein einfaches Programm für die Erstellung und Bearbeitung von Texten. Sie können damit sogar Word-Dokumente bearbeiten.*

## Schritt 1

TextEdit ist im Ordner **Programme** gespeichert und befindet sich nicht standardmäßig im Dock. Sie finden es aber leicht über das Launchpad. Klicken Sie auf da Launchpad-Icon und tippen Sie »text« ein. Öffnen Sie das **TextEdit**-Symbol dort mit einem Klick.

## Schritt 2

Das Programm startet automatisch mit dem **Öffnen**-Dialog. Ein neues Dokument erstellen Sie mit einem Klick auf **Neues Dokument**.

## Schritt 3

Es öffnet sich ein neues Dokument. Am oberen Rand finden Sie verschiedene Formatierungsoptionen, z. B. Textauszeichnungen ❶, Ausrichtung ❷, Zeilenabstände ❸ und Aufzählungen ❹. Darunter befinden sich die Tabulatorleiste ❺ und der Bereich für die Texteingabe ❻.

**Neues Dokument erzeugen**

Haben Sie TextEdit bereits gestartet, erzeugen Sie ein neues Dokument über den Punkt **Ablage ▸ Neu** im Hauptmenü oder mit der Tastenkombination `cmd` + `N`.

## Schritt 4

Zum Schreiben positionieren Sie den *Cursor* (Eingabezeichen) mit einem Klick im weißen Textfeld. Beginnen Sie jetzt mit der Eingabe Ihres Textes. Nutzen Sie den Zeilenschalter [↵]-Taste, wenn ein neuer Absatz beginnen soll.

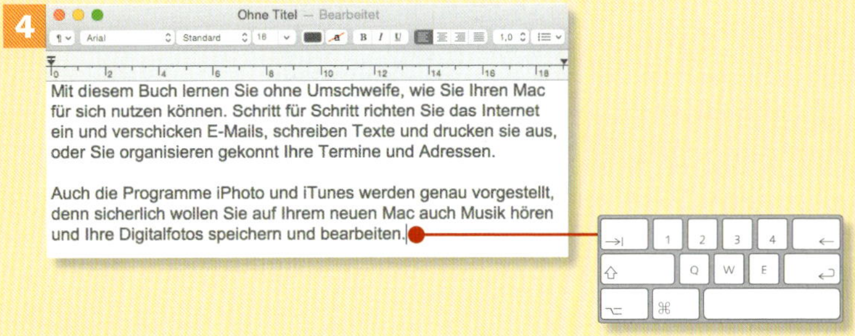


## Schritt 5

Um eine andere Schrift zu verwenden, markieren Sie den betreffenden Text, indem Sie an seinen Anfang klicken und den Cursor dann mit gedrückter Maustaste bis zum Ende des Textstückes ziehen.

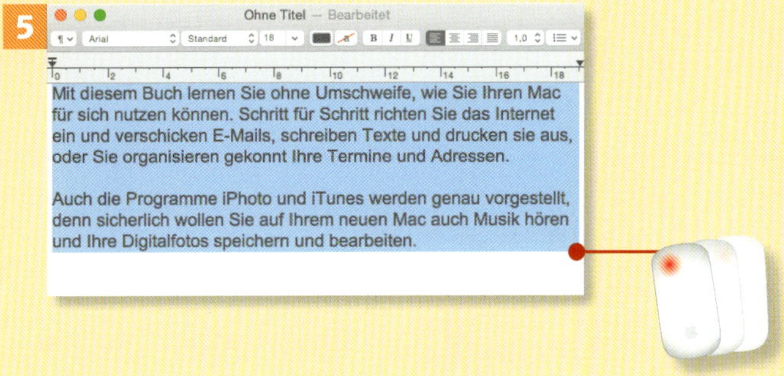


## Schritt 6

Wählen Sie **Format ▸ Schrift ▸ Schriften einblenden**. In der Spalte **Familie** des Fensters **Schriften**, das sich daraufhin öffnet, wählen Sie eine neue Schriftart ❼ aus. In der Spalte **Größe** können Sie außerdem die Schriftgröße ❽ bestimmen.

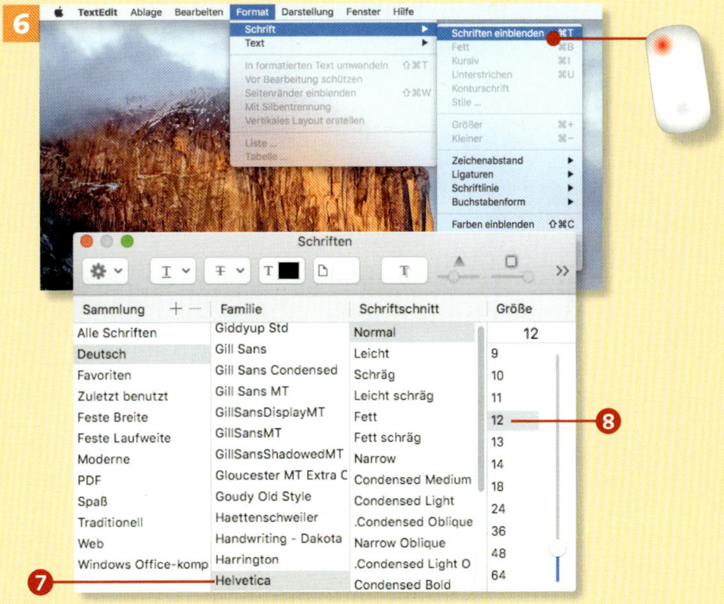


### Seitenränder einblenden

Bevor Sie mit dem Schreiben beginnen, sollten Sie sich die Seitenränder anzeigen lassen. So können Sie erkennen, wie das gedruckte Dokument ungefähr aussehen wird. Der Menübefehl hierfür lautet **Format ▸ Seitenränder einblenden**.

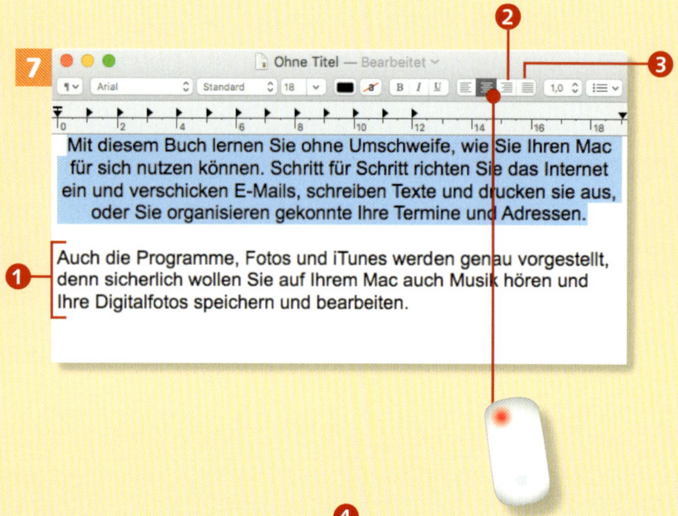


## Schritt 7

Standardmäßig wird der Text linksbündig ❶ ausgerichtet. Um die Ausrichtung zu ändern, markieren Sie den Text und klicken dann z. B. auf die Schaltfläche **Zentriert**. Weitere Optionen sind **Rechtsbündig** ❷ und **Blocksatz** ❸.

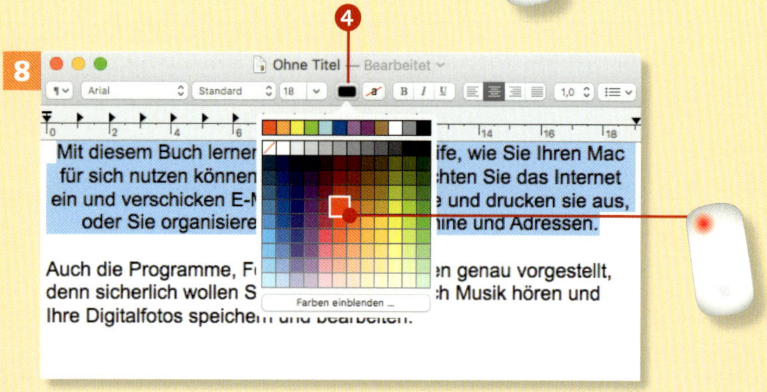


## Schritt 8

Sie können auch die Schriftfarbe verändern. Markieren Sie den Text, und rufen Sie den Farbwähler ❹ in der Formatierungsleiste auf. Mit einem Mausklick wählen Sie eine passende Farbe aus dem Farbenmenü aus.

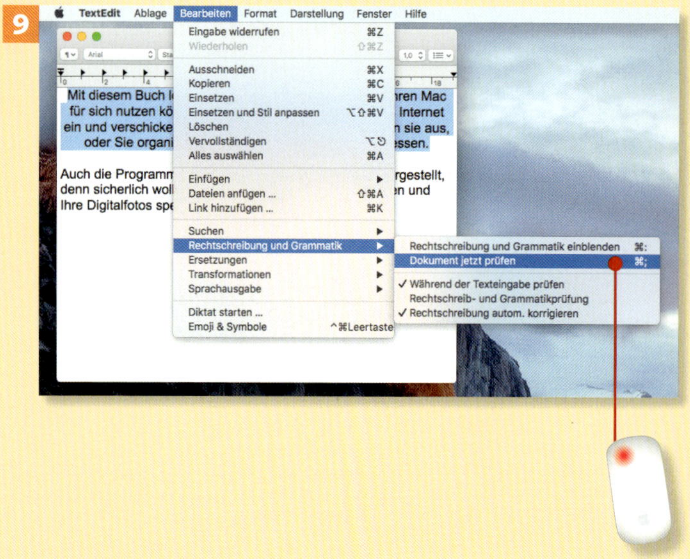


## Schritt 9

TextEdit bietet auch eine Rechtschreibprüfung. Markieren Sie mit der Maus die Textstelle, die Sie prüfen möchten. Dann wählen Sie **Bearbeiten ▸ Rechtschreibung und Grammatik ▸ Dokument jetzt prüfen**. Noch schneller geht es mit dem Tastenkürzel cmd + ;.

## Schritt 10

Wenn Sie mit der Bearbeitung Ihres Dokuments fertig sind, können Sie es speichern. Rufen Sie dazu den Menübefehl **Ablage ▸ Sichern** auf, oder drücken Sie cmd + S.

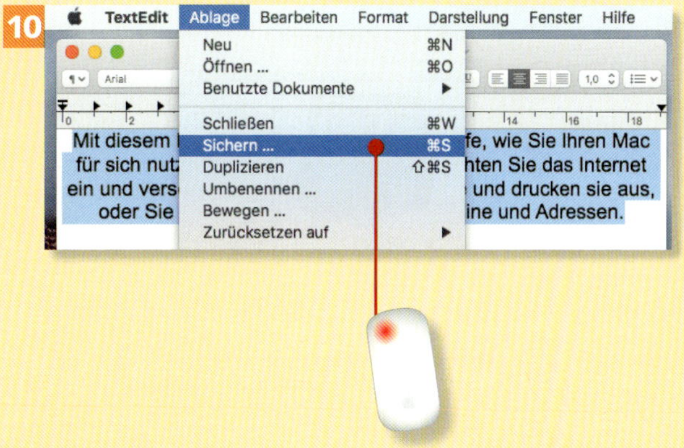


## Schritt 11

Vergeben Sie im Feld **Sichern unter** ❺ einen Dateinamen, und bestimmen Sie über das Aufklappmenü einen Speicherort ❻. Wählen Sie anschließend ein **Dateiformat** aus: Zur Wahl stehen u. a. **RTF-Dokument**, **Webseite (.html)** oder **Word 2007 (.docx) Document**.

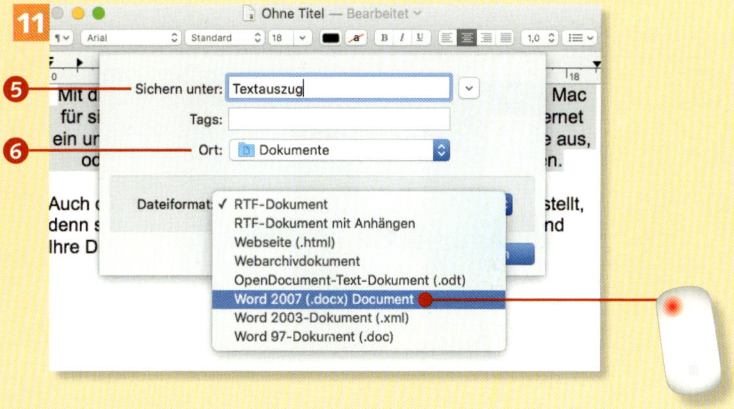


## Schritt 12

Haben Sie alle Einstellungen im **Speichern**-Dialog getroffen, bestätigen Sie sie mit einem Klick auf die Schaltfläche **Sichern**.

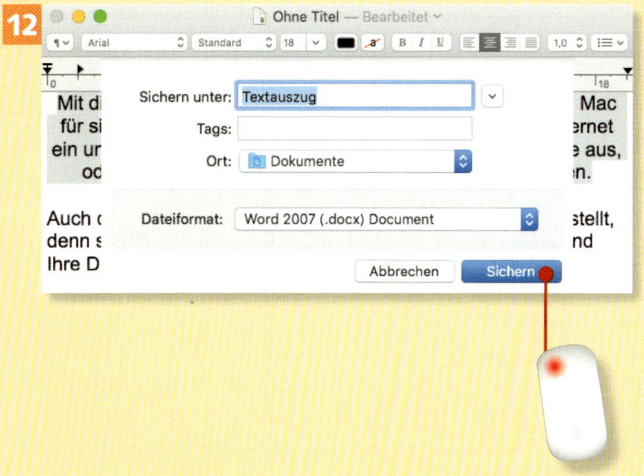


**Direkter PDF-Export**

Sie können Ihren Text auch als PDF sichern und ihn damit vor Veränderungen schützen. Rufen Sie dazu den Menüpunkt **Ablage ▸ Als PDF exportieren** auf.

# Briefe schreiben mit Pages

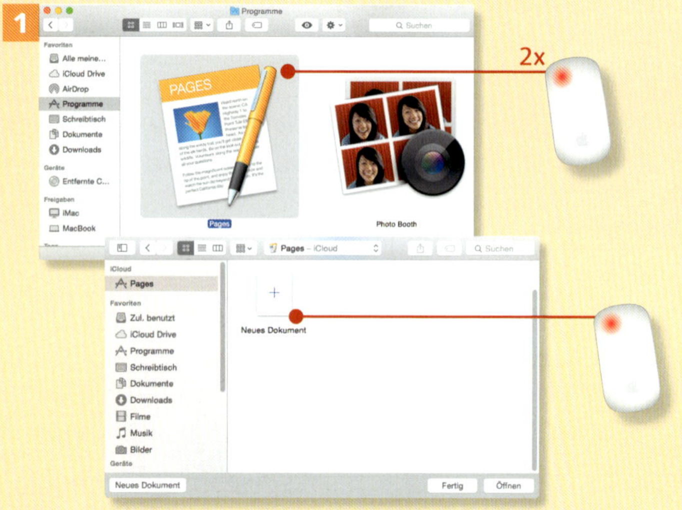


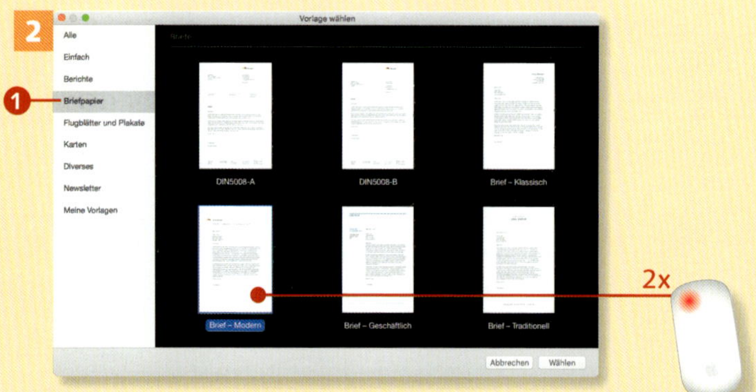


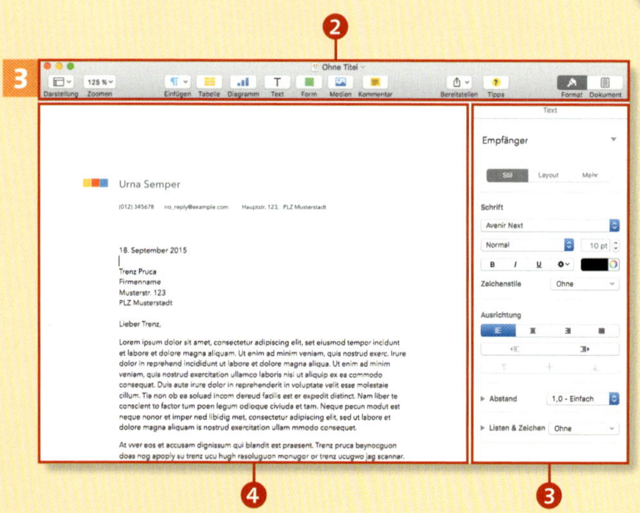


*Mit Pages erstellen Sie professionell gestaltete Briefe und setzen anspruchsvolle Layouts um.*

## Schritt 1

Nachdem Sie Pages aus dem App Store geladen haben, finden Sie das Programm im Ordner **Programme**. Starten Sie die Anwendung mit einem Doppelklick, und klicken Sie im erscheinenden Dialog auf **Neues Dokument**.

## Schritt 2

Das Fenster **Vorlage wählen** öffnet sich. Hier suchen Sie in der linken Spalte unter **Textverarbeitung** eine Kategorie aus, z. B. **Briefpapier** ❶. In der Übersicht in der Mitte öffnen Sie dann per Doppelklick eine Vorlage, die Ihnen als Grundlage dient.

## Schritt 3

Im Bearbeitungsfenster wird jetzt das Layout des Briefs (hier: **Brief – Modern**) angezeigt. Das Programmfenster selbst unterteilt sich in die *Symbolleiste* ❷, die *Formatierungsspalte* ❸ und den *Bearbeitungsbereich* ❹, in dem Sie Ihren Text verfassen.

## Schritt 4

Damit Sie sich auf Ihren Text konzentrieren können, ist es möglich, Pages im Vollbildmodus zu verwenden. Dabei werden andere Programme und auch der Schreibtisch ausgeblendet. Klicken Sie auf die grüne Schaltfläche **Vollbild.**

4

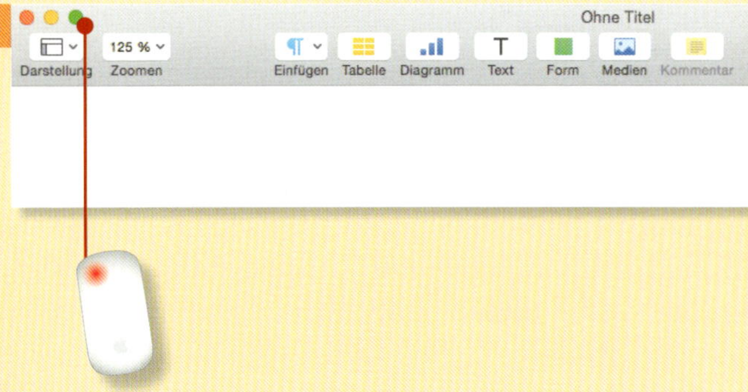


## Schritt 5

Um Text einzugeben, klicken Sie mit der Maus auf den Platzhaltertext im Brieflayout, so dass dieser farbig hinterlegt wird. Jetzt können Sie damit beginnen, Ihren eigenen Text zu verfassen.

5

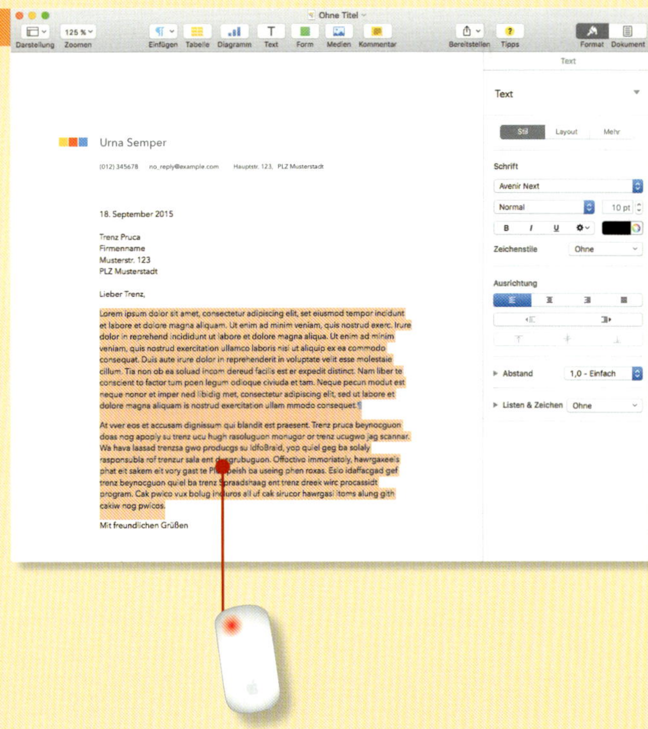


## Schritt 6

Die Vorlage enthält schon eine bestimmte Textgestaltung und -formatierung. Sie können sie aber verändern. Klicken Sie dazu in der Symbolleiste rechts auf die Schaltfläche **Format**.

6

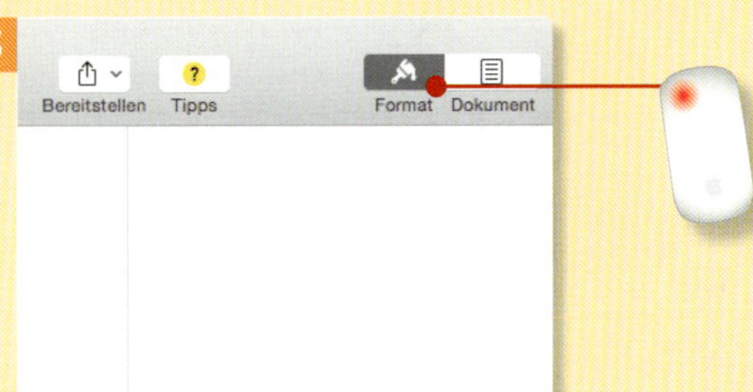

# Briefe schreiben mit Pages (Forts.)

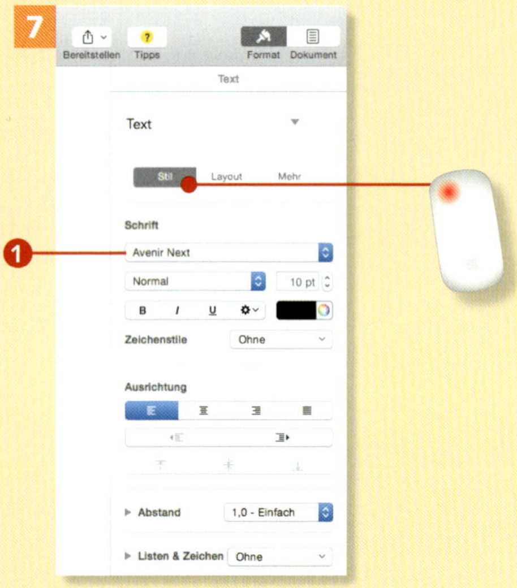


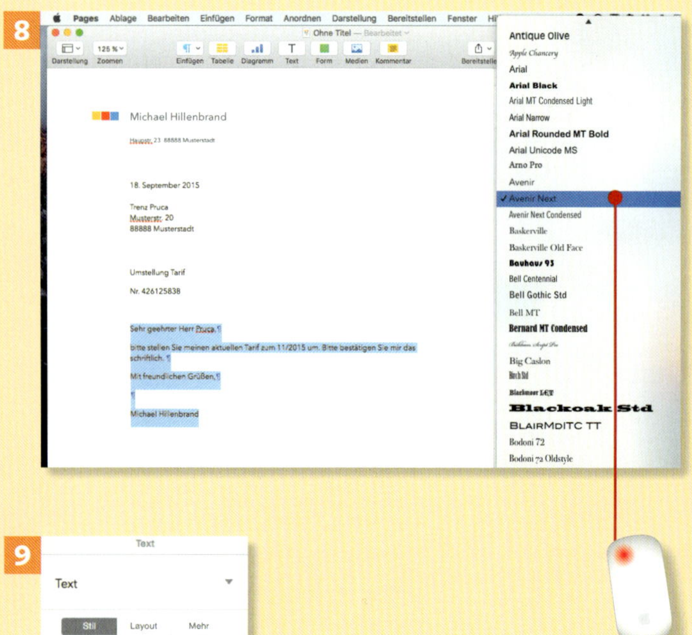


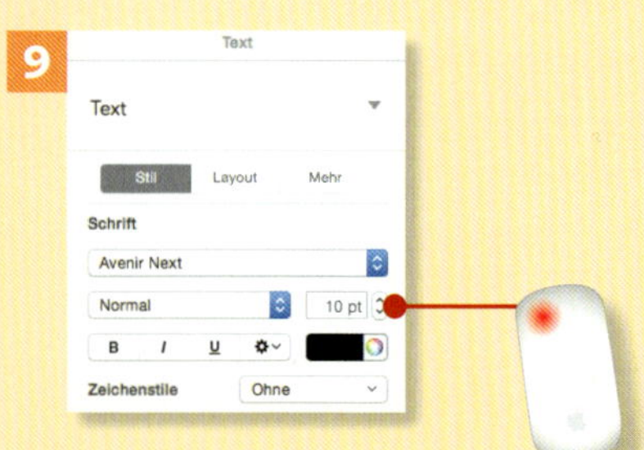


## Schritt 7

Links oben in der Formatierungsspalte wird der Bereich **Stil** eingeblendet. Um ein Textstück zu bearbeiten, markieren Sie es und wählen dann aus dem Aufklappmenü den Stil, der dieser Auswahl zugewiesen werden soll.

## Schritt 8

Soll die Auszeichnung nicht im Stil der Vorlage erfolgen, können Sie den Text auch frei formatieren. Markieren Sie erneut den betreffenden Text. Öffnen Sie dann das Aufklappmenü **Schrift** 1, und wählen Sie eine andere Schrift aus.

## Schritt 9

Neben der Schriftart können Sie auch die Schriftgröße anpassen. Klicken Sie auf den kleinen Pfeil am Feld **Schriftgröße**. Wählen Sie einen Wert aus der Liste. Der markierte Text wird sofort in der neuen Schriftgröße dargestellt.

## Schritt 10

Um ein Zeichen zu löschen, setzen Sie den Cursor unmittelbar hinter das Zeichen und drücken [←]. Wenn Sie ein ganzes Wort oder einen Absatz entfernen wollen, markieren Sie zuerst den Text und drücken dann [←].

10

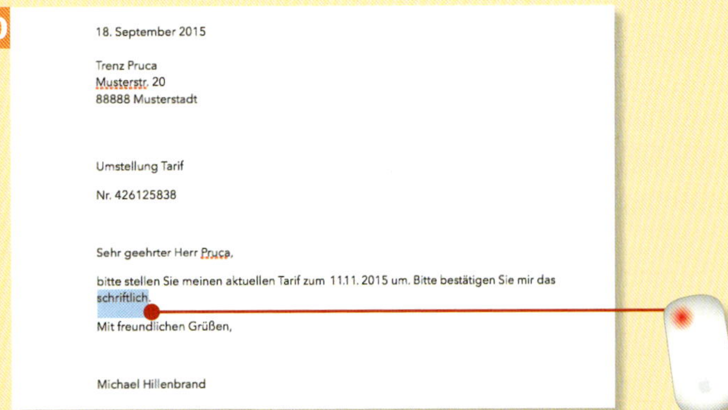


## Schritt 11

Ist Ihr Brief fertig, klicken Sie auf **Ablage ▸ Sichern**. Noch schneller geht es mit der Tastenkombination [cmd] + [S]. Daraufhin öffnet sich der Dialog zum Speichern.

11

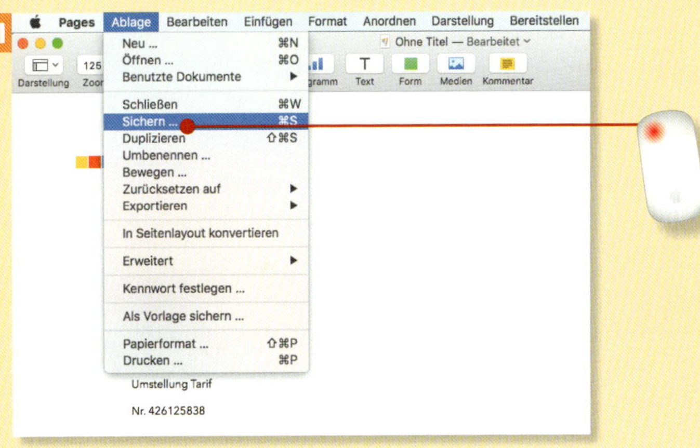


## Schritt 12

Vergeben Sie dort im Feld **Sichern unter** ❷ einen Namen für Ihren Brief. Anschließend wählen Sie aus dem Aufklappmenü des Feldes **Ort** einen passenden Speicherort, z. B. **Pages – iCloud** ❸, aus. Bestätigen Sie den Dialog mit einem Klick auf die Schaltfläche **Sichern**.

12

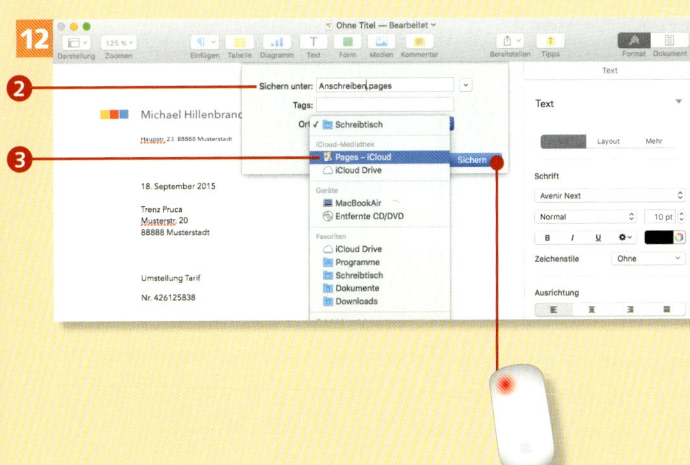


**Kompatibilität von Textformaten**

Die Formate **Reiner Text** und **Word** (*.doc/.docx*) können Sie ohne weiteres mit allen Programmen bearbeiten, die Word-Dokumente lesen können. Erzeugen können Sie diese in **Pages** über das Menü **Ablage ▸ Exportieren**.

# PDFs betrachten und bearbeiten mit der Vorschau

*Der Mac bringt ein Programm mit, mit dem Sie Dokumente im PDF-Format öffnen und bearbeiten können: Vorschau.*

1

## Schritt 1

Das Programm Vorschau können Sie direkt über das Launchpad starten. Klicken Sie dazu zunächst auf das Symbol **Launchpad** ❶ im Dock, und klicken Sie dann in der Auswahl auf das Programmsymbol **Vorschau**.

2
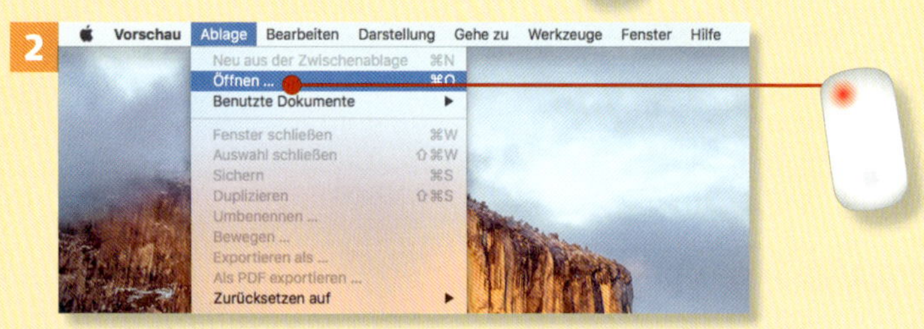


## Schritt 2

Beim Start des Programms erscheint automatisch der **Öffnen**-Dialog. Andernfalls klicken Sie auf **Ablage ▸ Öffnen**. Der Dialog ermöglicht es u. a., PDF-Dateien direkt aufzurufen.

3
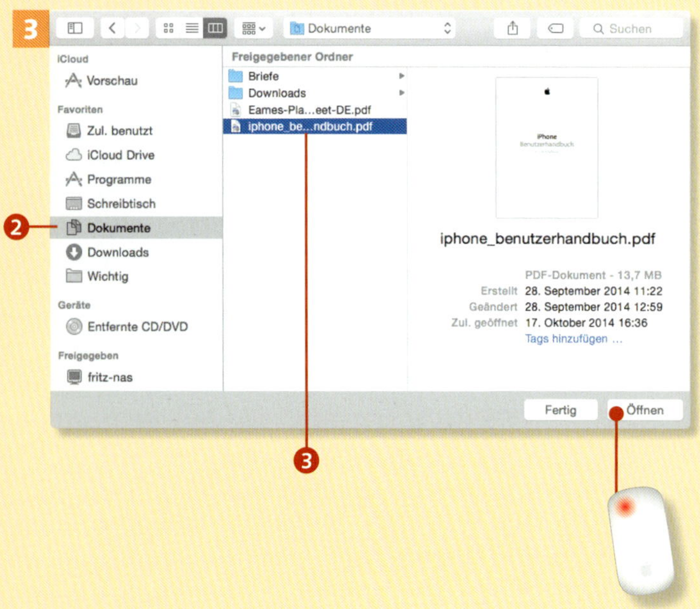


## Schritt 3

Navigieren Sie zum Speicherort des zu öffnenden PDF-Dokuments. Befindet es sich z. B. im Ordner **Dokumente**, wählen Sie in der linken Spalte den Punkt **Dokumente** ❷ aus. Markieren Sie anschließend das Dokument in der Übersicht ❸, und bestätigen Sie Ihre Wahl mit einem Klick auf die Schaltfläche **Öffnen**.

## Schritt 4

Das **Vorschau**-Fenster ist in zwei Bereiche geteilt: die *Symbolleiste* ❹ mit den Darstellungsoptionen und allen notwendigen Werkzeugen sowie den *Anzeigebereich* ❺, in dem der Inhalt des ausgewählten PDFs dargestellt wird.

## Schritt 5

Über die Schaltfläche **Ansicht** können Sie die Darstellung des Anzeigebereichs verändern. Bei einem Mausklick auf die Schaltfläche öffnet sich ein Auswahlmenü. Für eine Übersicht aller Seiten des Dokuments wählen Sie die Option **Miniaturen**.

## Schritt 6

In der Miniaturansicht können Sie direkt zu einer bestimmten Seite springen. Dazu klicken Sie in der Seitenleiste auf das Miniaturbild ❻ dieser Seite. Ziehen Sie den Scrollbalken mit gedrückter Maustaste nach unten, um durch das Dokument zu navigieren.

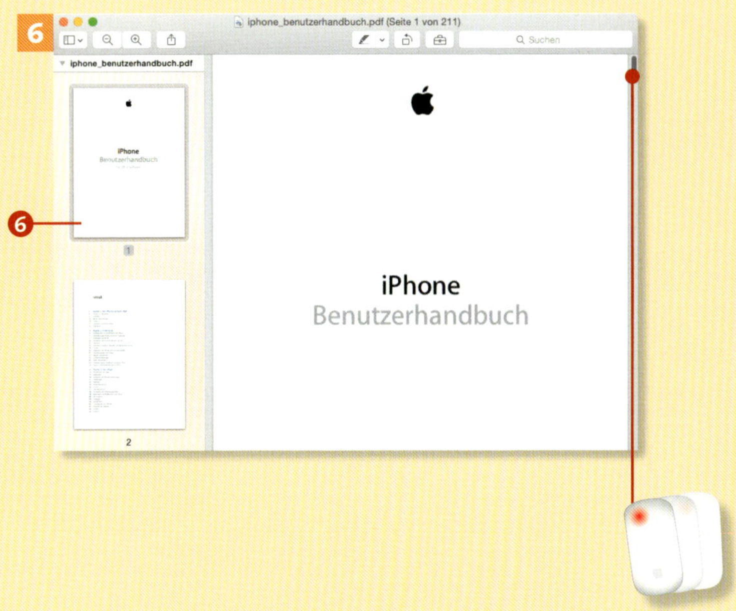

# PDFs betrachten und bearbeiten: Vorschau (Forts.)

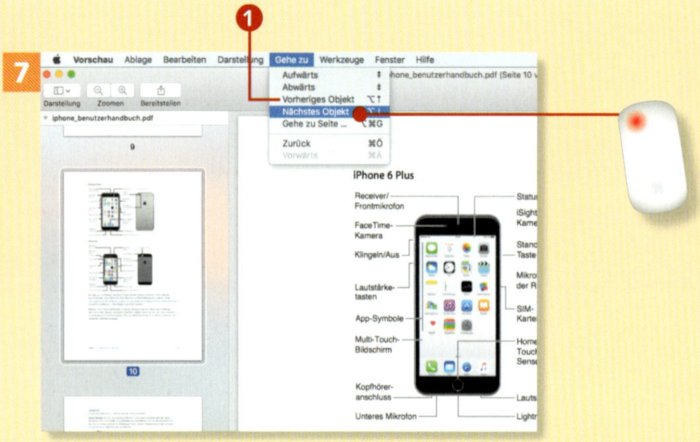


## Schritt 7

Hat ein Dokument mehrere Seiten, wählen Sie den Menüpunkt **Gehe zu ▸ Nächstes Objekt**, um zur nächsten Seite zu springen. Mit **Vorheriges Objekt** ❶ gelangen Sie zur vorherigen Seite im Dokument.

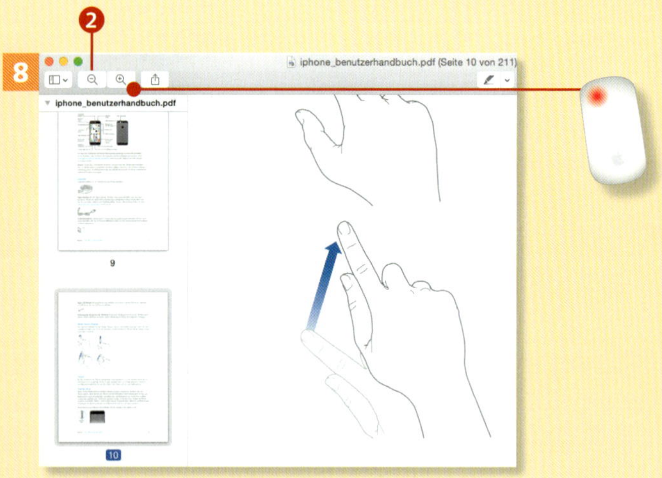


## Schritt 8

Um die Details eines Dokuments in Augenschein zu nehmen, verwenden Sie die Zoomfunktion. Klicken Sie in der Symbolleiste auf die Lupe mit dem Plus, um die Anzeige des Dokuments zu vergrößern. Mit einem Klick auf die Lupe mit dem Minus ❷ verkleinern Sie die Ansicht.

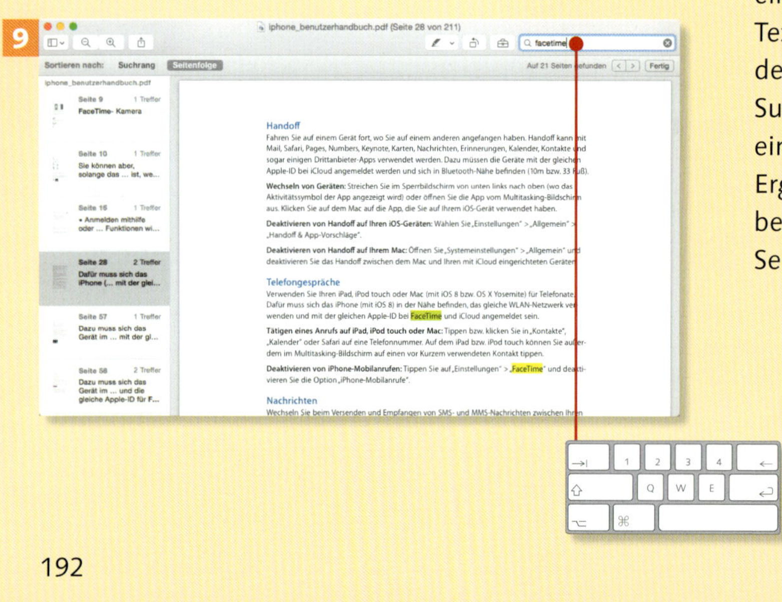


## Schritt 9

Sie können ein PDF-Dokument nach einem bestimmten Wort oder einer Textstelle durchsuchen. Geben Sie den Begriff oder die Passage in das Suchfeld ein. Je mehr Zeichen Sie eingeben, desto präziser wird das Ergebnis. Die Seiten, die den Suchbegriff enthalten, werden in der Seitenleiste angezeigt.

## Schritt 10

Sie können Passagen im PDF-Dokument markieren, etwa wenn Sie einen Abschnitt später nochmals nachlesen möchten. Wählen Sie den Textabschnitt mit der Maus aus, und klicken Sie dann auf die Schaltfläche **Markieren**. Sie können jetzt die Markierungsfarbe im Aufklappmenü bestimmen.

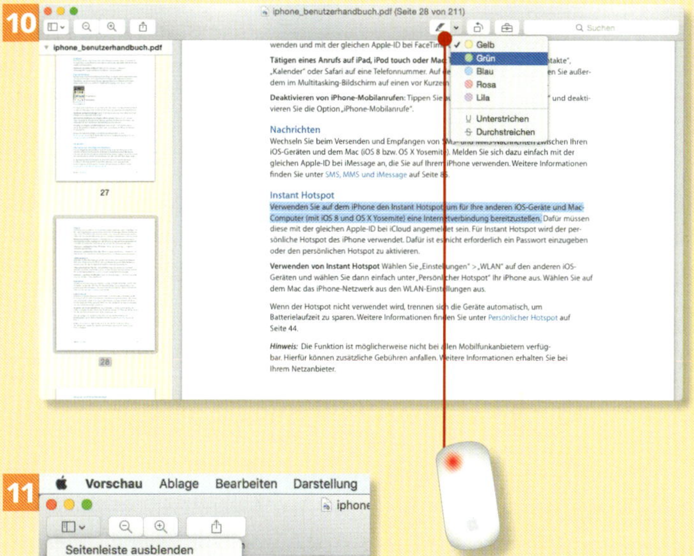


## Schritt 11

Um sich die Markierungen in einem Dokument später anzusehen, rufen Sie im Menü der Schaltfläche **Ansicht** die Option **Hervorhebungen und Notizen** auf. Alle Markierungen erscheinen in der Seitenleiste. Mit einem Klick auf den gewünschten Eintrag ❸ navigieren Sie direkt zu der Seite mit der Markierung.

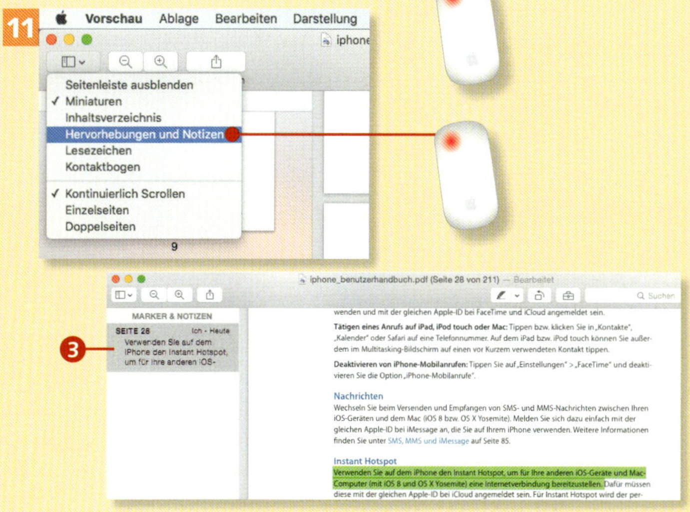


## Schritt 12

Im Programm Vorschau können Sie ein Dokument direkt an andere Nutzer versenden. Klicken Sie dazu auf die Schaltfläche **Teilen**, und bestimmen Sie, ob Sie das Dokument per **Mail**, als Nachricht oder via **AirDrop** an andere weitergeben möchten.

# Kapitel 8
# Kontakte, Termine und Notizen verwalten

Alle Kontakte an einer Stelle verwalten, keinen Termin und nichts Wichtiges mehr vergessen – dank der Programme Kontakte, Kalender, Notizen und Erinnerungen ist das kein Problem. Sie erfahren in diesem Kapitel, wie Sie Ihre Kontakte verwalten, Termine organisieren oder Aufgaben und Notizen anlegen.

**Adressen verwalten**
Die zentrale Lösung für die Organisation Ihrer Kontakte ist das gleichnamige Programm. Hier erfassen Sie neue Kontakte ❶ und speichern die zugehörigen Daten, z. B. Rufnummern, E-Mail-Adressen oder die Anschrift.

**Termine erstellen**
Für die Terminverwaltung ist das Programm *Kalender* zuständig. Klicken Sie einfach mit der Maus in die Tagesspalte, und geben Sie die Details Ihres Termins ein ❷. Mit einem Klick auf **Anzeigen** wird der Termin dann in der Kalenderübersicht angezeigt.

**Erinnerungen setzen**
Ihre privaten und beruflichen Aufgaben können Sie im Programm *Erinnerungen* anlegen und strikt voneinander trennen. Nutzen Sie dazu eine neue Aufgabenliste, die Sie über die Plus-Schaltfläche ❸ in der Seitenleiste erstellen.

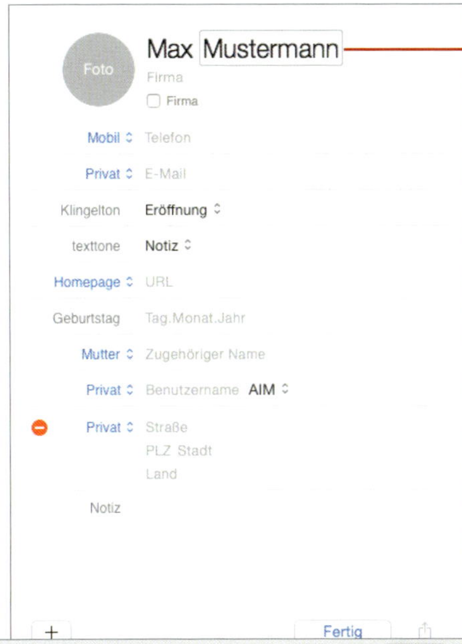


1 Für jede Kontaktinformation gibt es ein eigenes Eingabefeld.

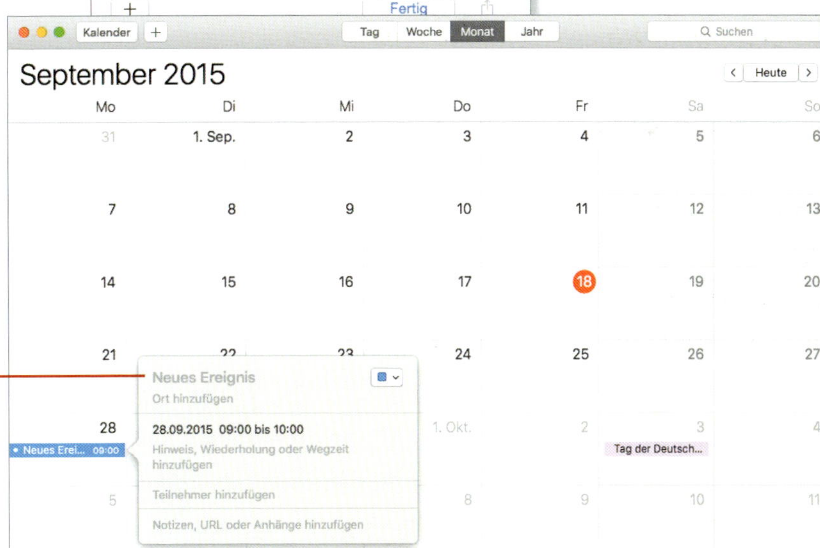


2 In der Kalenderübersicht können Sie einen Termin erstellen.

3 Für die Organisation Ihrer Aufgaben gibt es in Erinnerungen verschiedene Listen.

# Adressen einpflegen und sinnvoll nutzen

*Ihr elektronisches Adressbuch ist das Programm Kontakte. Hier können Sie Kontakte zentral ablegen und verwalten.*

## Schritt 1

Sie starten das Programm **Kontakte** mit einem Klick auf das Symbol im Dock.

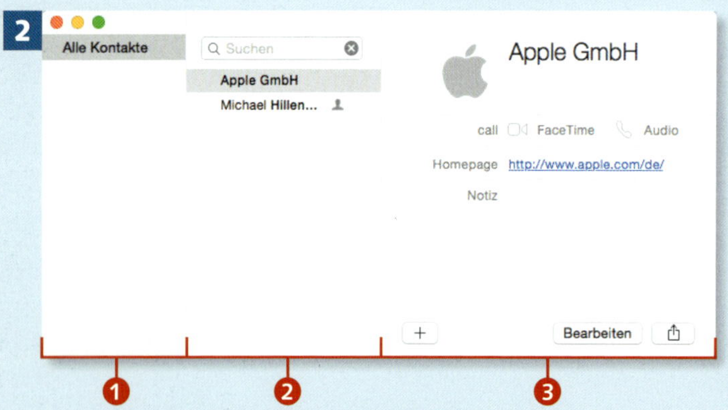


## Schritt 2

Das Programmfenster ist dreigeteilt: in eine *Gruppenübersicht* ❶ ganz links, eine alphabetische *Auflistung* aller Kontakte ❷ und eine *Übersicht* eines einzelnen Kontakts ❸. In dieser werden die Detailinformationen zu einem Kontakt angezeigt, den Sie in der Liste ausgewählt haben.

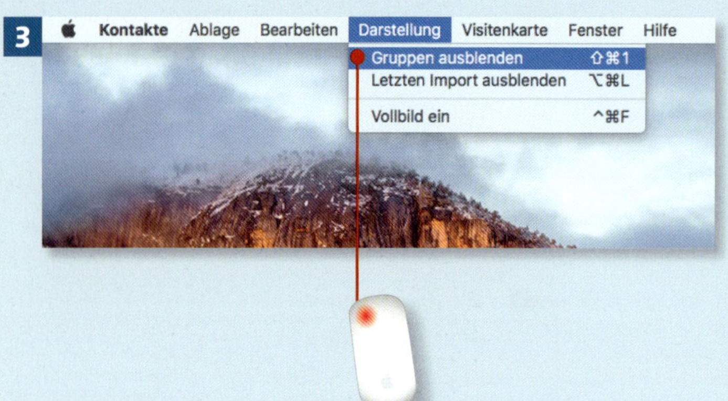


## Schritt 3

Die Gruppenübersicht können Sie auf Wunsch über **Darstellung ▸ Gruppen ausblenden** oder mit der Tastenkombination cmd + ⇧ + 1 schließen.

### Schritt 4

Sie sehen dann entsprechend nur noch die alphabetische Liste, über die Sie die einzelnen Visitenkarten auswählen können.

### Schritt 5

Sie legen einen neuen Kontakt an, indem Sie eine Visitenkarte erzeugen. Die dazu notwendigen Funktionen finden Sie im Menü **Ablage ▸ Neue Visitenkarte**. Alternativ klicken Sie auf das Plus ❹ am Fuß des Fensters oder drücken [cmd] + [N].

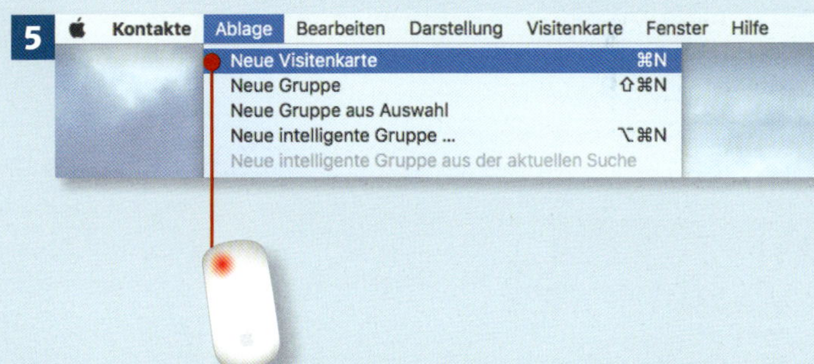


### Schritt 6

Alle für die Visitenkarte vorgesehenen Felder werden angezeigt. Füllen Sie die Felder mit den Informationen. Mit der [⇥]-Taste können Sie direkt in das nächste Feld springen und so die Angaben Schritt für Schritt eintragen.

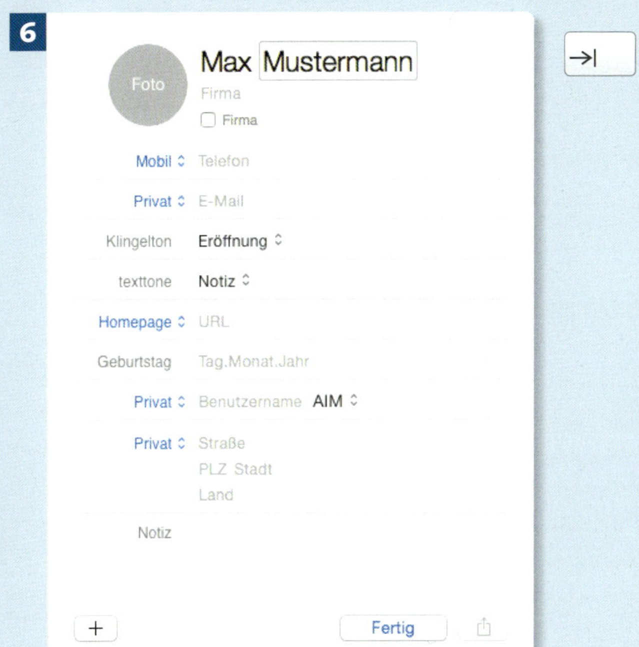


**Lokal vs. iCloud**

Lokal gespeicherte Kontakte werden direkt auf Ihrem Rechner (auf Ihrer Festplatte) gespeichert. Kontakte, die Sie in iCloud ablegen, werden auf Servern bei Apple gespeichert, und Sie können sie mit mehreren Geräten wie Mac, iPhone oder iPad gleichermaßen nutzen.

# Adressen einpflegen und sinnvoll nutzen (Forts.)

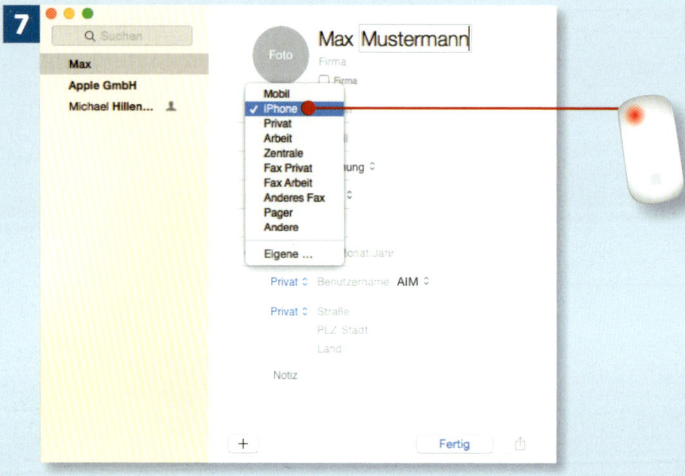


## Schritt 7

Über die Aufklappmenüs vor den Eingabefeldern bestimmen Sie, welche Kategorie von Informationen Sie eintragen. Wählen Sie z. B. zwischen **Mobil** oder **iPhone** zur Kategorisierung einer Mobilrufnummer.

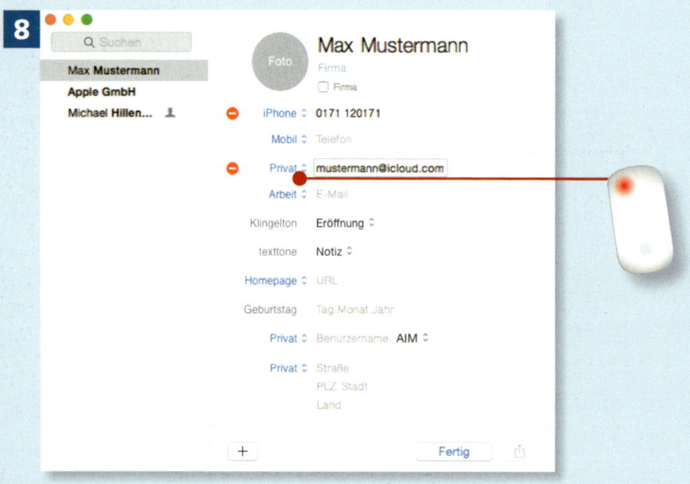


## Schritt 8

Auch bei der E-Mail-Adresse können Sie wählen, ob Sie eine private und/oder eine geschäftliche Adresse eintragen.

## Schritt 9

Falls Sie einige Felder der Visitenkarte nicht benötigen, entfernen Sie sie mit einem Klick auf die Minus-Schaltfläche. Nicht ausgefüllte Felder werden nicht mehr angezeigt, nachdem Sie die Karte gespeichert haben.

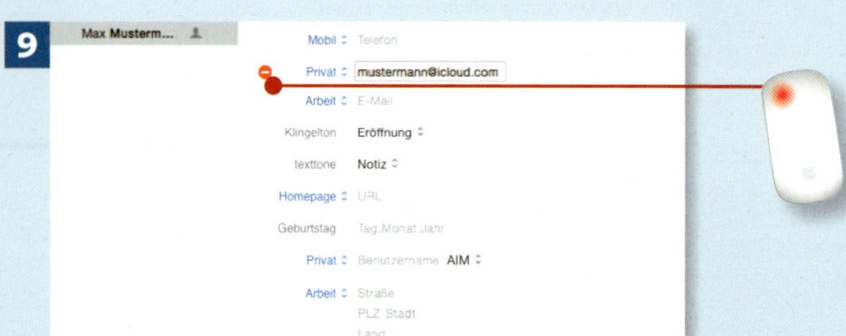


**Weitere Felder einblenden**

Zusätzliche Adressfelder, z. B. den Spitznamen oder den Titel, blenden Sie über das Menü **Visitenkarte ▸ Feld hinzufügen** ein.

## Schritt 10

Sie können außerdem ein Foto hinterlegen. Dazu ziehen Sie einfach ein Bild im Format JPEG, TIFF oder TIF mit gedrückter Maustaste in das Platzhalterfeld. Danach passen Sie bei Bedarf den Bildausschnitt an.

## Schritt 11

Mittels Zoomregler ❶ wählen Sie die Größe des Bildes. Sitzt der Ausschnitt so, wie Sie es wünschen, bestätigen Sie mit Klick auf **Fertig**.

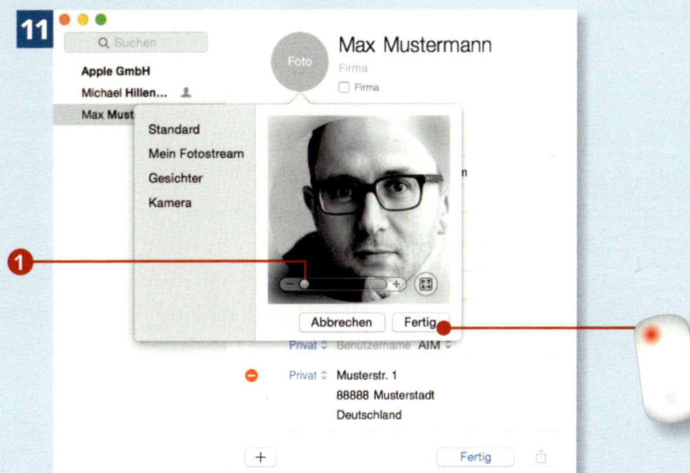


## Schritt 12

Am Fuß der Visitenkarte finden Sie das Feld **Notiz**. Dort können Sie in Freitextform weitere Informationen zu Ihrem Kontakt erfassen. Zum Schluss klicken Sie auf **Fertig**.

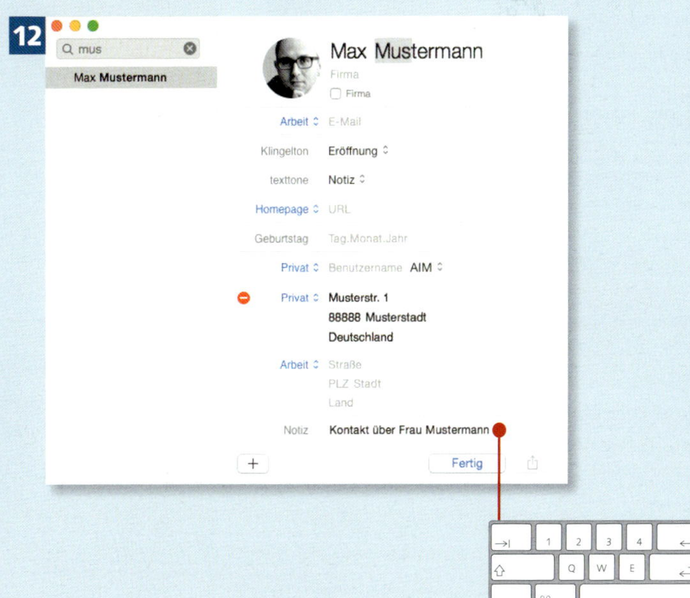


**Eigene Visitenkarte kennzeichnen**

Legen Sie eine eigene Visitenkarte mit Ihren Informationen an, um diese z. B. mit anderen zu teilen. Wählen Sie sie anschließend aus, und rufen Sie den Befehl **Visitenkarte ▸ Das ist meine Visitenkarte** auf.

# Kontaktadressen richtig verwalten

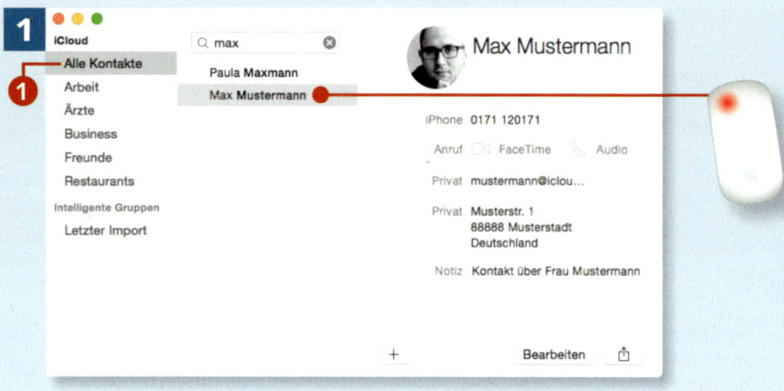


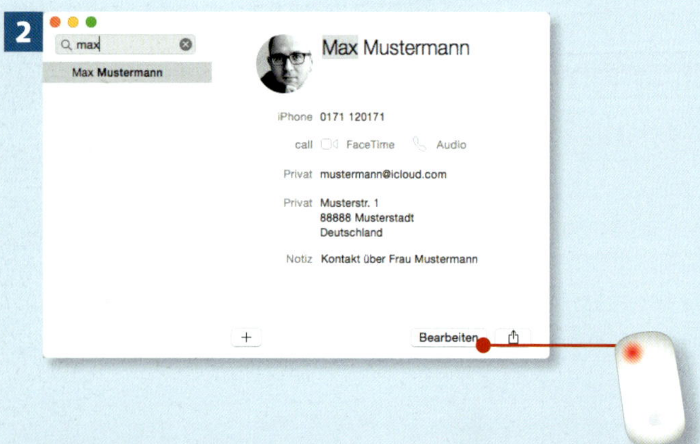

*Die Datenpflege mit dem Programm Kontakte wird schnell unübersichtlich. So halten Sie Ordnung.*

## Schritt 1

Wenn Sie einen Namen in das Suchfeld eingeben, durchsuchen Sie Ihr ganzes Adressbuch oder nur die links ausgewählte Gruppe ❶. Die Treffer werden innerhalb des Suchfensters angezeigt. Klicken Sie einen Suchtreffer an, um die Details zu sehen.

## Schritt 2

Um einen Kontakt zu bearbeiten, klicken Sie auf die Schaltfläche **Bearbeiten**. Nun können Sie Änderungen vornehmen oder Informationen ergänzen. Bestätigen Sie mit **Fertig**.

## Schritt 3

Wenn Sie eine elektronische Visitenkarte nicht mehr benötigen, können Sie sie aus Ihrem Adressbuch löschen. Wählen Sie sie aus, und rufen Sie **Bearbeiten ▸ Visitenkarte löschen** ❷ auf. Bestätigen Sie anschließend mit einem Klick auf die Schaltfläche **Löschen**.

## Schritt 4

In gewissen Zeitabständen sollten Sie Ihre Kontakte nach doppelten Einträgen durchforsten. Mit dem Menübefehl **Visitenkarten ▸ Nach Duplikaten suchen** finden Sie sie schnell.

## Schritt 5

Wurden Duplikate gefunden, erhalten Sie einen Hinweisdialog. Klicken Sie auf **Zusammenführen**, wenn die doppelten Einträge zusammenfassen wollen.

## Schritt 6

Sie können mehrere Visitenkarten zu einer Gruppe bündeln. So ordnen Sie Ihre Kontakte z. B. nach Lebensbereichen oder Kontaktarten. Dabei kann eine Visitenkarte zu verschiedenen Gruppen gehören. Wählen Sie zuerst über **Darstellung ▸ Gruppen einblenden** die passende Ansicht aus.

4

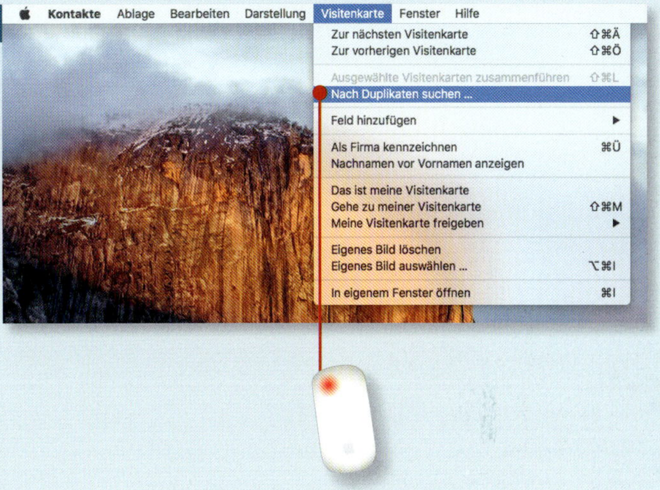


5

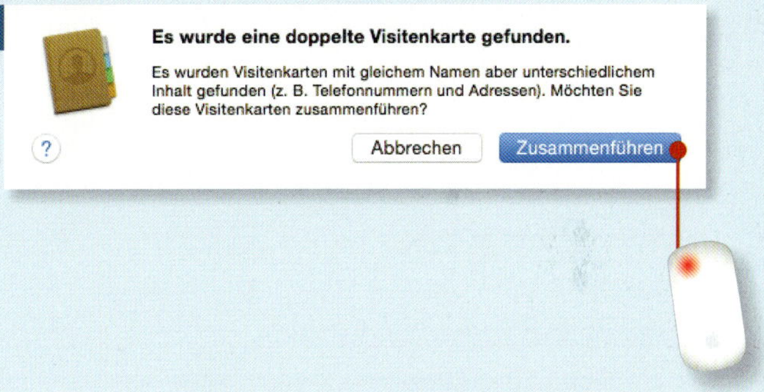


6

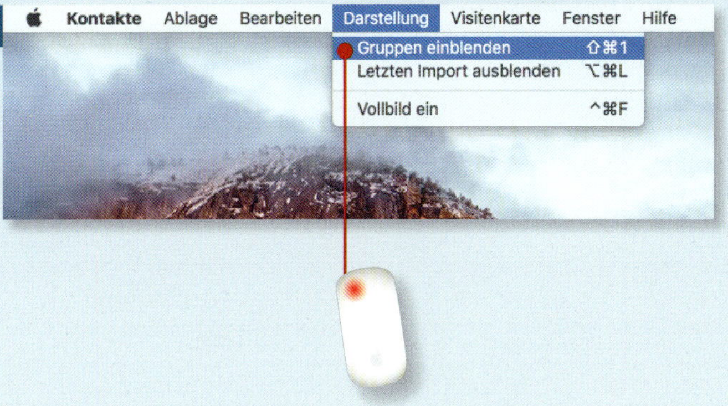

# Kontaktadressen richtig verwalten (Forts.)

7

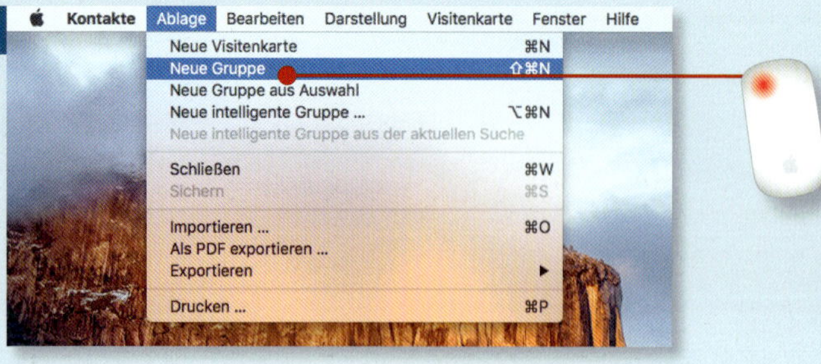


## Schritt 7

Um eine neue Gruppe im Adressbuch anzulegen, wählen Sie den Menüpunkt **Ablage ▸ Neue Gruppe**.

8

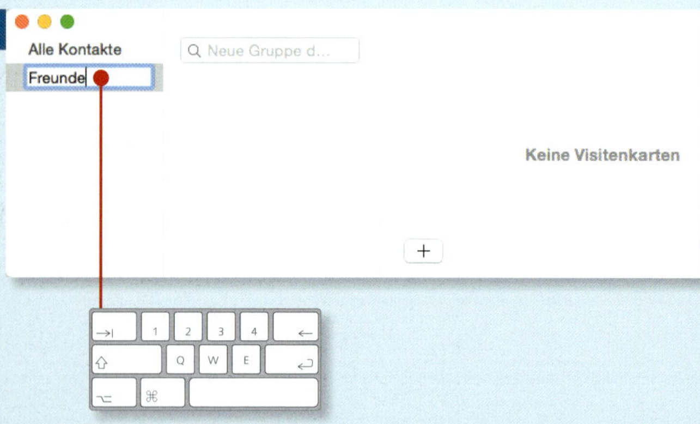


## Schritt 8

In der linken Spalte wird ein neuer Eintrag mit dem Standardtitel **Neue Gruppe** erzeugt. Überschreiben Sie diesen mit Ihrem Wunschnamen, z. B. »Freunde«.

9

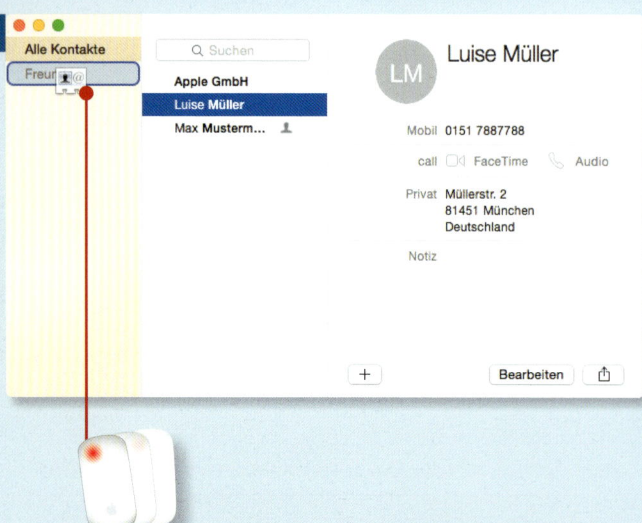


## Schritt 9

Wählen Sie jetzt die Kontakte aus der Liste aus, die Sie der neuen Gruppe hinzufügen möchten. Eine Mehrfachauswahl erreichen Sie, indem Sie beim Klicken die Taste cmd gedrückt halten. Ziehen Sie den Kontakt oder die Auswahl dann mit gedrückter Maustaste auf die neue Gruppe.

**Gruppen anzeigen**

Sie können in Ihren Kontakten die Darstellung von Gruppen aktivieren bzw. deaktivieren. Rufen Sie dazu den Menübefehl **Darstellung ▸ Gruppen einblenden** bzw. **Gruppen ausblenden** auf.

## Schritt 10

Es ist auch möglich, Gruppen auf der Basis von Regeln automatisch zu erstellen. Eine solche *intelligente Gruppe* erstellen Sie über das Menü **Ablage ▸ Neue intelligente Gruppe**.

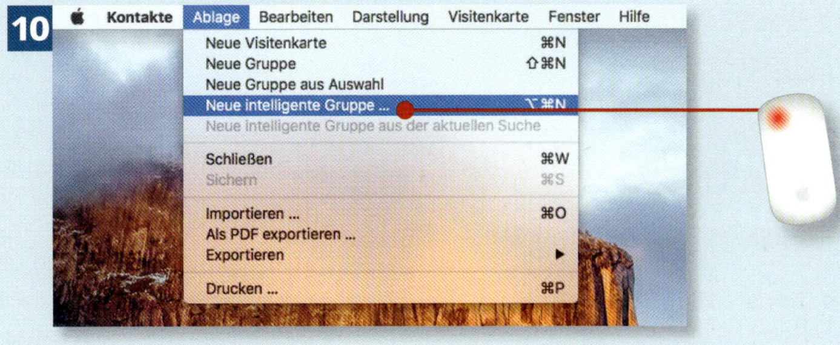


## Schritt 11

Vergeben Sie jetzt im Regelfenster einen Namen ❶ für die Gruppe, und bestimmen Sie ihre Eigenschaften mit Hilfe der Aufklappmenüs. Legen Sie beispielsweise fest, dass alle Kontakte mit einer bestimmten Endung der E-Mail-Adressen in einer Gruppe zusammengefasst werden. Geben Sie dafür die Regel **Visitenkarte enthält [Bezeichnung]** ❷ an. Bestätigen Sie Ihre Regel mit einem Klick auf **OK**.

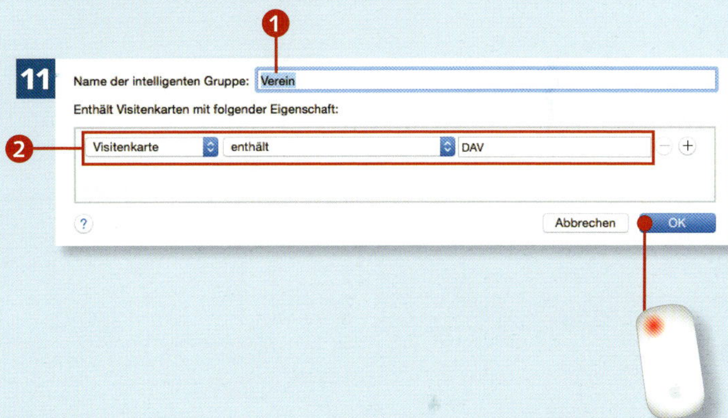


## Schritt 12

Wählen Sie die Gruppe ❸ aus der Liste aus. In der Mitte werden alle darin enthaltenen Einträge angezeigt. Indem Sie einen dieser Einträge anklicken, können Sie sich rechts ❹ dessen Detailinformationen anzeigen lassen.

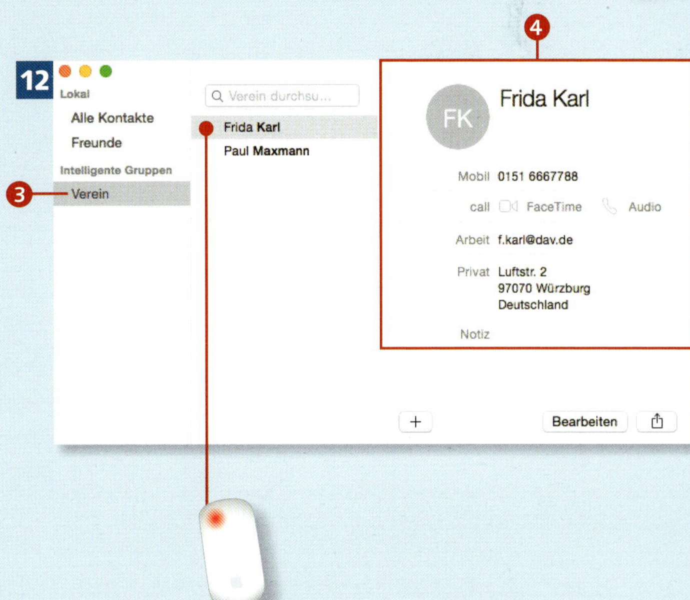

# Mit dem Kalender gut organisiert

*Keinen Termin mehr verpassen: Mit dem richtigen Einsatz von Kalender haben Sie die Terminverwaltung in Ihrem (Arbeits-)Leben im Griff.*

1

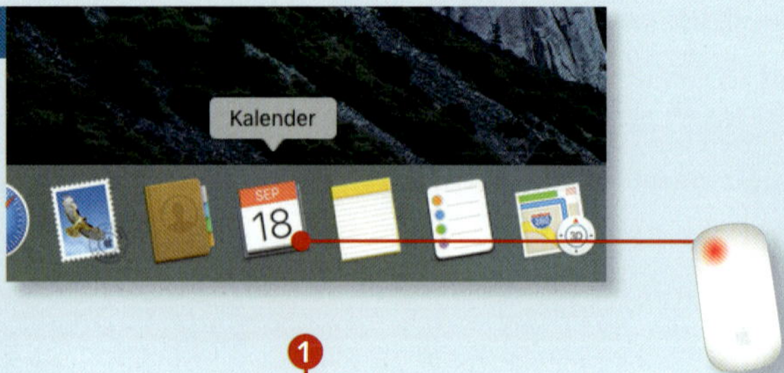


2

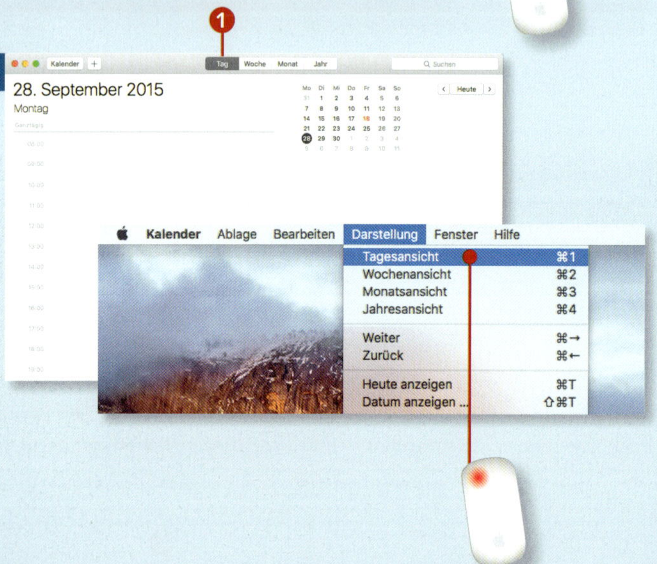


3

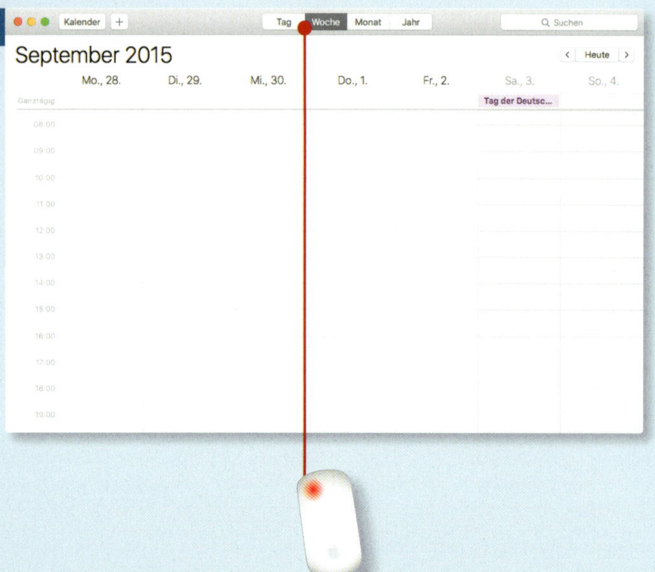


## Schritt 1

Für die Terminverwaltung ist beim Mac das Programm Kalender zuständig. Sie können diese Anwendung mit einem Klick auf das Programmsymbol im Dock starten.

## Schritt 2

Die Anzeige der Kalenderübersicht wählen Sie über die Schaltflächen in der Mitte des Programmfensters aus: Klicken Sie z. B. auf **Tag** ❶. Sie können diese Ansicht aber auch über das Menü **Darstellung ▸ Tagesansicht** aufrufen.

## Schritt 3

Die Wochenansicht aktivieren Sie, indem Sie auf die Schaltfläche **Woche** klicken. Oder nutzen Sie den Menübefehl **Darstellung ▸ Wochenansicht**.

## Schritt 4

Mit der Monatsansicht haben Sie den kompletten Monat im Blick. Sie rufen sie über die Schaltfläche **Monat** auf. Die gleiche Funktion finden Sie im Menü unter **Darstellung ▸ Monatsansicht**.

## Schritt 5

Die Jahresübersicht zeigt schließlich das gesamte Jahr an. Klicken Sie dafür auf die Schaltfläche **Jahr**, oder wählen Sie **Darstellung ▸ Jahresansicht** im Menü.

## Schritt 6

Schrittweise z. B. von Tag zu Tag navigieren Sie mit Hilfe der Pfeile oben rechts im Programmfenster. Klicken Sie auf die Pfeilschaltfläche nach rechts, um vorwärts zu blättern. Mit der linken Pfeilschaltfläche ❷ blättern Sie rückwärts.

**i**

**Zeitzonen nutzen**

Kalender unterstützt auch die Terminverwaltung in verschiedenen Zeitzonen. Klicken Sie unter dem Menüpunkt **Kalender ▸ Einstellungen ▸ Erweitert** auf die Option **Zeitzonen-Unterstützung aktivieren**. Sie sehen dann in der rechten oberen Fensterecke ein Auswahlmenü, das den Wechsel zwischen Zeitzonen ermöglicht.

4

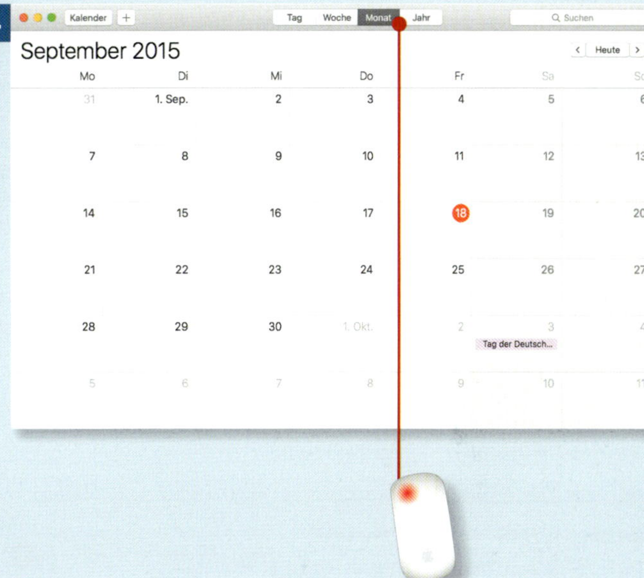


5

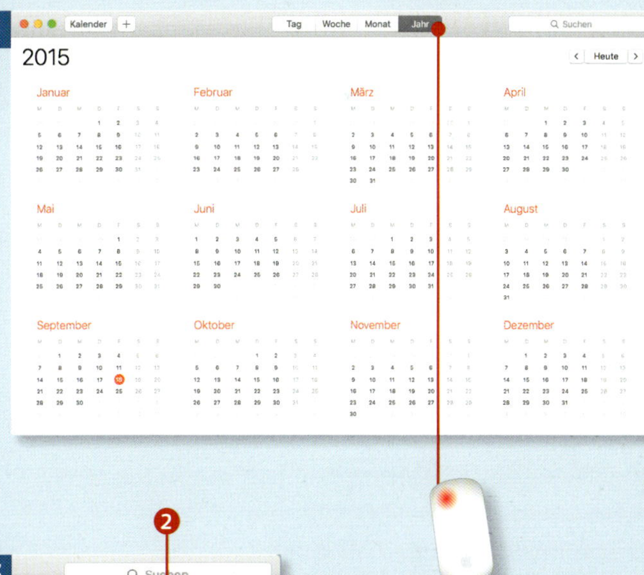


6

# Mit dem Kalender gut organisiert (Forts.)

7

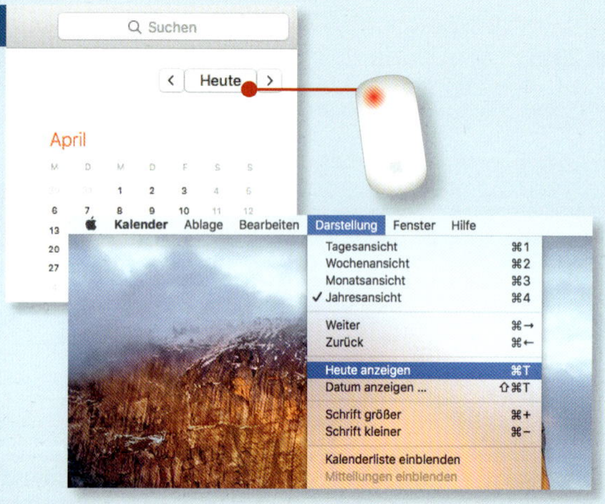


## Schritt 7

Mit einem Klick auf die Schaltfläche **Heute** können Sie sich immer wieder direkt den aktuellen Tag anzeigen lassen. Alternativ verwenden Sie den Menübefehl **Darstellung ▸ Heute anzeigen** oder drücken cmd + T.

8

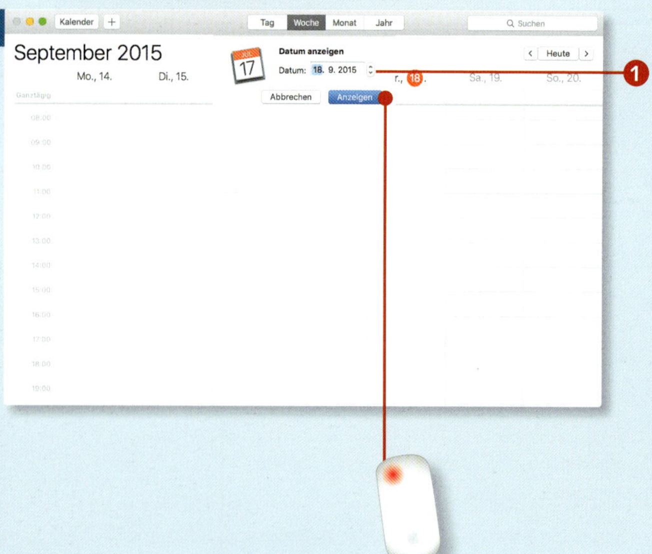


## Schritt 8

Es ist auch möglich, ein Datum direkt aufzurufen. Wählen Sie dazu den Menübefehl **Darstellung ▸ Datum anzeigen**. Im Auswahldialog geben Sie das gesuchte Datum 1 an. Bestätigen Sie es mit einem Klick auf **Anzeigen**.

9

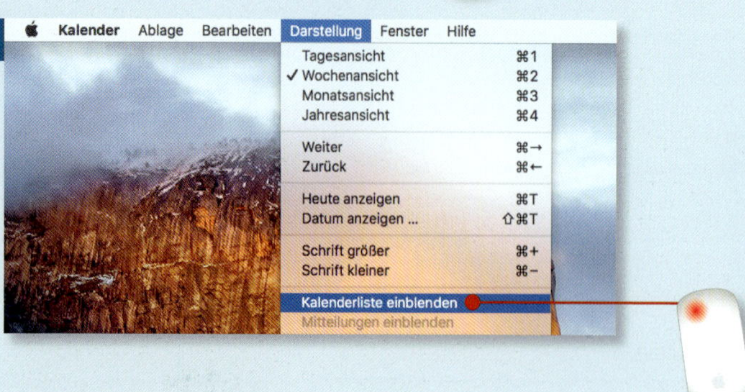


## Schritt 9

Um Privates von Beruflichem zu trennen, bietet das Programm die Möglichkeit, unterschiedliche Kalender zu verwalten. Über **Darstellung ▸ Kalenderliste einblenden** rufen Sie die Übersicht auf.

**Zugriff auf die Kalenderliste**
Wenn Sie links oben auf die Schaltfläche **Kalender** klicken, öffnet sich ebenso die Seitenleiste, in der alle Ihre Kalender aufgelistet sind.

## Schritt 10

Die Kalenderkategorien **Privat** und **Büro** sind bereits dort angelegt ❷. Haben Sie iCloud aktiviert, können Sie auf Ihre Kalenderinformationen auch von anderen Rechnern oder beispielsweise vom iPhone aus zugreifen. Diese Kalender finden sich unter dem Punkt **iCloud**.

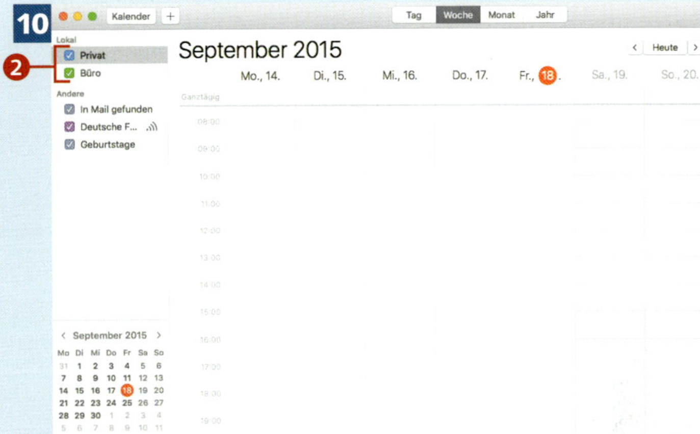


## Schritt 11

Um nur bestimmte Kalender in der Kalenderansicht zu sehen, setzen oder entfernen Sie mit einem Klick die Häkchen vor den einzelnen Kalendern. Die jeweiligen Einträge werden im Kalender in der Farbe des Kalenders dargestellt.

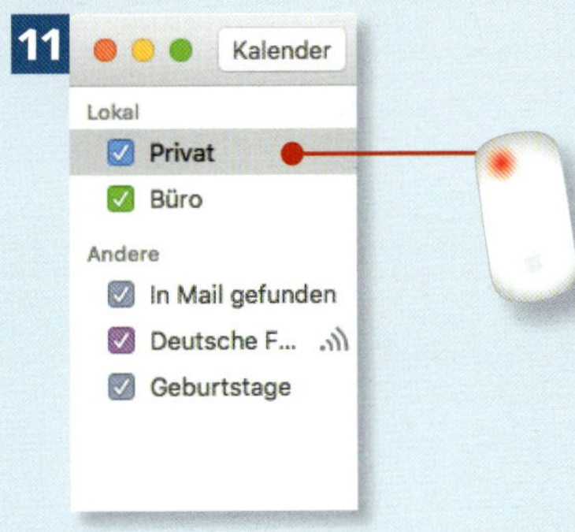


## Schritt 12

Ihre Kalenderereignisse und Aufgaben lassen sich außerdem durchsuchen. Geben Sie einen Begriff in das Suchfeld oben rechts ein. Die Ergebnisse werden unterhalb des Suchfelds angezeigt.

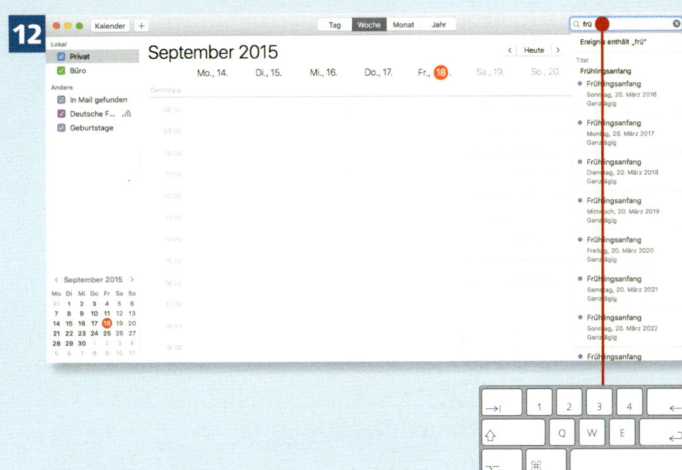

# Termine anlegen

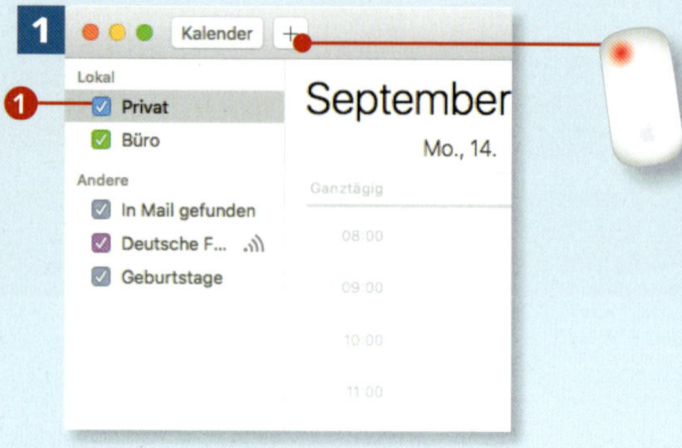


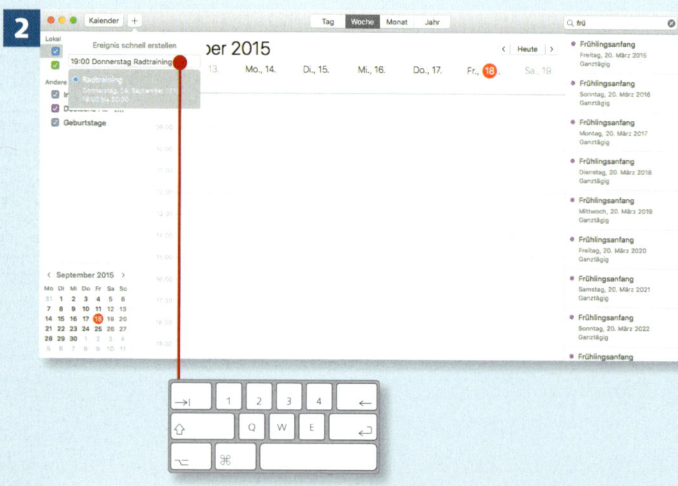


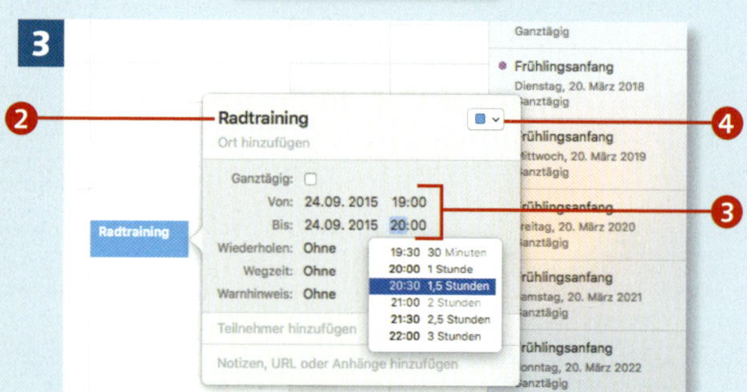


**Termin via Menü**

Alternativ legen Sie einen neuen Termin über den Befehl **Ablage ▸ Neues Ereignis** an.

*Nachdem Sie die Oberfläche des Kalenders kennengelernt haben, erfahren Sie in diesem Abschnitt, wie Sie einen neuen Termin anlegen.*

## Schritt 1

Um schnell einen Termin anzulegen, wählen Sie den Kalender 1 aus, in dem Sie das Ereignis anlegen wollen, und klicken dann auf das Plus in der Kalenderübersicht.

## Schritt 2

Ein Schnelleingabefenster öffnet sich. Dort geben Sie die Eckdaten für den Termin ein, z. B. »19:00 Donnerstag Radtraining«. Bestätigen Sie Ihre Eingabe mit der ↵-Taste. Daraufhin erstellt das Programm einen entsprechenden Termin.

## Schritt 3

Klicken Sie doppelt auf den erstellten Eintrag, wird das Bearbeitungsfenster angezeigt. Präzisieren Sie hier Ihre Angaben: Vergeben Sie einen exakten Titel 2, und legen Sie in den Feldern **von** und **bis** 3 Datum und Uhrzeit genauer fest. Aus dem Aufklappmenü können Sie den Kalender auswählen 4, in dem der Eintrag erstellt werden soll.

## Schritt 4

Es ist auch möglich, den **Ort** für den Termin zu hinterlegen ❺. Tragen Sie im Feld **Notizen** wenn Sie möchten noch Informationen zu dem Termin ein, und bestätigen Sie am Ende dann mit [↵].

4

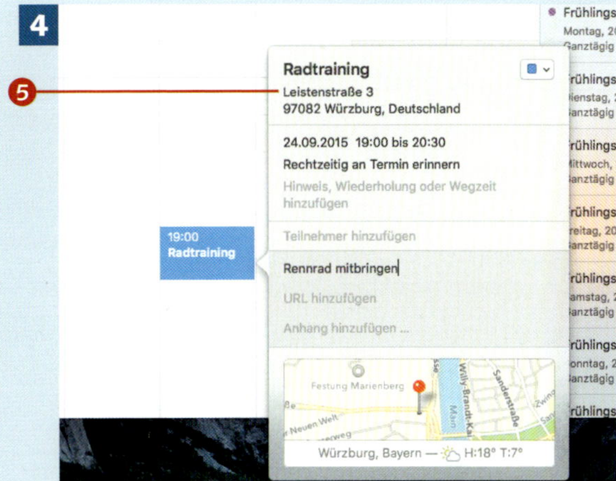


## Schritt 5

Es ist auch möglich, direkt in der Kalenderübersicht die Dauer des Termins einzustellen. Wenn Sie mit dem Mauszeiger auf den Rand des Termineintrags fahren, wird er zu einem Doppelpfeil. Verlängern Sie die Dauer des Termins nun durch Ziehen mit gedrückter Maustaste.

5

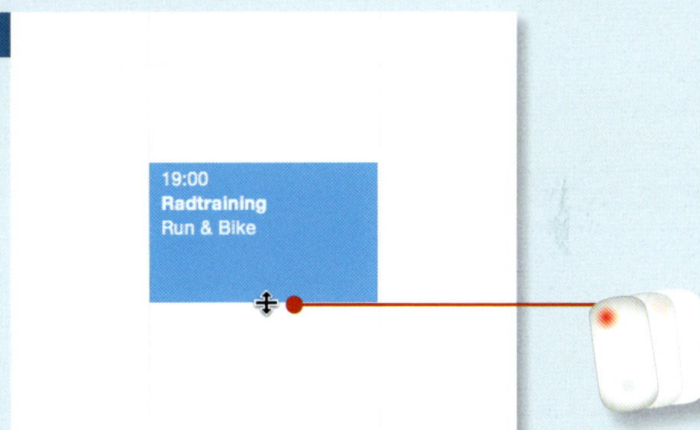


## Schritt 6

Um einen Termin aus dem Kalender zu löschen, klicken Sie ihn mit der rechten Maustaste an. Wählen Sie **Löschen** aus dem Kontextmenü. Alternativ können Sie den Termin auch auswählen und die [←]-Taste verwenden.

6

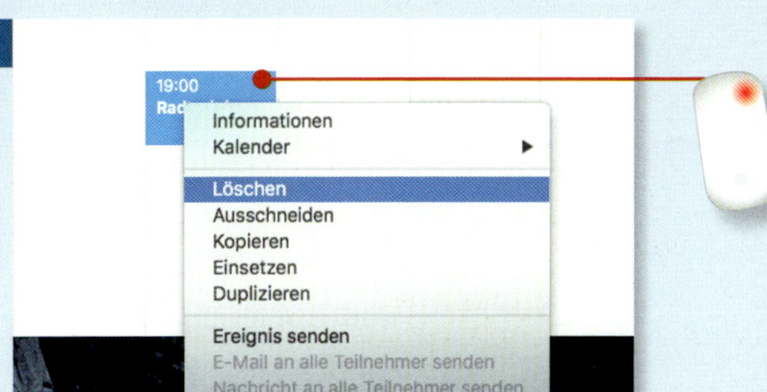

# Weitere Kalender hinzufügen

1

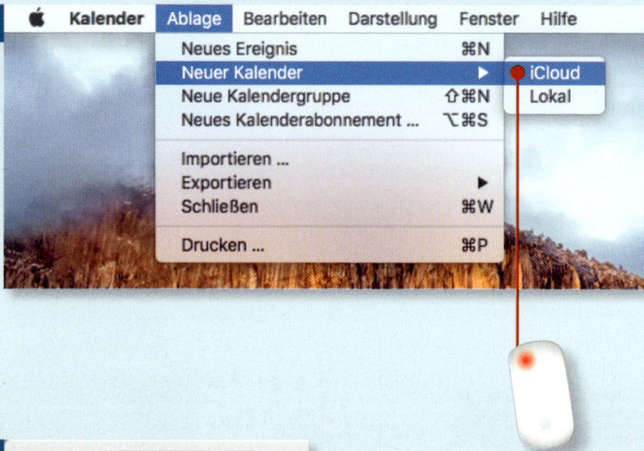


2

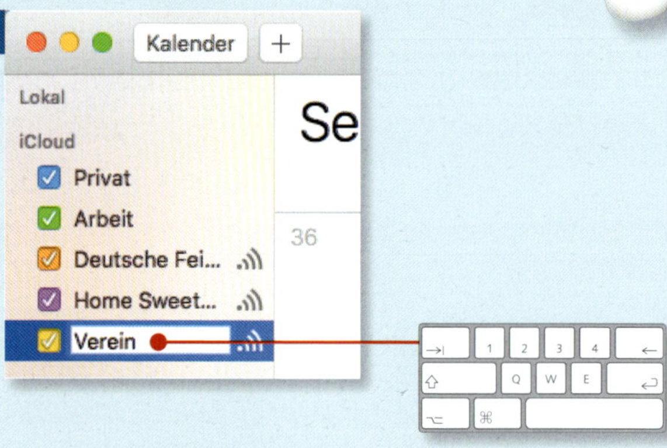


3

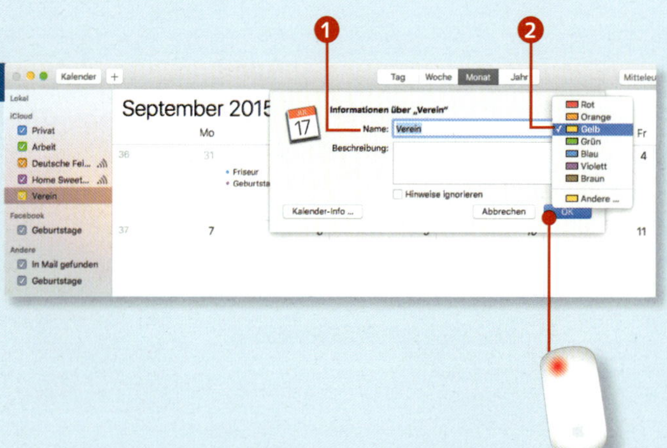


*Um eine noch bessere Übersicht zu erhalten, können Sie sich eigene Kalender anlegen. Wie Sie dabei vorgehen, erfahren Sie im folgenden Abschnitt.*

## Schritt 1

Um einen neuen Kalender anzulegen, rufen Sie das Menü **Ablage ▸ Neuer Kalender ▸ iCloud** auf.

## Schritt 2

In der Kalenderübersicht taucht ein neuer Eintrag auf. Überschreiben Sie die Standardbezeichnung **Ohne Titel** mit Ihrem Wunschtitel, und bestätigen Sie mit ↵.

## Schritt 3

Um weitere Einstellungen vorzunehmen, klicken Sie mit der rechten Maustaste auf den Eintrag und wählen dann aus dem Kontextmenü die Optionen **Informationen**. Sie erhalten jetzt die Möglichkeit, den Namen ❶ des Kalenders und über das Aufklappmenü seine Farbe ❷ zu ändern. Bestätigen Sie anschließend mit der Schaltfläche **OK**.

## Schritt 4

Die lokal angelegten Kalender können Sie in Gruppen zusammenfassen. Sie können Sie über das Menü **Ablage ▸ Neuer Kalender** dem Eintrag **Lokal** hinzufügen. Um eine Gruppe anzulegen, rufen Sie das Menü **Ablage ▸ Neue Kalendergruppe** auf.

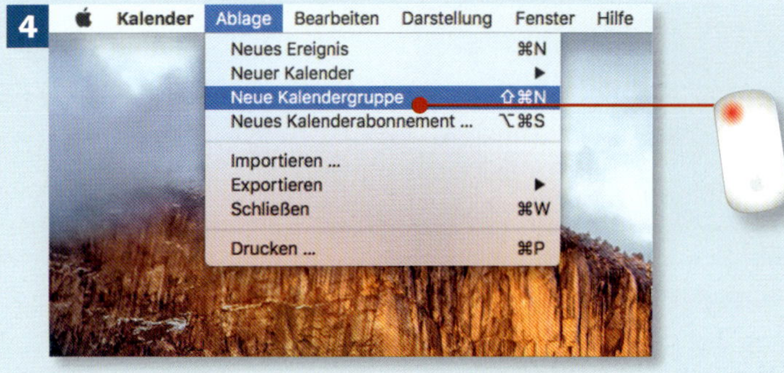


## Schritt 5

In der Kalenderübersicht wird eine neue Gruppe erzeugt. Überschreiben Sie den Standardtitel mit dem gewünschten Gruppennamen. Eine Gruppe erkennen Sie leicht anhand des Aufklappdreiecks vor dem Titel.

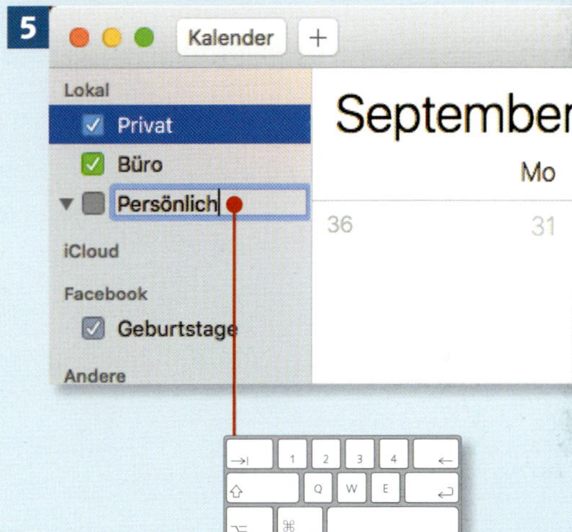


## Schritt 6

Wählen Sie den Kalender aus, den Sie der neuen Gruppe zuordnen möchten. Ziehen Sie ihn dann mit gedrückter Maustaste auf die Gruppe. Zukünftig ist der Kalender unterhalb der Gruppe zu finden.

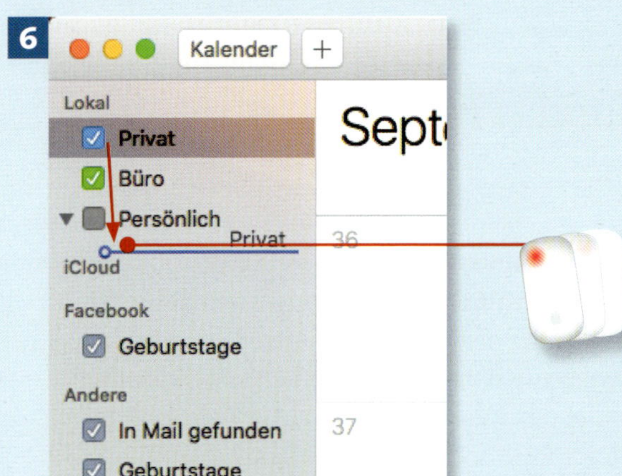


**Lokal vs. iCloud**

Rufen Sie den Befehl **Ablage ▸ Neuer Kalender** auf, wird Ihnen entweder die Option **Lokal** oder **iCloud** angeboten – je nachdem, ob Sie iCloud aktiviert haben oder nicht.

# Sich an Aufgaben erinnern lassen

1
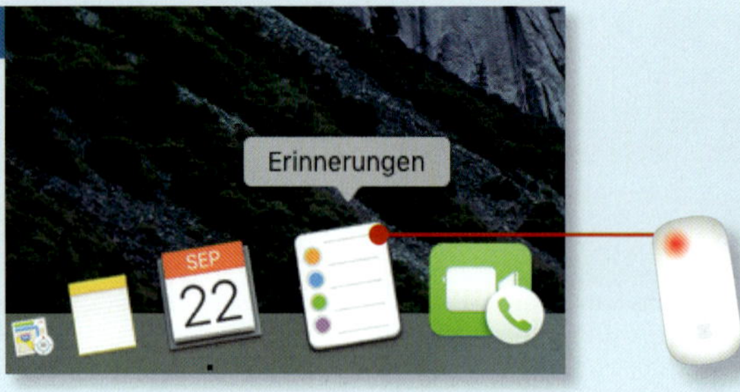


2
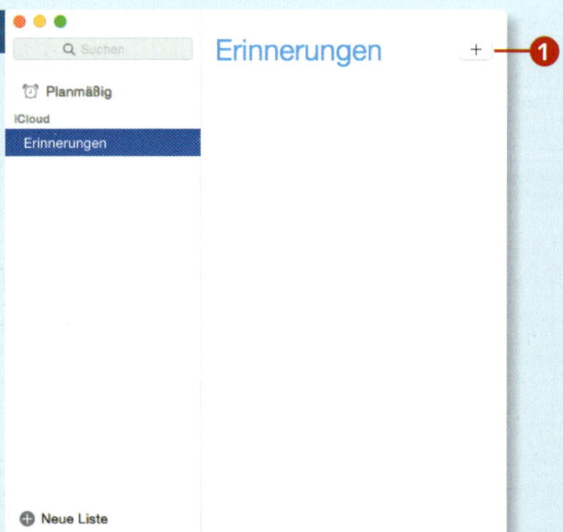


3
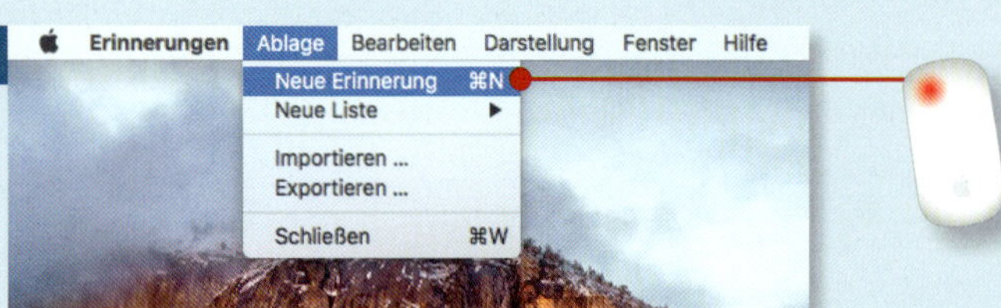


*Eine Gedächtnisstütze ist das Programm Erinnerungen. Es ermöglicht Ihnen, Aufgaben zu speichern, zu organisieren und sich bei Bedarf zeit- und ortsgenau daran erinnern zu lassen.*

## Schritt 1

Um mit der Aufgabenverwaltung zu starten, klicken Sie auf das Programmsymbol **Erinnerungen** im Dock.

## Schritt 2

Das Programmfenster ist in zwei Bereiche aufgeteilt. In der *Seitenleiste* links werden alle Listen abgelegt. Standardmäßig gibt es dort die Rubriken **Planmäßig**, in der Sie alle terminierten Aufgaben finden, und **Erinnerungen**. Links daneben ist der Hauptbereich mit den einzelnen Aufgaben und Erinnerungen.

## Schritt 3

Eine neue Erinnerung legen Sie über den Menübefehl **Ablage ▸ Neue Erinnerung** oder mit der Tastenkombination [cmd] + [N] an. Alternativ können Sie auch auf die Plus-Schaltfläche ❶ am Kopf der Aufgabenliste klicken.

**Aktuellen Ort nutzen**

Das Programm **Erinnerungen** möchte Ihren aktuellen Ort zur Erstellung der Erinnerung nutzen. Klicken Sie auf **OK**, wenn Sie damit einverstanden sind. Sonst schließen Sie den Kasten mit einem Klick auf **Nicht erlauben**.

## Schritt 4

Daraufhin erscheint ein neuer Aufgabeneintrag mit einem Kontrollkästchen ❷ am Zeilenanfang, und in der Zeile daneben können Sie jetzt über die Tastatur Ihre Aufgabe eingeben.

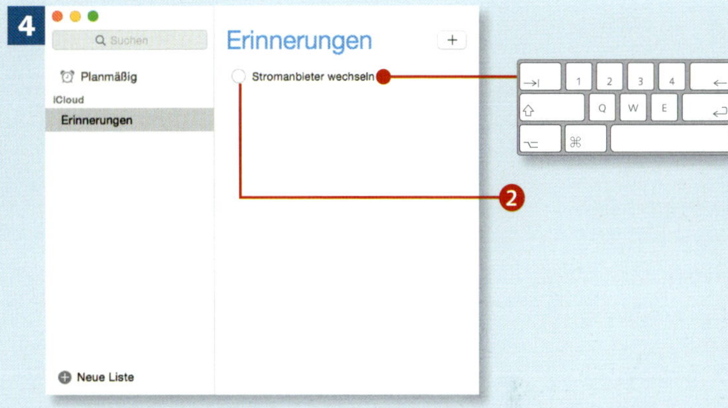


## Schritt 5

Um weitere Informationen zu dieser Erinnerung zu erfassen, klicken Sie auf die Schaltfläche **Information** ❸. Geben Sie im Aufklappfenster z. B. ein Datum für die Erinnerung an. Aktivieren Sie dazu die Option **Tagesabhängig** ❹, und wählen Sie das gewünschte Datum mit einem Klick auf den Kalender aus. Zusätzlich können Sie eine passende Uhrzeit ❺ eintragen.

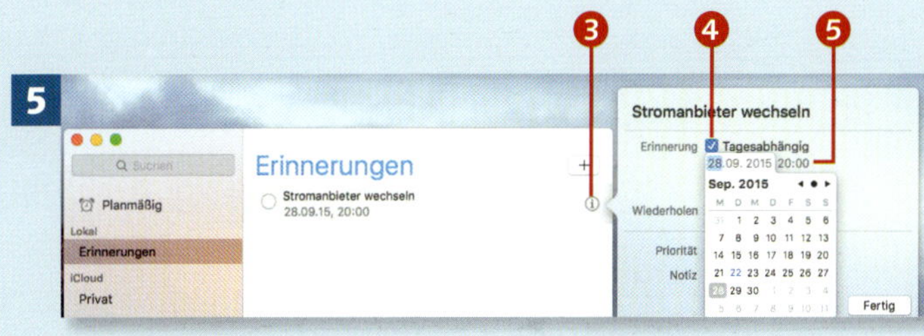


## Schritt 6

Über die Ortungsfunktion können Sie sich, sobald Sie den relevanten Ort erreichen, passgenau an etwas erinnern lassen. Setzen Sie ein Häkchen bei der Option **Ortsabhängig**. Tragen Sie die Adresse ❻ ein, und bestimmen Sie, ob Sie bei Abfahrt oder bei Ankunft ❼ erinnert werden möchten.

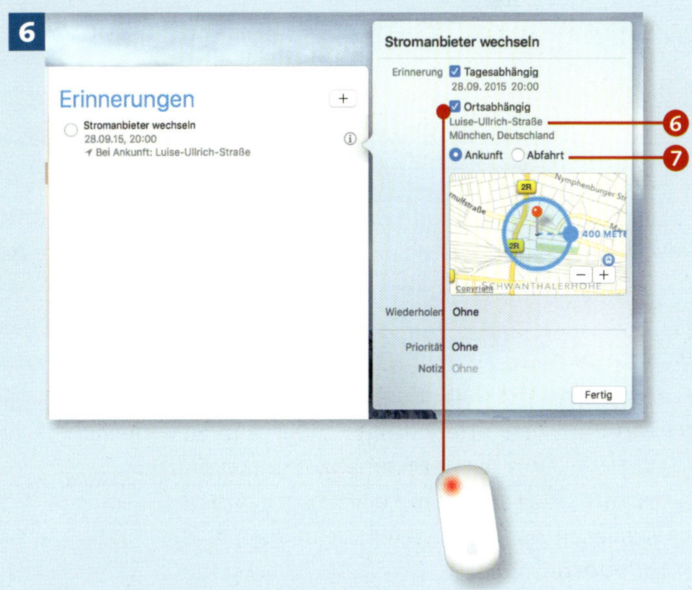

# Sich an Aufgaben erinnern lassen (Forts.)

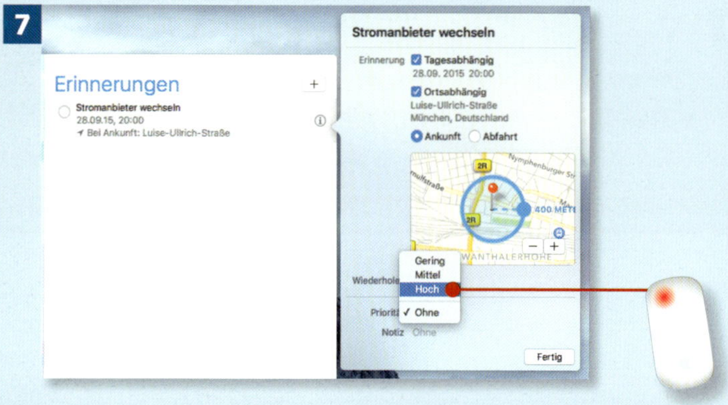


## Schritt 7

Ihren Erinnerungen können Sie verschiedene Prioritäten verleihen. Im bereits gezeigten Aufklappmenü haben Sie die Wahl zwischen den Prioritätsstufen **Hoch**, **Mittel**, **Gering** und **Keine**.

## Schritt 8

Sie können sich auch zusätzliche Informationen zu einer Aufgabe notieren. Klicken Sie dazu in das Feld **Notiz**, und tragen Sie die gewünschten Punkte hier ein. Bestätigen Sie alles mit einem Klick auf **Fertig**.

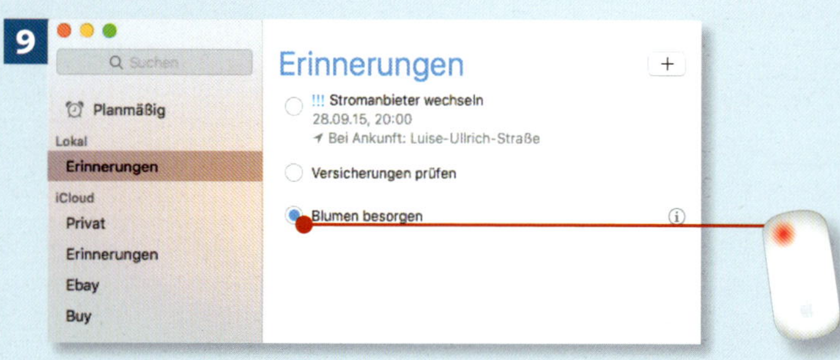


## Schritt 9

Sobald Sie eine Aufgabe erledigt haben, können Sie sie »abhaken«. Klicken Sie dazu in das Kontrollkästchen vor dem Aufgabentext. Die Aufgabe wird daraufhin in den Bereich der erledigten Aufgaben verschoben. Sie finden diesen oberhalb Ihrer Aufgabenliste.

## Schritt 10

Wenn Sie eine Vielzahl von Aufgaben haben, behalten Sie über das Suchfeld den Überblick und finden schnell die gesuchte Aufgabe. Wenn Sie Ihren Suchbegriff eingeben, werden die passenden Ergebnisse sofort im Listenbereich angezeigt.

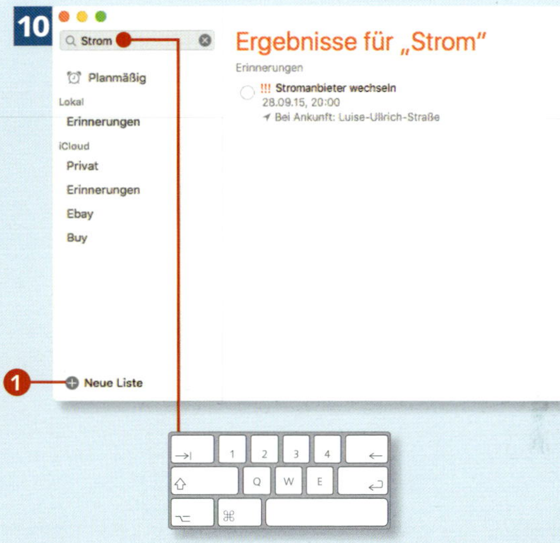


## Schritt 11

Eine neue Aufgabenliste legen Sie an, indem Sie auf die Plus-Schaltfläche **1** unterhalb der Seitenleiste klicken. Dabei wird ein Eintrag mit dem Titel **Neue Liste** erzeugt. Überschreiben Sie den Titel mit einer passenden Bezeichnung, und bestätigen Sie mit [↵].

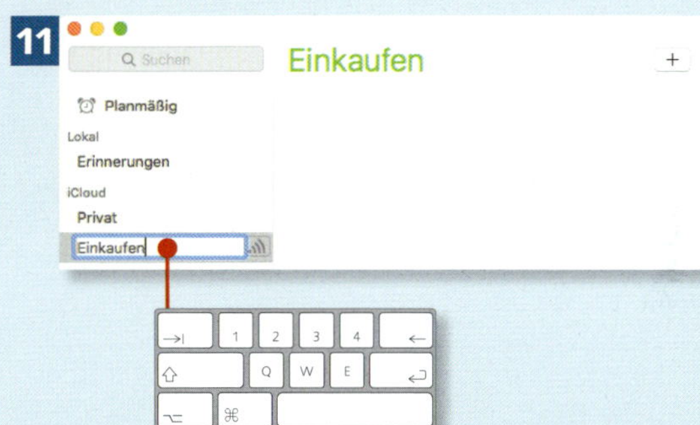


## Schritt 12

Um Aufgaben dieser Liste zuzuordnen, wählen Sie die entsprechende Liste in der Seitenleiste aus. Tragen Sie anschließend Ihre einzelnen Aufgaben per Mausklick in die Zeilen rechts ein.

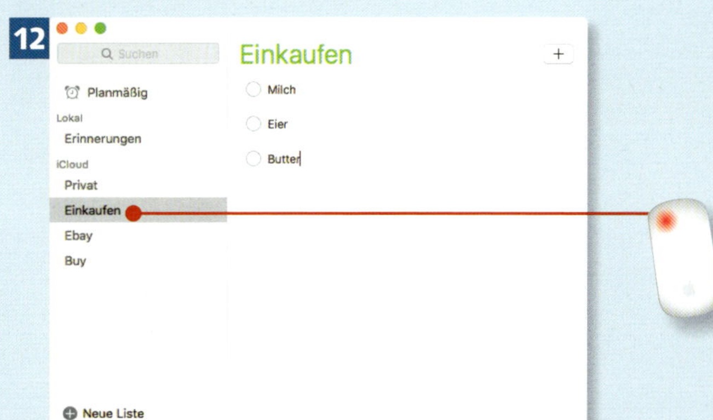


**Listen löschen**

Eine Aufgabenliste lässt sich auch wieder löschen. Klicken Sie dazu mit der rechten Maustaste darauf, und wählen Sie die Option **Löschen** aus dem Kontextmenü aus.

# Notizen erstellen

*Mit dem Programm Notizen können Sie zusätzlich wichtige Informationen speichern und diese geordnet ablegen.*

## Schritt 1

Mit dem Programm *Notizen* können Sie sich kleine elektronische Merkzettel erstellen und abspeichern. Zum Öffnen des Programms klicken Sie auf das Programmsymbol **Notizen** im Dock.

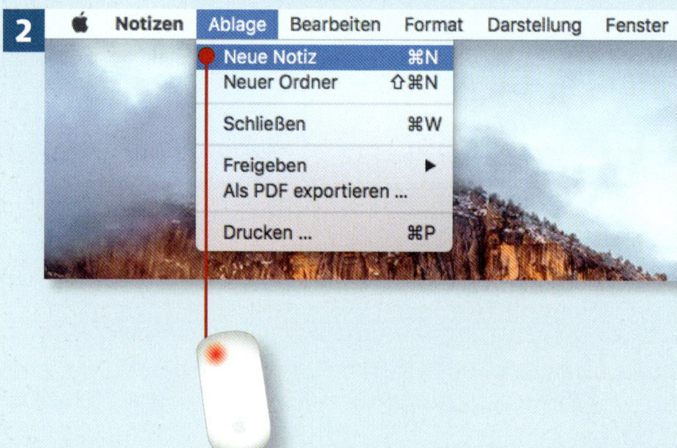


## Schritt 2

Eine neue Notiz erzeugen Sie über den Menübefehl **Ablage ▸ Neue Notiz** oder mit der Tastenkombination [cmd] + [N].

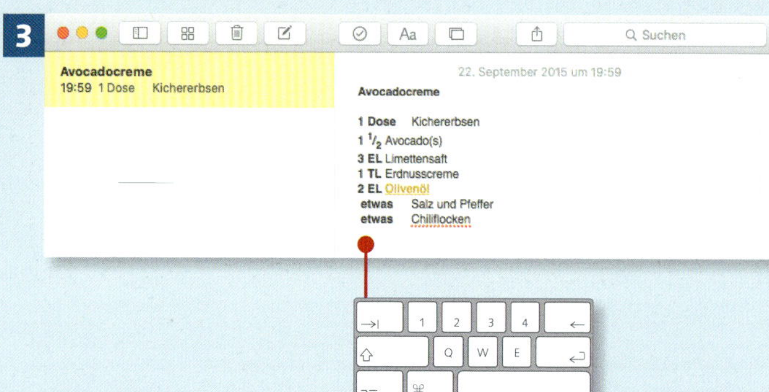


## Schritt 3

Der Cursor erscheint im Textfeld, so dass Sie direkt mit der Eingabe des Textes für Ihre Notiz beginnen können. Wenn Sie die [↵]-Taste drücken, springt der Cursor in eine neue Zeile. Während Sie schreiben, sichert das Programm automatisch Ihre Eingabe.

## Schritt 4

Zu jeder Notiz können Sie Anhänge wie zum Beispiel Bilder hinzufügen. Ziehen Sie dazu ein Foto mit der Maus in den leeren Bereich der Notiz. Der Anhang wird dann automatisch hinzugefügt.

## Schritt 5

Eine Auflistung können Sie mit einem Klick in eine To-Do-Liste verwandeln. Wählen Sie dazu den Text aus, und klicken Sie dann auf die Schaltfläche **To-Do-Liste**.

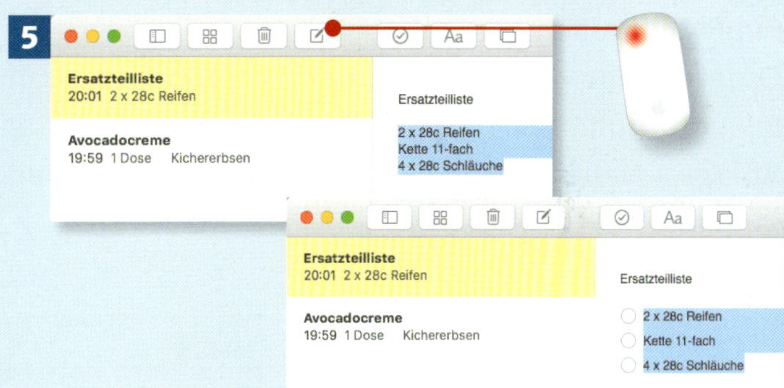


## Schritt 6

Sie können Ihre Notizen zum Beispiel per E-Mail mit anderen teilen. Klicken Sie dazu auf die Schaltfläche **Teilen** am Kopf der Notiz, und rufen Sie beispielsweise die Funktion **Mail** auf. Es öffnet sich daraufhin automatisch eine neue Nachricht in Mail.

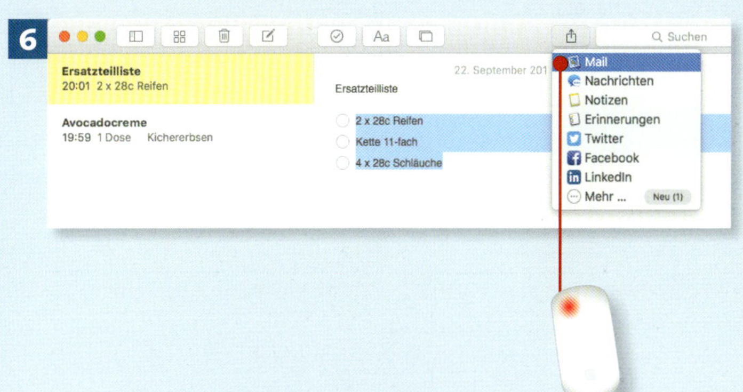


**Notizen löschen**

Benötigen Sie eine Notiz nicht mehr, können Sie sie löschen, indem Sie die Taste [←]-Taste nutzen.

# Kapitel 9
# Bilder verwalten und bearbeiten

Aufnahmen importieren, organisieren, bearbeiten und teilen: Fotos ist das Allround-Werkzeug für digitale Bilder am Mac. In diesem Kapitel zeige ich Ihnen alle wichtigen Schritte vom Import von der Digitalkamera bis hin zum Teilen mit anderen.

**Bilder in Fotos importieren**

Wenn Sie Ihre Digitalkamera mit dem USB-Anschluss Ihres Rechners verbinden, startet Fotos automatisch. Das Programm wechselt direkt in den Importmodus. Sämtliche Aufnahmen auf der Kamera nehmen Sie per Mausklick auf die Schaltfläche **Alle neuen Fotos importieren** ❶ in Ihre Fotosammlung auf.

**Ein Fotoalbum erstellen**

Ordnung innerhalb der Fotosammlung schaffen Sie mit Alben. Damit organisieren Sie Bilder von unterschiedlichen Ereignissen oder auch anderen Fotoalben. Legen Sie über **Ablage ▸ Neues Album** ein neues Fotoalbum an, und wählen Sie Bilder aus, die Sie darin sammeln möchten ❷.

**Aufnahmen schnell verbessern**

Auch Bildkorrekturen sind mit dem Programm Fotos einfach zu erledigen. Wählen Sie das zu bearbeitende Bild mit einem Doppelklick aus, und klicken Sie auf die Schaltfläche **Bearbeiten** in der Symbolleiste. Daraufhin werden Ihnen alle Bearbeitungswerkzeuge ❸ angezeigt. So können Sie direkt mit den Anpassungen beginnen.

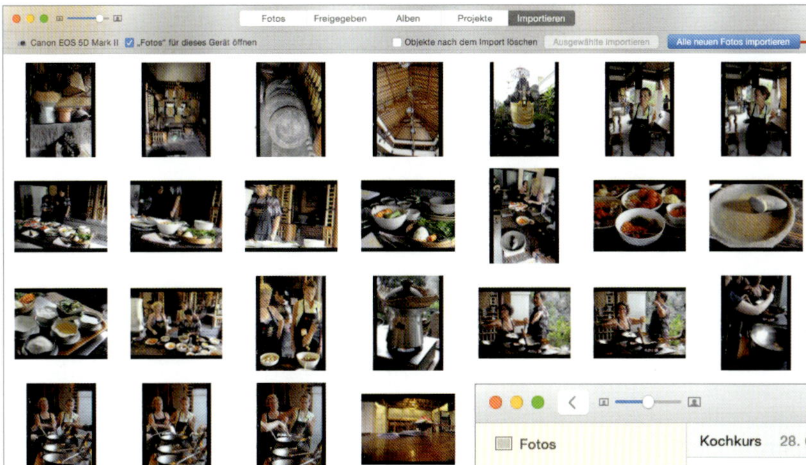


❶ Wenn Sie eine Digitalkamera oder Ihr iPhone mit Fotos verbinden, wechselt das Programm automatisch in den Importmodus.

❷ Mit mehreren Ordnern schaffen Sie eine übersichtliche Struktur in Ihren Fotoalben.

❸ Fotos ermöglicht es, ein Bild mit Hilfe der Bearbeitungswerkzeuge schnell zu verschönern.

# Die Fotosammlung füllen: Bilder importieren

1

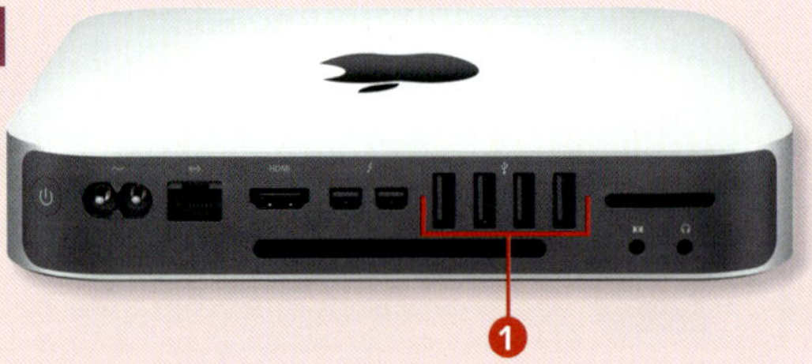

2

3

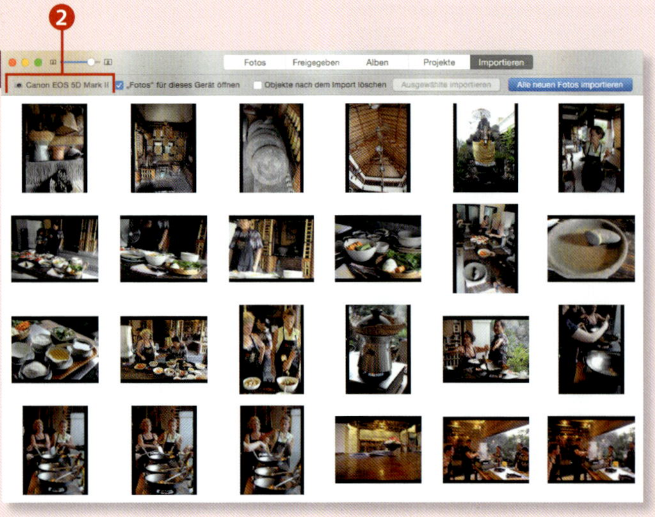


*Bringen Sie Ihre Fotos von der Digitalkamera oder von einem Speichermedium einfach auf Ihren Mac.*

## Schritt 1

Schließen Sie Ihre Digitalkamera mit dem dazugehörigen Kabel an einen der USB-Anschlüsse **1** Ihres Macs an. Schalten Sie die Kamera ein, und wählen Sie – falls bei Ihrem Kameramodell nötig – den Importmodus.

## Schritt 2

Fotos startet daraufhin automatisch. Alternativ können Sie das Programm auch mit einem Klick auf das Symbol im Dock starten. Es wechselt direkt in die Importansicht.

## Schritt 3

Dort sehen Sie in einer Voransicht alle Aufnahmen, die sich auf der Kamera bzw. dem Speichermedium Ihrer Kamera befinden. Ebenfalls wird ein Kamerasymbol mit Typenbezeichnung **2** angezeigt.

**Import von der SD-Karte**

Hat Ihr Rechner ein integriertes SD-Kartenlesegerät, stecken Sie die Speicherkarte der Kamera in den SD-Kartensteckplatz.

## Schritt 4

Sollen alle Bilder der Kamera oder des Speichermediums ihren Weg in Fotos finden, klicken Sie auf die Schaltfläche **Alle neuen Fotos importieren**. Den Fortschritt beim Import können Sie über die Statusanzeige verfolgen.

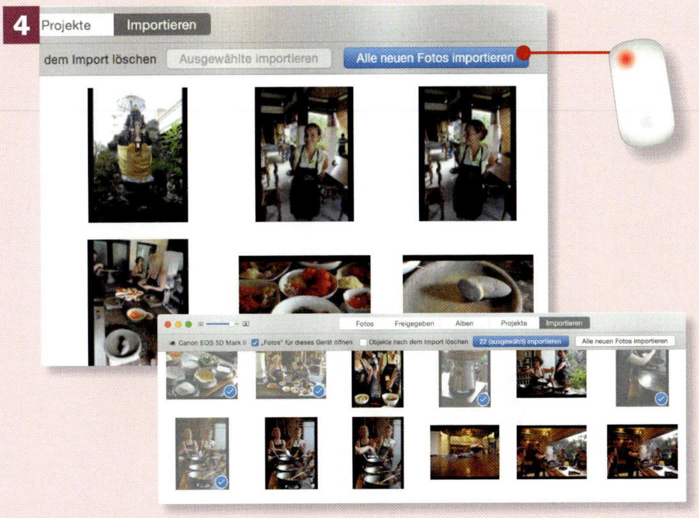


## Schritt 5

Sie können aber auch nur eine Auswahl von Fotos importieren. Wählen Sie dazu einzelne Bilder mit der Maus und gedrückter [cmd]-Taste aus. Für eine Bilderreihenfolge nutzen Sie stattdessen die [⇧]-Taste. Anschließend klicken Sie auf die Schaltfläche **[Anzahl] (ausgewählt) importieren**.

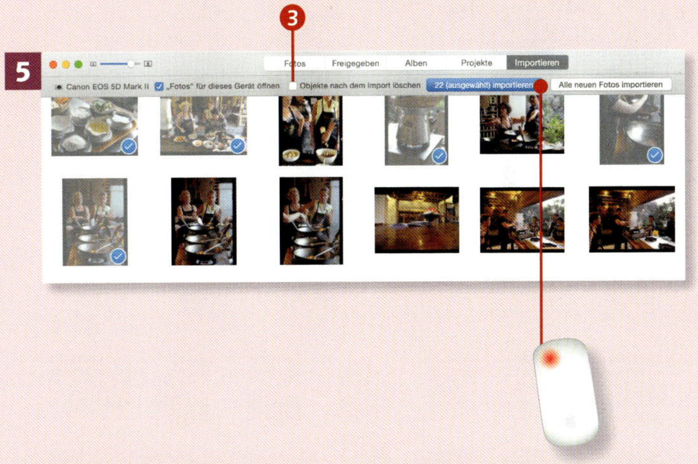


## Schritt 6

Nach erfolgreichem Import schickt Ihnen Fotos eine Mitteilung mit der Anzahl der übernommenen Bilder. Trennen Sie dann die Kamera von Ihrem Rechner, indem Sie den USB-Stecker entfernen.

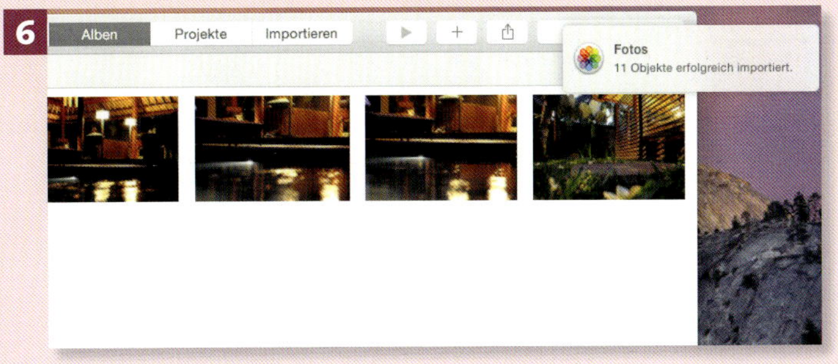


**Bilder von Speicherkarte löschen**
Sie können die Bilder auf der Speicherkarte nach dem Import direkt von Fotos löschen lassen. Wählen Sie dazu vor dem Import die Option **Objekte nach dem Import löschen** ❸.

# Fotoalben anlegen

1

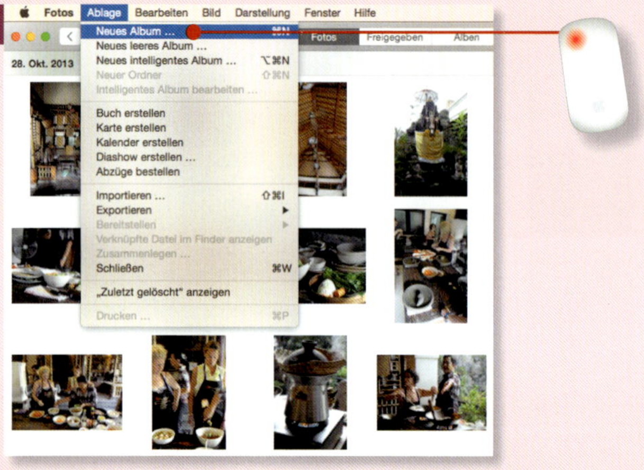


2

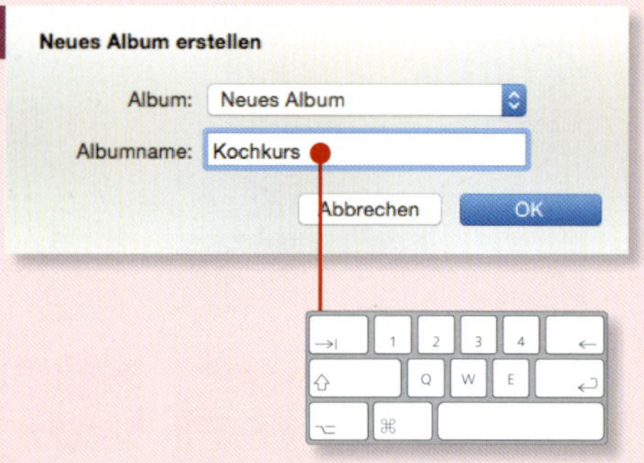


3

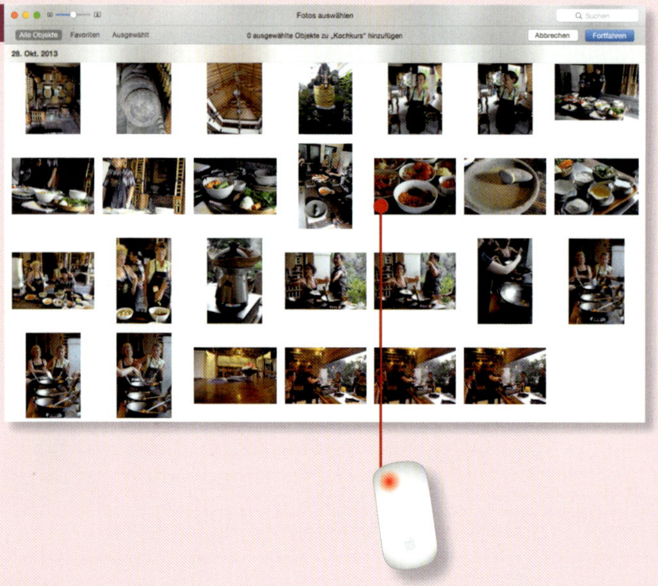


*Mit jedem neuen Foto wird Ihre Sammlung größer. Für mehr Übersichtlichkeit gibt es in Fotos virtuelle Fotoalben. Mit ihnen fassen Sie Bilder frei nach Ihren Wünschen zusammen. Das Prinzip ist das gleiche wie beim »realen« Fotoalbum.*

## Schritt 1

Rufen Sie den Menüpunkt **Ablage ▸ Neues Album** auf. Alternativ drücken Sie die Tastenkombination [cmd] + [N].

## Schritt 2

Es öffnet sich ein Dialogfenster, in dem Sie den Namen des Fotoalbums festlegen. Klicken Sie dazu auf den Namensplatzhalter, und überschreiben Sie ihn mit Ihrem Wunschtitel. Bestätigen Sie anschließend mit **OK**.

## Schritt 3

In der Übersicht können Sie jetzt Ihre Auswahl aus der Fotosammlung treffen. Ganze Fotoreihen wählen Sie mit einem Mausklick bei gedrückter [⇧]-Taste auf das erste und letzte Foto einer Reihe, einzelne Fotos mit einem Mausklick und der Taste [cmd] aus.

## Schritt 4

Die ausgewählten Bilder erhalten in der Übersicht einen blauen Haken ❶ und landen über die Schaltfläche **Hinzufügen** im neuen Album.

4

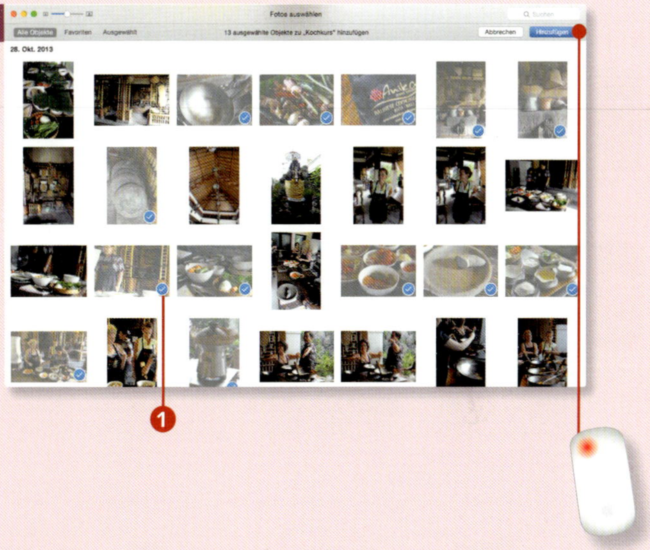


## Schritt 5

Fotos wechselt dann direkt in die Ansicht **Alben** und präsentiert den Inhalt des neu angelegten Fotoalbums. Die Infoleiste zeigt den Namen ❷, das Aufnahmedatum ❸ und die Anzahl der Bilder ❹ eines Albums. Mit der **Zurück**-Schaltfläche kommen Sie in die Albenübersicht.

5

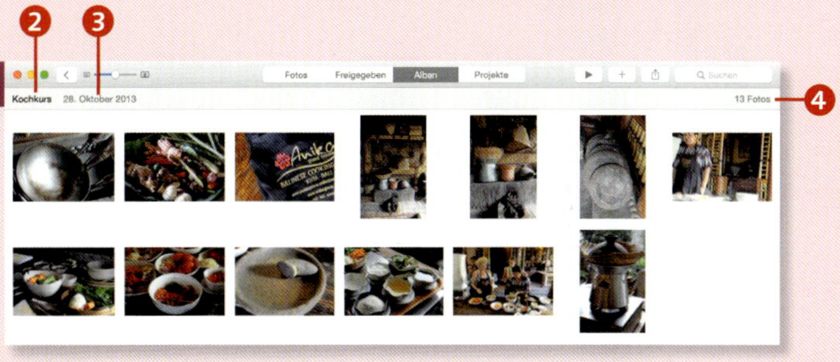


## Schritt 6

Die Übersicht ist unterteilt in Standardalben – wie zum Beispiel **Alle Fotos** ❺, **Gesichter** ❻ und **Letzter Import** ❼ und den Abschnitt **Meine Alben** ❽. Dort werden alle Ihre Alben chronologisch dargestellt.

6

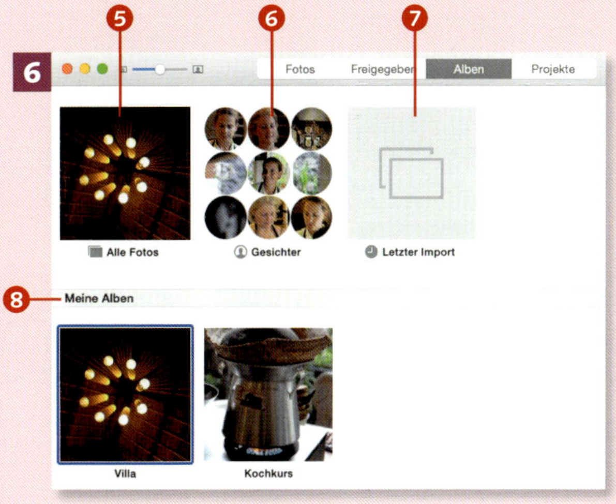


**Gesichter im Bild zuordnen**

Öffnen Sie eine Aufnahme per Doppelklick. Rufen Sie im Menü die Funktion **Darstellung ▸ Namen von Gesichtern anzeigen** auf. Klicken Sie auf den Platzhalter-Titel, und überschreiben Sie ihn mit dem Namen der Person. Bestätigen Sie mit [↵]. Siehe Seite 236.

# Fotoalben anlegen (Forts.)

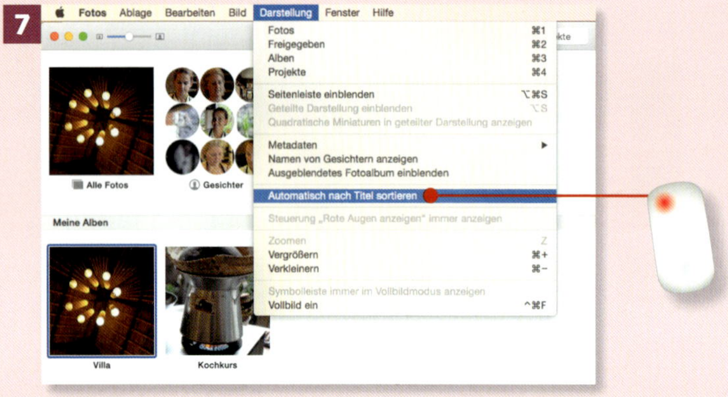


## Schritt 7

Sie können die Sortierung Ihrer Alben über die Menüfunktion **Darstellung ▸ Automatisch nach Titel sortieren** ändern. Alle Alben werden dann alphabetisch nach Titelnamen geordnet.

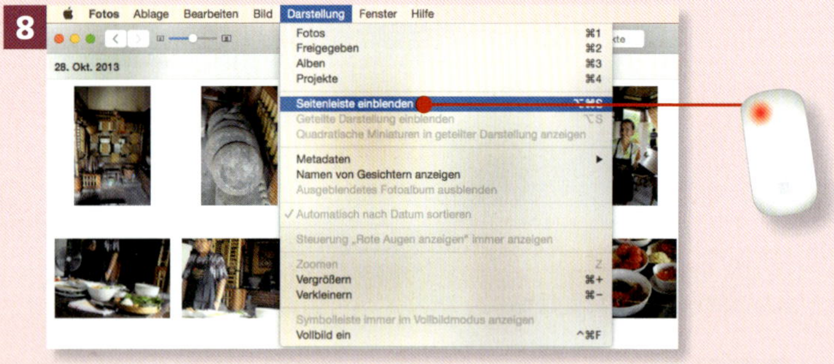


## Schritt 8

Einen besser strukturierten Überblick erhalten Sie, in dem Sie sich alle Alben in der Seitenleiste einblenden lassen. Diese rufen Sie über das Menü **Darstellung ▸ Seitenleiste einblenden** oder alternativ über das Tastenkürzel `cmd` + `alt` + `S` auf.

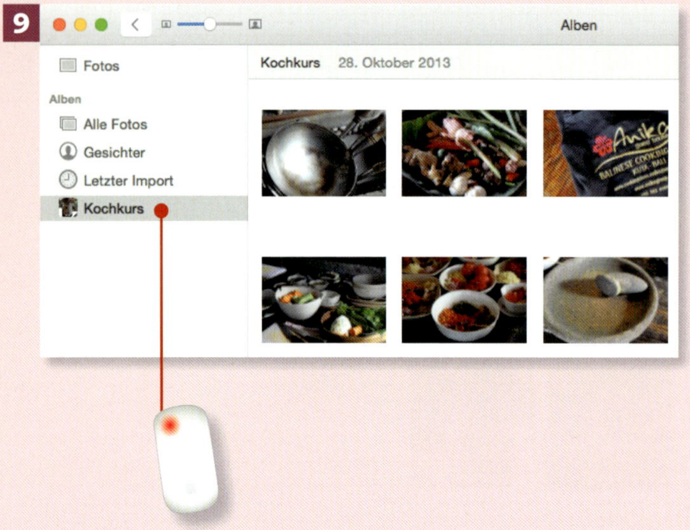


## Schritt 9

In der Seitenleiste erhalten Sie eine Liste aller Alben untereinander. Ein Klick auf einen Eintrag öffnet den Inhalt in der Übersicht.

**Fotos entfernen**

Um Fotos aus einem Album zu entfernen, wählen Sie sie aus und rufen den Menüpunkt **Bild ▸ Foto aus Album entfernen** auf. Das Bild wird nur aus dem Album entfernt, nicht von der Festplatte.

## Schritt 10

Um eine große Anzahl von Alben übersichtlich zu strukturieren, können Sie diese in Ordner zusammenfassen. Legen Sie dazu über den Menüpunkt **Ablage ▸ Neuer Ordner** oder mit der Tastenkombination cmd + ⇧ + N einen neuen Ordner an.

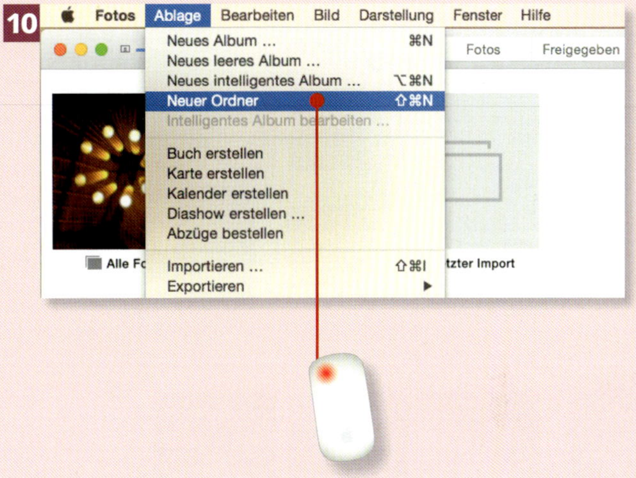


## Schritt 11

Fotos legt den neuen Ordner direkt in der Seitenleiste ab. Überschreiben Sie den Platzhaltertitel mit Ihrem Wunschnamen, und bestätigen Sie mit ↵.

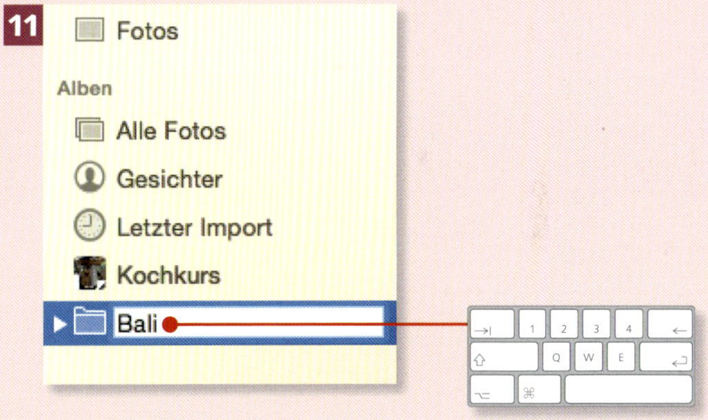


## Schritt 12

Wählen Sie ein Album aus, das Sie dem Ordner hinzufügen möchten, indem Sie mit der Maustaste darauf klicken, und verschieben Sie es in den neu angelegten Ordner.

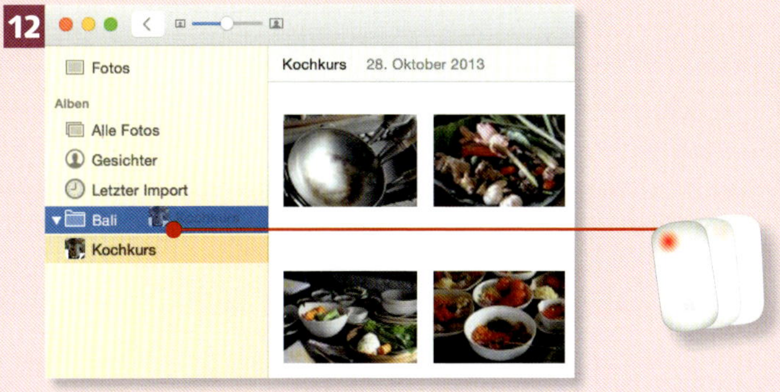


**Schlüsselfoto für Alben festlegen**

Das Ansichtsbild für ein Album können Sie individuell festlegen. Wählen Sie dazu ein Album per Doppelklick aus, suchen Sie sich eine Aufnahme aus, und markieren Sie sie mit einem Klick. Rufen Sie das Menü **Bild ▸ Als Schlüsselfoto festlegen** auf, um es als Ansichtsbild festzulegen.

# Organisation mit intelligenten Alben

*Es ist auch möglich, Fotos automatisch via Regeln zu einem Album zusammenfassen zu lassen. Wie Sie diese intelligenten Alben anlegen, erfahren Sie in diesem Abschnitt.*

1

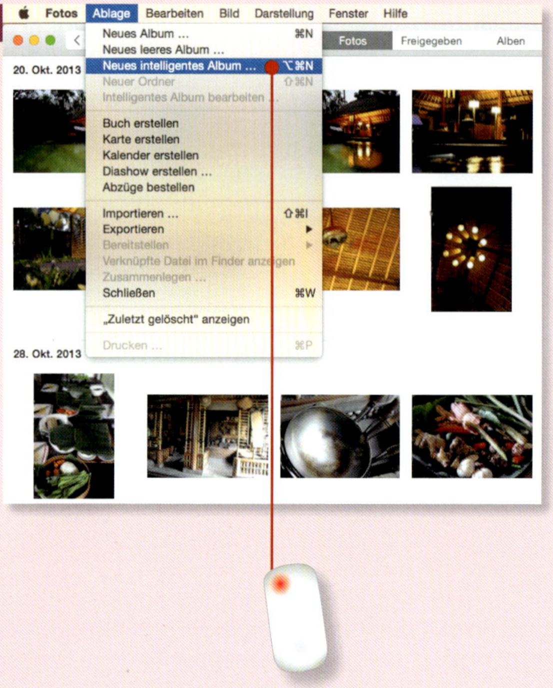


2

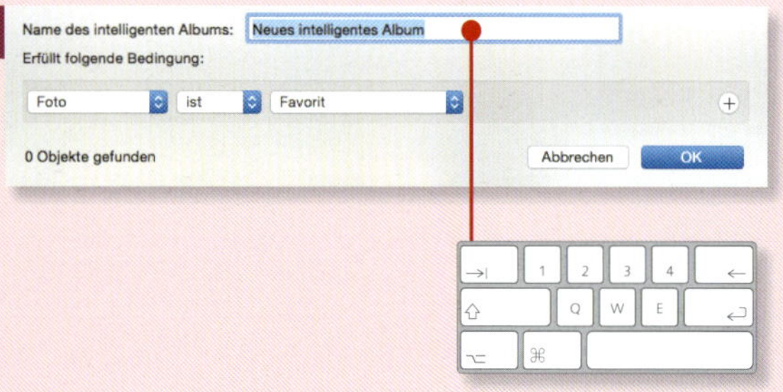


3

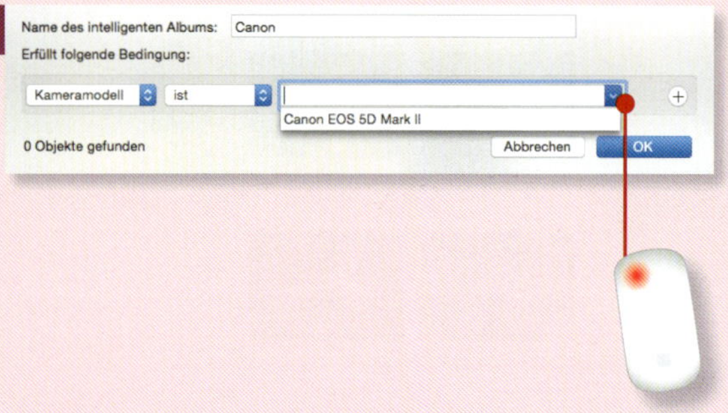


## Schritt 1

Ein *intelligentes Album* macht es z. B. möglich, Fotos zu sammeln, die mit einem bestimmten Kameratyp aufgenommen wurden. Wählen Sie dazu den Befehl **Ablage ▸ Neues intelligentes Album** aus.

## Schritt 2

Vergeben Sie im folgenden Dialogfenster zuerst einen Namen für Ihr intelligentes Album.

## Schritt 3

Klicken Sie dann auf die Aufklappmenüs, um die Bestandteile der Regel auszuwählen. Wenn Sie z. B. nur Bilder einer bestimmten Kamera verwenden möchten, lautet die Regel: **Kameramodell ist [Kameraname]**.

## Schritt 4

Um weitere Regeln festzulegen, klicken Sie auf die Plus-Schaltfläche. Eine zweite Zeile mit Kriterien erscheint. Gehen Sie dann vor wie in Schritt 3 beschrieben. Sind alle Regeln aufgestellt, bestätigen Sie sie mit einem Klick auf die Schaltfläche **OK**.

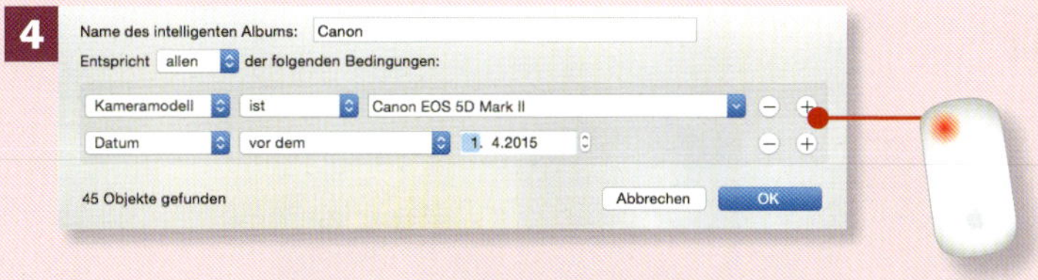


## Schritt 5

Fotos legt unter dem Punkt **Alben** in der Seitenleiste ein intelligentes Album an. Als Unterscheidungsmerkmal von den »normalen« Alben erhält es ein Zahnradsymbol **1**.

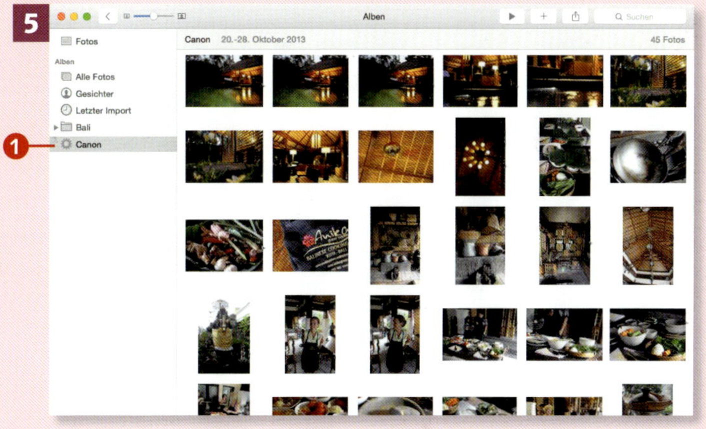


## Schritt 6

Um die Regeln eines intelligenten Albums zu bearbeiten, wählen Sie es in der Seitenleiste mit einem Rechtsklick aus und rufen dann den Punkt **Intelligentes Album bearbeiten** auf. Sie können jetzt die Regeln modifizieren wie in den Schritten 3 und 4 beschrieben.

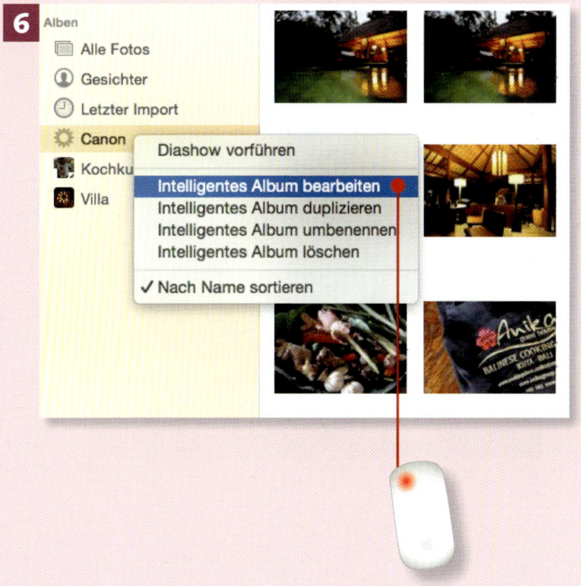

# Schnelle Bildbearbeitungen vornehmen

*Ist eine Aufnahme mal nicht so gelungen? Mit Fotos können Sie zu dunkle Bilder automatisch aufhellen und mit einem Klick die Qualität verbessern.*

1

## Schritt 1

Wählen Sie zuerst das Bild, das Sie verbessern möchten, mit einem Doppelklick aus Ihrer Fotosammlung aus.

2

## Schritt 2

Das Bild wird jetzt komplett in der Ansicht angezeigt. Anschließend wechseln Sie mit einem Klick auf die Schaltfläche **Bearbeiten** in den Bearbeitungsmodus.

3

## Schritt 3

Ihr Bild wird groß angezeigt, und im rechten Bereich sehen Sie Bedienfelder für die Bildbearbeitung. Um in einem einfachen Schritt die Qualität der Aufnahme aufzuwerten, klicken Sie auf die Schaltfläche **Verbessern**.

## Schritt 4

Fotos nimmt die Optimierung sofort vor, indem es u. a. die Farben und den Kontrast des Bildes ein wenig anpasst.

## Schritt 5

Wenn Ihnen die Änderung nicht gefällt, können Sie sie über die Schaltfläche **Zurück zum Original** rückgängig machen. Alternativ verwenden Sie die Tastenkombination cmd + Z.

## Schritt 6

Sind Sie mit den Anpassungen zufrieden, dann übernehmen Sie sie einfach mit einem Klick auf die Schaltfläche **Fertig** ❶. Das Foto wird Ihnen anschließend wieder im Programmfenster angezeigt.

4

5

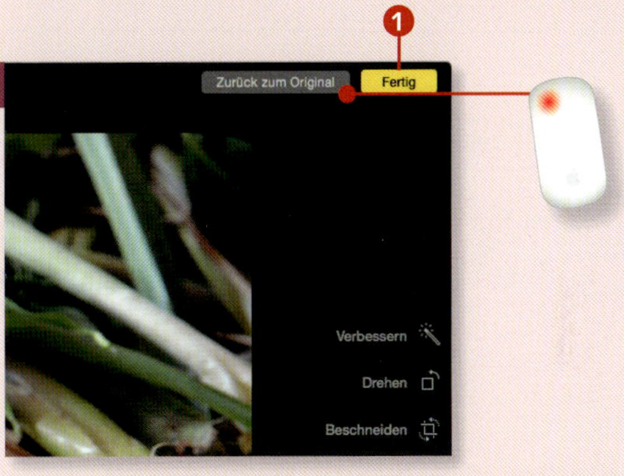


6

**Schneller Vergleich mit Original**
Sie können die vorgenommenen Anpassungen direkt mit dem Originalbild vergleichen, indem Sie die Taste M betätigen. Für die Dauer, in der Sie die Taste gedrückt halten, wird das Original angezeigt.

# Bilder drehen und beschneiden

*Von Hochkant zu Querformat? Oder möchten Sie einen Bildausschnitt hervorheben? Fotos bietet die passenden Werkzeuge.*

## Schritt 1

Zuerst wählen Sie ein Bild mit einem Doppelklick aus. Klicken Sie anschließend auf die Schaltfläche **Bearbeiten** ❶, um den Bearbeitungsmodus aufzurufen.

## Schritt 2

Um die Aufnahme zu drehen, klicken Sie auf die Schaltfläche **Drehen**. Das Bild wird gegen den Uhrzeigersinn gedreht. Soll es in die andere Richtung gehen, halten Sie zusätzlich die Taste `alt` gedrückt.

## Schritt 3

Um eine Aufnahme auf einen bestimmten Bildausschnitt zu reduzieren, schneiden Sie sie zu. Klicken Sie im Bearbeitungsmodus auf die Schaltfläche **Beschneiden**.

## Schritt 4

Der Beschnitt wird am Rand der Aufnahme angezeigt. Um ein bestimmtes Format einzustellen, klicken Sie auf die Schaltfläche **Verhältnis**.

## Schritt 5

Über das Aufklappmenü legen Sie jetzt die gewünschte Größe fest, z. B. das Standard-Breitbildformat **3:2** ❷. Durch Ziehen an den vier Griffpunkten mit gedrückter Maustaste können Sie den Beschnitt in der Größe verändern.

## Schritt 6

Über die Gradanzeige können Sie den Horizont der Aufnahme begradigen. Schieben Sie für die Anpassung den Regler nach oben oder unten. Sind Sie mit der Anpassung zufrieden, bestätigen Sie mit einem Klick auf die Schaltfläche **Fertig** ❸.

4

5

6

**Bild direkt drehen**
Um eine Aufnahme zu drehen, können Sie auch die Menüfunktionen **Bild ▸ Im Uhrzeigersinn drehen** oder **Bild ▸ Gegen den Uhrzeigersinn drehen** verwenden.

# Bilder retuschieren

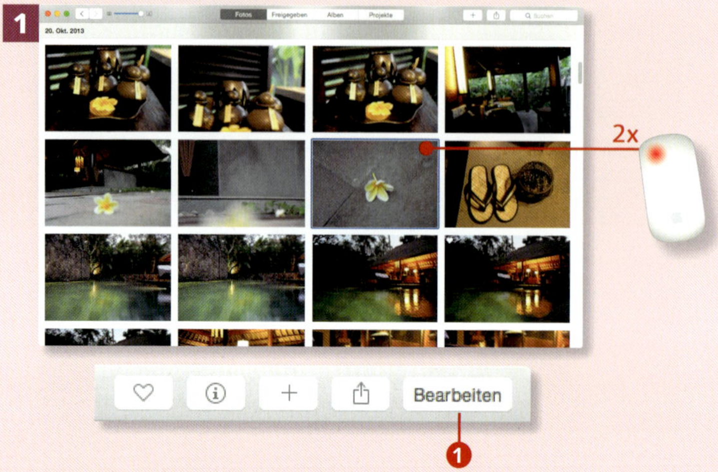


*Kleine Fehler in einer Aufnahme lassen sich mit dem Retusche-Werkzeug in Fotos einfach beseitigen.*

## Schritt 1

Wählen Sie ein Bild aus der Fotoübersicht mit einem Doppelklick aus. Rufen Sie anschließend über die Schaltfläche **Bearbeiten** ❶ den Bearbeitungsmodus auf.

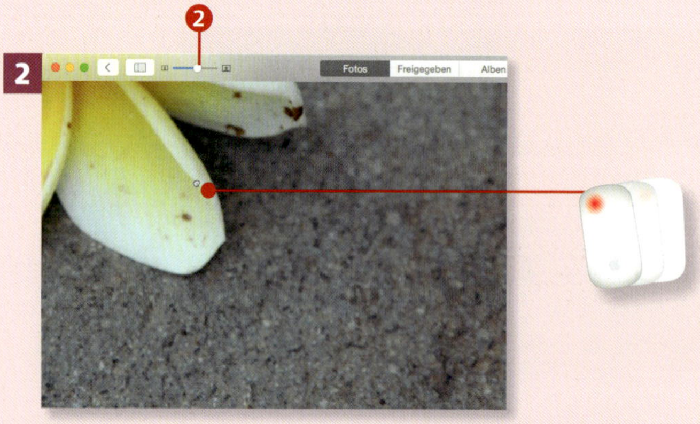


## Schritt 2

Vergrößern Sie den Bildausschnitt, indem Sie den **Zoomregler** ❷ nach links schieben. Im Ausschnitt navigieren Sie, indem Sie in das Bild klicken und sich anschließend mit gedrückter Maustaste zur gewünschten Stelle im Bild bewegen.

## Schritt 3

Mit einem Klick auf die Schaltfläche **Retuschieren** verwandelt sich der Mauszeiger in eine Pinselspitze. Alternativ können Sie auch die Taste R betätigen. Ziehen Sie am Schieberegler **Größe** ❸, um die Breite der Spitze einzustellen.

## Schritt 4

Positionieren Sie die Pinselspitze direkt neben dem Punkt, der retuschiert werden soll, und ziehen Sie den Pinsel mit gedrückter Maustaste über die Stelle. Wiederholen Sie die Aktion so oft, bis der Defekt aus dem Bild entfernt ist.

4
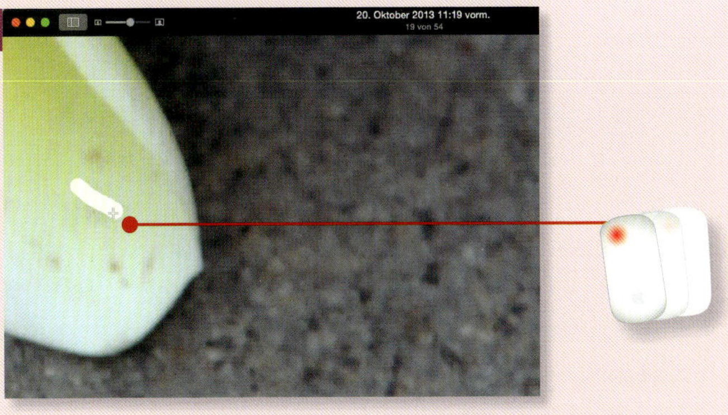


## Schritt 5

Klicken Sie auf die Schaltfläche **Zurücksetzen** 4, falls die Bearbeitung zu stark ausfällt. Um wieder zum ursprünglichen Zustand des Bildes zurückzukehren, nutzen Sie die Schaltfläche **Zurück zum Original** 5.

5

## Schritt 6

Haben Sie alle Verbesserungen im Bild durchgeführt und sind Sie mit Ihrem Ergebnis zufrieden, übernehmen Sie die Anpassungen mit einem Klick auf die Schaltfläche **Fertig**.

6
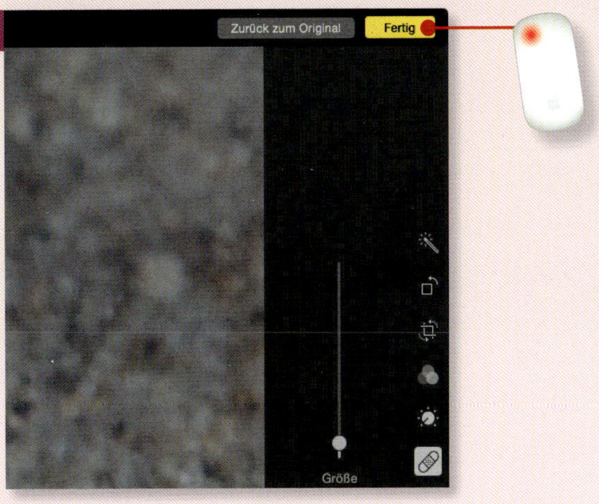


**Navigation mit ausgewähltem Werkzeug**

Während Sie mit dem Retuschepinsel arbeiten, ist es manchmal nötig, den Bildausschnitt nochmals zu verschieben. Drücken Sie dazu die Leertaste, und navigieren Sie mit der Maus zum gewünschten Ausschnitt.

# Fotos mit Effekten verschönern

1

*Im Handumdrehen aus einem Bild eine Schwarzweißaufnahme machen oder es um Jahre altern lassen – das und mehr ist möglich mit den integrierten Effekten.*

## Schritt 1

Wählen Sie in der Fotosammlung mit einem Doppelklick das Bild aus, das Sie mit einem Effekt versehen möchten.

2

## Schritt 2

Klicken Sie mit der Maus auf die Schaltfläche **Bearbeiten**, um die Bearbeitungswerkzeuge aufzurufen.

3

## Schritt 3

Nach einem Klick auf **Filter** steht Ihnen eine Auswahl an Standardeffekten zur Verfügung, z. B. **S/W hell**, **Alt**, **Chrom** oder **Sofortbild**. Damit Sie im Vorfeld einen Eindruck erhalten, wird jeder Effekt in einem kleinen Vorschaubild angezeigt.

**Schnelle Bildbearbeitung**

Mit Tastenkombinationen können Sie noch schneller arbeiten. Direkt zu den Filtern gelangen Sie beispielsweise mit einem Druck auf die Taste F.

## Schritt 4

Um einen Effekt auf das ausgewählte Bild anzuwenden, genügt es, auf das Vorschaubild zu klicken. Das Ergebnis wird direkt in der Übersicht angezeigt.

## Schritt 5

Sind Sie mit dem Ergebnis zufrieden, bestätigen Sie die Anpassung über die Schaltfläche **Fertig**.

## Schritt 6

Ihre Änderungen werden automatisch gesichert, und Fotos legt die angepasste Aufnahme wieder in der Fotosammlung ab.

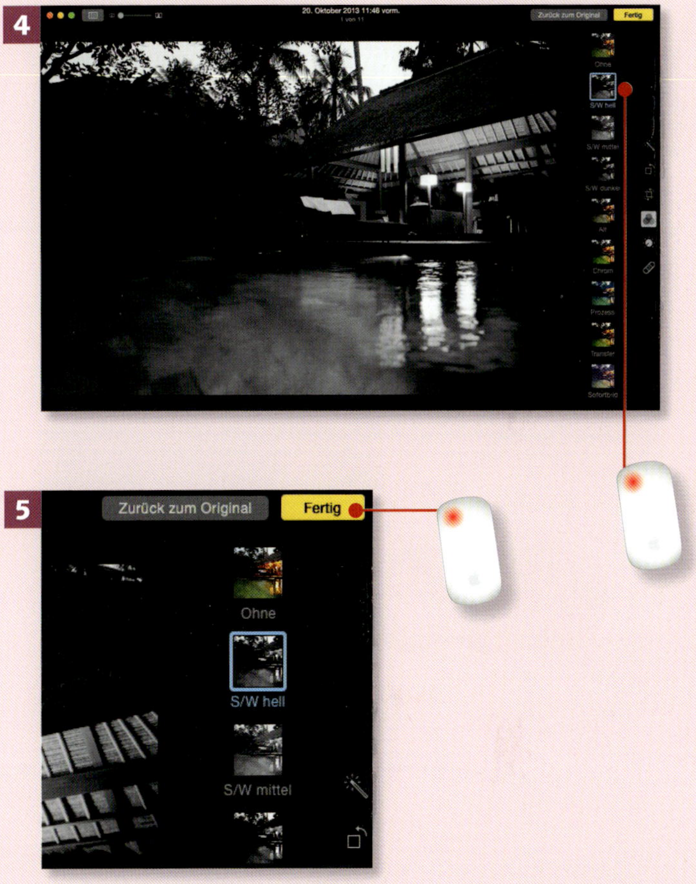

**Anpassungen direkt rückgängig machen**

Um die Anpassungen nach dem Speichern rückgängig zu machen, nutzen Sie die Menüfunktion **Bearbeiten ▸ [Dateiname] bearbeiten widerrufen** oder alternativ die Tastenkombination cmd + Z.

# Bilder einzelnen Personen zuordnen

1

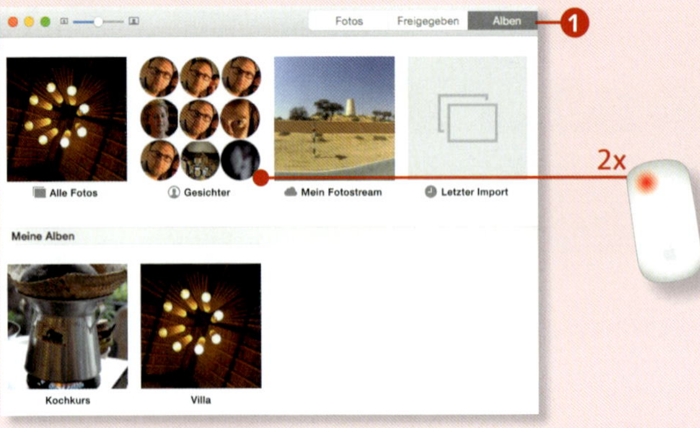


2

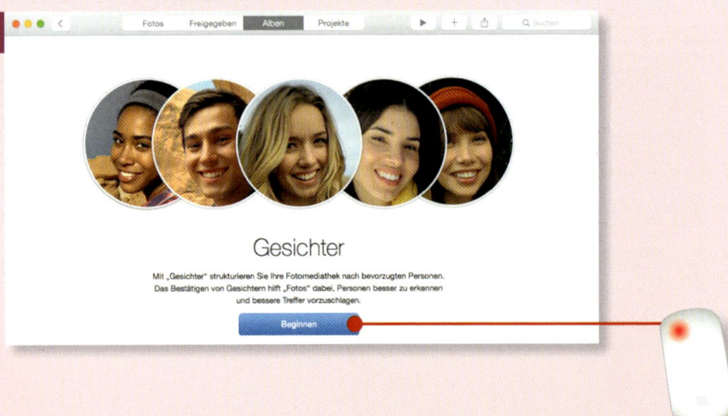


3

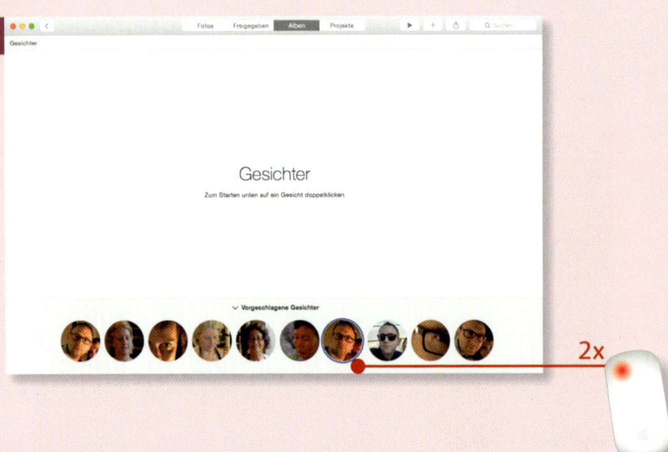


*Bilder von Personen können Sie von Fotos automatisch sortieren lassen. Sie müssen einmalig eine Zuordnung vornehmen, den Rest erledigt die eingebaute Bild-Erkennung.*

## Schritt 1

Rufen Sie die Albenübersicht auf, wahlweise über die Schaltfläche **Alben** 1 oder das Tastenkürzel cmd + 3. Doppelklicken Sie dort auf das Album **Gesichter**.

## Schritt 2

Fotos informiert Sie bei der ersten Benutzung kurz, was Sie mit der Funktion **Gesichter** alles machen können. Bestätigen Sie den Dialog mit der Schaltfläche **Beginnen**.

## Schritt 3

Automatisch hat Fotos alle Ihre Aufnahmen analysiert. Die Gesichter aller Personen, die das Programm auf den Bildern erkannt hat, werden in der unteren Reihe dargestellt. Klicken Sie doppelt auf ein Gesicht, um mit der Zuordnung zu beginnen.

## Schritt 4

Jetzt müssen Sie der Person bzw. dem Gesicht einen Namen geben. Tragen Sie diesen in das Dialogfenster ein, und bestätigen Sie anschließend mit **Fortfahren**.

4

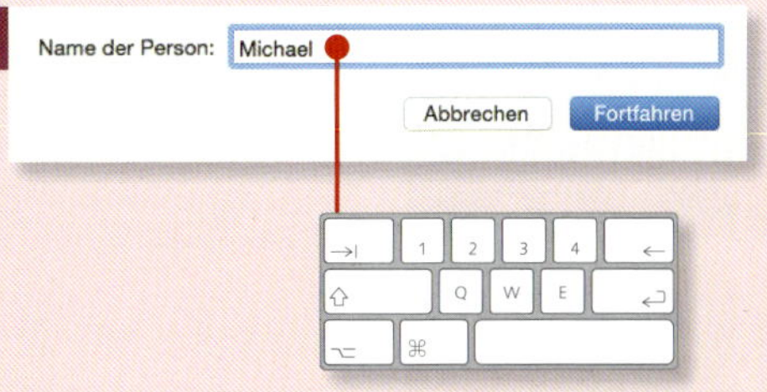


## Schritt 5

Wählen Sie weitere Bilder aus, auf denen die entsprechende Person zu erkennen ist, und ordnen Sie sie zu. Ziehen Sie dazu das entsprechende Bild auf das Foto in der Mitte.

5

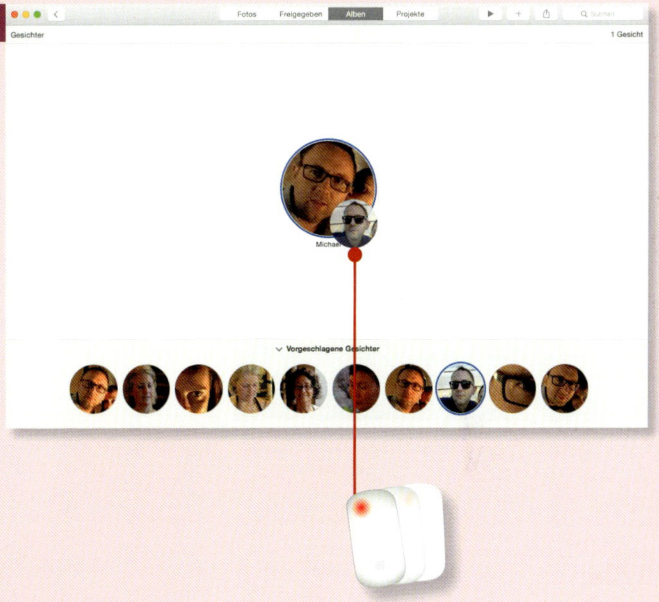


## Schritt 6

Klicken Sie anschließend auf den runden Kreis mit dem Porträt der Person, um eine Übersicht aller zugehörigen Fotos angezeigt zu bekommen. Um die einzelnen Gesichter zu sehen, klicken Sie auf die gleichnamige Schaltfläche in der Symbolleiste.

6

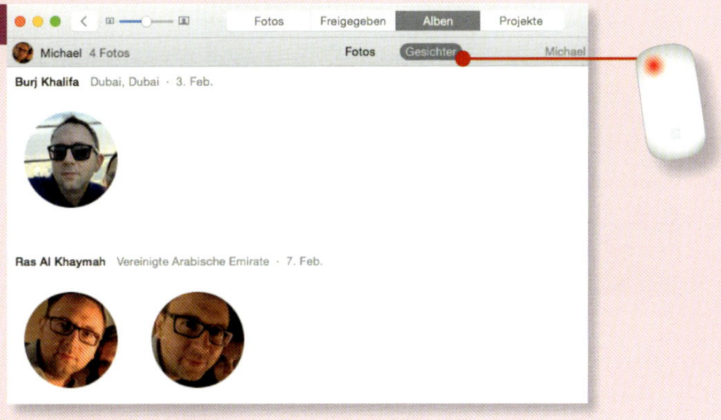


**Personen entfernen**

Rufen Sie über die Ansicht **Alben** das Album **Gesichter** auf. Wählen Sie eine Person per Mausklick aus, und drücken Sie die [←]-Taste. Bestätigen Sie den Dialog mit der Schaltfläche **Löschen**.

# Bilder per Mail verschicken

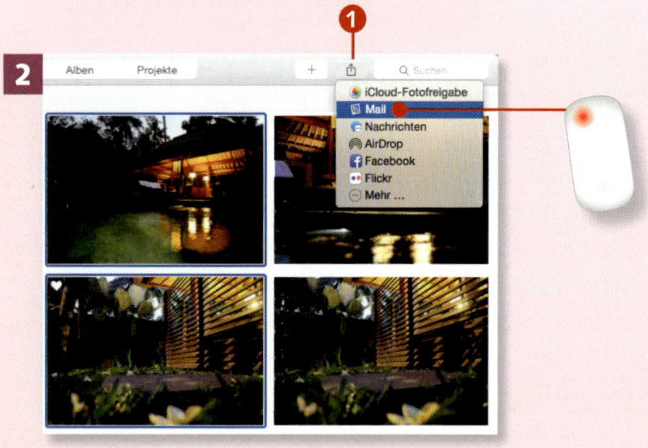


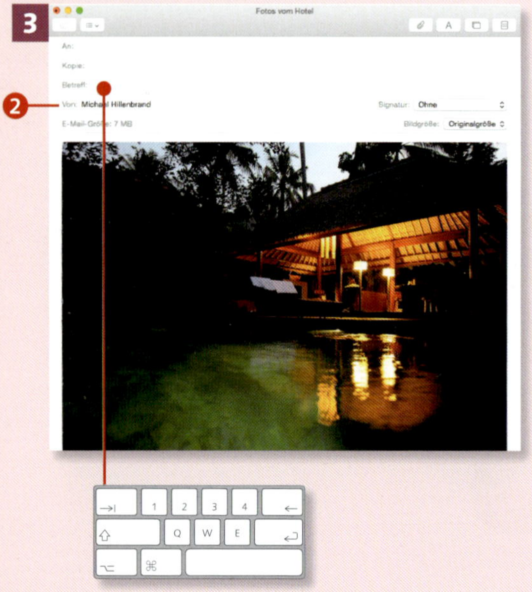


*Der einfachste Weg, Urlaubsfotos mit Freunden oder der Familie zu teilen, ist der Versand per E-Mail.*

## Schritt 1

Wählen Sie aus der Fotosammlung per Mausklick das Bild oder die Bilder aus, die Sie versenden möchten. Mit einem Mausklick und gedrückter cmd-Taste markieren Sie gleich mehrere Bilder auf einmal.

## Schritt 2

Um die Bilder per E-Mail zu versenden, klicken Sie oben rechts auf die Schaltfläche **Ausgewählte Fotos freigeben** ❶ und wählen dann die Option **Mail** aus dem Menü aus.

## Schritt 3

Die Bilder werden jetzt direkt an **Mail** übergeben, und das Programm startet automatisch. Klicken Sie mit der Maus in das Feld für den **Betreff**, und geben Sie einen passenden Titel ein.

**Absender auswählen**

Besitzen Sie unterschiedliche E-Mail-Konten, können Sie festlegen, über welches Sie die Nachricht versenden wollen. Klicken Sie dazu auf das Aufklappmenü **Von** ❷ und wählen das gewünschte Konto aus.

### Schritt 4

Um einen Nachrichtentext zu verfassen, klicken Sie mit der Maus in den Textbereich. Möchten Sie Ihren Text über dem Foto platzieren, betätigen Sie mehrfach die [↵]-Taste. Jetzt können Sie Ihre Nachricht schreiben.

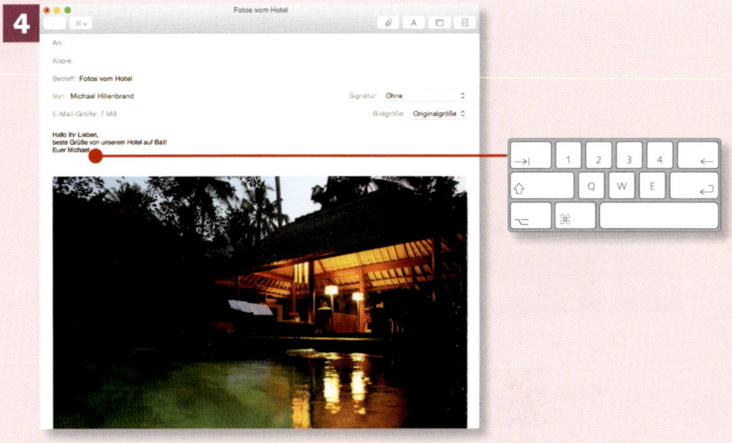


### Schritt 5

Wie groß Ihre E-Mail am Ende wird, hängt von der Dateigröße der Fotos ab, die Sie Ihrer Nachricht anhängen. Sie können sie über das Aufklappmenü **Bildgröße** einstellen. Für eine gute Qualität wählen Sie die Option **Mittel**.

### Schritt 6

Geben Sie den Empfänger an, indem Sie seine E-Mail-Adresse im Feld **An** eintragen. Falls der Empfänger in Ihrem Adressbuch steht, können Sie auch einfach seinen Namen in das Feld schreiben. Mit einem Klick auf die Schaltfläche **Senden** ❸ werden die Bilder auf den Weg gebracht.

**Fotos auf Facebook und Flickr**
Sie können bei Facebook und Flickr direkt aus der Fotos-App heraus Bilder veröffentlichen. Wählen Sie ein oder mehrere Bilder aus, und stellen Sie sie über die Schaltfläche **Ausgewählte Fotos freigeben** und die Option **Facebook** bzw. **Flickr** online.

# Bilder via iCloud teilen

1

2

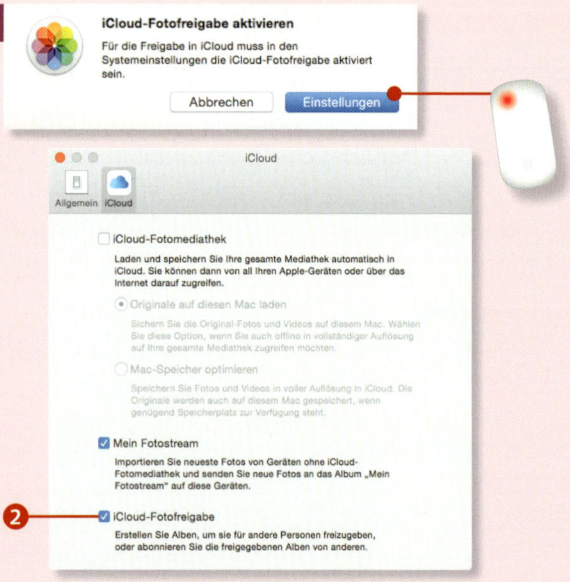


3

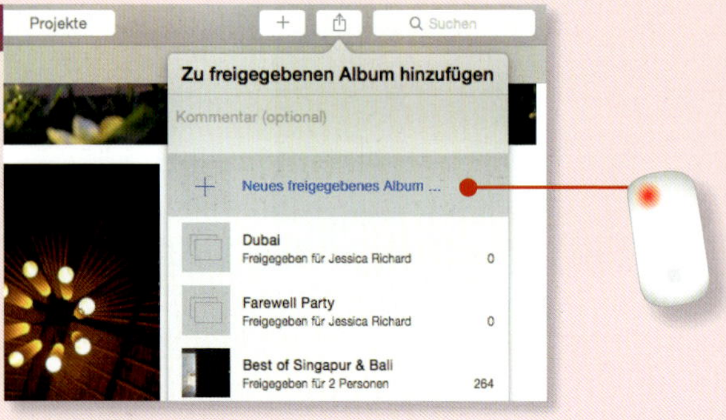


*Via iCloud gibt es die Möglichkeit, Bilder mit anderen zu teilen. Den Weg zum geteilten Fotospaß zeigt Ihnen dieser Abschnitt.*

## Schritt 1

Per **iCloud-Fotofreigabe** stellen Sie Fotos für andere Rechner, ein iPhone oder iPad zur Verfügung. Wählen Sie ein Bild aus Ihrer Fotosammlung aus, das Sie teilen möchten. Klicken Sie auf die Schaltfläche **Ausgewählte Fotos freigeben** ❶ und dann auf **iCloud-Fotofreigabe**.

## Schritt 2

Beim ersten Mal müssen Sie die iCloud-Fotofreigabe aktivieren. Klicken Sie im Dialog auf den Punkt **Einstellungen**. Aktivieren Sie im folgenden Einstellungsfenster das Kontrollkästchen **iCloud-Fotofreigabe** ❷, und schließen Sie das Fenster.

## Schritt 3

In Zukunft wird ohne Umweg das Dialogfenster zur iCloud-Fotofreigabe geöffnet. Um Bilder freizugeben, wählen Sie die Option **Neues freigegebenes Album** aus.

## Schritt 4

Legen Sie im Feld **Name des freigegebenen Albums** ❸ einen Titel fest. Geben Sie dann im Feld **An** ❹ den Empfänger ein, mit dem Sie die Bilder teilen möchten. Sie können im **Kommentar**-Feld ❺ noch eine Nachricht für den Empfänger verfassen. Sind alle Einstellungen getroffen, bestätigen Sie mit einem Klick auf **Erstellen**.

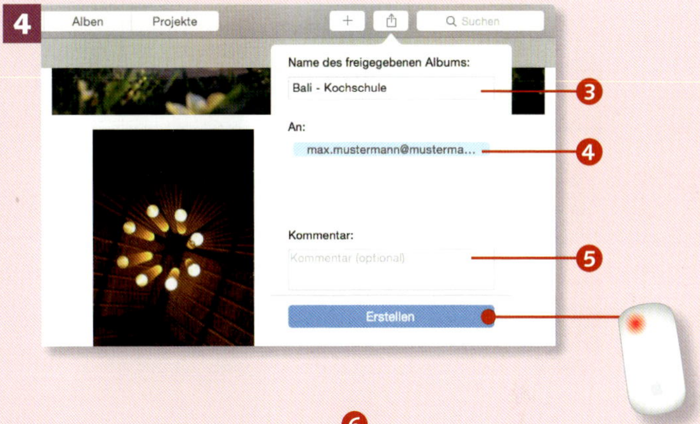


## Schritt 5

Um auf Ihre Freigaben zuzugreifen, klicken Sie in der Symbolleiste auf **Freigegeben** ❻ (cmd + 2). Sie erhalten dann eine Übersicht über Ihre iCloud-Freigaben. Mit einem Klick auf **Fotos oder Videos hinzufügen** können Sie Ihre Freigabe um Aufnahmen ergänzen.

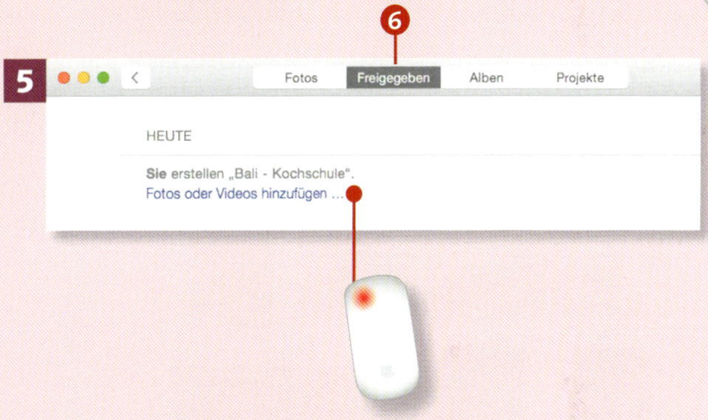


## Schritt 6

Wählen Sie die gewünschten Bilder aus, und bestätigen Sie mit **Hinzufügen**. Sie sehen dann in einer Übersicht neben der Anzahl ❼ der enthaltenen Fotos auch den Titel der Freigabe ❽.

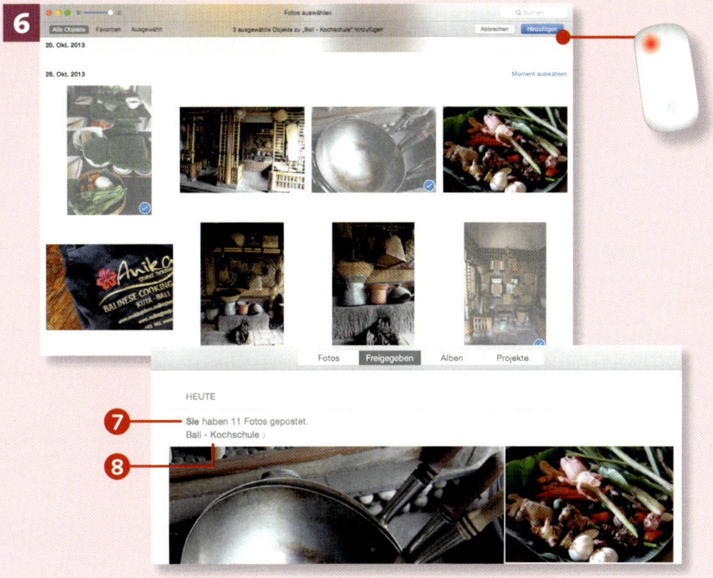

# Eine Diashow erstellen

*Sie können mit Fotos eine digitale Diashow erstellen. Perfekt wird die Vorführung mit professionellen Übergängen und einer ansprechenden Hintergrundmusik.*

1

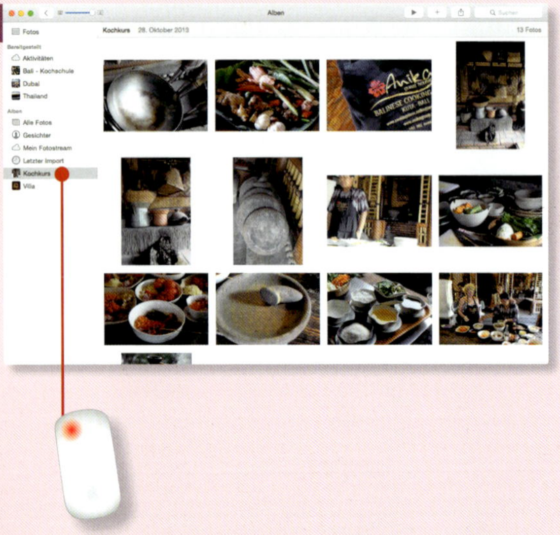

## Schritt 1

Wählen Sie das Album aus, das Sie in die Diashow übernehmen möchten, im Beispiel **Kochkurs**. Sie können aber auch einzelne Fotos für eine Diashow auswählen.

2

## Schritt 2

Wenn Sie nur einige bestimmte Bilder aus dem Album für Ihre Diashow verwenden möchten, wählen Sie sie per Mausklick und gedrückter cmd-Taste aus.

3

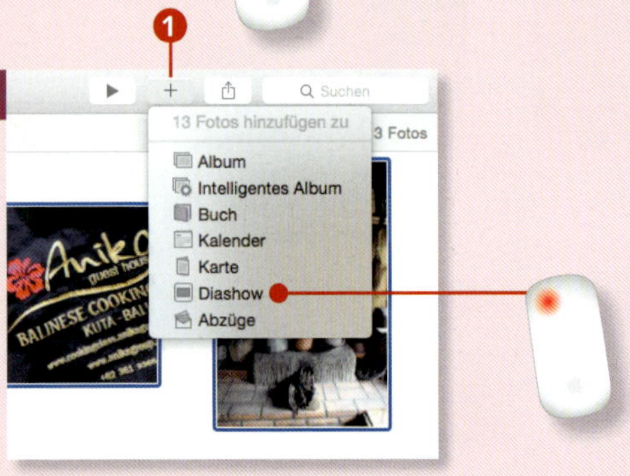


## Schritt 3

Mit einem Klick auf die Schaltfläche mit dem Pluszeichen (1) in der Symbolleiste legen Sie eine neue Diashow an. Wählen Sie dazu im Aufklappmenü die Option **Diashow** aus.

**Diashow aus einem Album**
Möchten Sie ein ganzes Album in eine Diashow verwandeln, wählen Sie das Album in der Albenübersicht aus. Rufen Sie dann die Option **Diashow erstellen** auf.

## Schritt 4

Fotos übernimmt automatisch den Namen des Albums für Ihre Diashow. Sie können den Titel durch Klicken in das Feld **Name der Diashow** überschreiben. Bestätigen Sie anschließend mit der Schaltfläche **OK**.

4

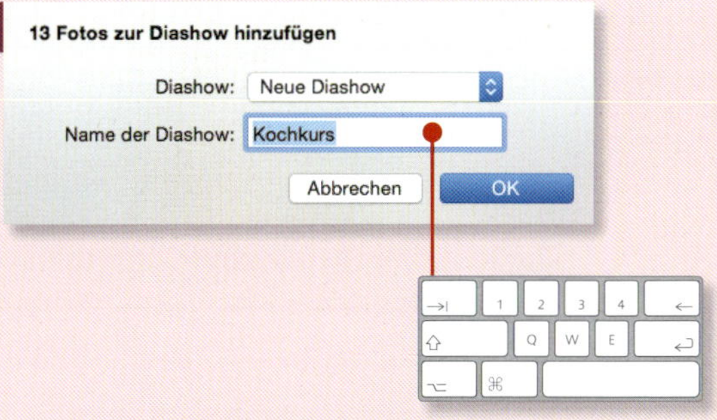


## Schritt 5

Der Diashow-Editor ermöglicht es, die Reihenfolge der Bilder festzulegen. Ziehen Sie dazu einfach ein Bild oder eine ganze Bilderauswahl mit gedrückter Maustaste an die gewünschte Stelle in der Piktogramm-Reihe.

5

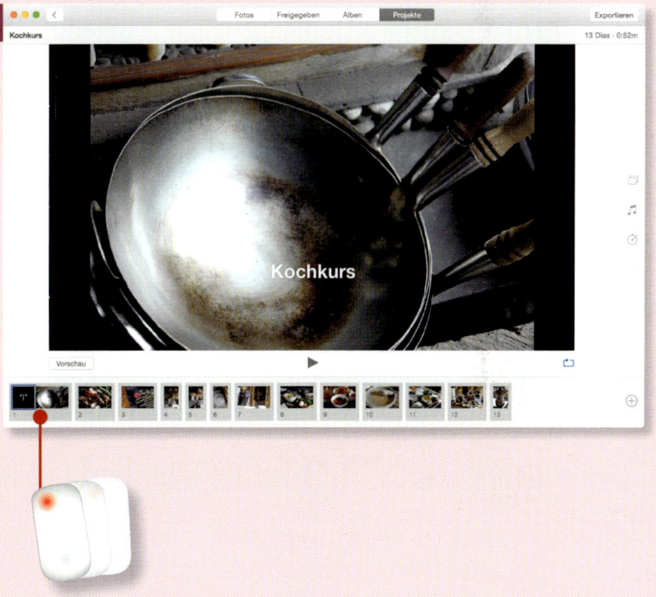


## Schritt 6

Mit einem Thema verleihen Sie Ihrer Diashow ein professionelles Aussehen. Klicken Sie rechts auf die Schaltfläche **Themenauswahl**, und wählen Sie eine der angebotenen Varianten aus, z. B. **Magazin** ❷. Auf die Bilder der Diashow werden dann automatisch entsprechende Übergangseffekte, Überblendungen, Standardtexte etc. angewandt.

6

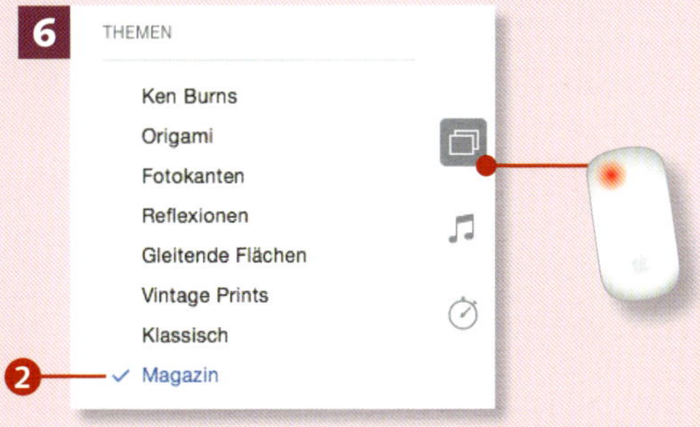

# Eine Diashow erstellen (Forts.)

7

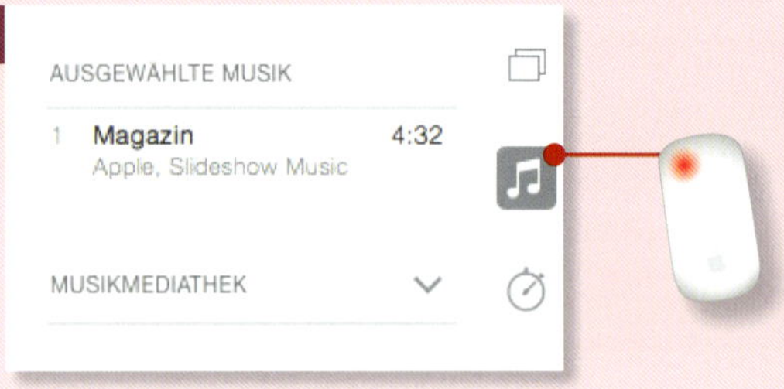


8

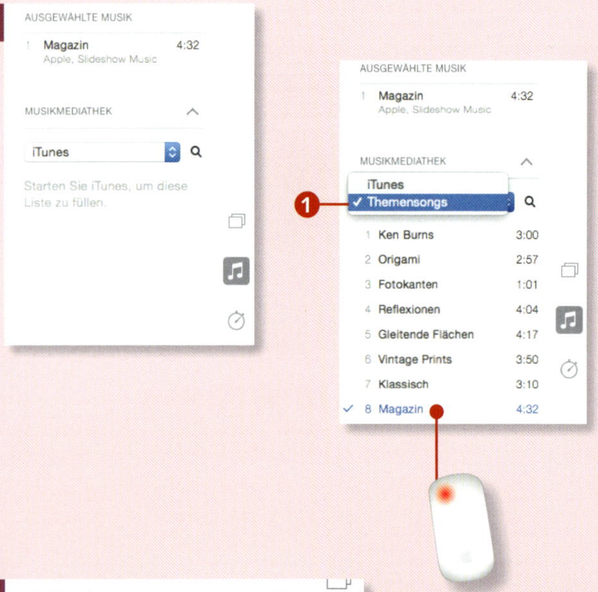


9

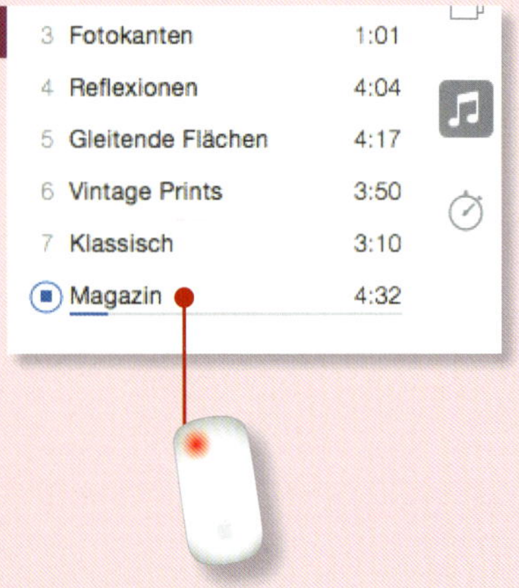


## Schritt 7

Hintergrundmusik für Ihre Diashow fügen Sie über die Schaltfläche **Musik** hinzu.

## Schritt 8

Um Titel aus den Themen zu nutzen, aktivieren Sie im Aufklappmenü die Option **Themensongs** ❶. Wählen Sie dann den gewünschten Titel mit einem Klick aus. Um weitere Musikstücke hinzuzufügen, wählen Sie sie aus der Liste mit einem Mausklick aus. Die Auswahl wird jeweils mit einem blauen Haken versehen.

## Schritt 9

Sie können die einzelnen Titel auch Probe hören. Suchen Sie sich die Stücke über die Auswahlliste aus, und klicken Sie darauf, um sie wiederzugeben.

**Weitere Fotos und Text hinzufügen**

Möchten Sie noch ein paar mehr Bilder in Ihrer Diashow zeigen oder einen Text einfügen, klicken Sie auf die Schaltfläche **Objekt hinzufügen** rechts unten.

## Schritt 10

Mit einem Klick auf **Einstellungen für Dauer** legen Sie fest, wie lange ein Bild angezeigt wird. Bei der Option **Eigene** ❷ geben Sie eine Sekundenzahl an. Sie können das Programm Fotos aber auch anweisen, die Diavorführung an die Länge des ausgewählten Musikstücks anzupassen. Hierzu wählen Sie die Option **An Musik anpassen** ❸ aus.

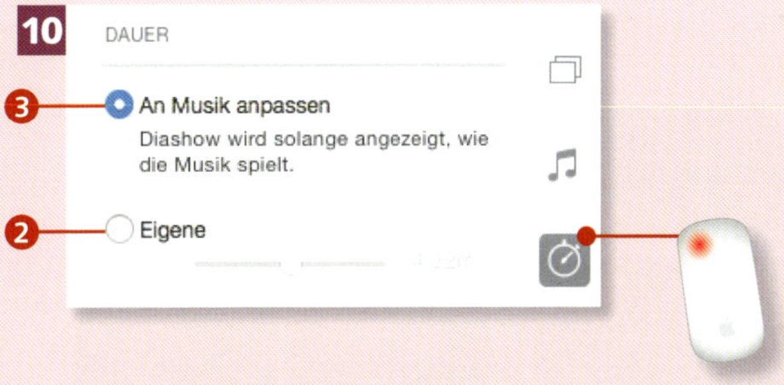


## Schritt 11

Sobald Sie alle Anpassungen vorgenommen haben, sollten Sie Ihre Diashow testen. Klicken Sie dazu auf die Schaltfläche **Vorschau** ❹. Um Ihre Komposition vorzuführen, klicken Sie auf **Starten**.

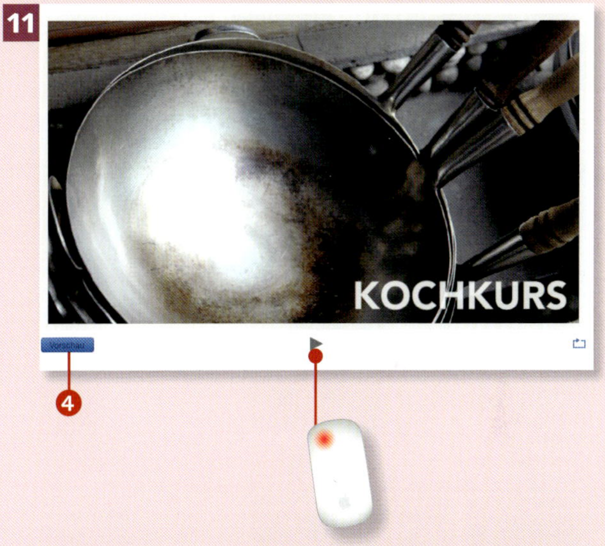


## Schritt 12

Fotos zeigt die Diashow dann im Vollbildmodus. Möchten Sie das Menü einblenden, bewegen Sie die Maus über das gezeigte Bild. Sie können die Vorführung mit der Taste esc unterbrechen und ins Programm Fotos zurückkehren.

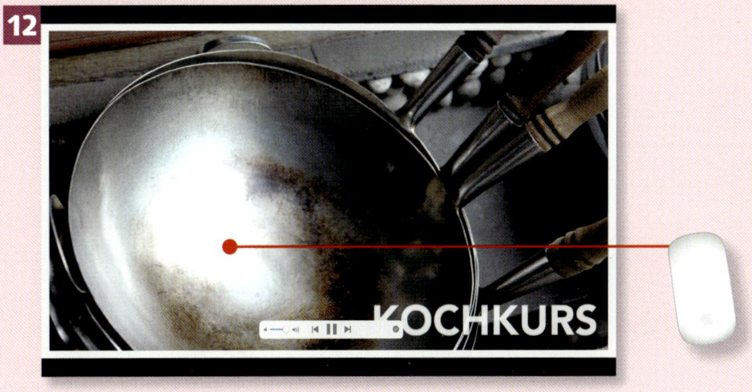

# Bilder selbst ausdrucken

1

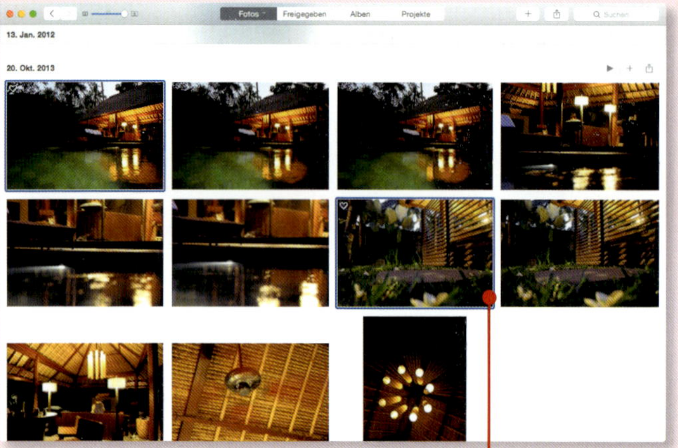


2

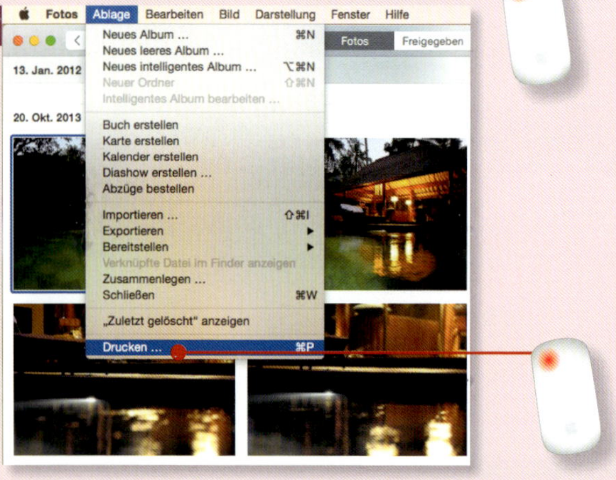


3

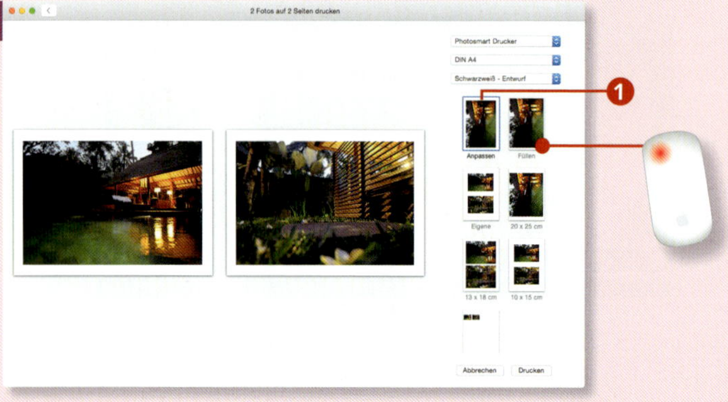


*Geben Sie die Bilder aus Ihrer Fotos-Sammlung nach Belieben auf Ihrem heimischen Drucker aus.*

## Schritt 1

Wählen Sie die Bilder aus, die Sie gerne ausdrucken möchten. Dabei können Sie auf Ihre komplette Fotosammlung zurückgreifen oder wahlweise nur Bilder aus einem Album auswählen.

## Schritt 2

Rufen Sie nun über das Menü **Ablage ▸ Drucken** den Druckdialog der Fotos-App auf, oder drücken Sie die Tastenkombination cmd + P.

## Schritt 3

Im Druckdialog können Sie Druckeinstellungen vornehmen. Mit der Option **Anpassen** 1 bringen Sie das Foto in den Original-Proportionen auf das Papier. Formatfüllend, also in der Größe des kompletten Blatts, drucken Sie mit **Füllen**.

## Schritt 4

Sie können festlegen, welches Druckmedium Sie verwenden und in welcher Qualität Sie drucken möchten. Wählen Sie eine passende Option im Aufklappmenü aus: für eine gute Qualität auf Normalpapier z. B. **Foto auf Normalpapier**.

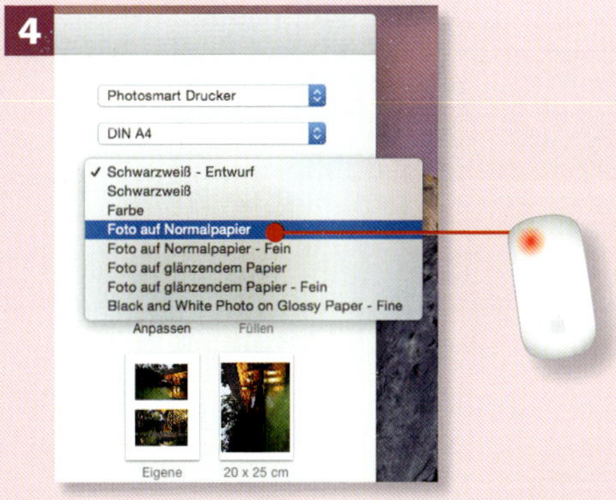


## Schritt 5

Über das Aufklappmenü **Druckgröße** ist es möglich, das Format des Bildes selbst zu bestimmen. Auch hier stehen je nach Druckermodell unterschiedliche Formate zur Verfügung. Soll das Foto flächenfüllend auf DIN A4 ausgedruckt werden, wählen Sie **DIN A4 Randlos**.

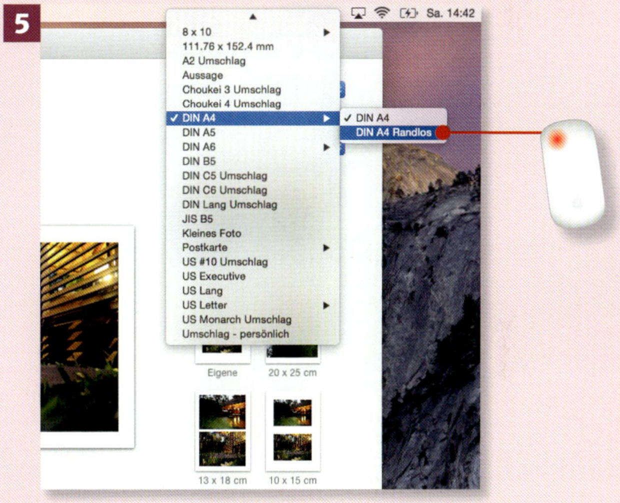


## Schritt 6

Haben Sie die Anpassungen vorgenommen, können Sie Ihr Bild oder Ihre Fotoauswahl ausdrucken. Klicken Sie dazu auf die Schaltfläche **Drucken** ❷. Bestätigen Sie den erscheinenden Dialog mit einem Klick auf die Schaltfläche **Drucken**.

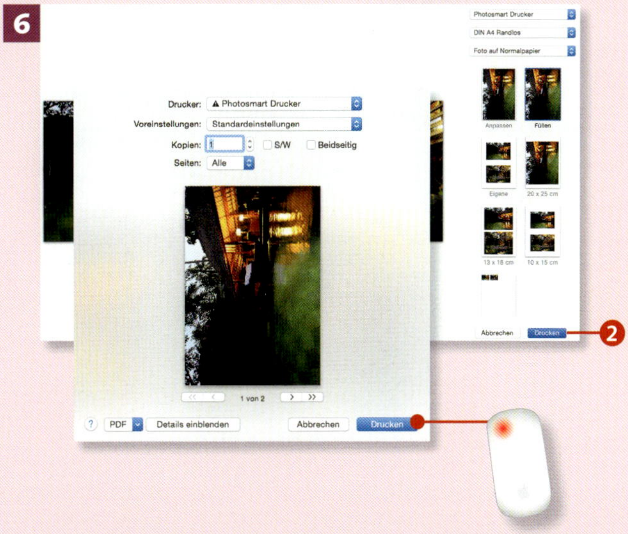


**Optionen im Druckdialog**

Je nach Modell stehen im Druckdialog verschiedene Einstellungsmöglichkeiten zur Verfügung.

# Abzüge bestellen

*Professionelle Abzüge auf Fotopapier können Sie direkt über den integrierten Fotoservice von Fotos bestellen.*

1

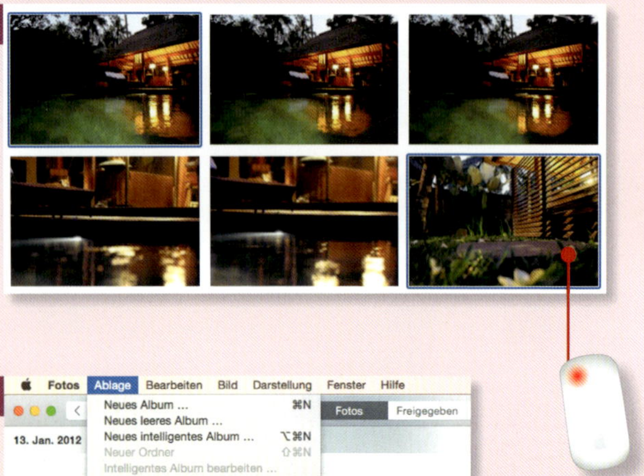

2

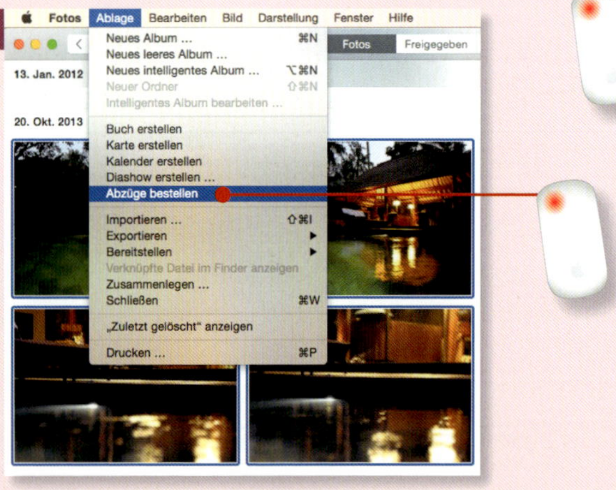


3

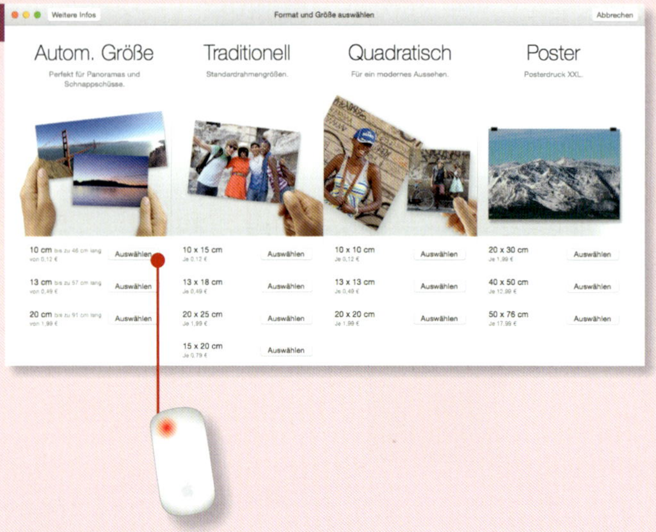


## Schritt 1

Um eine Bestellung beim Apple-Fotoservice aufzugeben, wählen Sie hierfür zunächst Ihre gewünschten Bilder aus.

## Schritt 2

Rufen Sie über das Menü **Ablage** die Option **Abzüge bestellen** auf.

## Schritt 3

Legen Sie im erscheinenden Dialog **Format und Größe auswählen** das gewünschte Format fest. Bestätigen Sie Ihre Wahl mit der Schaltfläche **Auswählen**.

**Auflösung zu niedrig?**

Falls die Auflösung des gewählten Bildes nicht für die gewählte Formatgröße reicht, versieht Fotos das Bild im Bestelldialog mit einem gelben Ausrufezeichen. Bestellen Sie das Foto in diesem Fall besser in einem kleineren Format.

## Schritt 4

Rufen Sie über die Schaltfläche **Optionen für Fotoauswahl einblenden** (1) in der Symbolleiste die Einstellungsmöglichkeiten für Ihre Auswahl auf. Dort können Sie unter **Abzüge** festlegen, wie viele Kopien Sie von jedem einzelnen Bild haben möchten. Klicken Sie dazu wahlweise auf die Pfeiltaste, oder tragen Sie direkt die Anzahl in das Textfeld ein.

4

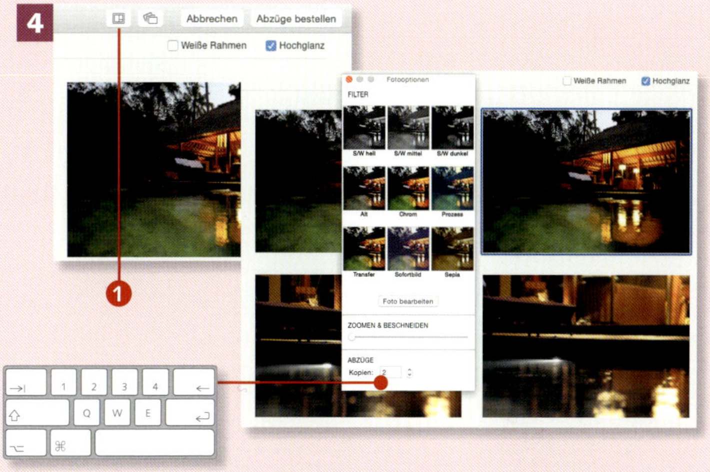


## Schritt 5

Sie bekommen in der Übersicht angezeigt, welches Format Sie gewählt haben und wie viele Bilder in Ihrer Auswahl sind. Möchten Sie die Bilder glänzend bestellen, aktivieren Sie die Option **Hochglanz** (2). Bestätigen Sie anschließend über die Schaltfläche **Abzüge bestellen**.

5

## Schritt 6

Fotos zeigt Ihnen daraufhin eine Bestellübersicht. Akzeptieren Sie die Geschäftsbedingungen, und geben Sie über die Schaltfläche **Lieferadresse hinzufügen** (3) die Zieladresse an. Bestätigen Sie dann mit einem Klick auf **Bestellung aufgeben**.

6

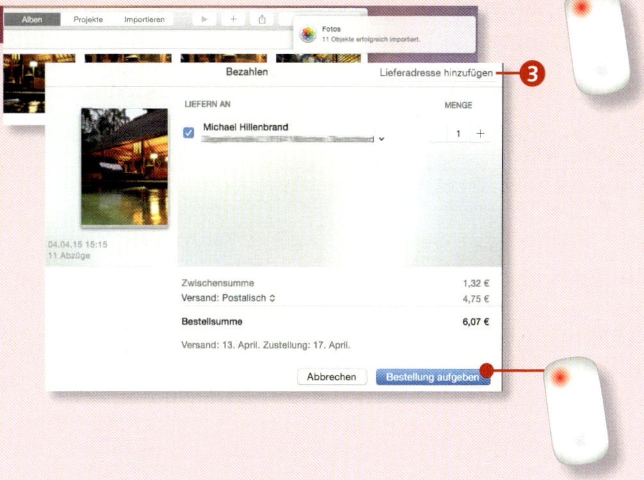

# Kapitel 10
# Musik verwalten und genießen

Für die Musik am Mac sorgt iTunes. Das Programm ist zudem eine Vertriebsplattform für Musik, Bücher, Apps und Filme und dient als Schnittstelle für iPhone, iPad und iPod. Sie lernen in diesem Kapitel, wie Sie mit iTunes Musik wiedergeben und organisieren, wie Sie Audio-CDs erstellen und wie Sie iTunes mit externen Geräten synchronisieren.

**Musik abspielen**

Sich neben der täglichen Arbeit am Computer mit Musik berieseln zu lassen, dafür ist der *MiniPlayer* ❶ in iTunes die richtige Wahl. Sie rufen ihn über das Menü **Fenster ▸ Mini-Player** auf. Platzsparend bietet er alle Funktionen, die zur Musikwiedergabe notwendig sind.

**Einkaufen im iTunes Store**

Das Angebot im iTunes Store ❷ ist vielfältig und reicht von Musiktiteln über Filme und Fernsehsendungen bis hin zu Apps. Wenn Sie einen iTunes-Store-Account haben und angemeldet sind, können Sie hier mit nur wenigen Mausklicks einkaufen. iTunes lädt die erworbene Datei dann automatisch aus dem Store und legt sie in Ihrer Mediathek ab.

**Musik für unterwegs**

Es ist kinderleicht, Ihr iPhone, Ihr iPad oder Ihren iPod mit Musik auszustatten. Stellen Sie eine Verbindung her, und wählen Sie das Gerät in iTunes aus ❸. Laden Sie wahlweise automatisch oder manuell Musik oder andere Multimedia-Inhalte auf Ihr mobiles Gerät.

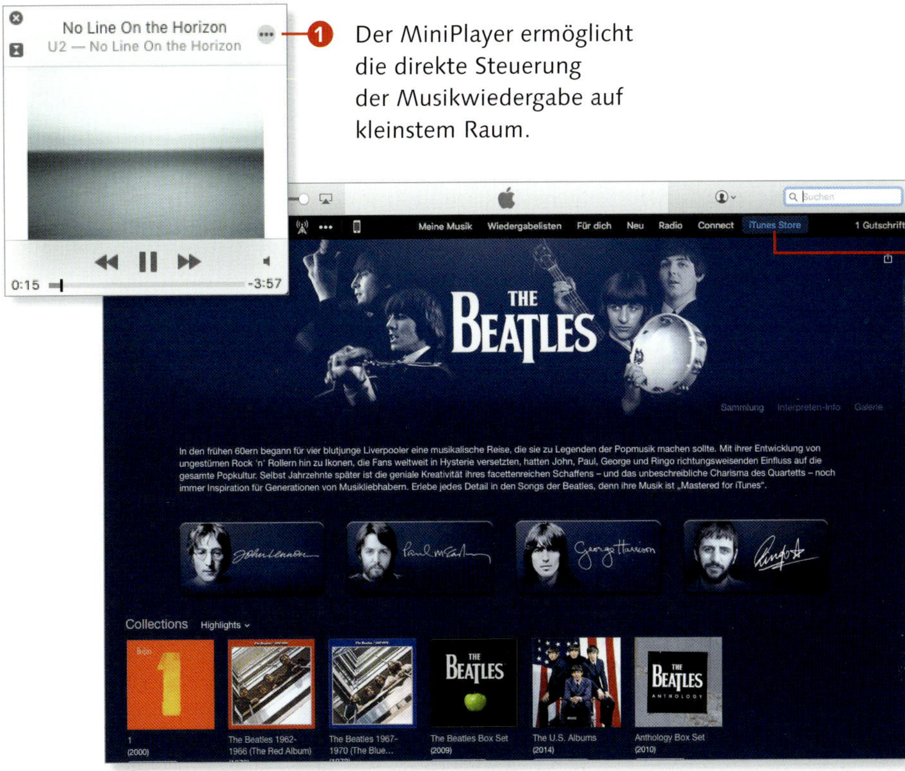


1 Der MiniPlayer ermöglicht die direkte Steuerung der Musikwiedergabe auf kleinstem Raum.

2 Im iTunes Store kaufen Sie Musik, Filme und Apps einfach mit einem Klick.

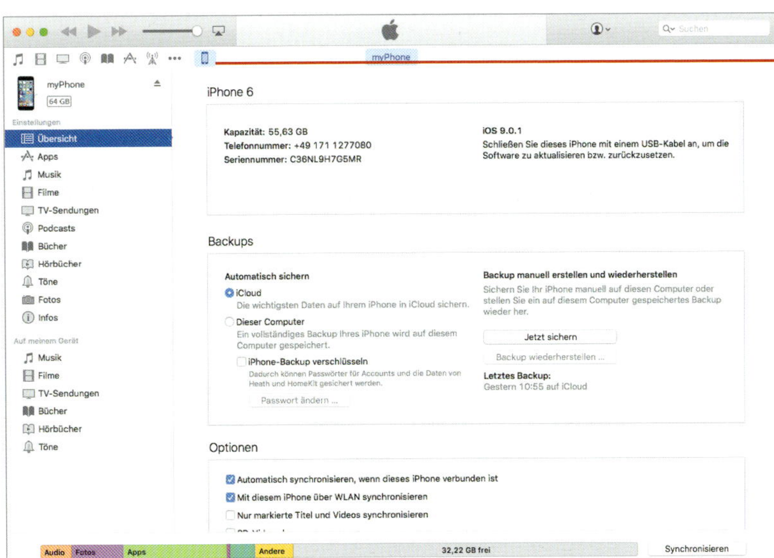


3 Ist die Verbindung mit iPhone, iPad oder iPod hergestellt, lässt sich die iTunes-Mediathek mit dem Gerät synchronisieren.

# Musik-CDs importieren

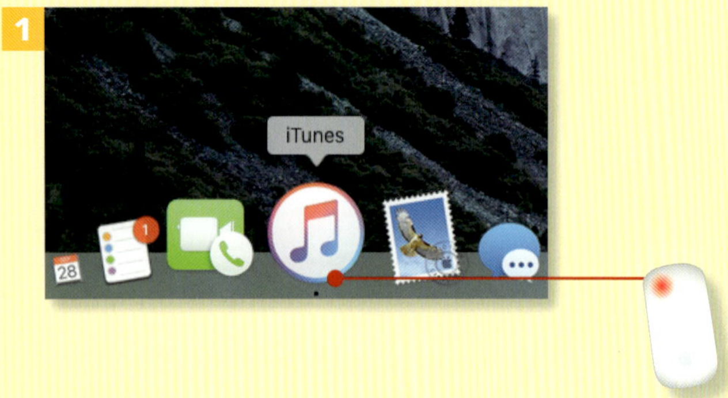


*iTunes können Sie u. a. über Ihre CD-Sammlung mit Musik »füttern«. Über ein CD-/DVD-Laufwerk landen die Titel per Import in der digitalen Musikverwaltung.*

## Schritt 1

Starten Sie **iTunes** mit einem Mausklick auf das Programmsymbol im Dock. Legen Sie dann Ihre zu importierende Musik-CD in das CD/DVD-Laufwerk Ihres Macs ein.

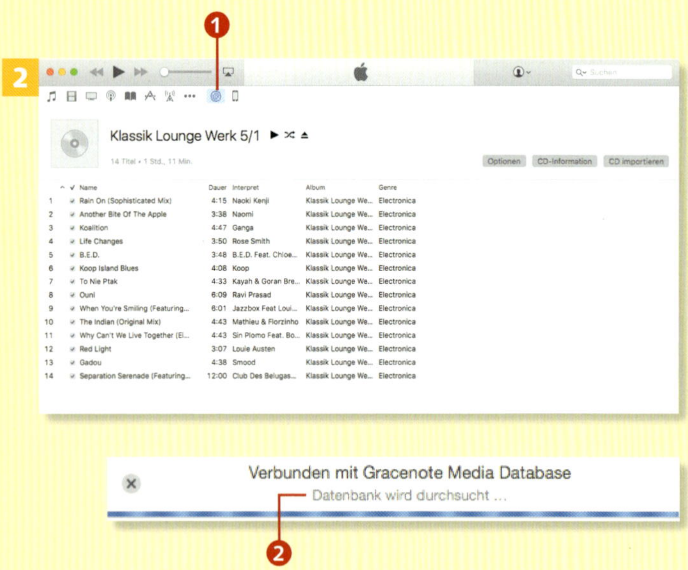


## Schritt 2

Die CD ❶ wird dann als Quelle dargestellt. Besteht eine Verbindung zum Internet, holt sich iTunes automatisch Titelinformationen ❷, z. B. Interpret, Titel- und Albumname. In der Übersicht werden dann die Titel und die Informationen zu Interpret und Album angezeigt.

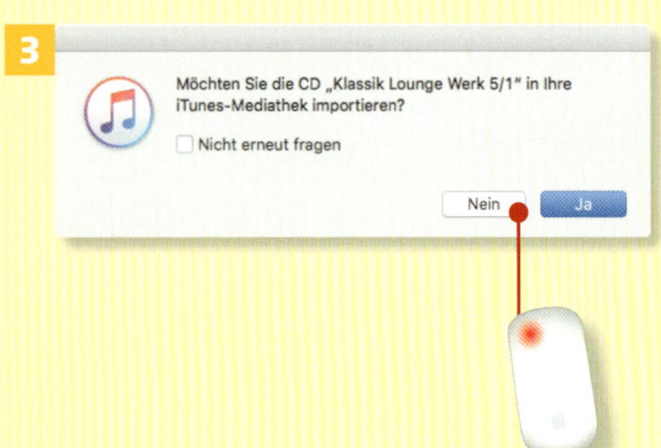


## Schritt 3

Um die komplette Musik-CD zu importieren, klicken Sie im erscheinenden Dialogfenster auf **Ja**. iTunes beginnt dann mit dem Import. Möchten Sie nur einzelne Stücke laden, brechen Sie den Vorgang mit **Nein** ab.

## Schritt 4

Einzelne Stücke wählen Sie über den Titel-Browser aus, indem Sie ein Häkchen setzen ❸. Dann klicken Sie auf die Schaltfläche **CD importieren**.

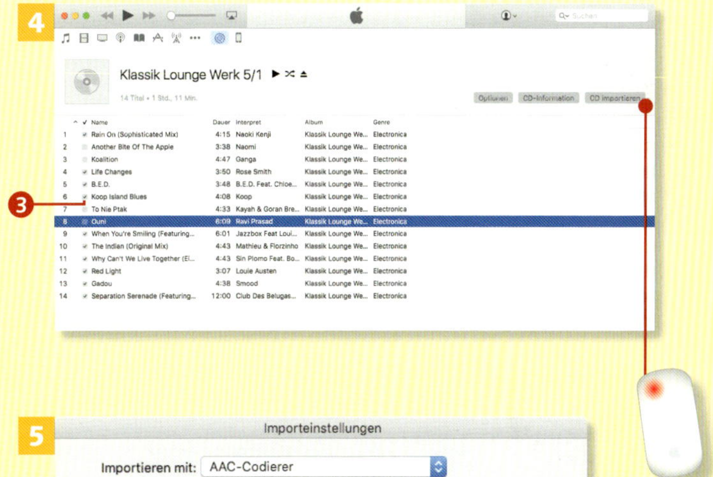


## Schritt 5

In den Importeinstellungen können Sie das Audioformat vor dem Import festlegen. Über das Aufklappmenü **Importieren mit** wählen Sie das Codierungs-Format (z. B. AAC), und bei **Einstellung** legen Sie die Audioqualität fest, z. B. **iTunes Plus**. Bestätigen Sie anschließend mit **OK**.

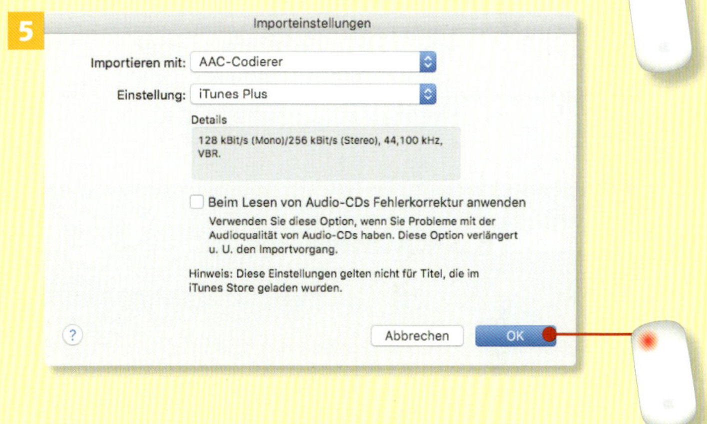


## Schritt 6

iTunes konvertiert die Musiktitel und kopiert sie in die Mediathek. Den Fortschritt des Imports ❹ können Sie über den Anzeigebereich verfolgen. War der Import erfolgreich, bestätigt das iTunes mit einem Tonsignal. Klicken Sie jetzt auf die Schaltfläche **Auswerfen**, um die CD wieder aus Ihrem Laufwerk zu entfernen.

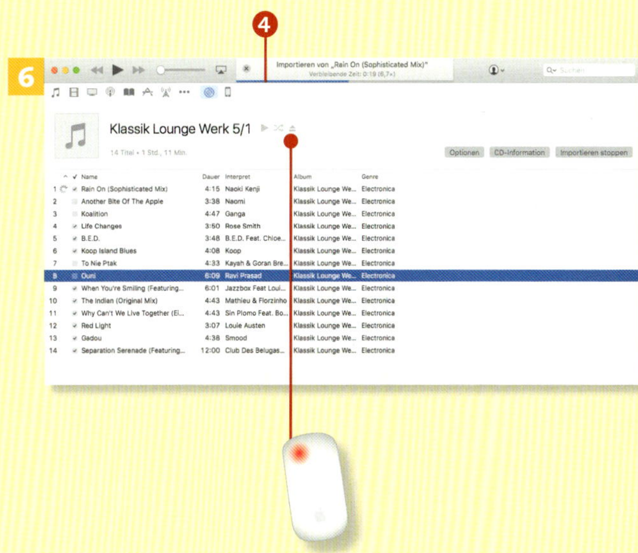

# Musik abspielen

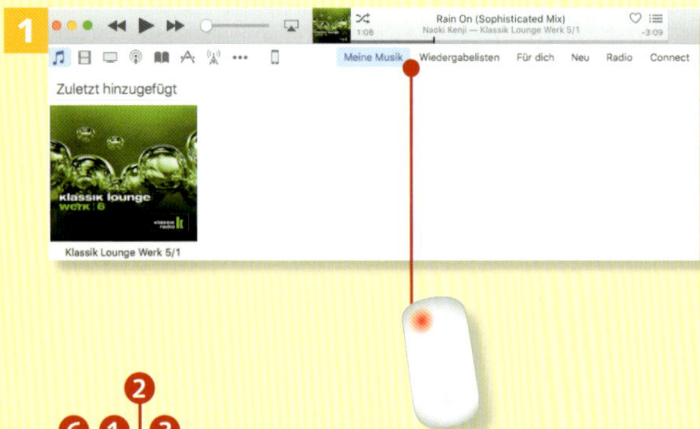


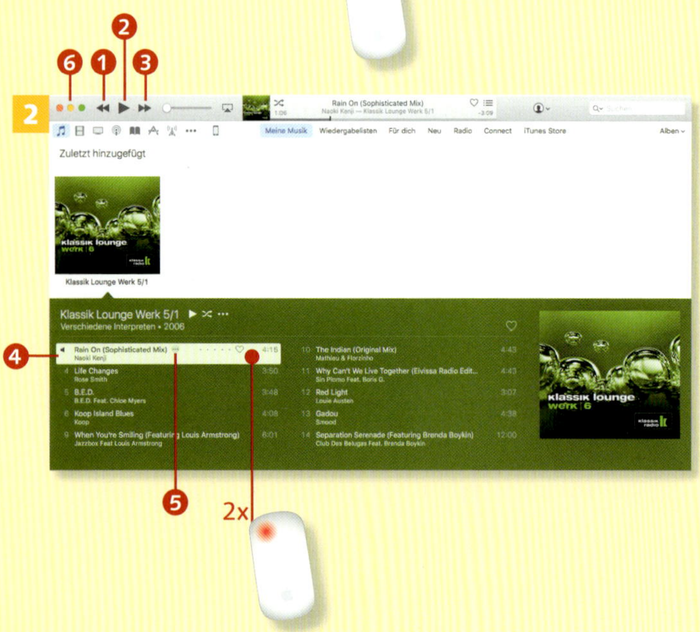


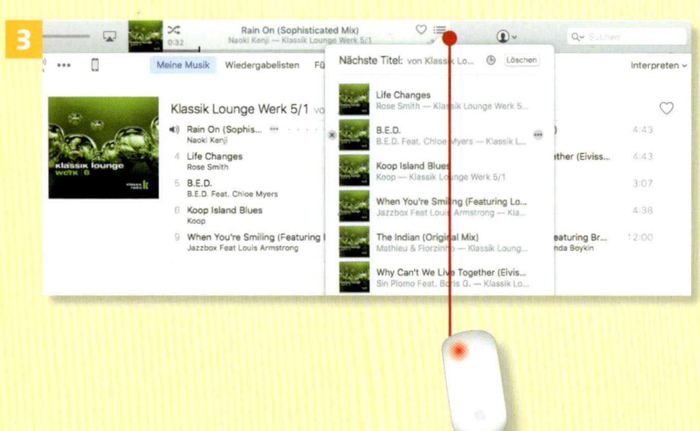


*Sind die Titel erst einmal importiert, kann der Musikgenuss beginnen. Die Titel lassen sich in iTunes einfach wiedergeben.*

## Schritt 1

iTunes speichert die importierten Titel in der *Mediathek*. Sie greifen darauf zu, indem Sie die Kategorie **Meine Musik** anklicken. Alle Titel werden in einer Albenübersicht angezeigt.

## Schritt 2

Wählen Sie ein Album mit der Maus aus, klappt ein Bereich auf, der alle Titel enthält. Mit einem Doppelklick auf ein Musikstück starten Sie die Wiedergabe. Der laufende Titel wird dann in der Titelanzeige ❹ dargestellt. Mit den Bedienelementen können Sie die Wiedergabe unterbrechen ❷ und ein Lied weiter- ❸ oder eines zurückspringen ❶.

## Schritt 3

Bequem zwischen den Titeln wechseln können Sie, indem Sie in der Titelanzeige das Aufklappmenü aufrufen. Dort können Sie gezielt einen Titel mit einem Doppelklick auswählen und direkt abspielen.

## Schritt 4

Um zu einer bestimmten Stelle im laufenden Musikstück zu springen, ziehen Sie den kleinen schwarzen Strich in der Fortschrittsanzeige mit gedrückter Maustaste nach rechts oder links. Noch schneller geht's, indem Sie im Fortschrittsbalken auf die gewünschte Stelle klicken.

## Schritt 5

Platz auf dem Schreibtisch schaffen Sie, indem Sie den MiniPlayer aktivieren: Minimieren Sie dazu das **iTunes**-Fenster mit Klick auf den gelben Kreis ❻ (Seite 254), oder rufen Sie im Menü **Fenster** die Option **MiniPlayer** auf. Alternativ können Sie hier auch das Tastenkürzel `cmd` + `alt` + `M` verwenden.

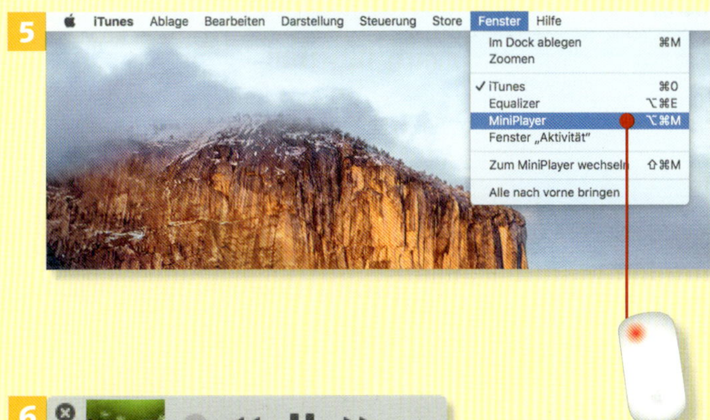


## Schritt 6

Das Fenster verkleinert sich; positionieren Sie es mit gedrückter Maustaste nach Ihrem Wunsch auf dem Schreibtisch. Klicken Sie auf den kleinen Doppelpfeil, vergrößert sich das Fenster und zeigt zusätzlich das Albumcover an.

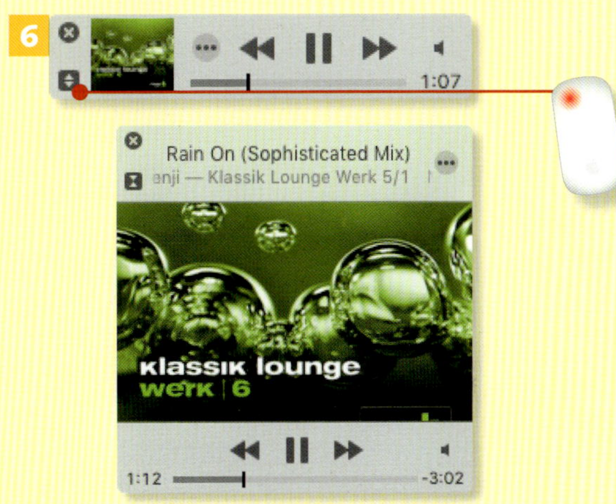


**Titel bewerten**

Gefällt Ihnen ein Titel, können Sie ihn mit bis zu fünf Sternen bewerten. Klicken Sie dazu auf die drei Punkte ❺ (Seite 254) hinter dem Titel in der Titelanzeige. Wählen Sie dann mit der Maus die Anzahl der zu vergebenden Punkte aus.

# Wiedergabelisten anlegen

1

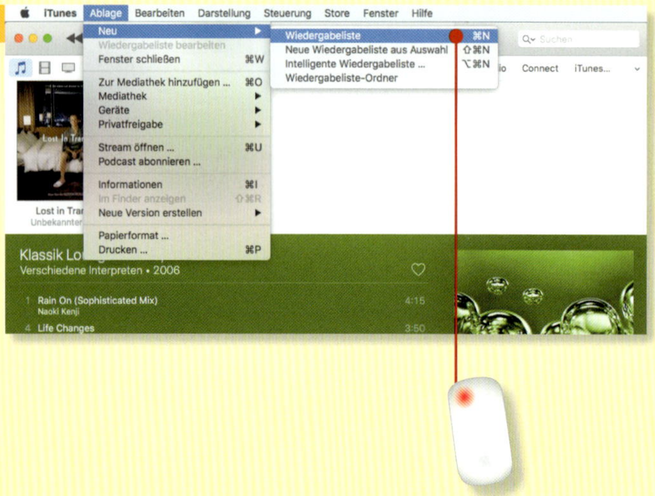


2

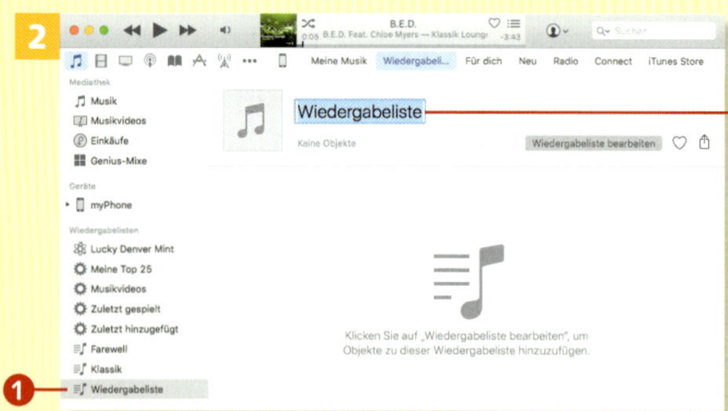


3

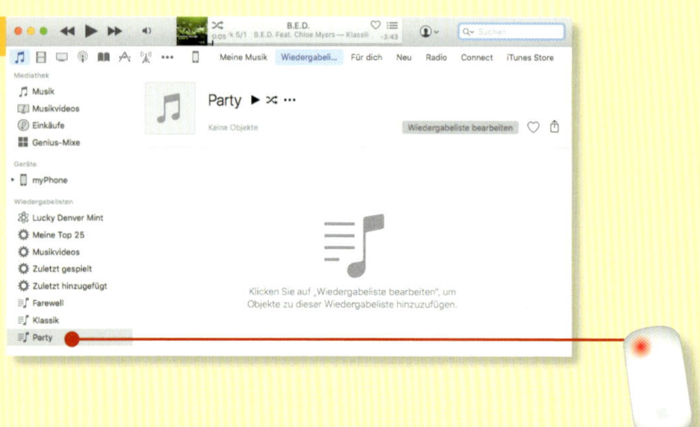


*Wiedergabelisten sind eine gute Möglichkeit, den Überblick über Ihre Musiksammlung zu behalten. Im Handumdrehen stellen Sie eine Auswahl an Lieblingsliedern zusammen.*

## Schritt 1

Es gibt in iTunes verschiedene Wege, eine Wiedergabeliste zu erzeugen: beispielsweise über den Menüpunkt **Ablage ▸ Neu ▸ Wiedergabeliste** oder mit der Tastenkombination cmd + N.

## Schritt 2

iTunes legt dann in der linken Spalte automatisch eine leere Liste mit dem Namen **Wiedergabeliste** 1 an.

## Schritt 3

Klicken Sie auf den Platzhalter, um ihn mit dem gewünschten Namen zu überschreiben.

### Wiedergabeliste aus Auswahl

Sie können eine Wiedergabeliste auch direkt auf der Basis einer Titelauswahl erstellen. Die Funktion finden Sie im Menü **Ablage ▸ Neu ▸ Neue Wiedergabeliste aus Auswahl**.

## Schritt 4

Wählen Sie in der Mediathek die Musikstücke aus, die Sie der Liste hinzufügen möchten. Klicken Sie sie dazu mit der Maus an. Um eine Mehrfachauswahl zu erstellen, halten Sie dabei die [cmd]-Taste gedrückt. Eine zusammenhängende Auswahl erreichen Sie, indem Sie auf den ersten auszuwählenden Titel klicken, die [⇧]-Taste gedrückt halten und dann auf den letzten Titel klicken.

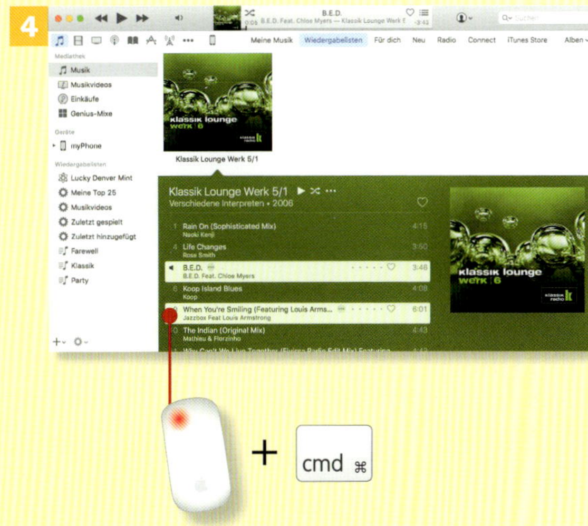


## Schritt 5

Fügen Sie Ihrer Wiedergabeliste die ausgewählten Titel hinzu, indem Sie sie mit gedrückter Maustaste auf die Liste in der Seitenleiste ziehen. Der Mauszeiger zeigt dabei die Anzahl der Stücke an.

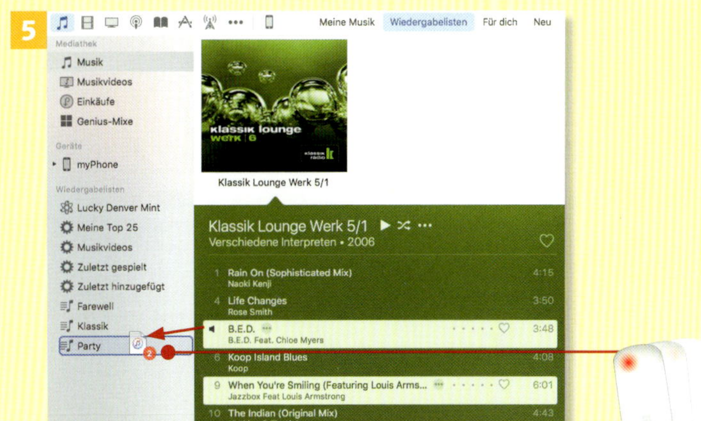


## Schritt 6

Sie können einen Titel auch wieder entfernen. Markieren Sie die entsprechende Liste links unter **Wiedergabelisten** ❷, damit ihr Inhalt im Titel-Browser angezeigt wird. Klicken Sie mit der Maus auf den zu löschenden Titel, und drücken Sie die Taste [←]. Bestätigen Sie den nächsten Dialog mit einem Klick auf **Löschen** ❸. Der Titel wird nur aus der Wiedergabeliste gelöscht, nicht aus Ihrer Mediathek.

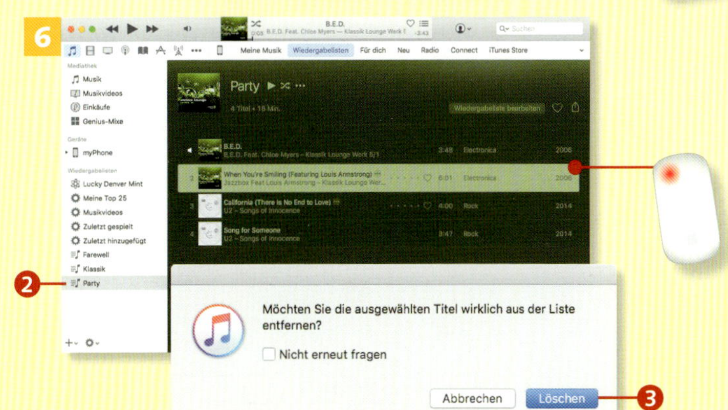

# Wiedergabelisten anlegen (Forts.)

7

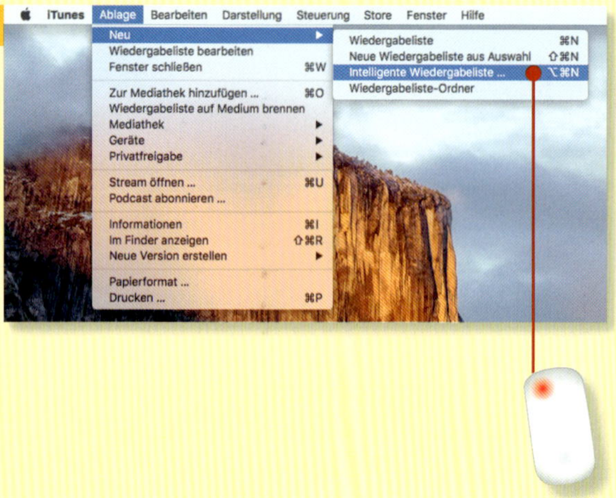


8

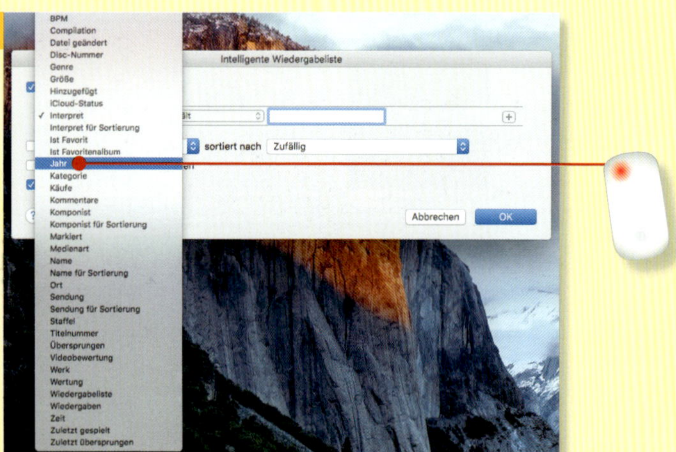


9

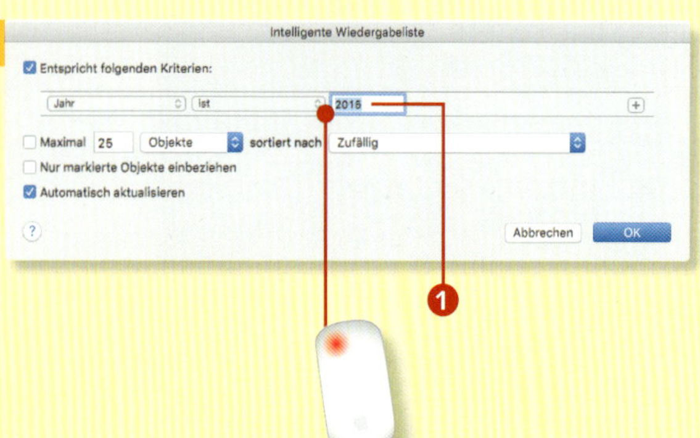


## Schritt 7

Sie können auch *intelligente Wiedergabelisten* auf der Basis bestimmter Regeln anlegen. Wählen Sie dazu den Menüpunkt **Ablage ▸ Neu ▸ Intelligente Wiedergabeliste**.

## Schritt 8

Über das erste Aufklappmenü im Dialogfenster legen Sie das Auswahlkriterium fest. Möchten Sie Ihrer Liste beispielsweise alle Musiktitel eines bestimmten Jahres hinzufügen, wählen Sie hier den Punkt **Jahr** aus.

## Schritt 9

Legen Sie nun die Bedingungen fest. Sie bestimmen, ob der Wert der Auswahl der Regel entspricht, nicht entspricht, oder ob er größer oder kleiner sein darf. Die Bedingungen variieren je nach Kriterium. Geben Sie im Feld daneben ❶ dann den gesuchten Wert ein, z. B. »2015«.

**Kriterien ändern**

Um die Regeln einer intelligenten Wiedergabeliste zu ändern, klicken Sie mit der rechten Maustaste darauf. Wählen Sie **Intelligente Wiedergabeliste bearbeiten** aus dem Kontextmenü aus.

## Schritt 10

Mit einem Klick auf das Plus 2 fügen Sie weitere Auswahlkriterien hinzu. So können Sie weitere Regeln festlegen und die Auswahl immer weiter einschränken. Geben Sie z. B. über den Wert **Medienart** vor, dass nur Musiktitel hinzugefügt werden.

## Schritt 11

Sie können weitere Einstellungen vornehmen. Beschränken Sie die Anzahl 3 der Titel in der Wiedergabeliste, oder beziehen Sie nur markierte Objekte in die Auswahl ein 4. iTunes fügt passende neue Titel der Liste von selbst hinzu, wenn Sie die Option **Automatisch aktualisieren** 5 markieren. Wenn Sie fertig sind, klicken Sie auf **OK**.

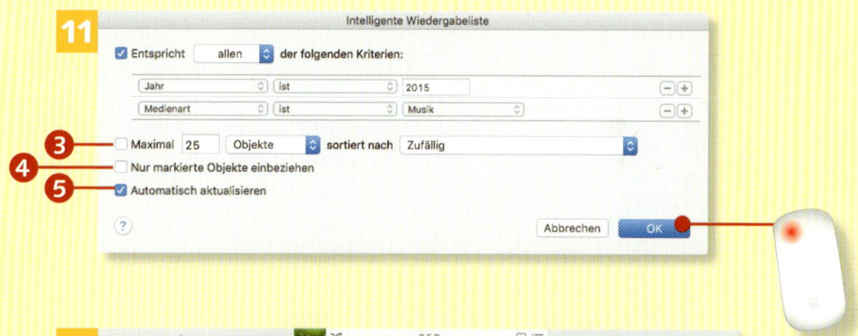


## Schritt 12

iTunes legt dann eine neue intelligente Wiedergabeliste an. Als Symbol wird ein Zahnrad 6 angezeigt. Sie können jetzt einen neuen Namen für die Liste vergeben, indem Sie den Standardtitel **Wiedergabeliste** überschreiben.

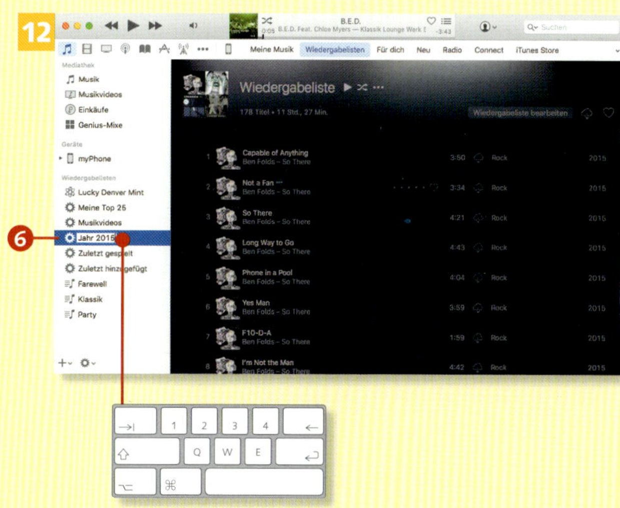


### Wiedergabelisten organisieren

Sie können Wiedergabelisten in Ordnern zusammenfassen. Rufen Sie dazu im Menü **Ablage ▸ Neu ▸ Wiedergabeliste-Ordner** auf. Benennen Sie den Ordner, und ziehen Sie die Listen mit gedrückter Maustaste darauf.

# Musik im iTunes Store kaufen

*In iTunes können Sie bequem einzelne Musikstücke oder ganze Alben kaufen und sie sich direkt digital in die Mediathek liefern lassen.*

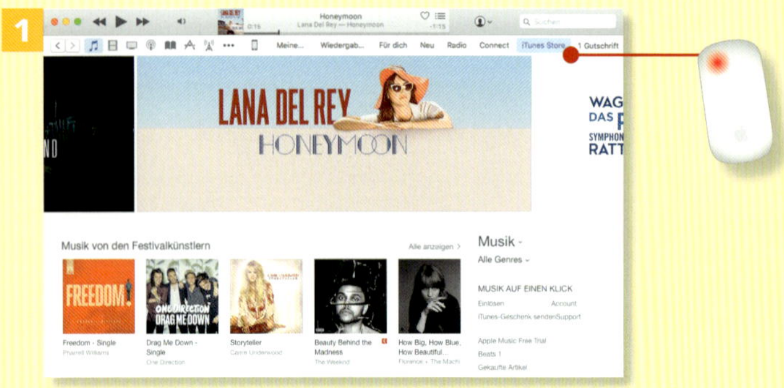


## Schritt 1

Mit einem Mausklick auf **iTunes Store** wird der virtuelle Musikladen geöffnet, und Sie sehen sofort aktuelle Angebote im Überblick.

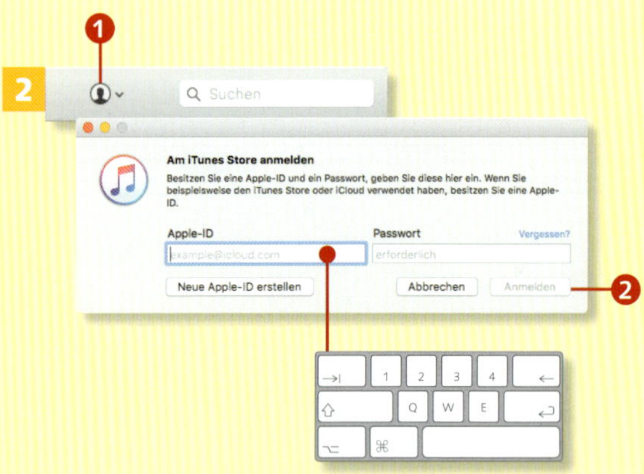


## Schritt 2

Um im iTunes Store einzukaufen, benötigen Sie einen Account. Klicken Sie auf **Anmelden** ❶. Im folgenden Dialog geben Sie Ihre **Apple-ID** und Ihr **Passwort** ein. Die Schaltfläche **Anmelden** ❷ wird aktiv. Bestätigen Sie Ihre Anmeldung mit einem Klick darauf.

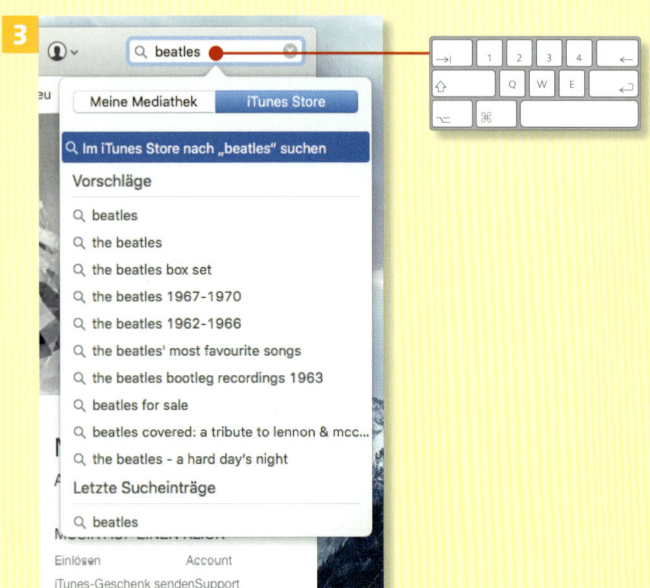


## Schritt 3

Sie können jetzt im iTunes Store nach Titeln suchen. Geben Sie dazu einen Begriff in das Suchfeld ein. Der gesamte Bestand an Musikstücken wird durchsucht. Die Ergebnisse werden in einer Liste angezeigt.

## Schritt 4

Ist das Ergebnis per Klick ausgewählt, gelangen Sie zur Ergebnisseite. Um einen Ausschnitt eines Titels zu hören, positionieren Sie den Mauszeiger auf dem Titel. Eine **Wiedergabe**-Schaltfläche erscheint. Ein Klick darauf startet die Hörprobe. Gefällt Ihnen der Titel, können Sie ihn mit einem Klick auf die Preis-Schaltfläche ❸ erwerben.

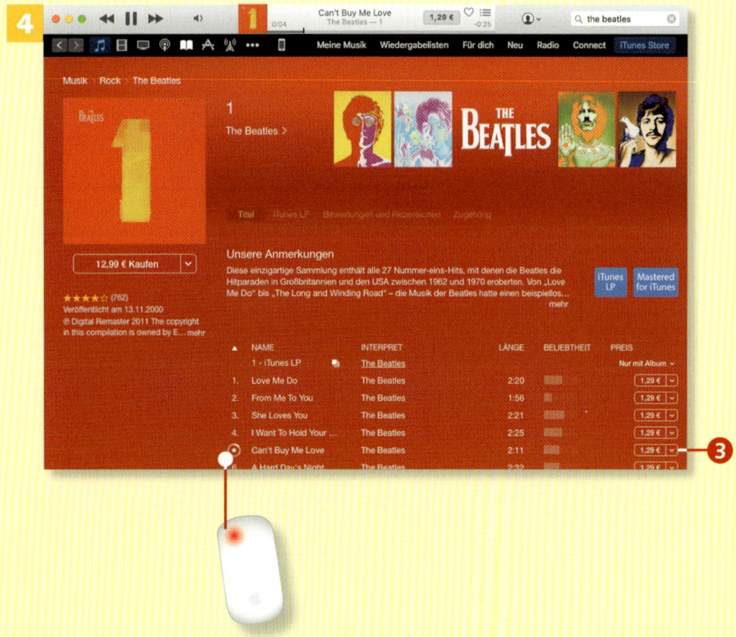


## Schritt 5

iTunes fragt noch einmal nach, ob Sie den Titel wirklich kaufen möchten. Bestätigen Sie diesen Dialog mit **Kaufen**. Der Titel wird aus dem Store geladen und in Ihrer Mediathek gespeichert.

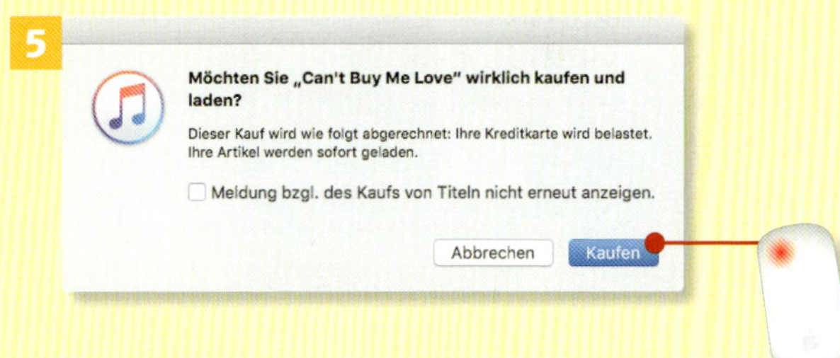


## Schritt 6

Die gekauften Titel werden unter dem Punkt **Meine Musik** ❹ einsortiert. Jetzt können Sie den gekauften Titel mit einem Doppelklick direkt wiedergeben.

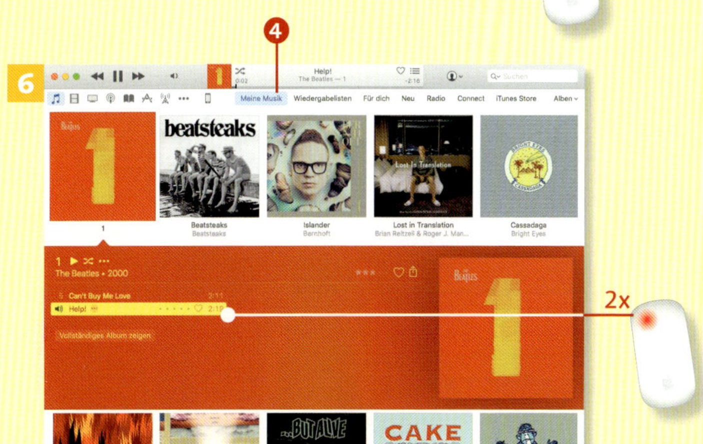

# Apple Music: Musik streamen

*Mit Apple Music haben Sie Zugriff auf Millionen von Titeln. Über den Service können Sie Titel streamen oder auf Ihren Computer, Ihren iPod oder Ihr iPhone oder iPad laden.*

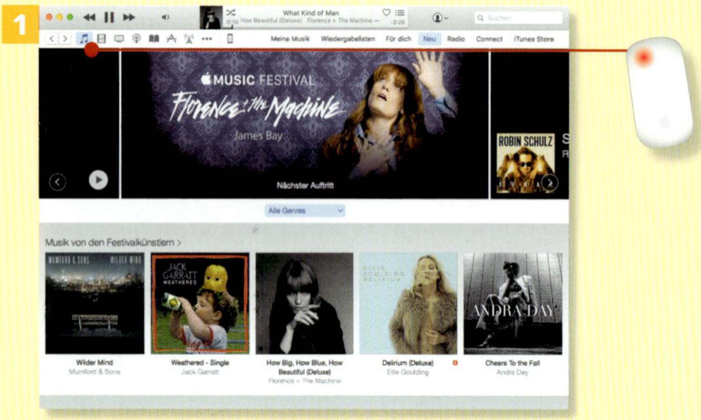


## Schritt 1

*Apple Music* ist direkt in iTunes integriert. Um auf die Auswahl zuzugreifen, klicken Sie auf die Schaltfläche **Musik** in der linken oberen Ecke des iTunes-Fensters.

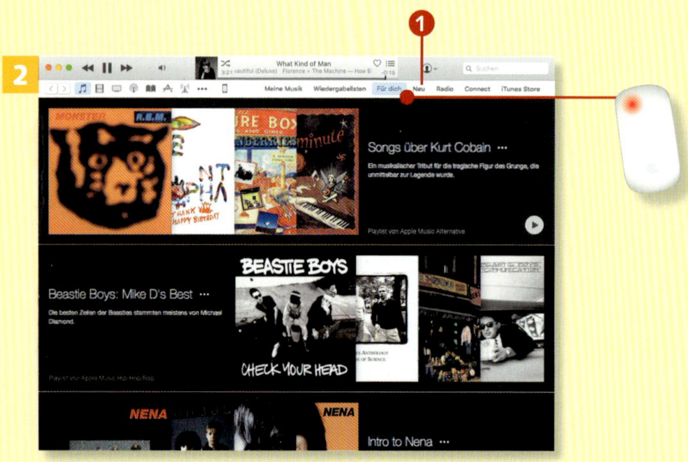


## Schritt 2

Apple Music bietet persönliche Empfehlungen auf der Basis der Musikstücke, die Sie in Ihrer Sammlung haben. Sie finden sie unter der Rubrik **Für dich**. Alle Neuheiten in Apple Musik können Sie aufrufen, in dem Sie auf **Neu** ❶ klicken.

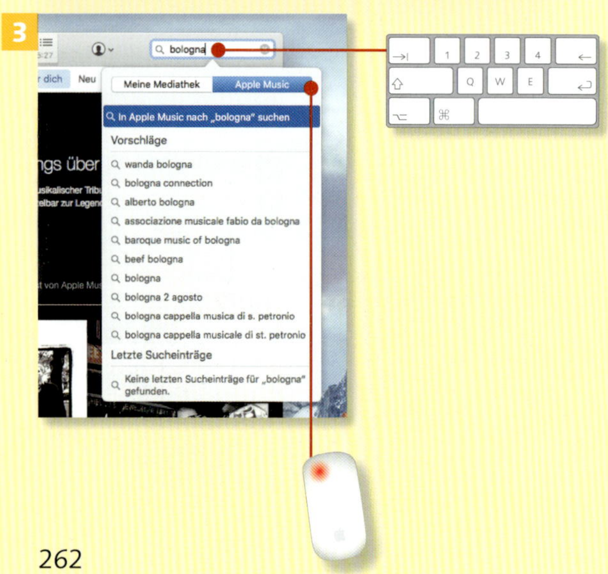


## Schritt 3

Um die komplette Apple-Music-Mediathek zu durchsuchen, klicken Sie in das Suchfeld rechts oben, wählen dann den Reiter **Apple Music** aus und geben den gesuchten Titel ein.

## Schritt 4

Das Ergebnis der Apple-Music-Suche wird in der Übersicht von iTunes angezeigt. Es ist sortiert nach **Topergebnissen**, **Titeln** und **Alben**.

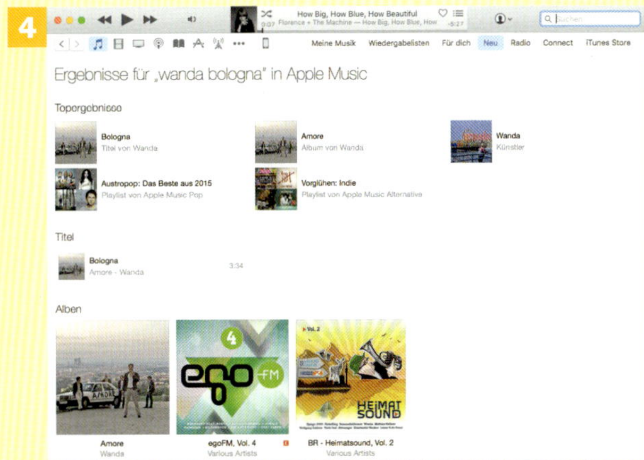


## Schritt 5

Um einen Musiktitel zu streamen, also direkt anzuhören, wählen Sie mit einem Klick das Album oder die Wiedergabeliste aus, die den Titel enthält, und starten die Wiedergabe mit einem Doppelklick.

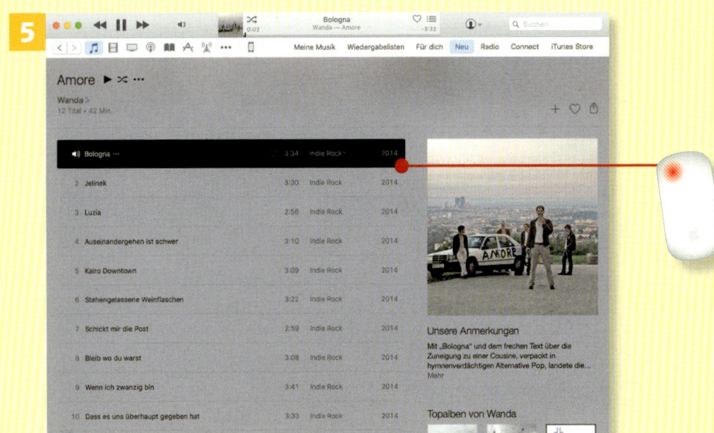


## Schritt 6

Gefällt Ihnen der Titel, können Sie ihn zu Ihrer Musiksammlung hinzufügen. Klicken Sie dazu auf das Symbol mit den drei Punkten in der Titelanzeige, und wählen Sie dort die Option **Zu »Meine Musik« hinzufügen**. Der Titel wird dann in der Übersicht mit einem Haken versehen.

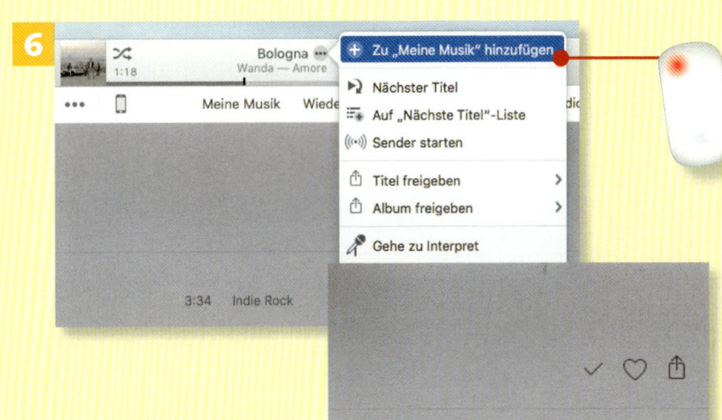


**Apple-Music-Abo**

Nach dreimonatiger kostenloser Probenutzung kostet das Abo 9,99 Euro im Monat. Diese Einzelmitgliedschaft ermöglicht die Nutzung von Apple Music auf bis zu zehn Geräten. Wenn Sie Ihre Apple-Music-Mitgliedschaft nicht verlängern, bleiben die geladenen Titel zwar auf Ihrem Computer, können jedoch nicht mehr abgespielt werden.

# Mit Apple Music Radio hören

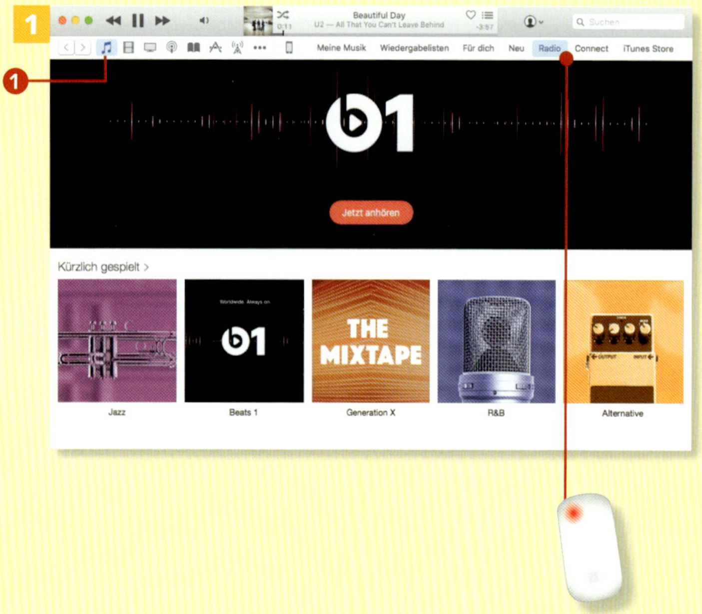

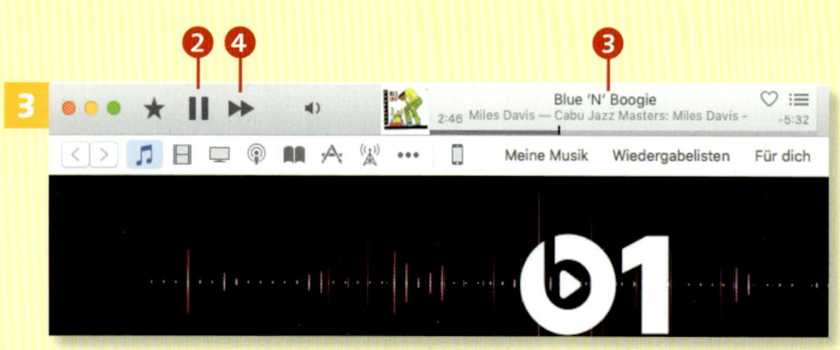


*iTunes Radio ist die Internetradiostation von iTunes. Die Sender basieren dabei auf Titeln der Apple-Music-Sammlung und werden von bekannten DJs zusammengestellt und teilweise auch moderiert.*

## Schritt 1

Um sich in das Internetradio einzuklinken, wählen Sie die Schaltfläche **Musik** ❶ im iTunes-Fenster. Im Anschluss klicken Sie auf die Rubrik **Radio**.

## Schritt 2

Zugang zu den Sendern bietet die Übersicht. Alle Sender sind dort nach Genres gelistet. Sounds querbeet rund um den Globus bietet Beats 1. Um einen Radiosender zu hören, klicken Sie auf die **Wiedergabe**-Taste.

## Schritt 3

Die Wiedergabe können Sie über die Taste **Pause** ❷ kurzzeitig unterbrechen. Der Name und Interpret des Titels werden in der Titelanzeige ❸ angezeigt. Gefällt Ihnen ein Titel nicht, überspringen Sie ihn einfach mit der Taste **Weiter** ❹.

## Schritt 4

Alle abgespielten Titel erscheinen in der Liste **Verlauf** ❺. Sie können sie mit einem Klick auf die **Titel**-Schaltfläche in der Anzeige aufrufen.

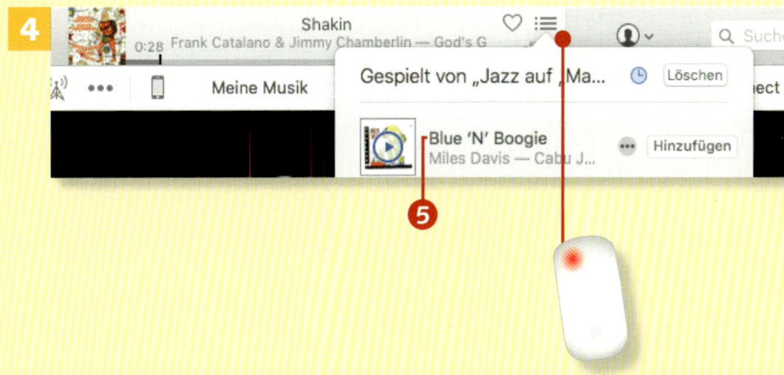


## Schritt 5

Sagt Ihnen die Stilrichtung eines Musiktitels zu, dann können Sie auf seiner Basis einen neuen Sender starten. Wählen Sie dazu in der Titelanzeige das Optionsmenü, und klicken Sie auf den Punkt **Sender starten.**

## Schritt 6

Gefällt Ihnen ein Titel und sind Sie Mitglied von Apple Music, lässt sich der Titel direkt in die eigene Sammlung übernehmen. Klicken Sie dazu auf den Stern, und wählen Sie die Option **Zu »Meine Musik« hinzufügen**.

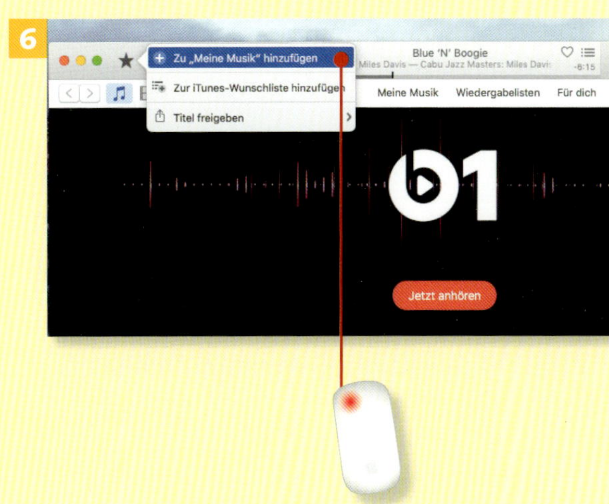


**Titel überspringen**
Die Anzahl der Titel, die Sie innerhalb einer Stunde überspringen können, ist begrenzt. Als Apple-Music-Mitglied können Sie beliebig viele Titel überspringen.

# iTunes mit iPod, iPhone und iPad synchronisieren

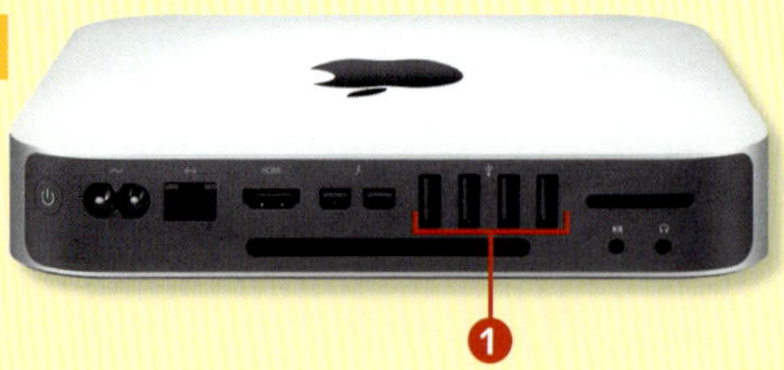

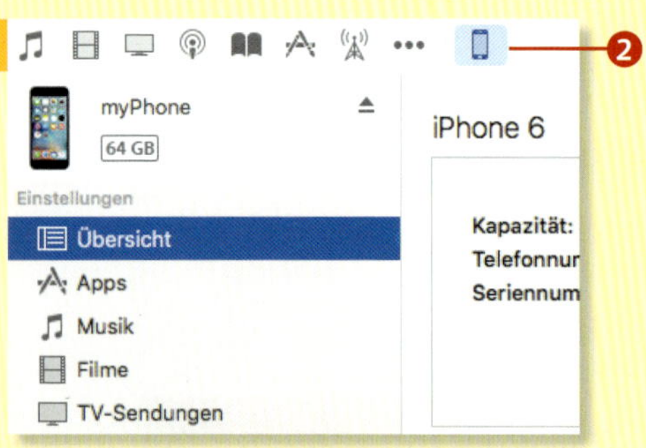


*Um Ihre Musik, Filme, Bücher und Apps einfach unterwegs auf dem iPod, iPhone und iPad zu nutzen, übertragen Sie sie via iTunes.*

## Schritt 1

Sie können Ihren iPod, Ihr iPhone oder Ihr iPad automatisch mit iTunes synchronisieren. Schließen Sie dazu das Gerät via USB ❶ an Ihren Mac an. Ist die WLAN-Synchronisation konfiguriert, erscheint das Gerät ohne Anschließen.

## Schritt 2

Bei der ersten Verbindungsaufnahme müssen Sie dem Computer Zugriff auf das mobile Gerät (iPhone, iPad oder iPod) gewähren. Bestätigen Sie mit **Fortfahren**.

## Schritt 3

Ist das Gerät korrekt angeschlossen und eingerichtet, erscheint das Symbol für **Geräte** ❷.

**Automatische Synchronisation**

Ist Ihre Musiksammlung zu groß, überträgt iTunes bei der automatischen Synchronisation nicht alle Medieninhalte. In der Statusleiste ❹ am unteren Rand des Fensters sehen Sie, wie viel Platz auf Ihrem mobilen Gerät noch verfügbar ist.

## Schritt 4

In der Rubrik **Übersicht** ❸ zeigt iTunes Informationen zu dem Gerät an. In der *Statusleiste* ❹ können Sie ablesen, wie viel Platz auf dem Gerät noch verfügbar ist und welche Medienart wie viel Speicher belegt.

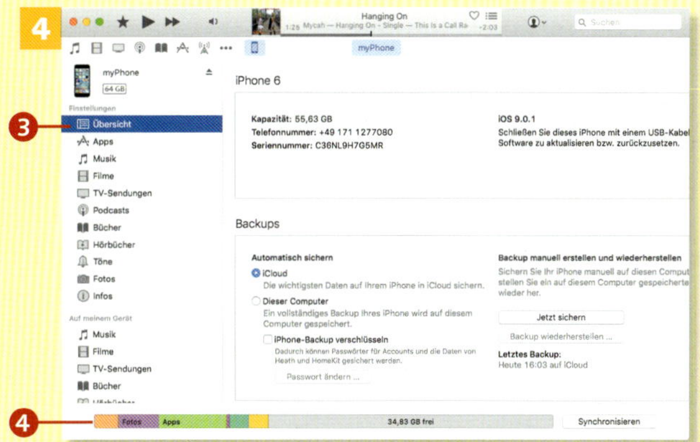


## Schritt 5

Verwalten Sie Ihre Musiksammlung direkt in der Cloud, dann werden Ihre Titel direkt damit synchronisiert. Überprüfen können Sie dies über die Rubik **Musik**: Dort sollte der Hinweis **iCloud-Mediathek ist aktiviert** zu finden sein.

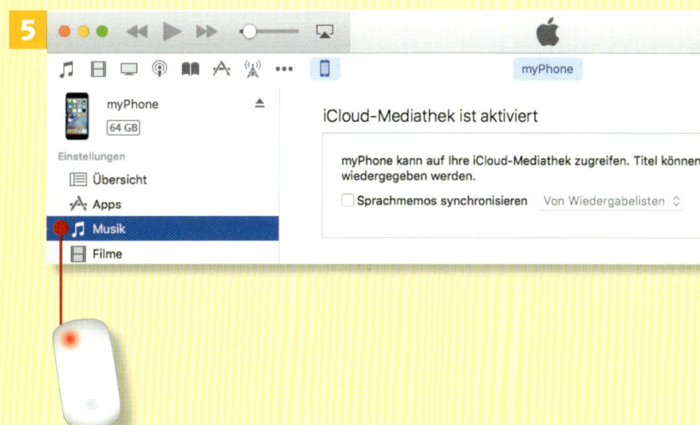


## Schritt 6

Um die iCloud-Mediathek zu aktivieren, rufen Sie die Einstellungen über das Menü **iTunes ▸ Einstellung** auf. Unter dem Punkt **Allgemein** setzen Sie dann einen Haken bei **iCloud-Mediathek**.

### Mediathek zu groß?

Ihre Mediathek enthält mehr Titel, als auf das Gerät passen? Dann erstellt iTunes automatisch eine Wiedergabeliste, wählt eine passende Anzahl an zufälligen Titeln aus und synchronisiert diese mit Ihrem iPod, iPhone oder iPad.

# Musik-CDs erstellen

1

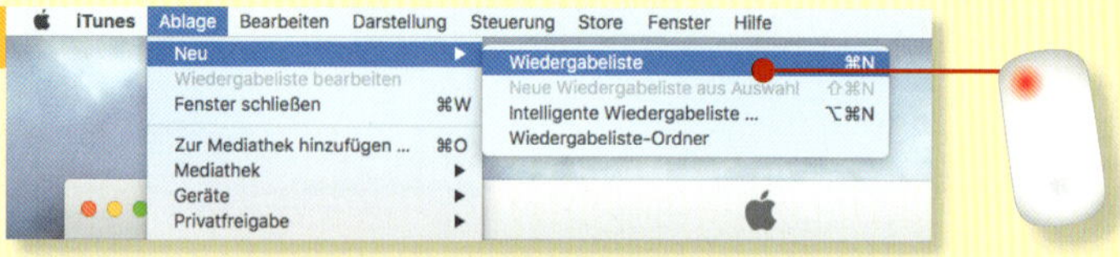


*Ihre Musik ist nicht an iTunes gebunden. Sie haben die Möglichkeit, aus den Stücken in Ihrer Sammlung eine Musik-CD zu erstellen.*

2

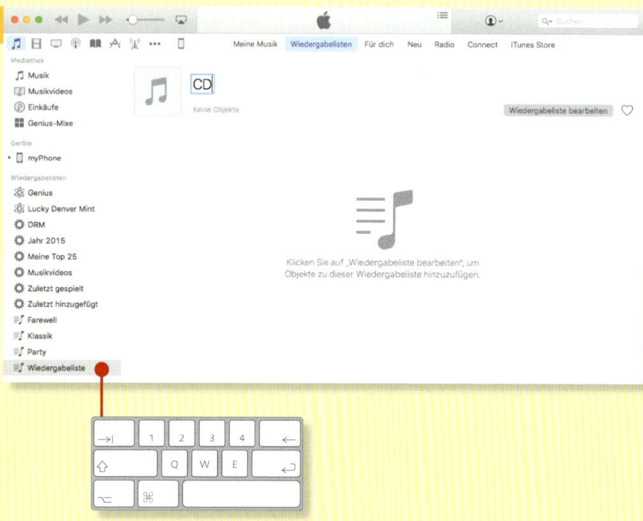


## Schritt 1

Damit Sie mit iTunes eine Musik-CD erstellen können, müssen Sie zuerst eine Wiedergabeliste anlegen. Nutzen Sie dazu den Menübefehl **Ablage ▸ Neu ▸ Wiedergabeliste** oder die Tastenkombination cmd + N.

## Schritt 2

Überschreiben Sie im nächsten Schritt den Standardnamen **Wiedergabeliste**, und benennen Sie die Wiedergabeliste nach Ihrem Wunsch.

3

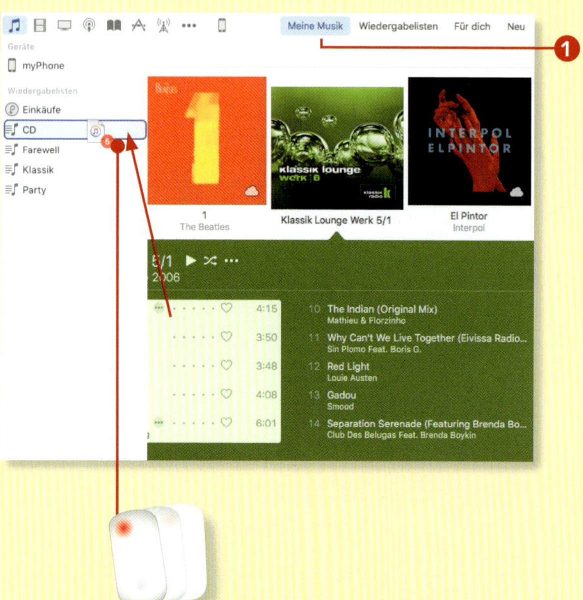


## Schritt 3

Wechseln Sie zum Punkt **Meine Musik** 1, und wählen Sie dann die Titel für Ihre CD aus. Ziehen Sie Ihre Auswahl mit gedrückter Maustaste auf den Menüpunkt **Wiedergabelisten**. Ihre angelegten Listen werden eingeblendet. Bewegen Sie die Auswahl auf Ihre neu angelegte Liste.

## Schritt 4

Markieren Sie anschließend mit einem Mausklick die Wiedergabeliste in der Seitenleiste, und rufen Sie dann den Menüpunkt **Ablage ▸ Wiedergabeliste auf Medium brennen** auf.

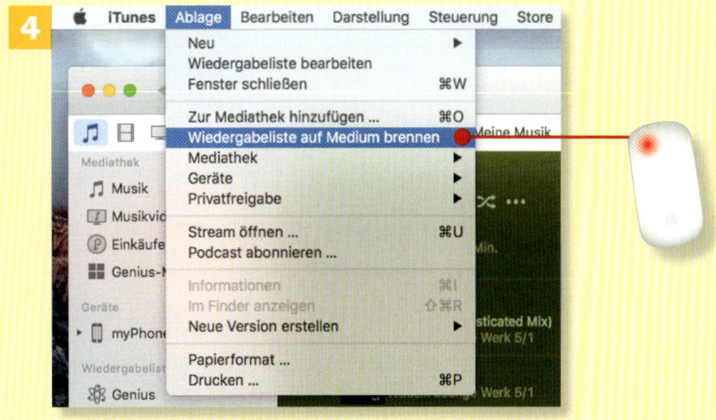


## Schritt 5

In den **Brenneinstellungen** wählen Sie das **Format Audio-CD** ❷ und aktivieren die Option **Lautstärke anpassen** ❸. Über das Aufklappmenü **Pause zwischen Titeln** ❹ legen Sie die Pausen fest; sie sollten nicht zu knapp bemessen sein – der Standard **2 Sekunden** ist ideal. Klicken Sie am Ende auf **Brennen**.

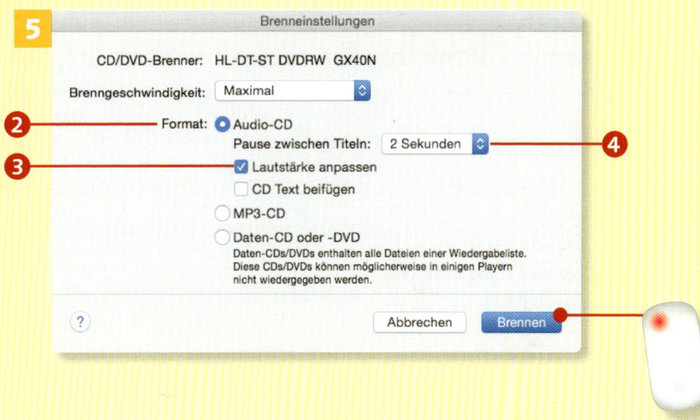


## Schritt 6

Legen Sie eine beschreibbare CD in das Laufwerk Ihres Macs. iTunes prüft, ob der Inhalt auf die CD passt, und schlägt anderenfalls eine Aufteilung vor. Dann beginnt iTunes automatisch mit dem Brennvorgang. Der Fortschritt ❺ wird in der Titelanzeige dargestellt. Die fertige Audio-CD wird schließlich als Quelle angezeigt. Sie können sie jetzt mit einem Klick auf die Schaltfläche **Auswerfen** oder mit der Tastenkombination [cmd] + [E] aus dem Laufwerk nehmen.

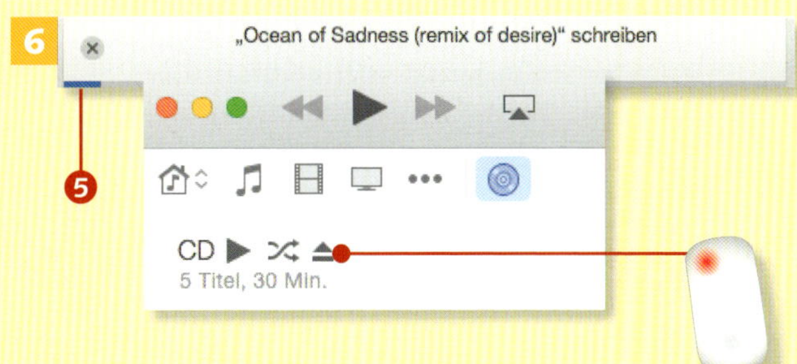


**Lautstärke anpassen**

Mit der Option **Lautstärke anpassen** ❸ stimmt iTunes die Lautstärke der einzelnen Titel passend aufeinander ab.

# Kapitel 11
# Tipps und Tricks für Fortgeschrittene

Der Funktionsumfang von OS X El Capitan geht weit über die alltäglichen Aufgabenstellungen hinaus. In diesem Kapitel finden Sie wertvolle Tipkps und Tricks, mit denen Sie sogar komplexe Anforderungen bewältigen.

**Benutzer anlegen**
Sie können mehr als einen Benutzer anlegen, z. B. damit jedes Familienmitglied seine eigenen Daten und Einstellungen separat verwalten kann. Geben Sie dazu in den **Systemeinstellungen ▸ Benutzer & Gruppen** die entsprechenden Benutzerdaten ❶ ein.

**Daten im Netzwerk freigeben**
Wenn Sie Ihre Daten mit Benutzern anderer Rechner teilen möchten, müssen Sie sie im Netzwerk freigeben. Unter **Systemeinstellungen ▸ Freigaben** aktivieren Sie dazu die Option **Dateifreigabe** ❷.

**Festplatten löschen**
Mit Hilfe des Festplatten-Dienstprogramms können Sie ein Speichermedium oder die gesamte Festplatte neu organisieren oder löschen ❸. Teilen Sie beispielsweise neue Festplatten in verschiedene Untereinheiten auf.

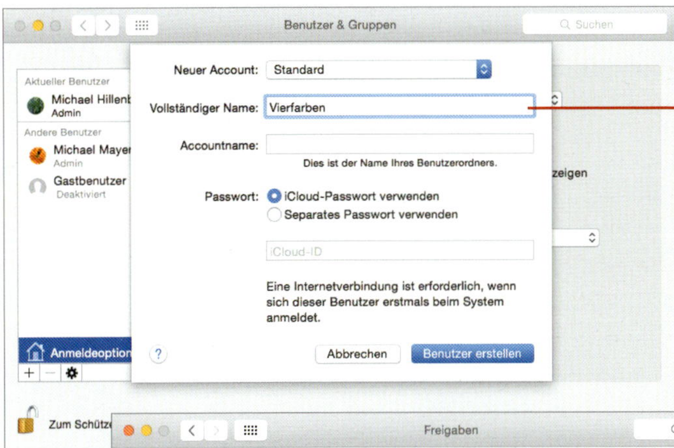


❶ Neue Benutzer legen Sie in den Systemeinstellungen unter **Benutzer & Gruppen** an.

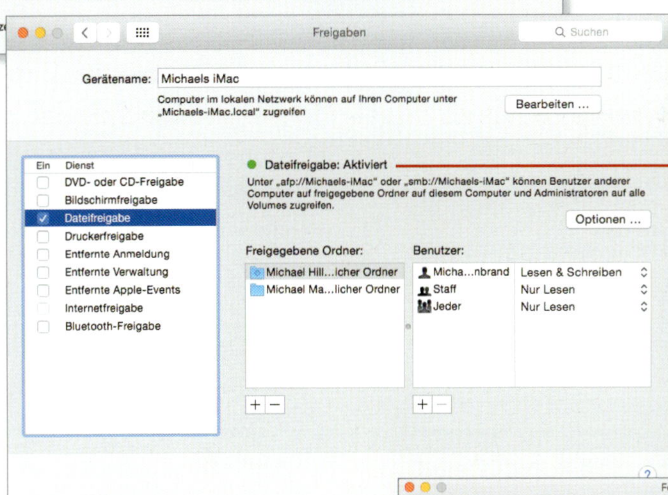


❷ Möchten Sie Ihre Dateien im Netzwerk freigeben, aktivieren Sie die Option **Dateifreigabe**.

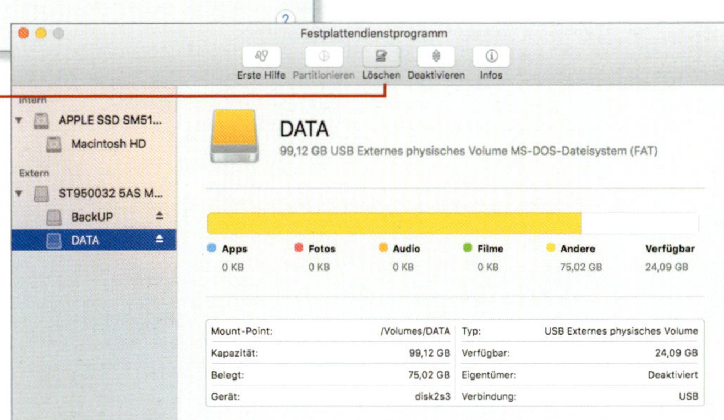


❸ Den kompletten Inhalt eines Speichermediums oder einer Festplatte löschen Sie mit dem Festplattendienstprogramm.

# Zusätzliche Benutzer einrichten

*Sie können auf Ihrem Mac mehrere Benutzer getrennt voneinander einrichten und verwalten. Wie Sie sie anlegen, verwalten und zwischen ihnen wechseln, erfahren Sie in diesem Abschnitt.*

1

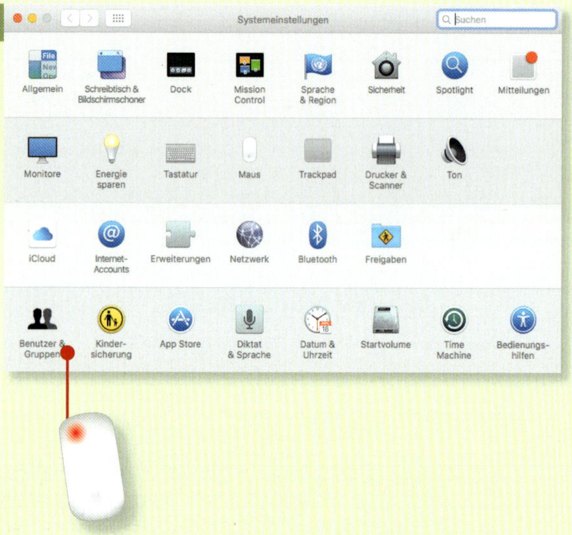


## Schritt 1

Um einen weiteren Benutzer anzulegen, rufen Sie im Apfel-Menü über die **Systemeinstellungen** das Dialogfenster **Benutzer & Gruppen** auf.

2

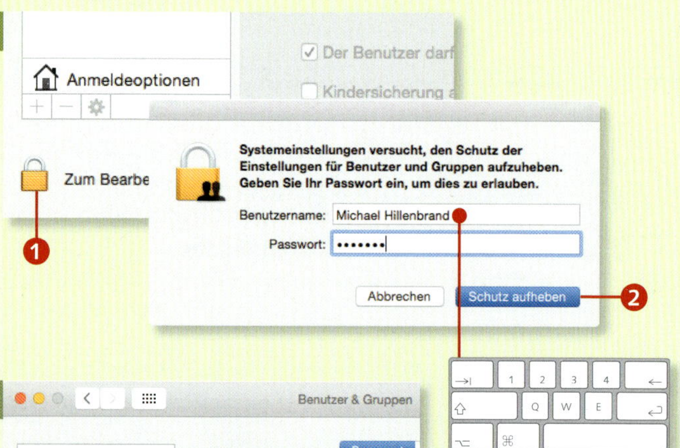


## Schritt 2

Sie können erst Änderungen vornehmen, wenn Sie den Eingabeschutz aufheben. Klicken Sie dazu auf das Schlosssymbol ❶ ganz unten. Geben Sie im Dialogfenster Ihren Administrator-, also Ihren Benutzernamen, und Ihr Passwort ein. Bestätigen Sie dann mit **Schutz aufheben** ❷.

3

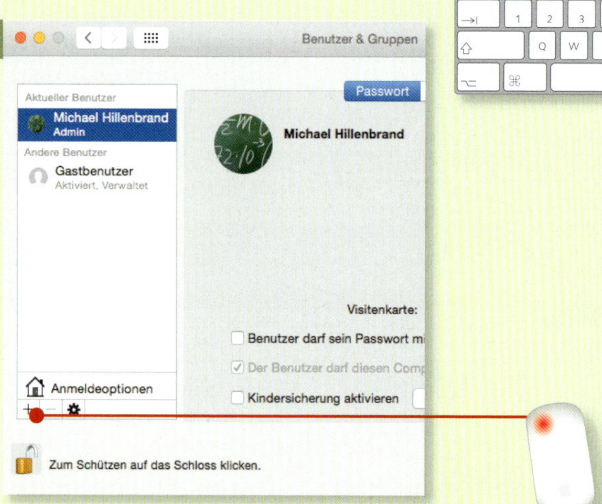


## Schritt 3

In der linken Spalte werden alle bereits im System angelegten Benutzer aufgelistet. Um einen neuen Benutzer anzulegen, klicken Sie auf das Plus unterhalb der Benutzerliste.

## Schritt 4

Im Feld **Neuer Account** wählen Sie die Art des Benutzerkontos, das Sie anlegen möchten. Die übliche Variante ist **Standard**. Benutzer dieser Art können Programme installieren und selbständig Einstellungen vornehmen; sie können jedoch nicht andere Benutzer verwalten oder neue Benutzer anlegen.

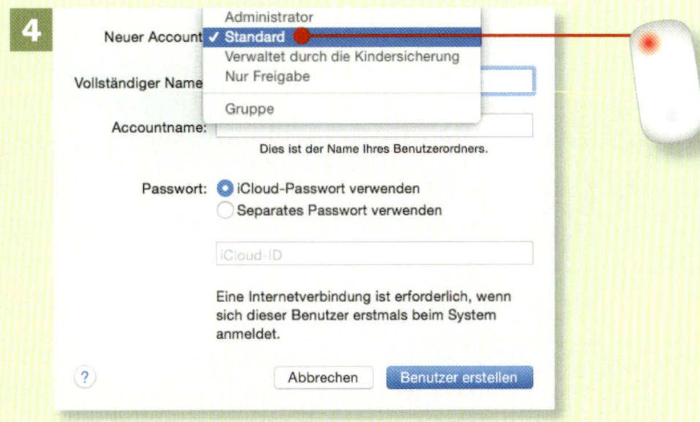


## Schritt 5

Im Feld **Vollständiger Name** geben Sie den Namen des neuen Benutzers ein. Automatisch wird daraus im Feld **Accountname** ❸ ein Kurzname erstellt. Überschreiben Sie diesen gegebenenfalls, indem Sie ihn mit einem Doppelklick auswählen und Ihren Wunschnamen eingeben.

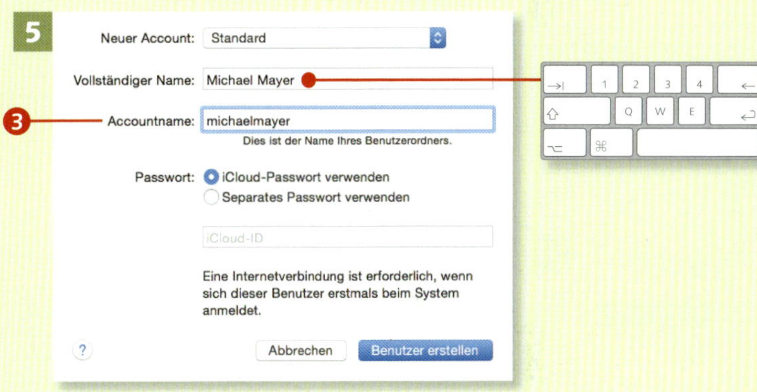


## Schritt 6

Wählen Sie die Option **Separates Passwort verwenden** ❹, wenn Sie Ihr iCloud-Passwort nicht nutzen möchten. Geben Sie Ihr Passwort zweimal ein ❺. Um sicherzustellen, dass Sie auch dann noch Zugang zum System haben, wenn Sie Ihr Passwort vergessen haben, legen Sie noch einen Hinweis ❻ fest. Klicken Sie auf die Schaltfläche **Benutzer erstellen**, um den Account anzulegen.

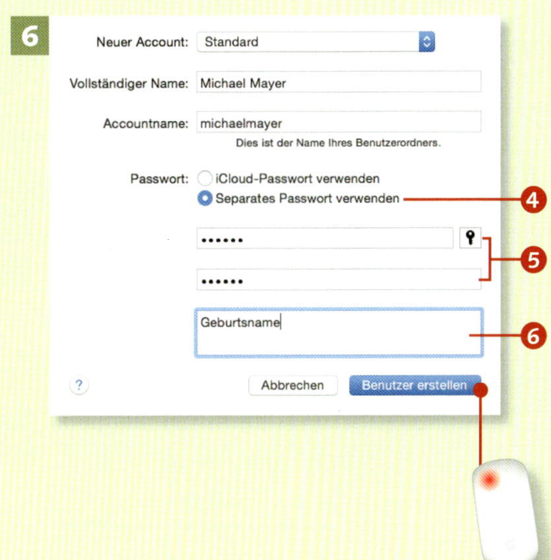

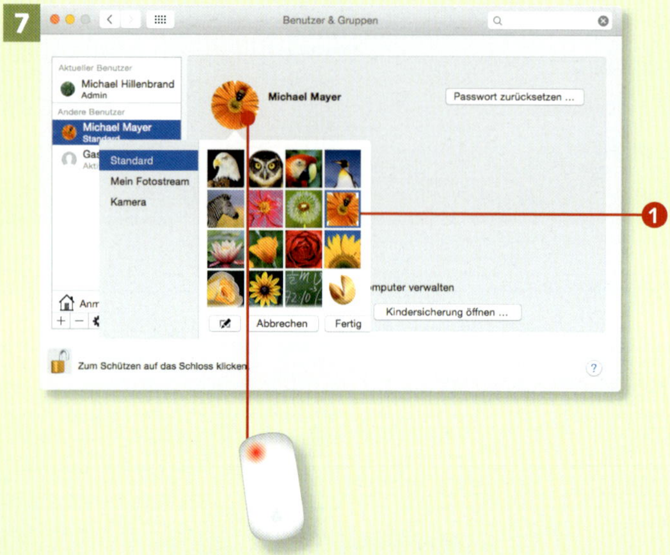


## Schritt 7

Sie gelangen zurück in den Dialog **Benutzer & Gruppen** und können hier ein eigenes Bild für den Benutzer bestimmen. Klicken Sie dazu in das Standardbild. Eine Bilderübersicht klappt auf, aus der Sie mit einem Mausklick ein passendes Symbol ❶ aussuchen.

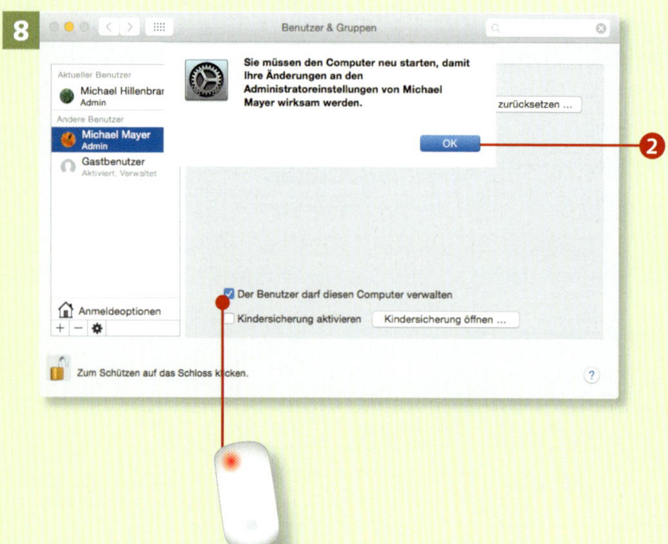


## Schritt 8

Wenn Sie in Schritt 4 **Standard** als Accountart gewählt haben, können Sie den Account trotzdem noch nachträglich zum Administrator-Account machen, indem Sie die Option **Der Benutzer darf diesen Computer verwalten** aktivieren. Damit diese Einstellung gilt, müssen Sie den Rechner neu starten. Bestätigen Sie den diesbezüglichen Hinweis mit **OK** ❷.

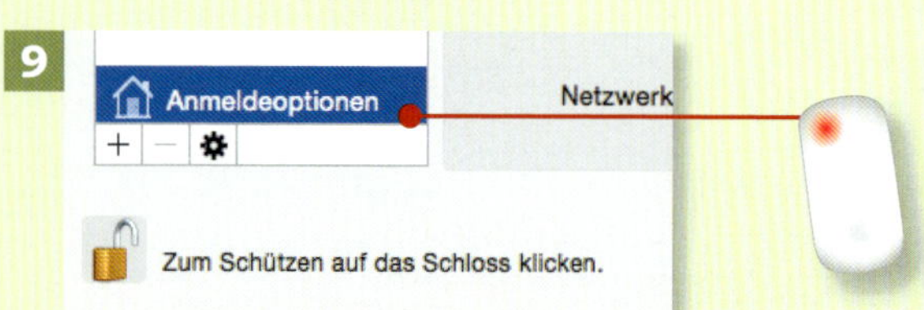


## Schritt 9

Nun können Sie beispielsweise festlegen, dass Ihr Rechner automatisch mit einem bestimmten Benutzer startet. Klicken Sie dazu auf den Eintrag **Anmeldeoptionen** unterhalb der Benutzerliste.

## Schritt 10

Wählen Sie aus dem Aufklappmenü **Automatische Anmeldung** ❸ den Benutzer aus, mit dem Ihr Rechner immer starten soll. Zur Bestätigung müssen Sie im nächsten Dialog noch einmal den Benutzernamen und das Passwort dieses Benutzers eingeben und beides mit **OK** bestätigen.

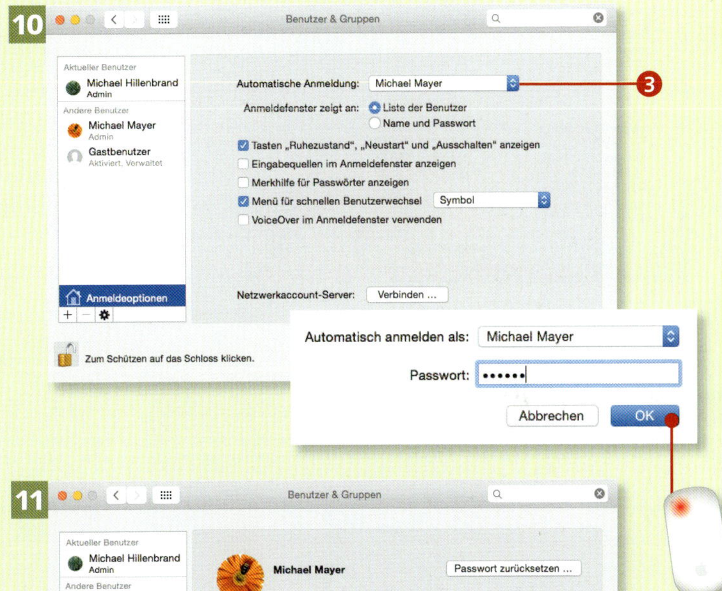


## Schritt 11

Das Löschen eines Benutzers ist schnell erledigt: Wählen Sie den entsprechenden Benutzer ❹ in der Liste mit einem Mausklick aus. Klicken Sie dann auf das Minus unterhalb der Benutzerliste.

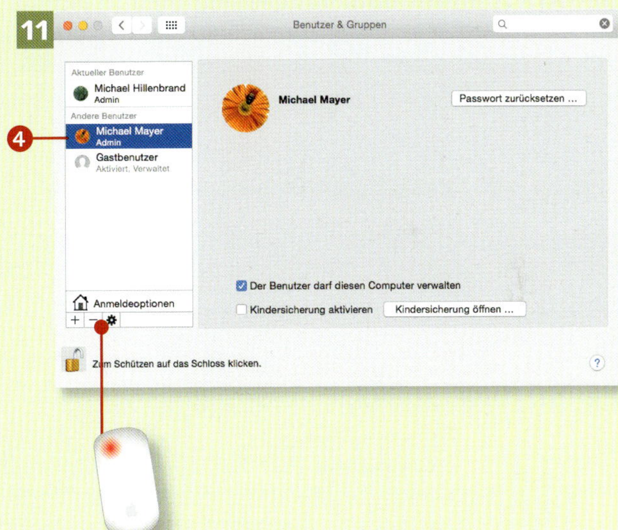


## Schritt 12

Sie können bestimmen, ob der Benutzer komplett gelöscht oder seine Daten gesichert werden sollen. Wenn Sie nicht sicher sind, aktivieren Sie die Option **Benutzerordner als Image sichern** ❺. Kann er entfernt werden, wählen Sie **Benutzerordner löschen** ❻. Mit **Benutzerordner sicher löschen** ❼ kann er nicht wiederhergestellt werden. Bestätigen Sie mit einem Klick auf **Benutzer löschen**.

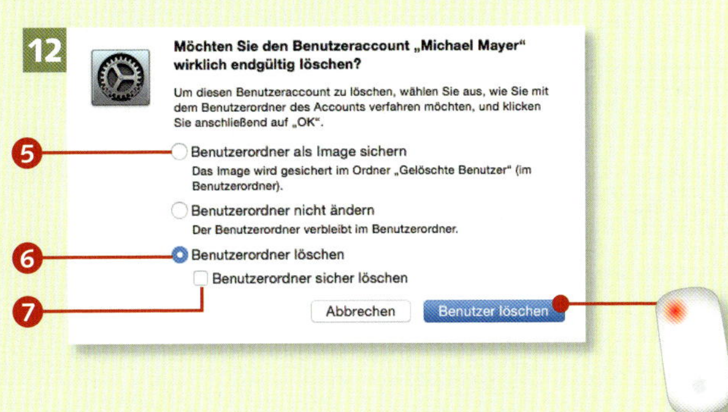

# Zwischen Benutzern wechseln

1

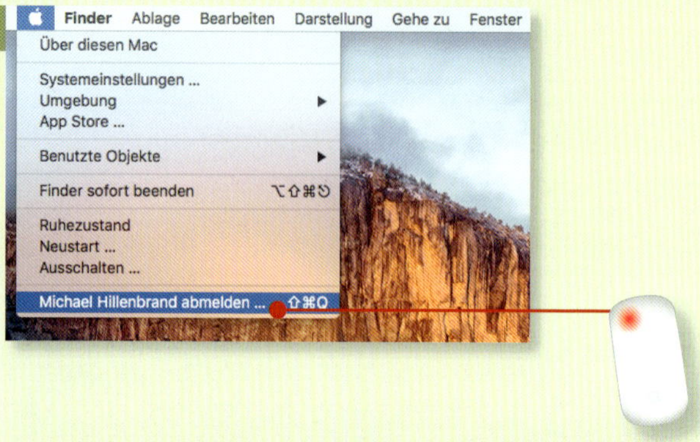


2

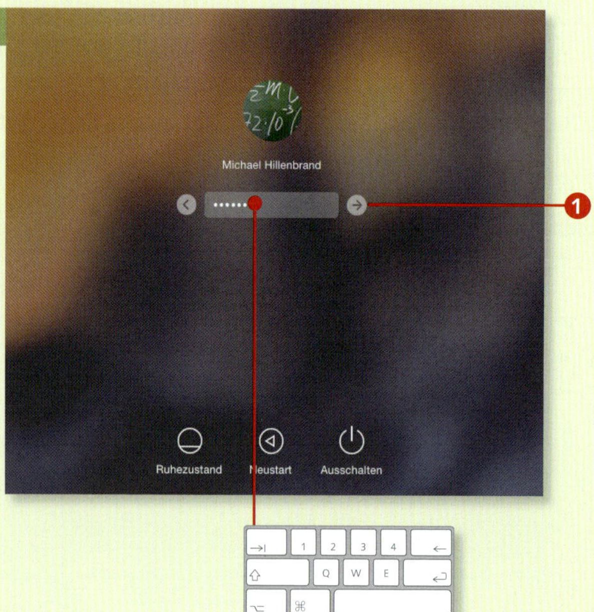


3

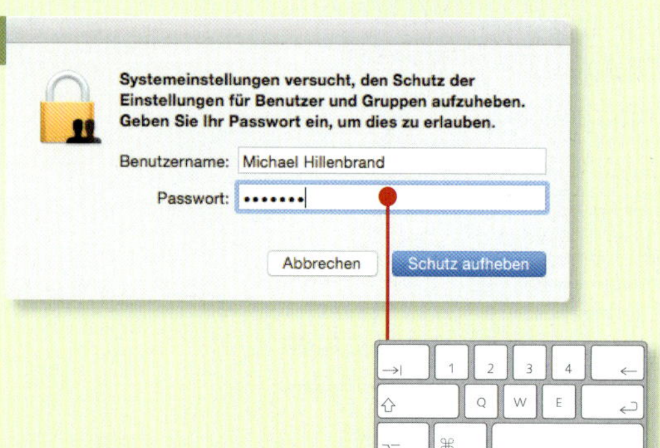


*Wenn Sie mehrere Benutzer parallel auf Ihrem Rechner verwalten, können Sie einfach zwischen den einzelnen Accounts wechseln.*

## Schritt 1

Auf herkömmliche Weise wechseln Sie zwischen verschiedenen Benutzern, indem Sie den aktiven Benutzer abmelden. Nutzen Sie dazu die Funktion **[Benutzername] abmelden** im Apfel-Menü, oder drücken Sie cmd + ⇧ + Q.

## Schritt 2

Im Anmeldefenster wählen Sie dann einfach einen anderen Benutzer aus der Übersicht aus, indem Sie sein Symbol anklicken. Geben Sie dann das entsprechende Passwort ein, und klicken Sie auf die Pfeilschaltfläche 1.

## Schritt 3

Noch einfacher geht es mit der Funktion **Schneller Benutzerwechsel**. Rufen Sie dazu im Apfel-Menü den Punkt **Systemeinstellungen** auf, und wählen Sie **Benutzer & Gruppen**. Klicken Sie auf das Schloss, und geben Sie danach **Benutzername** und **Passwort** ein (siehe Schritt 2 im Abschnitt »Zusätzliche Benutzer einrichten« auf Seite 272).

## Schritt 4

Klicken Sie auf die Schaltfläche **Anmeldeoptionen** ❸, und aktivieren Sie das Kontrollkästchen vor **Menü für schnellen Benutzerwechsel** ❷. Im Aufklappmenü wählen Sie eine Option aus, z. B. **Symbol**.

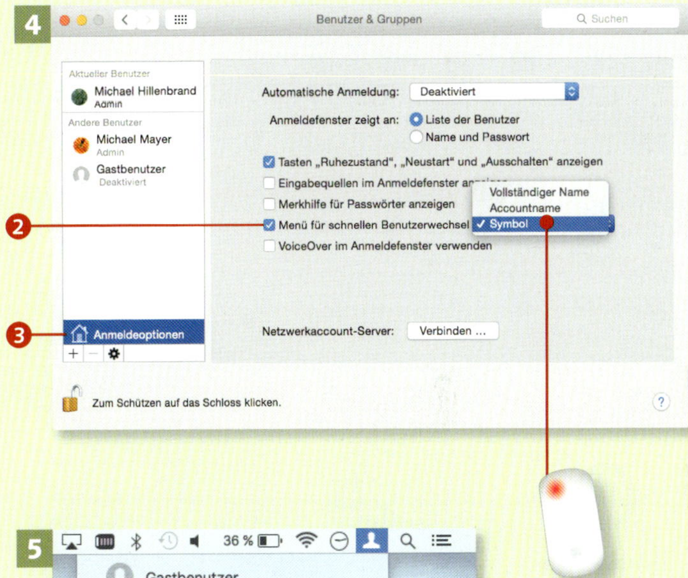


## Schritt 5

Sie sehen jetzt das Benutzersymbol in der Menüleiste. Mit einem Klick darauf öffnet sich eine Liste der auf dem Rechner vorhandenen Benutzer. Wählen Sie den Benutzer aus, zu dem Sie wechseln möchten. Aktive Benutzer sind mit einem orangenfarbenen Häkchen ❹ gekennzeichnet.

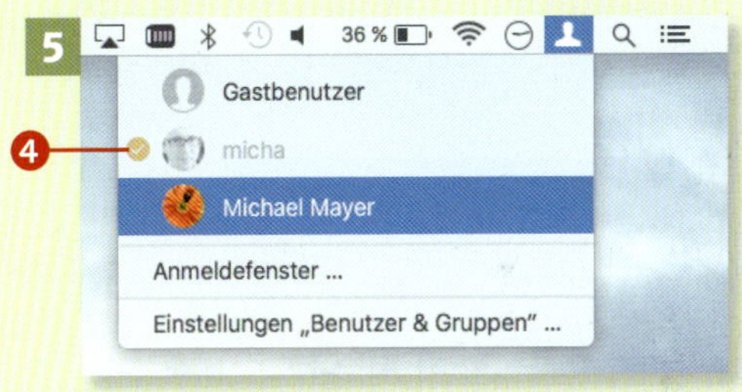


## Schritt 6

Geben Sie im Anmeldefenster das Passwort für diesen Account an. Das System wechselt nun den Benutzer, und auch er bekommt ein orangefarbenes Häkchen. So springen Sie schnell zwischen den aktiven Benutzern hin und her.

**Schneller Benutzerwechsel**

Das Erscheinungsbild des Menüs für den schnellen Benutzerwechsel können Sie in den **Anmeldeoptionen** ❸ anpassen. Lassen Sie sich z. B. die Liste der vollständigen Namen, den Kurznamen oder ein Symbol in der Menüleiste anzeigen.

# Sicherungen anfertigen: Time Machine

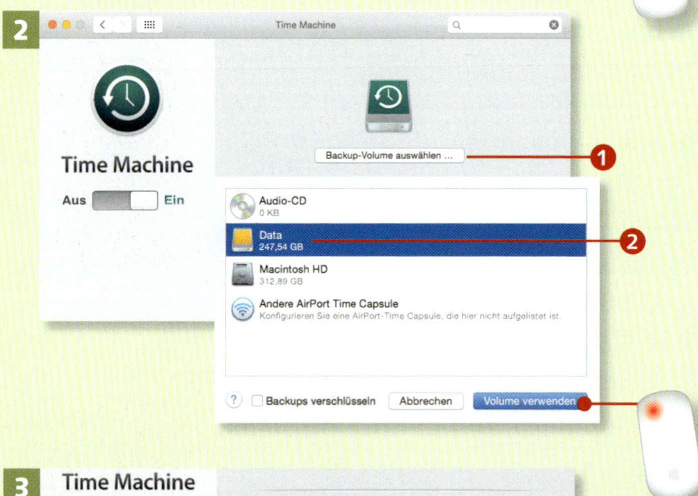


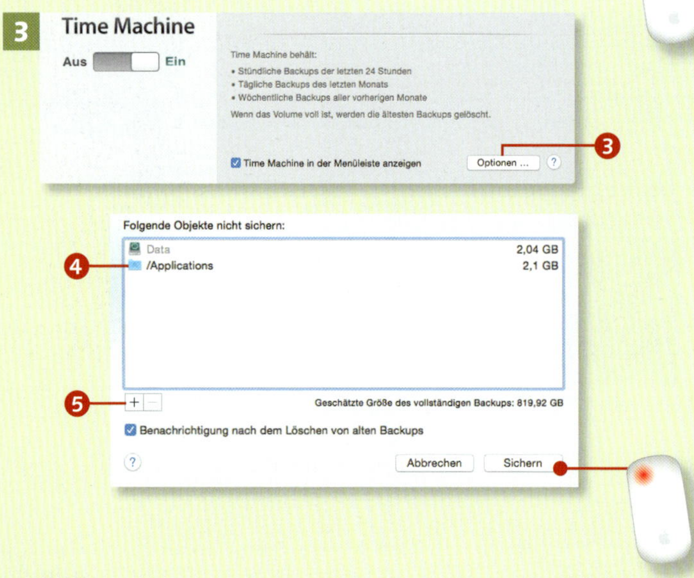


*Ihre Daten sollten Ihnen wichtig sein! Mit Time Machine können Sie automatisiert Ihre Dateien und Dokumente sichern und sie bei Verlust wiederherstellen.*

## Schritt 1

Die Vorgaben für Time Machine treffen Sie wie immer in den Systemeinstellungen. Diese rufen sie im Apfel-Menü über **Systemeinstellungen** auf. Klicken Sie dann auf **Time Machine**.

## Schritt 2

Klicken Sie auf **Backup-Volume auswählen** ❶, um ein Sicherungsmedium zu bestimmen. Wählen Sie das Medium mit einem Klick aus der Liste aus ❷. Bestätigen Sie Ihre Vorgaben mit einem Klick auf die Schaltfläche **Volume verwenden**.

## Schritt 3

Nun können Sie Time Machine anweisen, nur Ihre Dateien zu sichern. Klicken Sie dazu auf **Optionen** ❸. Im zugehörigen Dialog klicken Sie auf das Plus ❺ und wählen die Ordner aus, die Sie *nicht* sichern möchten, z. B. den Programmordner ❹. Bestätigen Sie Ihre Angaben mit **Sichern**.

### Schritt 4

Um eine Datei wiederherzustellen, wechseln Sie zum Schreibtisch und wählen aus der Menüleiste das Symbol **Time Machine** ❻ aus. Im zugehörigen Menü rufen Sie den Punkt **Time Machine öffnen** auf.

### Schritt 5

Sie können jetzt schrittweise nach Tagen, Wochen und Monaten in der Vergangenheit zurückgehen. Verwenden Sie dazu die Navigationspfeile ❼ oder die Zeitleiste ❽ am Rand.

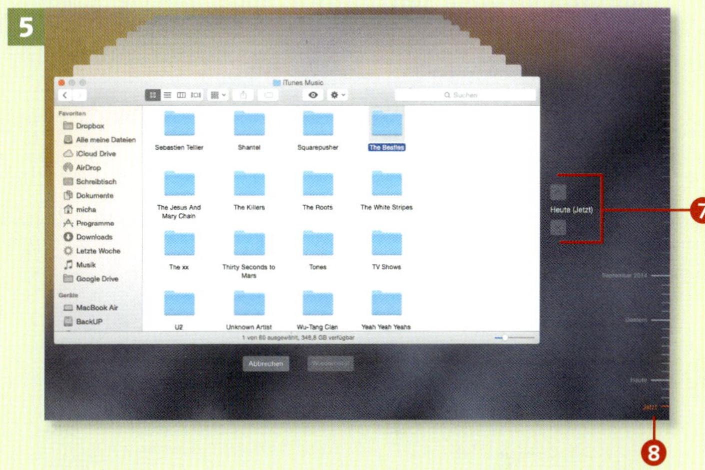


### Schritt 6

Wenn Sie die Datei gefunden haben, klicken Sie auf **Wiederherst.** Sie wird dann auf dem Schreibtisch angezeigt.

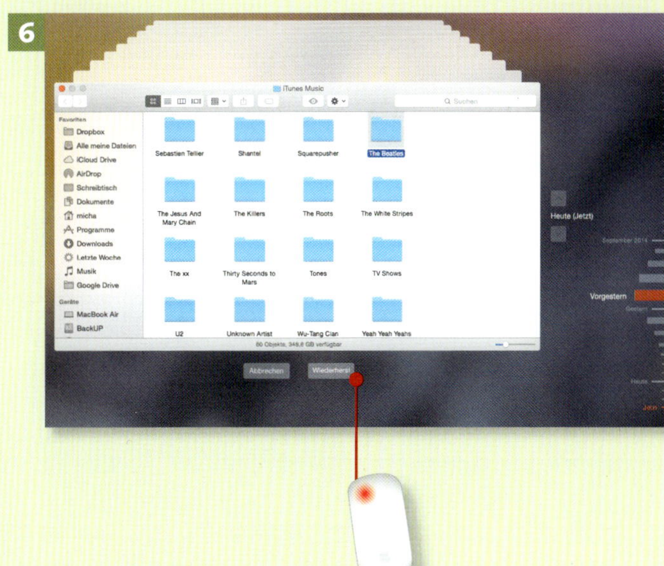


**System wiederherstellen**
Sie können Ihr komplettes System mit Hilfe des Migrationsassistenten und einer Time-Machine-Sicherung wiederherstellen. Gehen Sie dazu auf **Programme ▸ Dienstprogramme** (⇧ + cmd + U), und öffnen Sie den **Migrationsassistenten**. Wählen Sie im angezeigten Fenster die Option **Von einem anderen Mac, PC, Time-Machine-Backup oder anderen Volumes**, und klicken Sie auf **Fortfahren**.

# Daten im Netzwerk teilen

*Der Datentausch zwischen verschiedenen Rechnern in einem Netzwerk lässt sich einfach einrichten – egal, ob von Mac zu Mac oder von Mac zu Windows. Wie Sie Ihre Daten mit anderen teilen, erfahren Sie in diesem Abschnitt.*

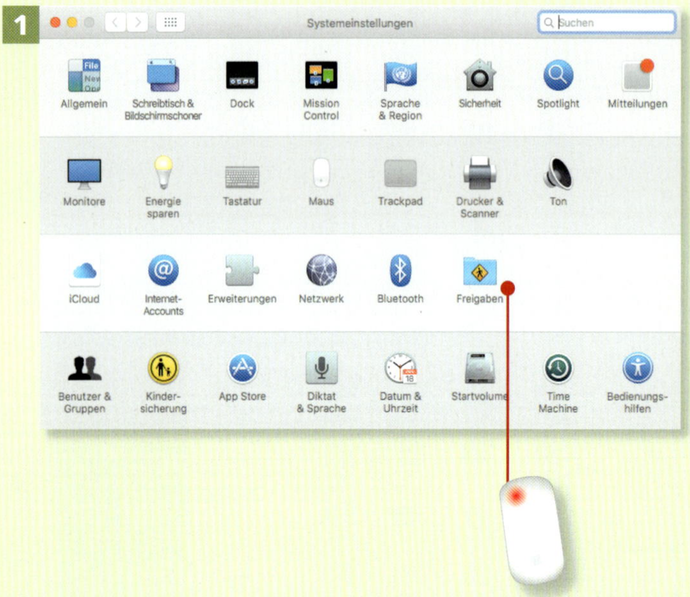


## Schritt 1

Um Ihre Daten in einem Netzwerk zur Verfügung zu stellen, müssen Sie sie freigeben. Öffnen Sie im Apfel-Menü den Menüpunkt **Systemeinstellungen**, und wählen Sie dort die Rubrik **Freigaben** aus.

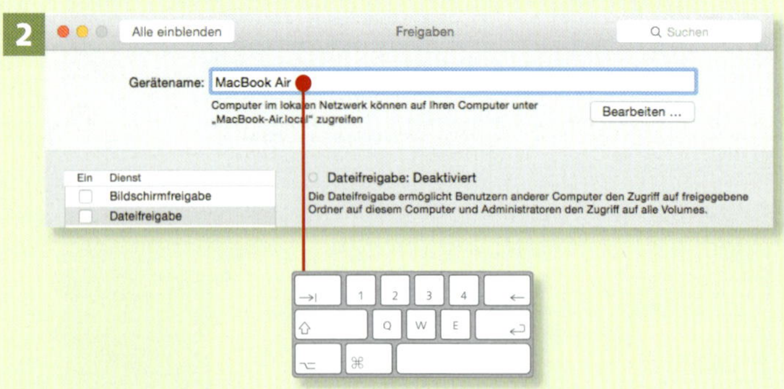


## Schritt 2

Vergeben Sie im Dialogfenster **Freigaben** zunächst einen Namen für Ihren Rechner. Dazu überschreiben Sie die Standardbezeichnung im Feld **Gerätename** mit Ihrer Wunschbezeichnung.

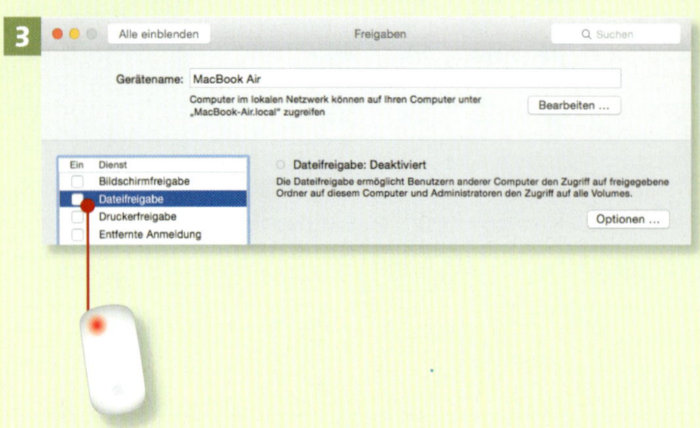


## Schritt 3

Auf der linken Seite des Dialogfensters finden Sie die unterschiedlichen Freigabeoptionen. Für die Freigabe Ihrer Daten setzen Sie mit einem Mausklick ein Häkchen vor **Dateifreigabe**.

## Schritt 4

Auf der rechten Seite wird jetzt ein grünes Statussymbol mit dem Hinweis **Dateifreigabe: Aktiviert** ❶ angezeigt. Nach einem Klick auf die Schaltfläche **Optionen** können Sie bestimmen, ob Sie die Daten für PCs oder für Macs freigeben möchten.

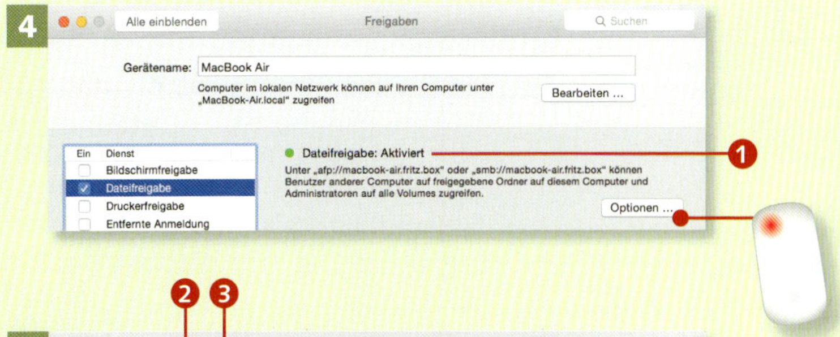


## Schritt 5

Standardmäßig sind die Optionen **Dateien und Ordner über SMB freigeben** ❸ für PCs und **Dateien und Ordner über AFP freigeben** ❷ für Macs aktiviert. Wählen Sie aus der Liste den Account ❹ aus, für den die Freigabe gelten soll, und geben Sie dann das entsprechende **Passwort** ein. Bestätigen Sie es mit **OK** und dann mit **Fertig** ❺.

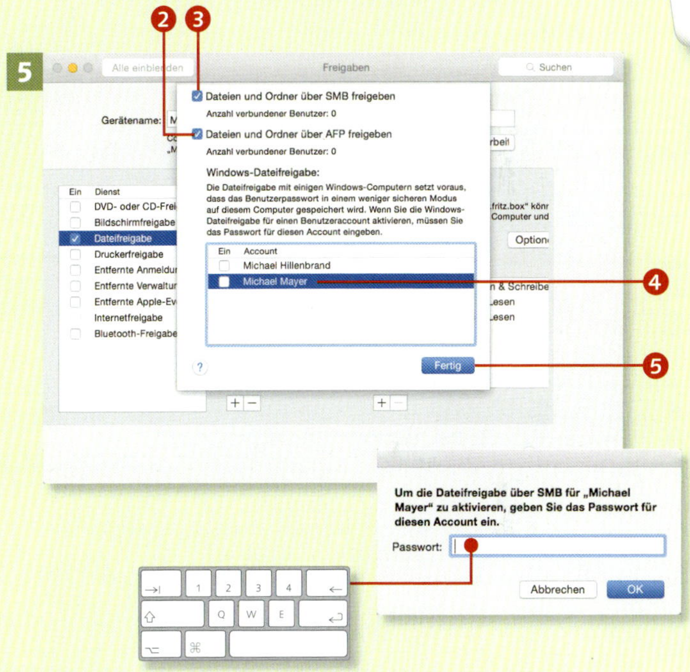


## Schritt 6

Navigieren Sie zu dem Ordner, den Sie freigeben möchten ❻, und wählen Sie ihn mit der Maus aus. Klicken Sie anschließend auf **Hinzufügen**.

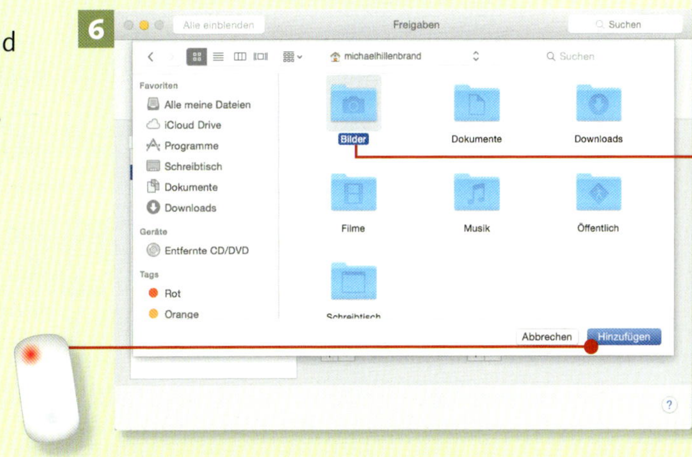

# Daten im Netzwerk teilen (Forts.)

7

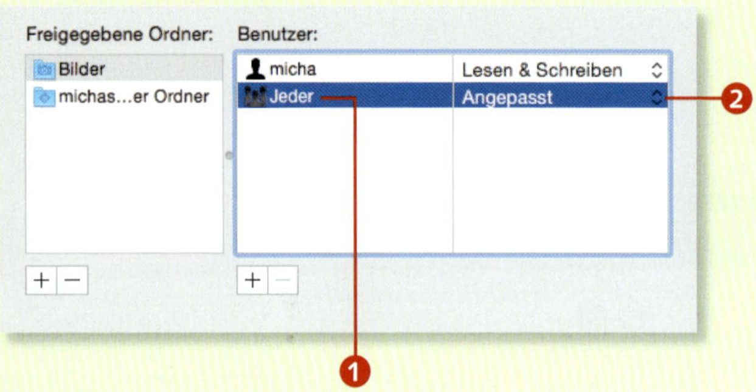


8

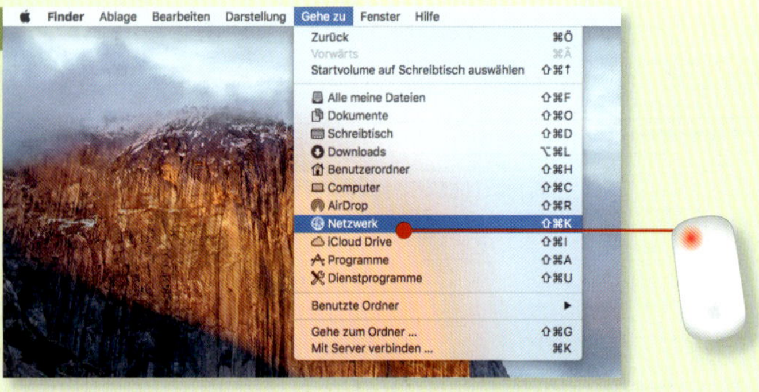


9

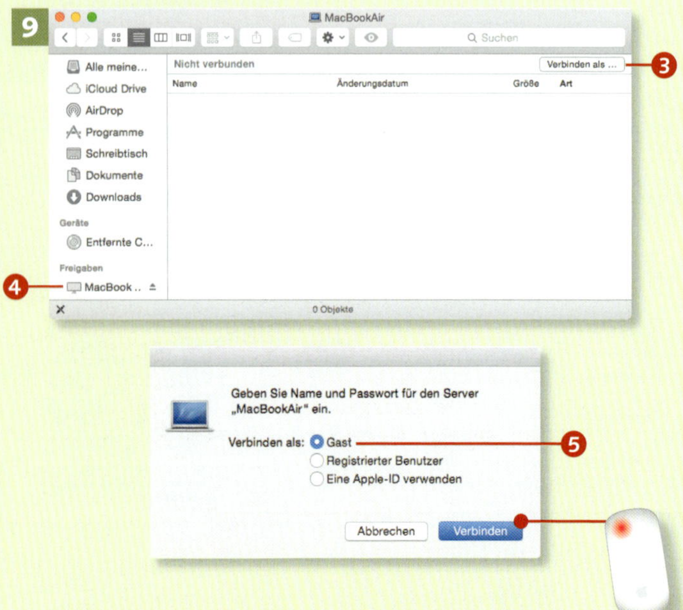


## Schritt 7

Vergeben Sie die Zugriffsrechte für den freigegebenen Ordner. Wählen Sie dazu **Jeder** ❶ aus, und öffnen Sie mit einem Klick auf den unteren Pfeil am Aufklappmenü ❷ die Liste mit Rechten. Wenn andere Nutzer nicht nur Ihre Dateien lesen, sondern auch etwas im freigegebenen Ordner speichern dürfen sollen, wählen Sie die Option **Lesen & Schreiben**.

## Schritt 8

Damit die Verbindung klappt, stellen Sie sicher, dass die Rechner über ein Netzwerk miteinander verbunden sind, sich also z. B. beide im gleichen WLAN befinden. Rufen Sie den Menüpunkt **Gehe zu ▸ Netzwerk** auf.

## Schritt 9

Wählen Sie das Gerät in der Rubrik **Freigaben** ❹ aus, und klicken Sie dann auf **Verbinden als** ❸. Im Dialogfenster aktivieren Sie die Option **Gast** ❺; so können Sie direkt auf die freigegebenen Ordner auf dem fremden Rechner zugreifen. Mit einem Klick auf **Verbinden** nehmen Sie Kontakt zu diesem anderen Rechner auf.

## Schritt 10

Sie können auch auf den kompletten Inhalt des fremden Rechners zugreifen, indem Sie im Dialog unter **Verbinden als** die Option **Registrierter Benutzer** 6 wählen. Dann brauchen Sie allerdings den Benutzernamen und das Passwort. Bestätigen Sie mit **Verbinden**.

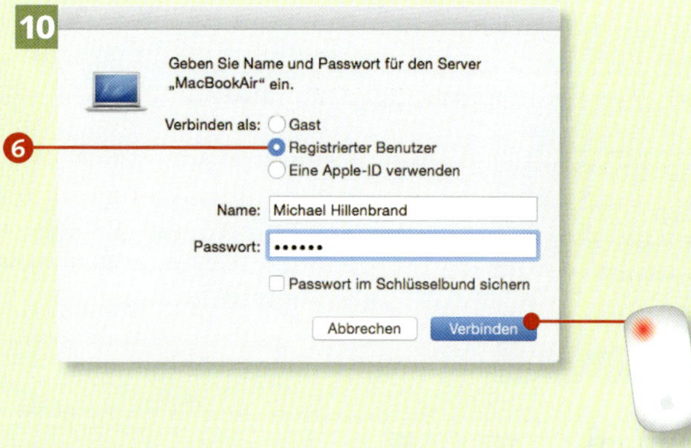


## Schritt 11

Sie haben jetzt Zugriff auf den Inhalt des anderen Rechners. Navigieren Sie zur gewünschten Datei, wählen Sie sie aus, und ziehen Sie sie mit gedrückter Maustaste auf den Schreibtisch oder an eine andere beliebige Stelle auf dem Zielrechner.

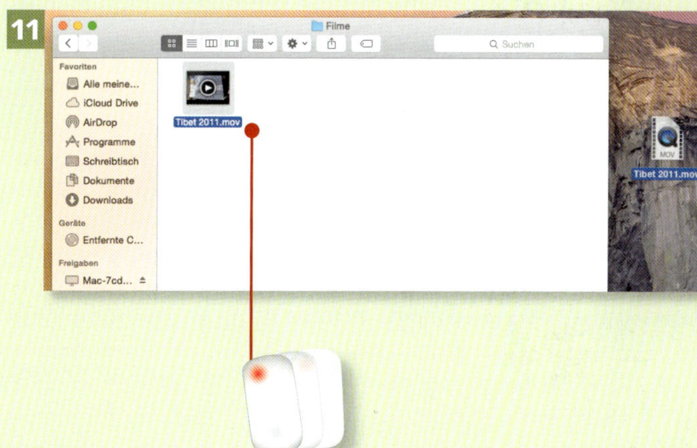


## Schritt 12

Das Betriebssystem beginnt automatisch mit dem Kopiervorgang. Wenn das abgeschlossen ist, können Sie den anderen Rechner wieder »abkoppeln«. Klicken Sie dazu in der Seitenleiste unter dem Punkt **Freigaben** auf die Schaltfläche **Auswerfen** neben dem Gerätenamen.

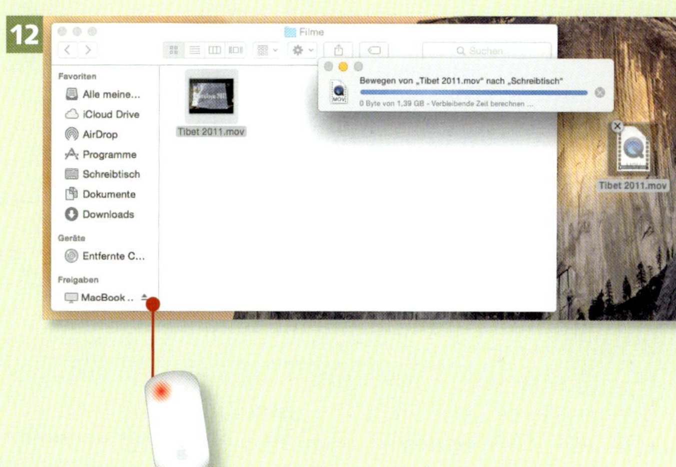

# Bildschirmfotos erstellen

*Es gibt auf dem Mac eine Vielzahl von Möglichkeiten, ein Bildschirmfoto (Screenshot) zu erstellen – ob mit dem integrierten Programm oder bequem per Tastenkürzel.*

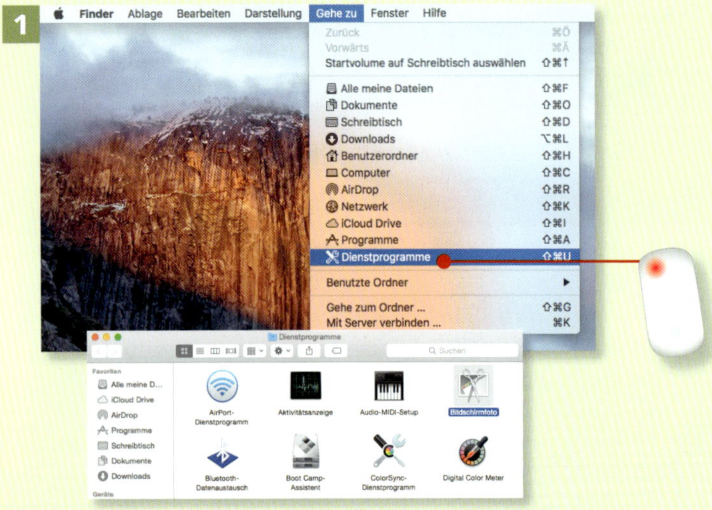


## Schritt 1

Rufen Sie über **Gehe zu** den Ordner **Dienstprogramme** auf. Dort finden Sie das Programm **Bildschirmfoto**. Starten Sie es mit einem Doppelklick.

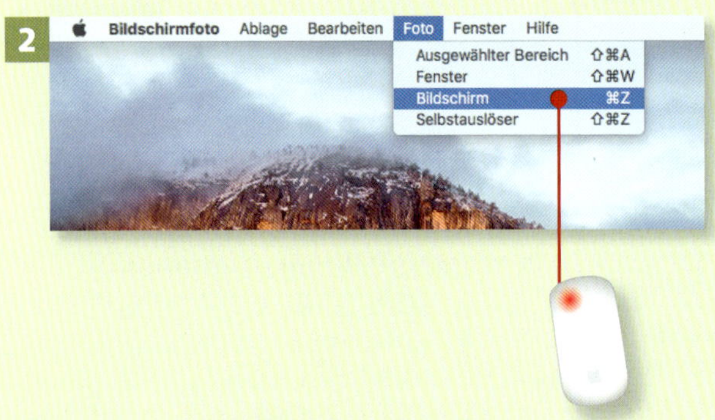


## Schritt 2

Ein Foto vom gesamten Bildschirminhalt mit allen aktuell sichtbaren Elementen fertigen Sie über **Foto ▸ Bildschirm** an oder indem Sie cmd + Z drücken. Klicken Sie dann auf eine Stelle außerhalb des Menüs. Das Menü wird natürlich nicht mit abgelichtet.

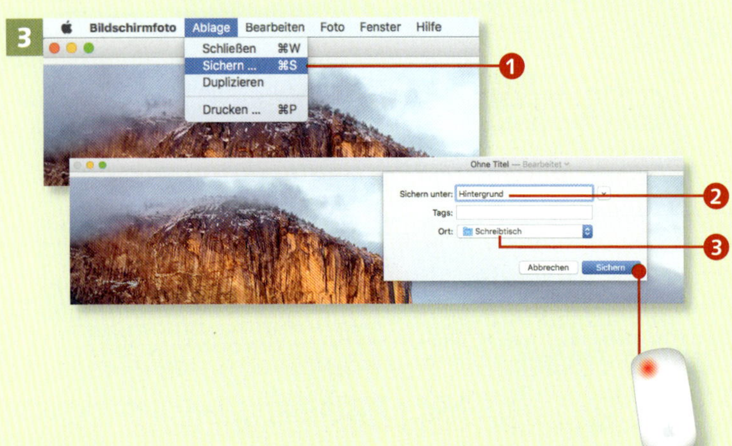


## Schritt 3

Das Foto Ihres Bildschirms wird in einem Vorschaufenster mit Namen **Ohne Titel** geöffnet. Um diese Datei zu speichern, rufen Sie das Menü **Ablage ▸ Sichern** ❶ auf. Vergeben Sie im Feld **Sichern unter** ❷ einen aussagekräftigen Namen, wählen Sie einen Speicherort ❸, und bestätigen Sie alles mit einem Klick auf **Sichern**.

## Schritt 4

Sie können ein Bildschirmfoto auch mit Selbstauslöser aufnehmen, wenn Sie z. B. einen Menüaufruf abbilden möchten. Wählen Sie dazu **Foto ▸ Selbstauslöser** ❹. Im Dialogfenster klicken Sie auf **Starten**. Ein Timer wird angezeigt, und Sie können die Aktion ausführen, die Sie aufnehmen möchten. Das Bild wird im Vorschaufenster angezeigt.

## Schritt 5

Aus dem Finder heraus können Sie mit cmd + ⇧ + 4 ein Foto vom Inhalt eines Fensters anfertigen. Nachdem Sie die Tastenkombination gedrückt haben, erscheint ein Fadenkreuz. Ziehen Sie mit gedrückter Maustaste ein Rechteck über dem Bereich auf, den Sie abbilden wollen. Wenn Sie die Maustaste loslassen, wird ein Bild erstellt und auf dem Schreibtisch gespeichert.

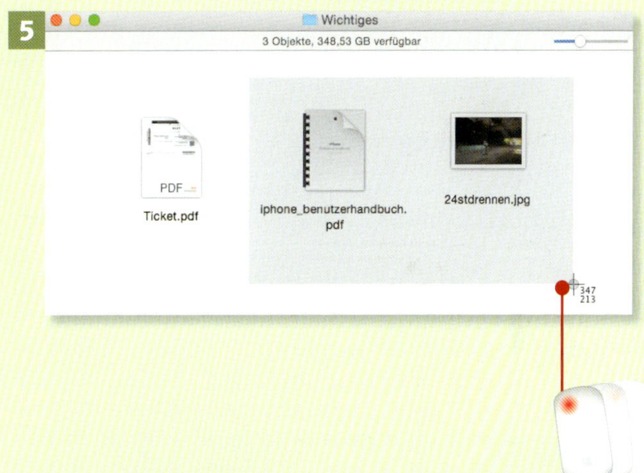


## Schritt 6

Wenn Sie hingegen die Leertaste drücken, sobald Sie das Fadenkreuz sehen, wird das ganze Fenster ausgewählt. Nach einem Mausklick wird das Bildschirmfoto erstellt und automatisch auf dem Schreibtisch gespeichert.

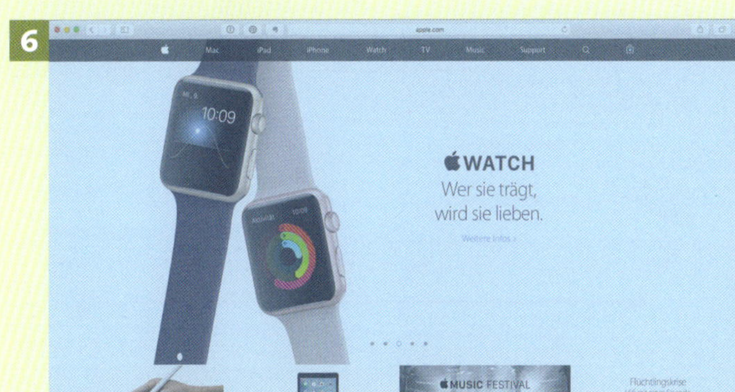

# Festplatten formatieren, aufteilen und löschen

1

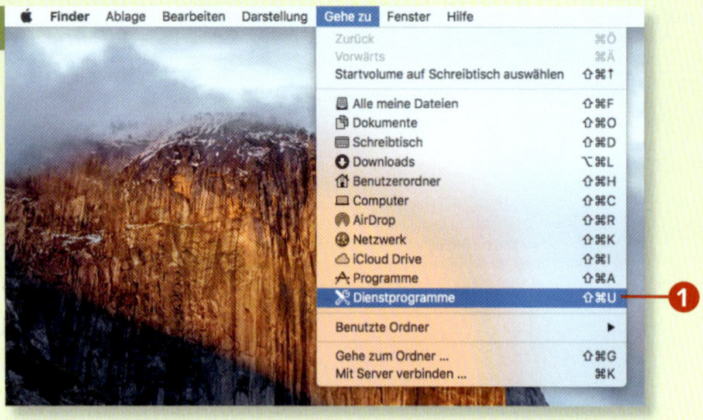


2

3

*Sie möchten den Speicherplatz Ihrer Festplatte neu aufteilen, also »partitionieren«? Oder die Festplatte formatieren oder löschen? Das Festplattendienstprogramm bietet alle notwendigen Funktionen.*

## Schritt 1

Um Ihre Festplatte zu organisieren, benötigen Sie das *Festplattendienstprogramm*. Sie finden es über **Gehe zu ▸ Dienstprogramme** ❶.

## Schritt 2

In der linken Spalte des Programmfensters werden alle am Betriebssystem angemeldeten Festplatten und Speichermedien aufgelistet. Wählen Sie aus der Übersicht mit einem Mausklick die Festplatte aus, um sich Informationen anzeigen zu lassen oder sie zu formatieren.

## Schritt 3

Klicken Sie dazu auf die Schaltfläche **Partitionieren** ❷. Das **Partitionslayout** legt die Anzahl der Teile fest, in die Ihre Festplatte aufgeteilt werden soll, z. B. **2 Partitionen**. Klicken Sie dazu auf das **Plus**-Symbol, und verschieben Sie dann den Ausschnitt über die Griffpunkte.

## Schritt 4

In der Übersicht werden dann die Teile dargestellt. Wählen Sie einen davon aus, und vergeben Sie im Feld **Partitionieren** ❸ einen neuen Titel. Über das Aufklappmenü **Format** ❹ können Sie das Format der Partition festlegen. Im Feld **Größe** ❺ steht die Größe Gigabyte (GB). Bestätigen Sie Ihre Einstellungen mit **Anwenden**.

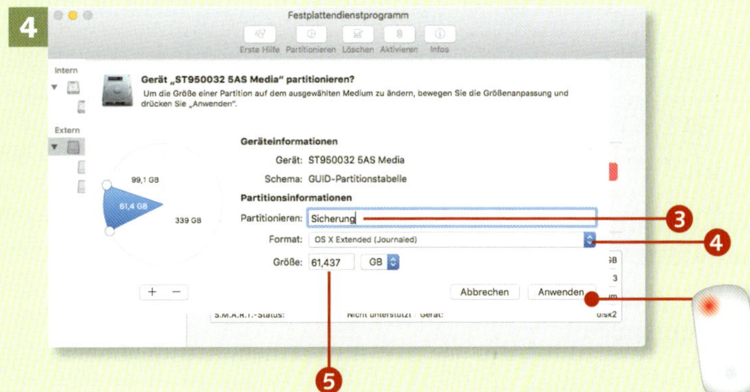


## Schritt 5

Sie können auch Ihre gesamte Festplatte löschen. Zuvor sollten Sie jedoch unbedingt sicherstellen, dass Sie die Daten wirklich nicht mehr benötigen! Wählen Sie die Festplatte aus der Seitenleiste aus, klicken Sie auf die Schaltfläche **Löschen** ❻, und legen Sie **Format** ❼ und **Name** ❽ fest.

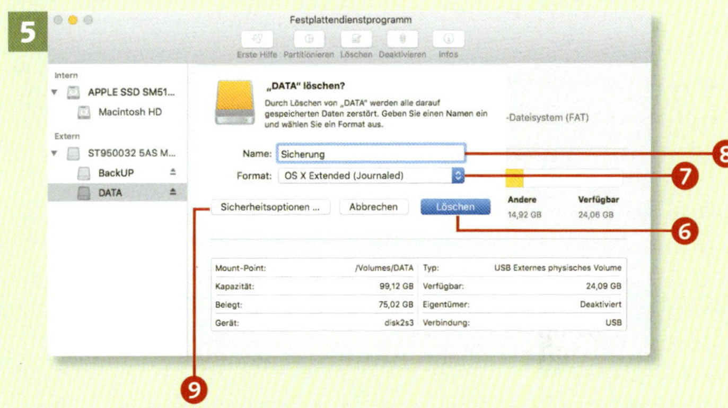


## Schritt 6

Klicken Sie auf die Schaltfläche **Sicherheitsoptionen** ❾, um festzulegen, in wie vielen Durchgängen die Festplatte gelöscht werden soll. Je weiter Sie den Schieberegler ❿ nach rechts schieben, desto häufiger wird die Festplatte überschrieben. Die Daten sind dann schwieriger wiederherzustellen. Klicken Sie erst auf **OK** und danach auf **Löschen** ❻.

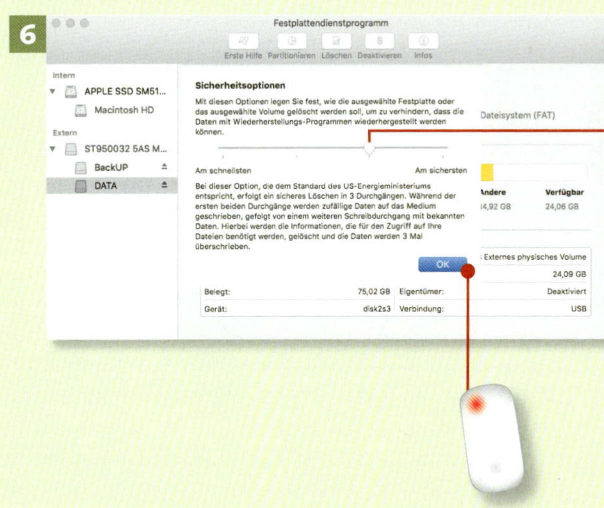

# Den Mac aktualisieren

1

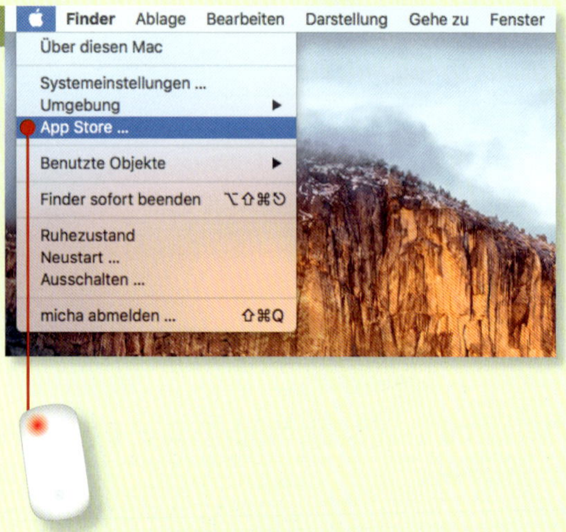


2

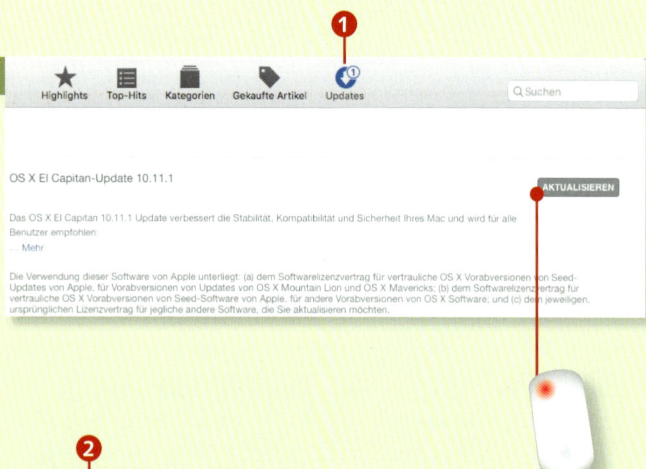


3

*Update-Arbeiten erledigt OS X zu großen Teilen automatisch, mit einigen Tricks lässt sich dieser Vorgang allerdings noch effektiver gestalten.*

## Schritt 1

Für die Aktualisierung des Betriebssystems und Ihrer installierten Programme rufen Sie über das Apfel-Menü den Punkt **App Store** auf.

## Schritt 2

Das Programm App Store wird gestartet. Wechseln Sie dort zum Reiter **Updates** ❶. Automatisch beginnt jetzt die Suche nach Updates. Wurden Aktualisierungen gefunden, sehen Sie eine Übersicht aller zu installierenden Komponenten. Um die Aktualisierung zu starten, klicken Sie auf **Aktualisieren**.

## Schritt 3

OS X El Capitan beginnt dann mit der Aktualisierung ❷: Zunächst wird die Software von den Apple-Servern geladen und anschließend installiert. Je nach Komponente ist ein Neustart nötig. Bestätigen Sie über die Notifikation mit der Option **Neustart**.

### Schritt 4

War die Aktualisierung erfolgreich, wird sie in der Übersicht in den Bereich **In den letzten 30 Tagen installierte Updates** ❸ verschoben.

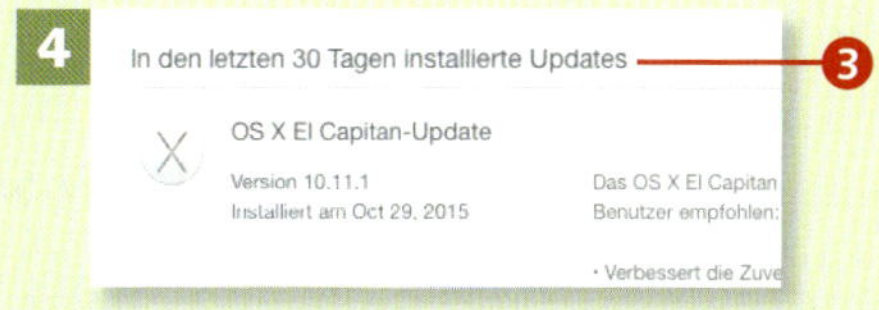


### Schritt 5

Sie können zusätzliche Einstellungen für die Softwareaktualisierung vornehmen. Rufen Sie dazu im Apfel-Menü den Punkt **Systemeinstellungen** ❹ auf. Wählen Sie dort die Option **App Store**.

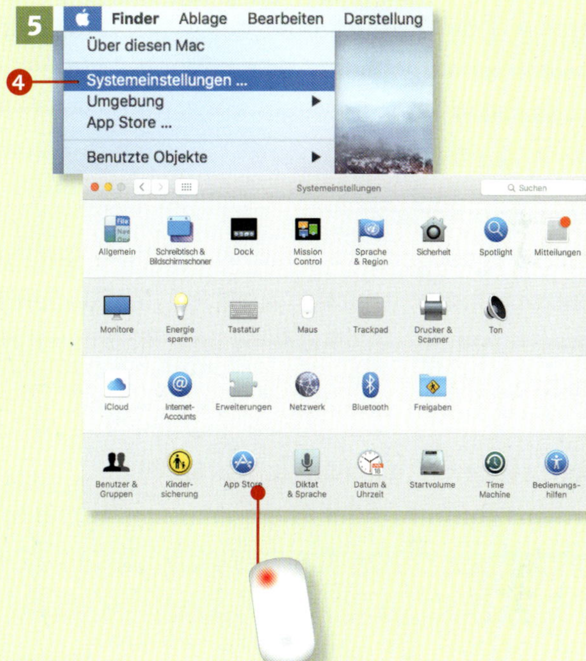


### Schritt 6

Sie können hier festlegen, dass die Updates automatisch im Hintergrund geladen werden. Aktivieren Sie dazu **Neu verfügbare Updates im Hintergrund laden** ❺. Ebenso können Sie Betriebssystem-Neuerungen automatisch installieren lassen. Wählen Sie hierzu **OS X-Updates installieren** aus. Ebenso können Systemdatendateien und Sicherheits-Updates automatisch installiert werden. Setzen Sie hierzu ein Häkchen im Kontrollkästen **Systemdatendateien und Sicherheits-Updates installieren** ❻.

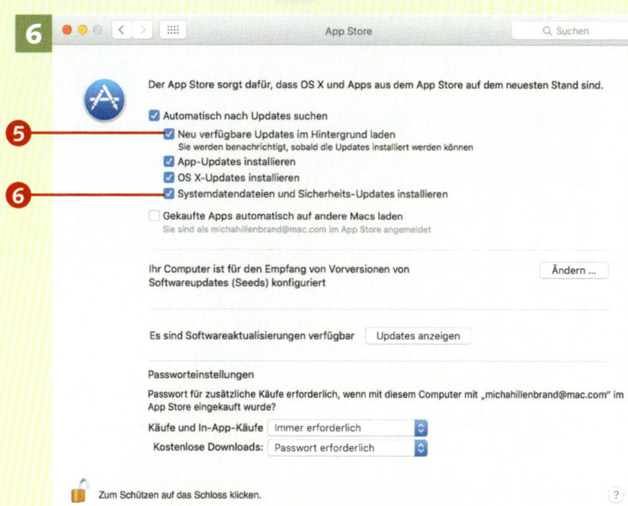

Kapitel 12

# Die Tastatur und wichtige Tastenkürzel

Der Umgang mit Computern bedeutet gleichzeitig, sich mit den unterschiedlichen Eingabegeräten wie der Tastatur oder der Maus vertraut zu machen. Wenn Sie also ganz neu einsteigen, erfahren Sie in diesem Kapitel einiges über deren Funktionsweise und bekommen zusätzlich Tipps für einen effizienten Umgang mit ihnen.

**Eingabe per Knopfdruck**

Das zentrale Eingabegerät an Ihrem Mac ist die Tastatur ❶. Darüber können Sie aber nicht nur Ihre Texte erfassen, sondern auch mit den Steuertasten verschiedene Aktionen auslösen. Beherrschen Sie verschiedene Tastenkombinationen, wird Ihr Umgang mit dem Mac noch effektiver.

**Mit Gesten steuern – das Magic Trackpad**

Egal, ob *Magic Trackpad* oder *Magic Mouse*: Beide Eingabegeräte von Apple ermöglichen es, unterschiedliche Aktionen mit verschiedenen Gesten auszulösen ❷. Tippen Sie beispielsweise mit zwei Fingern auf das Trackpad, um in Fenster ein- und auszuzoomen.

**Die Magic Mouse nutzen**

Der Weg hin zu einer zweiten »virtuellen« Maustaste führt über **Systemeinstellungen ▸ Maus**. Aktivieren Sie hier den Punkt **Sekundärklick** ❸. Im Anschluss steht Ihnen ein Kontextmenü durch Klick auf die zweite Maustaste zur Verfügung.

Die Tastatur ist Ihre Zentrale bei der Arbeit mit dem Mac. Sie ist sowohl Eingabegerät als auch Steuerung. **1**

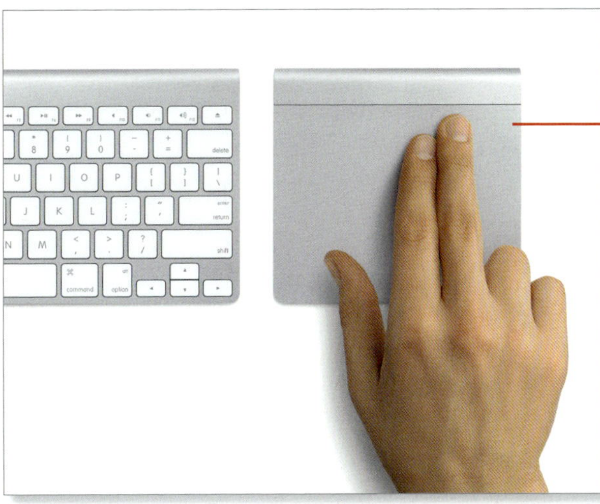

**2** Per Magic Trackpad hört der Mac auf Ihre Fingerbewegung.

Den Sekundärklick über eine zweite »virtuelle« Taste für die Magic Mouse richten Sie über die Systemeinstellungen ein. **3**

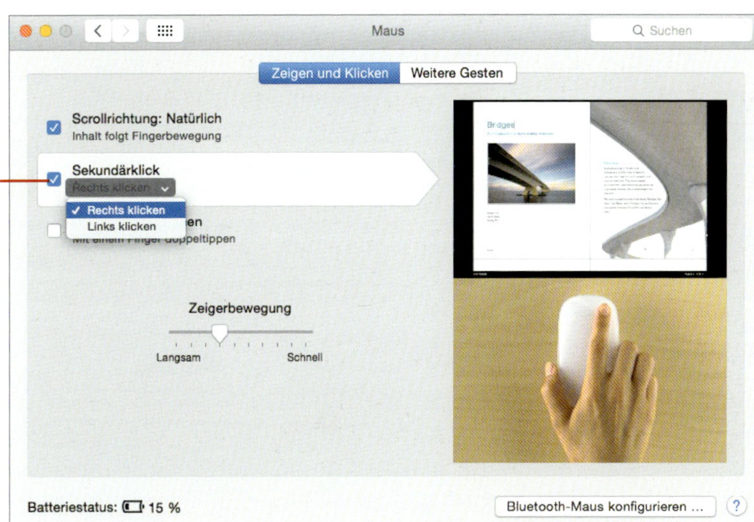

# So funktioniert die Maus am Mac

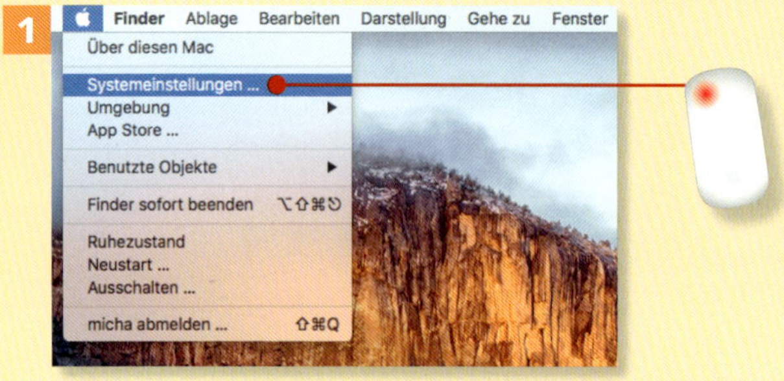


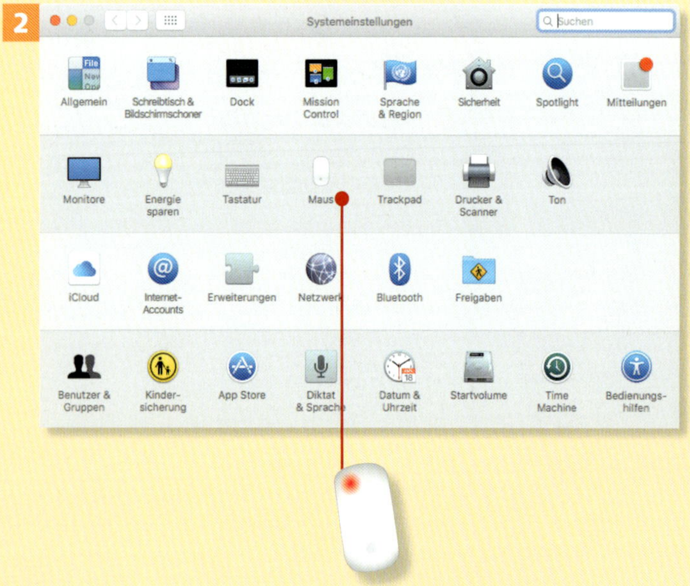


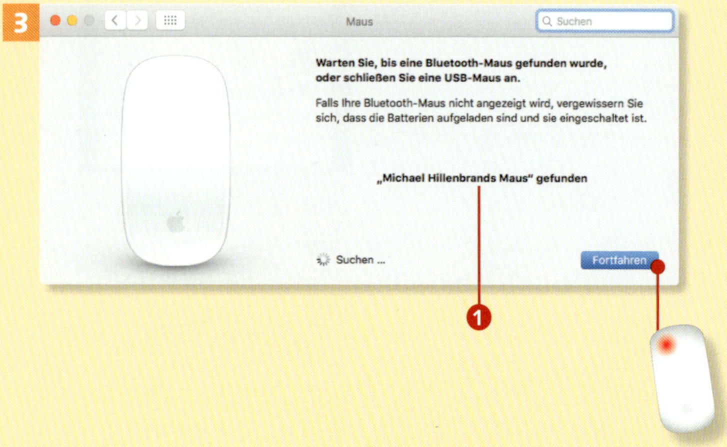


*Bei Apple ist die Magic Mouse der Standard. In diesem Abschnitt lernen Sie, wie Sie diese Maus einrichten und benutzen.*

## Schritt 1

Um eine neue Magic Mouse zu nutzen, müssen Sie sie erst konfigurieren. Klicken Sie in der Menüleiste auf den Apfel, und rufen Sie die Option **Systemeinstellungen** auf.

## Schritt 2

Im Dialogfenster **Systemeinstellungen** wählen Sie dann den Punkt **Maus**. Stellen Sie zuvor sicher, dass die Maus eingeschaltet ist, sonst wird sie nicht gefunden.

## Schritt 3

Nach einer Zeitspanne wird der Name der Maus im Suchfenster angezeigt ❶. Klicken Sie jetzt auf die Schaltfläche **Fortfahren**. Das System versucht nun, eine Verbindung zur Maus herzustellen.

## Schritt 4

Hat die Verbindungsaufnahme geklappt, werden die Einstellungen für die Maus im Fenster angezeigt. In der linken unteren Ecke finden Sie hier auch Informationen über den Batterieladestatus der Maus ❷.

4

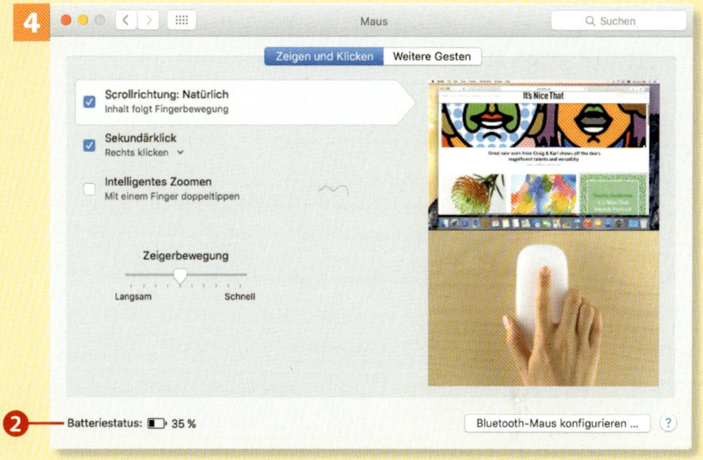


## Schritt 5

Die Magic Mouse hat im Gegensatz zur »normalen« Maus keine Tasten und kein Scrollrad, sondern wird direkt über Berührung und Gesten gesteuert.

5

## Schritt 6

Mit einem Finger ist es möglich, in alle Richtungen zu scrollen. So gelangen Sie beispielsweise mit Streichen nach unten zum Ende eines Dokuments.

6

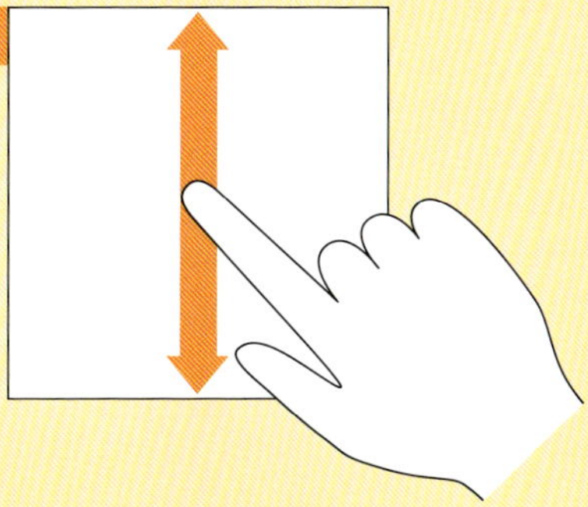

**Eine USB-Maus anschließen**

Wenn Sie eine Maus über ein USB-Kabel an Ihren Mac anschließen, müssen Sie sich nicht um die Konfiguration kümmern. Sie können sofort mit der Arbeit beginnen, sobald die Maus mit dem Mac verbunden ist.

# So funktioniert die Maus am Mac (Forts.)

7

8

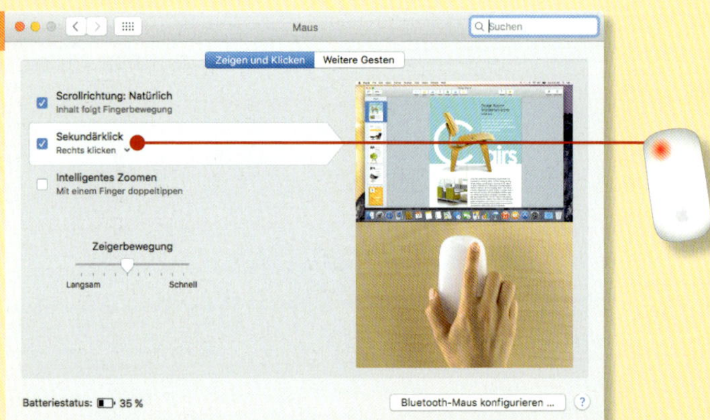


9

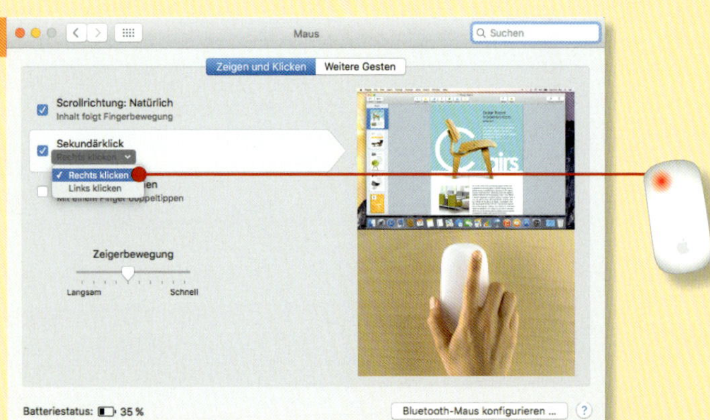


## Schritt 7

Sie lösen eine Aktion aus, indem Sie auf eine Schaltfläche klicken. Tippen Sie dazu auf die Oberfläche der Maus. Wenn Sie schnell hintereinander zweimal darauf tippen, führen Sie einen Doppelklick aus.

## Schritt 8

Auch wenn die Magic Mouse keine Tasten besitzt, können Sie die Oberfläche individuell einstellen. Um zwei imaginäre Tasten einzurichten, wählen Sie im Dialogfenster **Maus** im Bereich **Zeigen und Klicken** die Option **Sekundärklick** aus.

## Schritt 9

Über das Aufklappmenü können Sie bestimmen, ob dieser auf der rechten oder linken Seite der Magic Mouse ausgelöst wird. Für die Ausführungen in diesem Buch habe ich mich für rechts entschieden.

**Sekundärklick direkt**

Haben Sie den Sekundärklick nicht über die Einstellung konfiguriert, können Sie ihn dennoch nutzen: Halten Sie dazu beim Mausklick `ctrl` gedrückt.

## Schritt 10

Jetzt können Sie die Magic Mouse als Zwei-Tasten-Maus verwenden. Mit einem Klick auf die rechte Seite der Oberfläche rufen Sie beispielsweise das Kontextmenü im **Finder** auf.

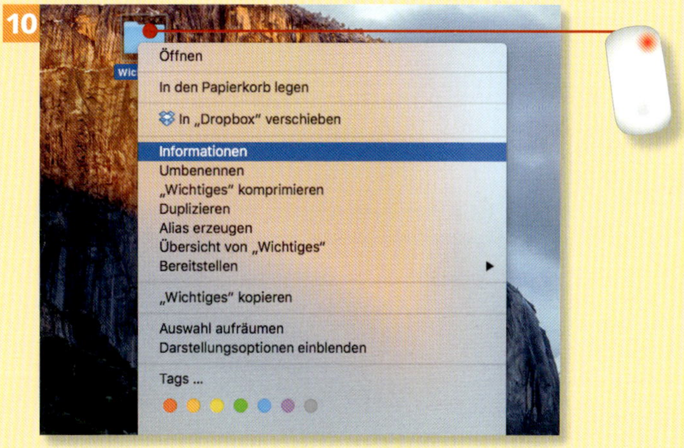


## Schritt 11

Zurück im Dialogfenster **Maus** aktivieren Sie die Option **Intelligentes Zoomen** per Setzen eines Hakens. Sie haben damit die Möglichkeit, bequem in verschiedene Bereiche von Dokumenten ein- und auszuzoomen.

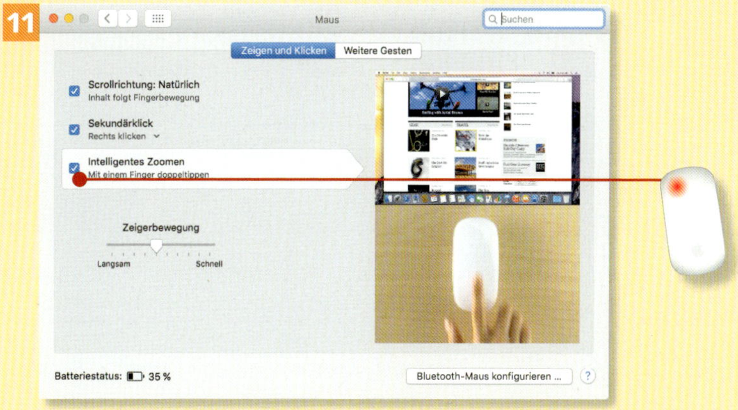


## Schritt 12

Tippen Sie jetzt mit einem Finger doppelt auf die Maus, vergrößert bzw. verkleinert sich z. B. der Ausschnitt aus einem Dokument oder der angezeigte Inhalt in einem Browser-Fenster.

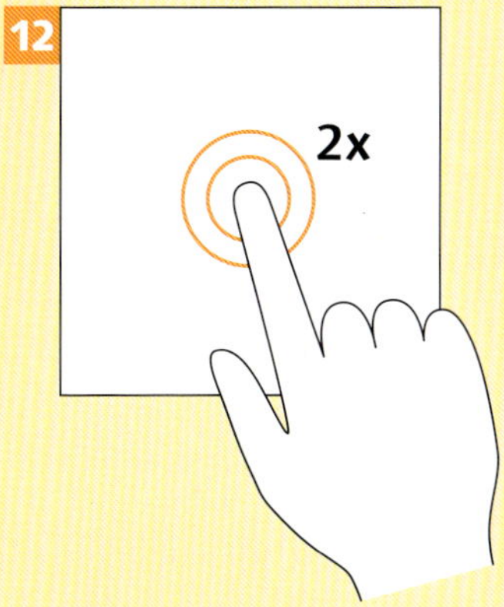

# Das Magic Trackpad einsetzen

*Das Magic Trackpad ist die Bedienoption für alle MacBooks. Sie können es aber auch als externes Zubehör für die Desktop-Rechner nutzen. Mit ihm lässt sich der Rechner per Fingerbewegung steuern.*

## Schritt 1

Auf der kompletten Fläche des Magic Trackpads können Sie ähnlich interagieren wie mit der Magic Maus. Die wichtigsten Aktionen, wie etwa das Öffnen von Dokumenten und Ordnern, lassen sich mit Klick oder Doppelklick erledigen.

## Schritt 2

Um in verschiedene Richtungen zu scrollen – egal, ob vertikal oder horizontal –, streichen Sie mit zwei Fingern über die Oberfläche des Trackpads.

## Schritt 3

In einigen Programmen können Sie über das Trackpad auch ganze Objekte drehen. Wenn Sie beispielsweise im Programm Vorschau eine Kreisbewegung mit Daumen und Zeigefinger ausführen, wird das ausgewählte Bild direkt in die gewünschte Richtung gedreht.

### Schritt 4

Schieben Sie auf dem Magic Trackpad drei Finger nach oben, wird automatisch *Mission Control* gestartet. Sie erhalten damit eine Übersicht über alle geöffneten Fenster.

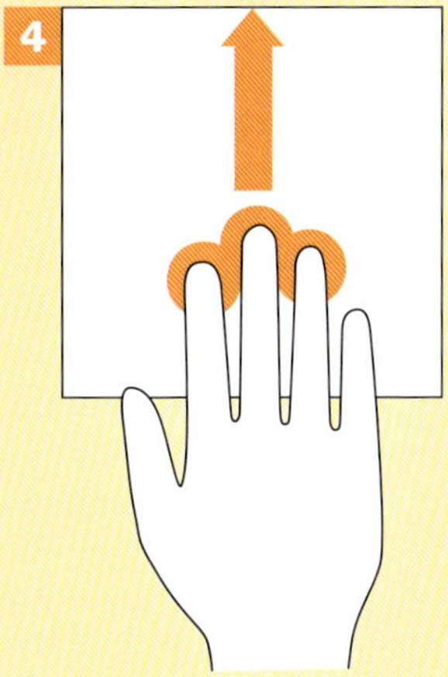

### Schritt 5

Ziehen Sie den Daumen und drei Finger diagonal zusammen, öffnet sich das *Launchpad*. Es zeigt alle installierten Programme, und Sie können sie dann von dort aus direkt starten.

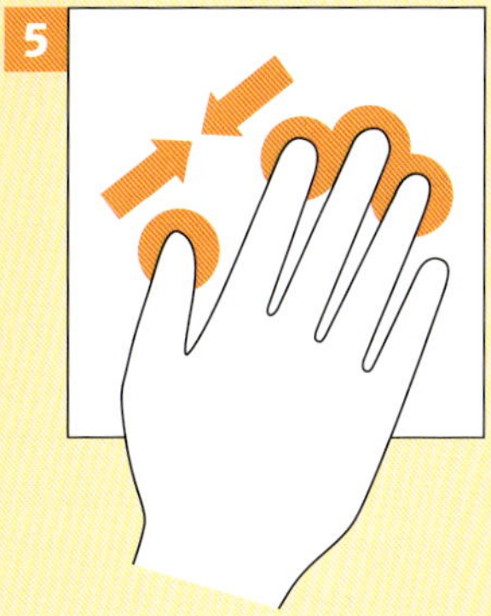

### Schritt 6

In Dokumenten und Browser-Fenstern können Sie blättern, indem Sie mit zwei Fingern von links nach rechts oder umgekehrt über das Trackpad streichen.

**Mitteilungszentrale einblenden**
Sie können die Mitteilungszentrale einblenden, indem Sie mit zwei Fingern vom rechten Rand aus nach links streichen.

# Das Magic Trackpad einsetzen (Forts.)

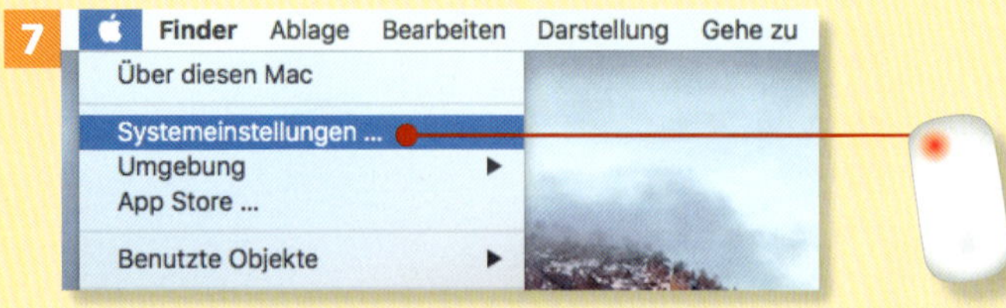


## Schritt 7

Wenn Sie lieber andere Fingergesten nutzen wollen, können Sie das Magic Trackpad über die Systemeinstellungen konfigurieren. Rufen Sie dazu das Apfel-Menü und darin den Punkt **Systemeinstellungen** auf.

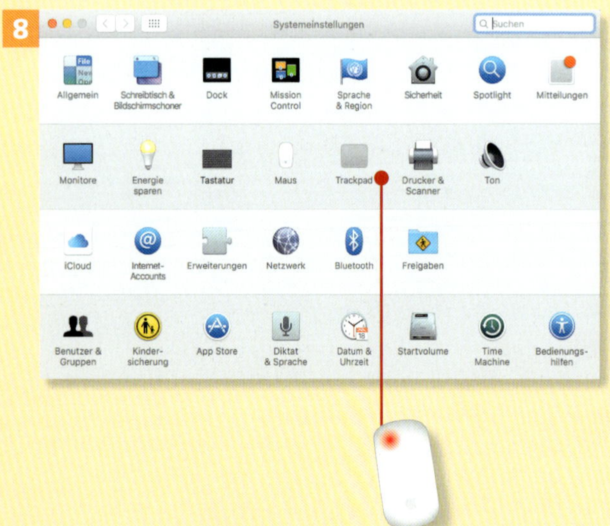


## Schritt 8

Wählen Sie im Dialogfenster **Systemeinstellungen** die Option **Trackpad**.

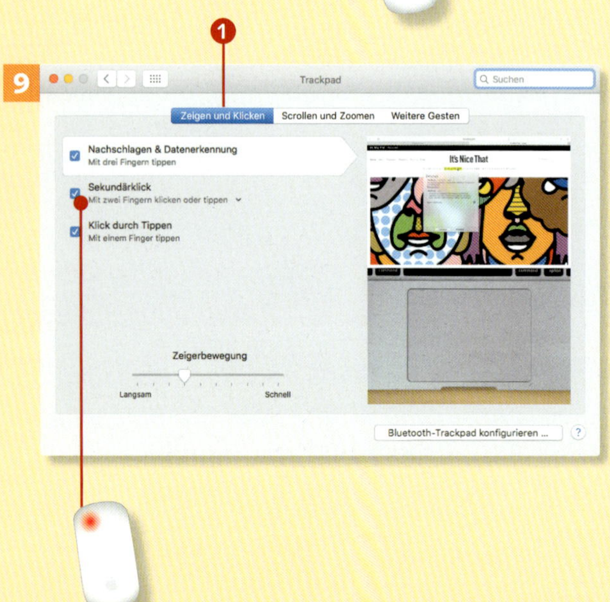


## Schritt 9

In der Kategorie **Zeigen und Klicken** ❶ können Sie u. a. festlegen, wie der Rechtsklick funktionieren soll. Aktivieren Sie dazu zunächst das Kontrollkästchen **Sekundärklick**.

**Geschwindigkeit der Maus**

Sie können in den Einstellungen **Zeigen und Klicken** auch die Bewegungsgeschwindigkeit des Mauszeigers festlegen. Verschieben Sie dazu den Regler ❷ nach links für eine langsamere und nach rechts für eine schnellere Bewegung.

## Schritt 10

Im zugehörigen Aufklappmenü ist standardmäßig die Option **Mit zwei Fingern klicken oder tippen** eingestellt. Alternativ können Sie angeben, dass der Rechtsklick in einer Ecke des Trackpads ausgelöst wird (**Rechts unten klicken** oder **Links unten klicken**).

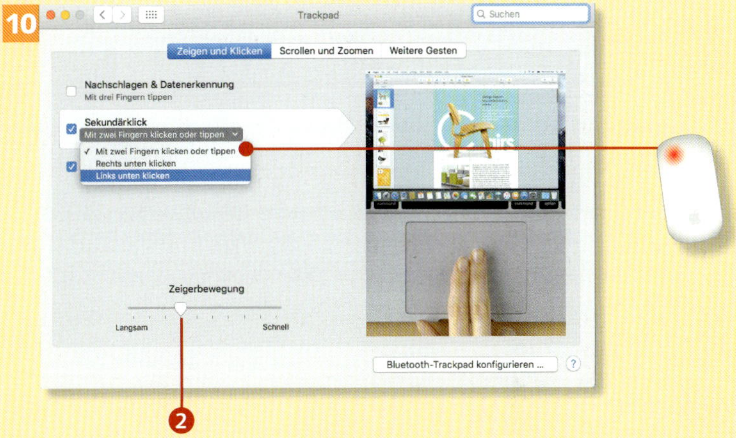


## Schritt 11

In der Kategorie **Scrollen und Zoomen** ❸ bestimmen Sie die Scrollrichtung. Mit der Option **Scrollrichtung: Natürlich** wird der Bildschirminhalt analog zum Tempo und zur Richtung Ihrer Fingerbewegung auf dem Touchpad angezeigt.

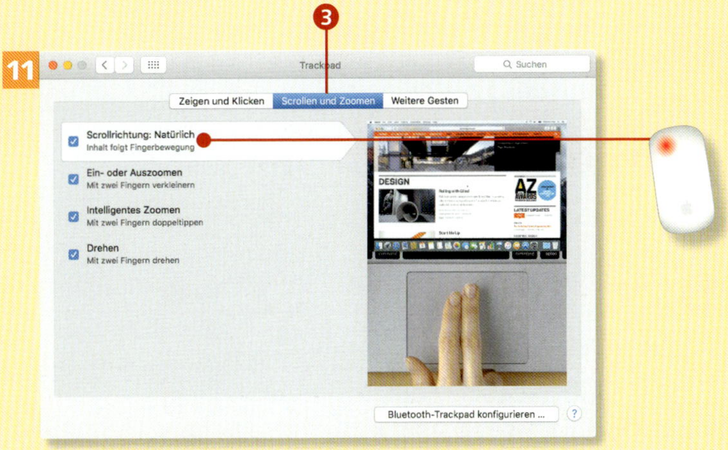


## Schritt 12

Im Bereich **Weitere Gesten** ❹ finden Sie zusätzliche Möglichkeiten der Gestensteuerung. Hier stellen Sie u. a. die Art und Weise des Aufrufs von Mission Control ein.

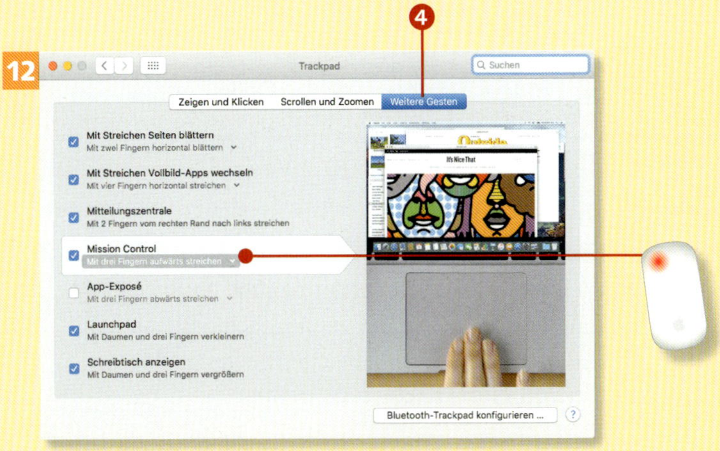

# Die Mac-Tastatur kennenlernen

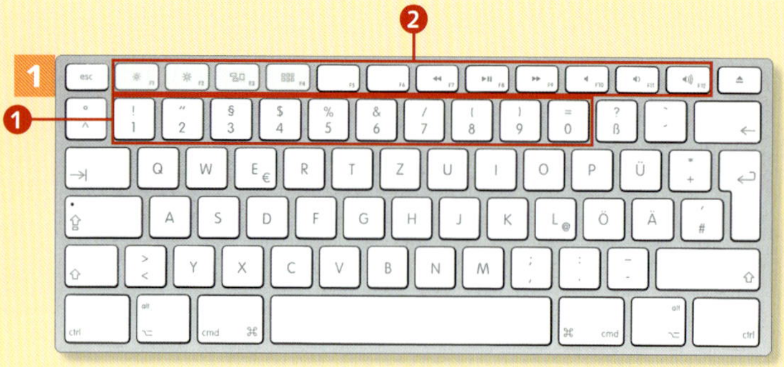


*Das zentrale Eingabegerät ist die Tastatur. Damit können Sie nicht nur Texte eingeben, sondern auch die wichtigsten Funktionen des Betriebssystems OS X steuern.*

## Schritt 1

Neben dem Buchstabenblock verfügt die Tastatur über Zifferntasten ❶ sowie Funktions- und Steuerungstasten ❷ für die Bedienung des Systems.

## Schritt 2

Die wichtigsten Steuertasten beim Mac sind die Befehlstaste [cmd] ❻, die Wahltaste [alt] ❺, die Umschalttaste ([⇧]) ❸ und [ctrl] ❹. Diese werden in Tastenkombinationen genutzt, um bestimmte System- oder Programmfunktionen auszulösen.

## Schritt 3

Wichtig ist natürlich auch die Eingabetaste [↵] ❽, die u.a. der Zeilenschaltung in Dokumenten dient.

**Auswerfen-Taste**

Apple vertreibt verschiedene Ausführungen der Tastatur. Wenn Ihre Tastatur rechts oben die Taste [⏏] ❼ zeigt, nutzen Sie diese, um ein angeschlossenes Gerät, beispielsweise ein Speichermedium oder ein iPhone, von Ihrem Rechner zu trennen.

## Schritt 4

Zur Navigation in einem Dokument dienen die Pfeiltasten [▼], [▲], [◀] und [▶]. Damit bewegen Sie beispielsweise die Texteinfügemarke.

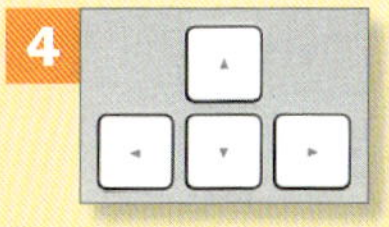

## Schritt 5

Eingabefelder können Sie direkt mit der Tabulatortaste ([⇥]) 9 anspringen.

## Schritt 6

Die Funktionstasten 10 sind mit den wichtigsten Steuerbefehlen versehen. Mit [F1] und [F2] verringern und vergrößern Sie die Bildschirmhelligkeit. Mit [F3] rufen Sie Mission Control auf. Die Taste [F4] macht den Weg zu einer Übersicht über alle installierten Programme (Launchpad) frei.

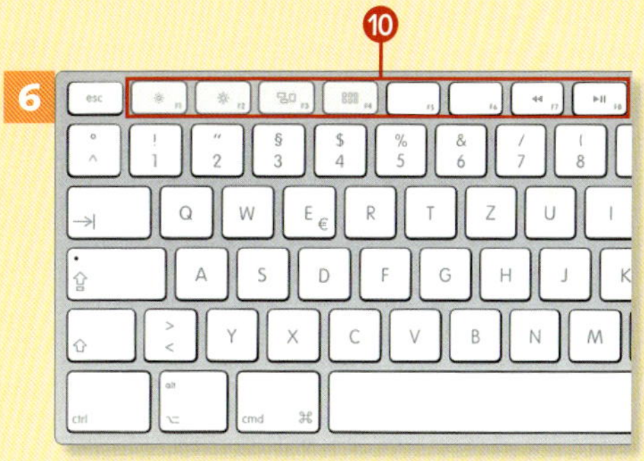

**Entfernen und löschen**

Für den Fall, dass Sie eine Stelle innerhalb eines Textes löschen möchten, stehen Ihnen auf der Mac-Tastatur verschiedene Optionen zur Verfügung. Sie können z. B. die [←]-Taste verwenden.

# Die Mac-Tastatur kennenlernen (Forts.)

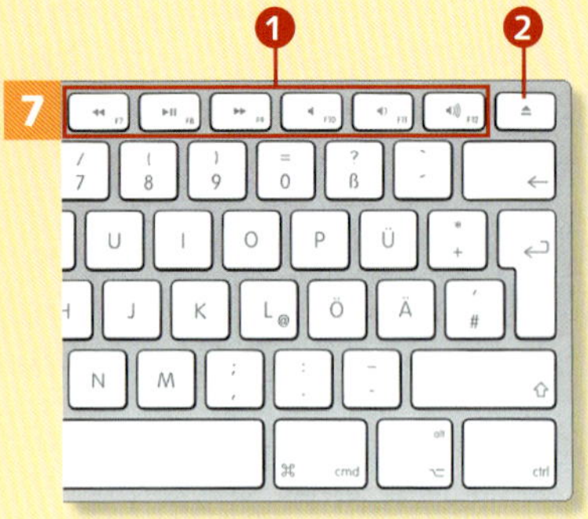

## Schritt 7

Diese Funktionstasten ❶ können Sie z. B. für die Steuerung von iTunes nutzen: F7 (rückwärts), F8 (Wiedergabe) und F9 (vorwärts). Den Lautsprecher schalten Sie mit F10 stumm. Mit F11 und F12 stellen Sie leiser oder lauter. Ein externes Gerät oder ein Medium melden Sie mit der Auswerfen-Taste ❷ ab.

## Schritt 8

Auch andere Programme verwenden die Funktionstasten für die Steuerung. Dann müssen Sie manchmal zusätzlich zur entsprechenden Funktionstaste die Taste fn ❸ drücken, um keine Sonderfunktion wie Mission Control aufzurufen.

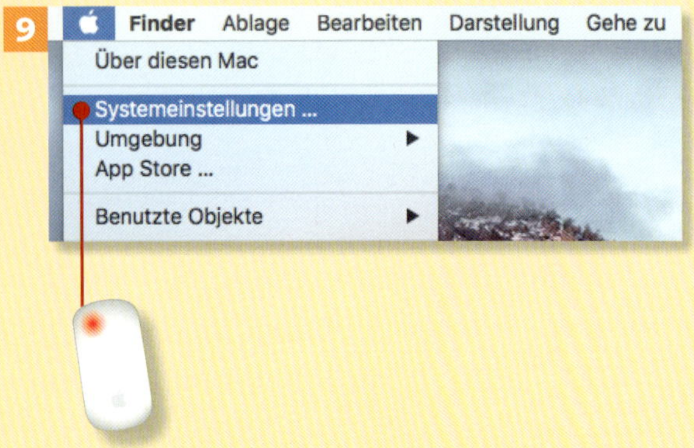


## Schritt 9

Auch die Tastatur können Sie über die Systemeinstellungen anpassen. Rufen Sie dazu im Apfel-Menü den Punkt **Systemeinstellungen** auf.

## Schritt 10

Dann klicken Sie auf die Option **Tastatur**, um das gleichnamige Dialogfenster zu öffnen.

10

## Schritt 11

Nun können Sie z. B. über die Schieberegler **Tastenwiederholung** und **Ansprechverzögerung** ❹ die Reaktionsgeschwindigkeit beim Tastendruck einstellen. Es geht hierbei darum, wie schnell das nächste Zeichen erscheint, wenn Sie eine Taste gedrückt halten. Die Schieberegler bewegen Sie mit gedrückter Maustaste.

11

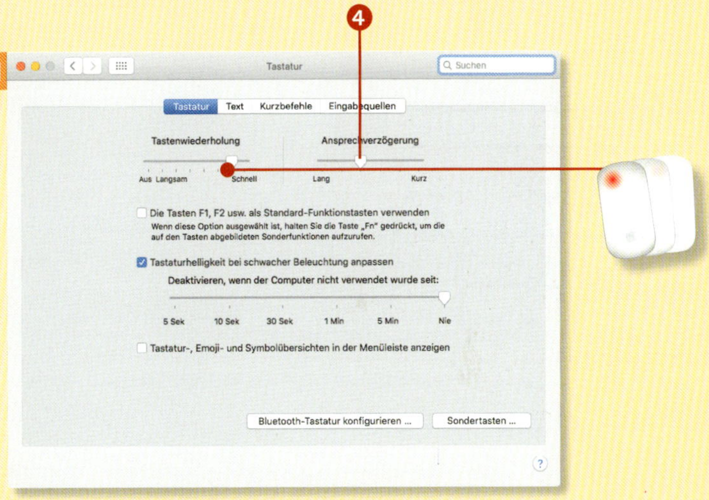


## Schritt 12

Wenn Sie Programme nutzen, die sich über die Funktionstasten steuern lassen, können Sie diese Tasten standardmäßig aktivieren, um sich das zusätzliche Drücken der Taste fn zu ersparen. Aktivieren Sie einfach das Kontrollkästchen **Die Tasten F1, F2 usw. als Standard-Funktionstasten verwenden**.

12

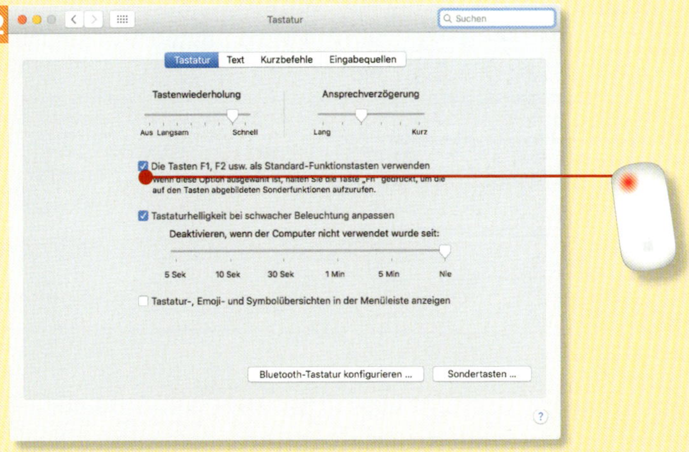

# Tastaturkombinationen nutzen

1

*Die Produktivität im Umgang mit dem Mac erhöhen, kann derjenige, der sich die wichtigsten Tastaturbefehle einprägt. Damit erledigen Sie einfache Aktionen, wie zum Beispiel Kopieren und Einsetzen oder das Löschen von Dateien, bequem und schnell über die Tastatur.*

## Schritt 1

Ein neues Fenster im Finder oder in einem Programm öffnen Sie schnell mit der Kombination [cmd] + [N]. Ein Fenster schließen Sie mit den Tasten [cmd] + [W].

2

## Schritt 2

Möchten Sie ein aktives Programm- oder Finder-Fenster nicht schließen, sondern nur aus dem Weg räumen, können Sie es mit den Tasten [cmd] + [M] im Dock ablegen.

3

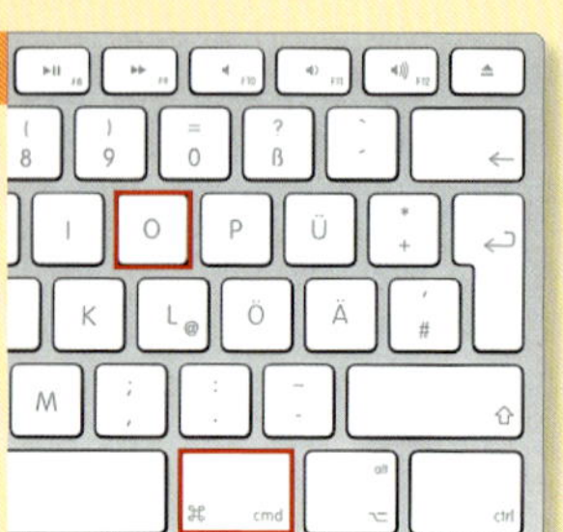

## Schritt 3

Ein ausgewähltes Dokument oder eine Datei lässt sich schnell mit dem dazu passenden Programm über die Kombination [cmd] + [O] öffnen.

## Schritt 4

Arbeiten Sie gerade an einem Dokument, sichern Sie es zwischendurch öfter einmal per Tastenkombination cmd + S.

4

## Schritt 5

Ausgewählte Dateien und Dokumente wandern direkt in den Papierkorb, wenn Sie die Tasten cmd + ← drücken. Ausleeren lässt sich der Papierkorb dann per cmd + alt + ←.

5

## Schritt 6

Egal, ob Textabschnitte oder Dokumente – markieren Sie sie, und kopieren Sie sie mit der Tastenkombination cmd + C in die Zwischenablage. Mit der Kombination cmd + V setzen Sie das Kopierte an anderer Stelle ein.

6

**Notfallhilfe**

Wenn Ihr System defekt ist, halten Sie beim Start des Macs die Taste alt gedrückt. Wählen Sie dann die Rettungspartition **Recovery HD** mit der Maus aus, damit der Mac mit einem Hilfsbetriebssystem startet. Sie können das System direkt wiederherstellen, indem Sie beim Start cmd + R gedrückt halten.

# Tastaturkombinationen nutzen (Forts.)

7

## Schritt 7

Sie können aber auch ausgewählte Textabschnitte oder Dateien ausschneiden. Nutzen Sie dazu die Tastenkombination cmd + X. Auch hierbei setzen Sie mit der Kombination cmd + V das Ausgeschnittene wieder ein.

8

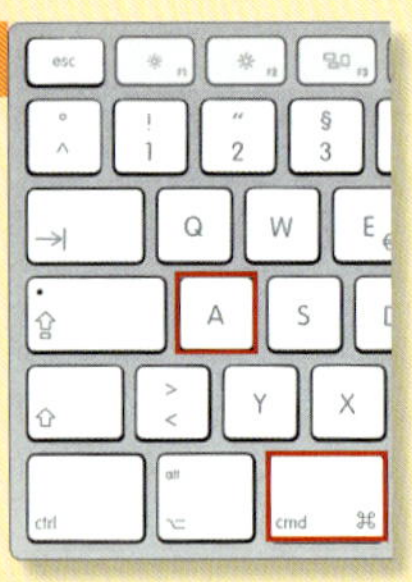

## Schritt 8

Möchten Sie alle Objekte im aktiven Finder-Fenster oder den kompletten Inhalt eines Dokuments markieren, dann erledigen Sie das bequem mit der Tastenkombination cmd + A.

9

## Schritt 9

Eine Tastenkombination, die Sie häufig verwenden werden, ist cmd + Z. Damit machen Sie sowohl im Finder als auch in Programmen die vorangegangene Aktion rückgängig. Einen Befehl wiederholen Sie mit cmd + Shift + Z.

**Kurzbefehle konfigurieren**
Sie können die Belegung der Tastaturen über die Systemeinstellungen konfigurieren. Wählen Sie unter dem Punkt **Tastatur** den Reiter **Kurzbefehle** aus. Dort finden Sie die Aktionen, die sich über Kurzbefehle steuern lassen, und Sie können deren Tastenbelegung individuell einstellen.

## Schritt 10

Um schneller auf das Spotlight-Suchfeld zuzugreifen, nutzen Sie die Tastenkombination [cmd] + Leertaste.

10

## Schritt 11

Zwischen geöffneten Programmen wechseln Sie blitzschnell mit der Kombination [cmd] + [⇥]. Schrittweise bewegen Sie sich so durch die geöffneten Programme. Lösen Sie den Tastengriff, wechselt OS X direkt in das ausgewählte Programm.

11

## Schritt 12

Zu einer ausgewählten Datei im Finder können Sie sich den Informationsdialog anzeigen lassen. Per Druck auf [cmd] + [I] erhalten Sie so eine Übersicht mit Informationen zum Namen, zur Dokumentenart und zu den Zugriffsrechten.

12

**i**

**Einstellungen direkt aufrufen**
Sowohl die Systemeinstellungen als auch die meisten Programmeinstellungen rufen Sie über das Tastenkürzel [cmd] + [;] auf.

# Glossar

**AAC**

Abkürzung für *Advanced Audio Coding*. Das Nachfolgeverfahren zu MP3. Apple verwendet bei AAC den Standard MPEG-4. Er ermöglicht es, kleinere Dateien bei einer besseren Klangqualität zu erzeugen.

**Account**

Englische Bezeichnung für *Konto*. In Bezug auf Computerplattformen ist damit in der Regel das Benutzerkonto auf einem Rechner oder auf einer Internetplattform wie beispielsweise Facebook gemeint.

**Administrator**

Der Systemverwalter eines Computers. Er hat u.a. das Recht, neue Benutzer anzulegen oder Programme zu installieren und zu löschen.

**AFP**

Abkürzung für *Apple Filesharing Protocol*. Apple-eigenes Netzwerkprotokoll für den Austausch von Daten.

**AirDrop**

In OS X integrierte Technologie, die es ermöglicht, Dokumente und Dateien zwischen mehreren Macs, iPhones und iPads innerhalb eines WLANs zu teilen.

**AirPort**

Apples Bezeichnung für ein drahtloses Netzwerk. AirPort ist mit den aktuell gängigen Standards aus dem Bereich WLAN kompatibel.

# Glossar

| | | |
|---|---|---|
| **Anwendung** |  | Eine Software, die eine bestimmte Funktionalität erfüllt. |
| **App** |  | Abkürzung für *Application*. Bezeichnet allgemein Programme, die auf mobilen Geräten wie iPhone oder iPad laufen. |
| **App Store** |  | Ein Apple-eigenes Internet-Verkaufsportal für Programme. Hierüber können Sie kostenlose und kostenpflichtige Software beziehen und sie direkt auf dem Mac, iPhone oder iPad installieren. |
| **Apple-ID** |  | Mit der Apple-ID melden Sie sich für spezielle Apple-Dienste an. Sie können sie z. B. zum Einkaufen im App Store oder bei iTunes verwenden. |
| **Apple Music** | 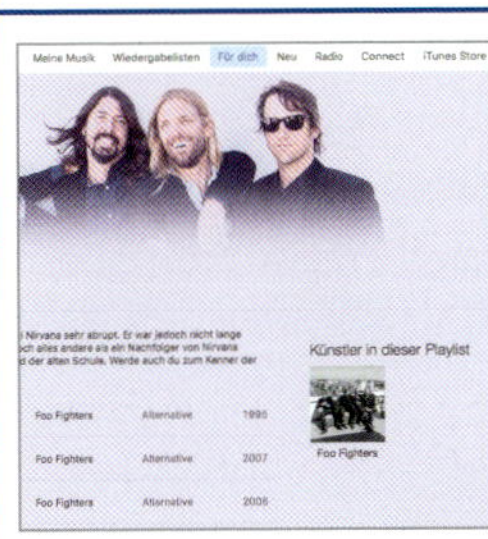 | Apple Music ist der Musik-Streaming-Dienst aus Cupertino. Neben den Zugriff auf die komplette Musikbibliothek von Apple für einen monatlichen Mitgliedsbeitrag bietet das in iTunes integrierte Angebot Internetradio und mit *Connect* auch ein soziales Netzwerk für Künstler. |
| **Aufklappmenü** | 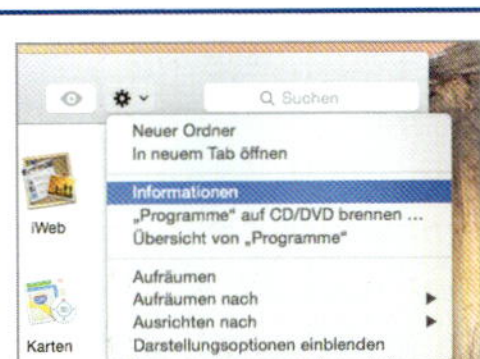 | Element der Benutzeroberfläche eines Computerbetriebssystems, das beispielsweise mit der Maus aufgeklappt wird und eine Liste zur Auswahl verschiedener Optionen enthält. |

# Glossar

| | | |
|---|---|---|
| **Benutzer** |  | Anwender eines Computersystems. Registrierte Benutzer sind dem Benutzerkonto am Rechner zugeordnet. |
| **Benutzerordner** |  | Hier werden alle für den Benutzer wichtigen Dateien und Dokumente verwaltet. Der Benutzerordner kann nur vom eigentlichen Benutzer und vom Administrator des Systems verwendet werden. |
| **Bluetooth** |  | Drahtlose Technologie für die Übertragung von Daten über kurze Distanzen. |
| **Browser** |  | Programm zum Betrachten von Websites. Apple bietet einen eigenen Browser mit Namen Safari an. |
| **Codec** | 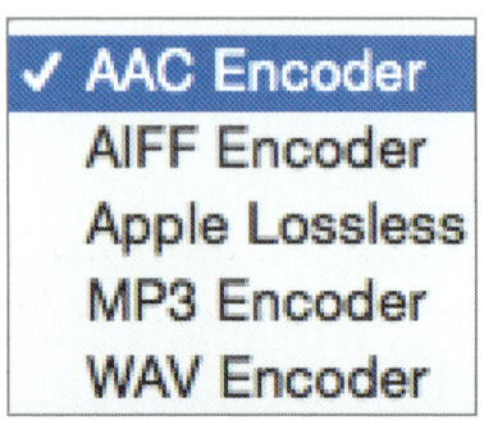 | Mathematischer Algorithmus für das Komprimieren und Dekomprimieren von Video- und Audiodaten. Der Begriff setzt sich zusammen aus den ersten Silben der englischen Wörter *coder* und *decoder*. |
| **Cover Flow** | 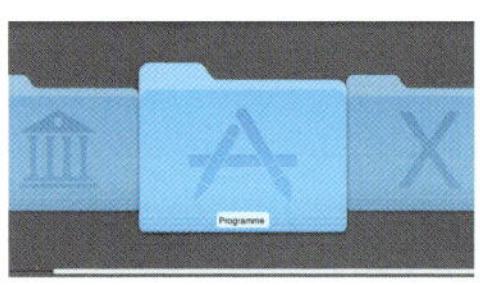 | Eine spezielle Art, Ordner, Dateien und Dokumente anzuzeigen. Sie ermöglicht es, virtuell durch eine Dateisammlung zu blättern. |

# Glossar

| | | |
|---|---|---|
| **Dashboard** | 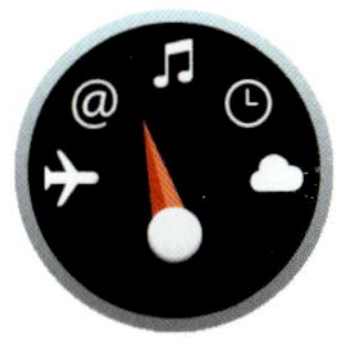 | Spezielle Umgebung von OS X, in der Miniprogramme, sogenannte *Widgets,* laufen. |
| **Datenrate** | 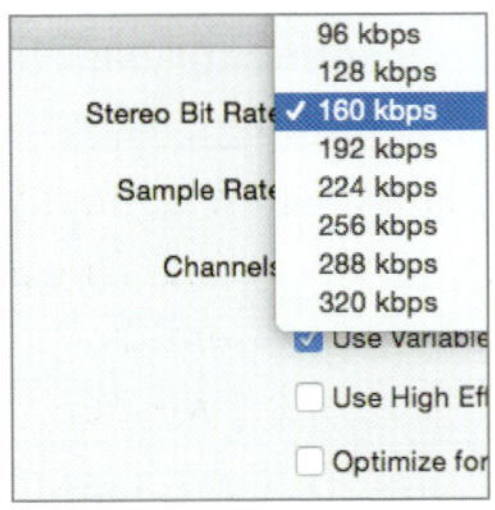 | Auch *Abtastfrequenz*. Definiert, wie oft pro Sekunde Musik- oder Bildsignale digital aufgezeichnet werden. |
| **Dialogfenster** |  | Teil der Benutzeroberfläche von Programmen und Betriebssystemen, der den Nutzer mit Informationen versorgt oder zu einer gezielten Aktion auffordert. |
| **Dienstprogramm** | 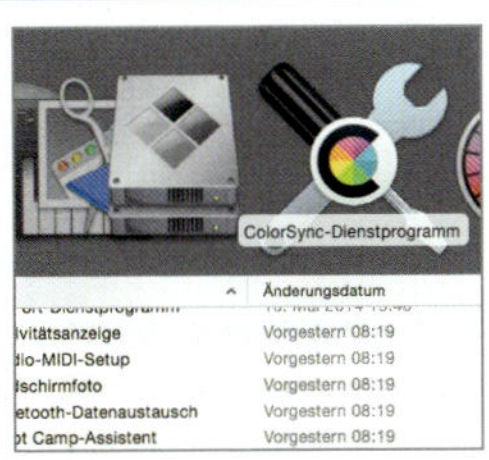 | Spezielle Programme für die Steuerung von zentralen Funktionen des Macs oder Programme, die seinen Funktionsumfang erweitern. Sie finden sich im Ordner *Programme\Dienstprogramme*. |
| **DMG** |  | Abkürzung für *Disk Image*. Ein Apple-eigenes Archivformat. |

# Glossar

| | | |
|---|---|---|
| **Dock** |  | Das zentrale Bedienelement für das Starten von Programmen und den Zugriff auf wichtige Ordner in OS X. |
| **Download** |  | Englische Bezeichnung für das Herunterladen von Dateien – z. B. Programmen, Texten, Bildern, Filmen und Musik – aus dem Internet. |
| **DSL-Router** |  | Gerät mit integriertem Modem für die Internetverbindung über einen DSL-Anschluss. Der Router sorgt für den verteilten Zugriff auf die Internetverbindung innerhalb eines Netzwerks. |
| **E-Mail** |  | Elektronischer Nachrichtenaustausch zwischen verschiedenen Computern über ein entsprechendes Programm (E-Mail-Programm). |
| **E-Mail-Adresse** | 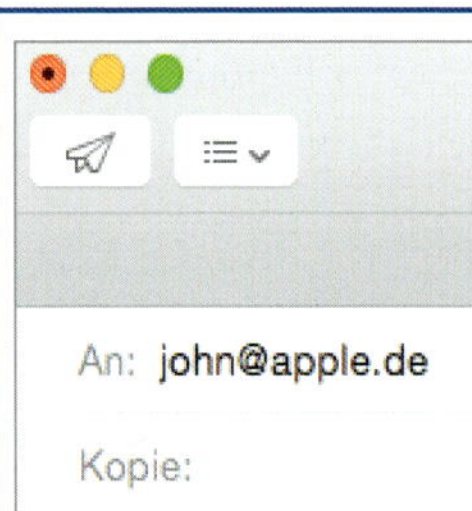 | Besteht häufig aus dem Namen des Inhabers der Adresse, einem @-Zeichen, dem Domain-Namen (z. B. *icloud*) und der Toplevel-Domain (z. B. *.com*): *IhrName@icloud.com*. |

| | | |
|---|---|---|
| **Etikett** |  | Etiketten – oder *Tags* – erleichtern die Organisation von Dateien. Dabei helfen unterschiedliche Farben bei der Kennzeichnung und Kategorisierung. |
| **Facebook** | | Facebook ist das größte soziale Netzwerk und erreichbar unter der Adresse *www.facebook.com*. |
| **FaceTime** | | Programm für die Videotelefonie von Mac zu Mac. Für die Verbindungsaufnahme benötigen Sie lediglich eine Apple-ID und können in Echtzeit per Video oder Audio mit Ihrem Gegenüber kommunizieren. |
| **Finder** | | Zentrale von OS X, die die Interaktion, die Organisation und die Navigation durch Dateien und Dokumente ermöglicht. |
| **Flickr** | | Internetplattform für den Austausch von Fotos. Der Dienst ist unter der Adresse *www.flickr.com* erreichbar. |
| **Fotos** | | Fotos ersetzt iPhoto und ist die komplett neu überarbeitete Fotoverwaltungssoftware von Apple. Mit dieser App können Sie Ihre Bilder organisieren, bearbeiten, in der iCloud speichern und mit anderen teilen. |

# Glossar

| | | |
|---|---|---|
| **GarageBand** |  | Programm von Apple für die Erstellung von Musikkompositionen, wahlweise durch das Einspielen von echten oder die Nutzung von virtuellen Instrumenten. |
| **Gigabyte** | 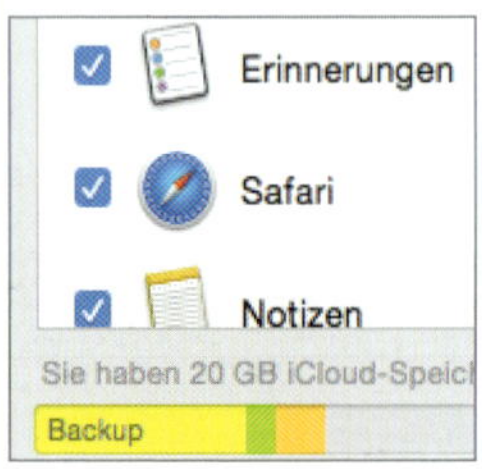 | Maßeinheit für Datenmengen. 1 Gigabyte (GB) sind 1.073.741.824 Byte (B). |
| **Handoff** |  | Mit *Handoff* können Sie Dateien und Konversationen auf einem Gerät wie dem iPad starten und auf dem Mac weiterführen. Es funktioniert mit Anwendungen wie Mail, Safari, Pages, Numbers, Keynote, Karten, Nachrichten, Erinnerungen, Kalender und Kontakte. |
| **Homepage** |  | Bei Apple die Bezeichnung für die Startseite des Browsers. Im Allgemeinen wird damit die Startseite einer Website, die als zentraler Einstieg dient und den Zugriff auf die Unterseiten eines Internetauftritts ermöglicht, bezeichnet. |
| **iCloud** |  | Ein von Apple über das Internet zur Verfügung gestellter Dienst zur Speicherung von Daten. Er ermöglicht das Speichern z. B. von Fotos und Musik auf entfernten Apple-Servern; auf diese Dateien kann dann mit verschiedenen Geräten zugegriffen werden. Zusätzlich lassen sich über iCloud Kontakte, Termine oder Ereignisse auf dem gleichen Stand halten (synchronisieren). |

# Glossar

<table>
<tr><td>iCloud Drive</td><td>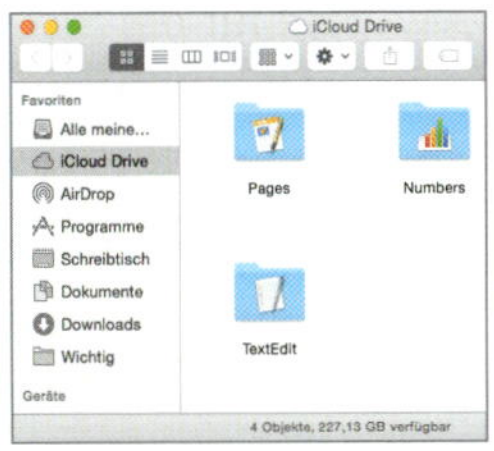
</td><td>iCloud Drive ist ein von Apple angebotener Speicherplatz im Internet und Teil des iCloud-Diensts. Dort können Sie Dateien speichern und auf dem iPhone, iPad, iPod touch, Mac oder PC abrufen.</td></tr>
<tr><td>Image Volume</td><td>
</td><td>Virtuelles Speichermedium in Form einer Datei. Unter OS X wird hierzu das Format DMG genutzt.</td></tr>
<tr><td>Instant Hotspot</td><td></td><td>Instant Hotspot beschreibt die Möglichkeit, die mobile Internetverbindung des iPhones am Mac, iPad oder iPod touch mitzuverwenden.</td></tr>
<tr><td>iPhoto</td><td></td><td>Der Vorgänger der Fotos-App und ein wichtiges Programm in Sachen Fotoverwaltung und -bearbeitung auf dem Mac.</td></tr>
<tr><td>iTunes</td><td></td><td>Programm für die Verwaltung und Wiedergabe von digitaler Musik, Videos und anderen Medieninhalten. Es bietet Zugang zum Musik-Streaming-Dienst Apple Music und ist Bindeglied zwischen dem Mac und den mobilen Geräten iPod, iPhone, iPad und Apple TV.</td></tr>
</table>

# Glossar

| | | |
|---|---|---|
| **iTunes Match** |  | Kostenpflichtiger iTunes-Dienst, der es Ihnen ermöglicht, Ihre gesamte Musiksammlung in der auf iCloud zu speichern. Auf diese Weise können Sie über verschiedene Geräte – z. B. iPhone, Mac oder iPad – immer auf Ihre gesamte Musikbibliothek auch die selbst importieren CD-Titel zugreifen. |
| **iTunes Store** |  | In iTunes integrierter Shop für digitale Inhalte wie Musik, Filme, Fernsehsendungen, Bücher, Hörbücher und Apps. |
| **JPEG** |  | Abkürzung für *Joint Picture Experts Group*. Bei allen gängigen Digitalkameras verwendetes Bildformat. Auch im Internet ist das Format wegen seiner Kompatibilität und der Möglichkeit der Kompression weit verbreitet. |
| **Kalender** |  | In OS X integriertes Programm für die Verwaltung von Terminen und Aufgaben. |
| **Kilobyte** |  | Maßeinheit für Datenmengen. 1 Kilobyte (KB) sind 1.024 Byte (B). |

# Glossar

| | | |
|---|---|---|
| **Kontextmenü** | 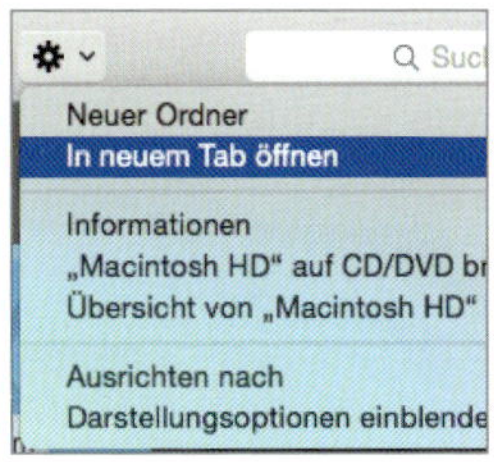 | Einer Benutzeraktion zugeordnetes Bedienelement mit zusätzlichen Funktionen. Das Kontextmenü wird über den Sekundärklick aufgerufen. |
| **Kontrollkästchen** |  | Auch *Checkbox* genannt. Standardbedienelement für grafische Benutzeroberflächen von Computern oder Internetseiten, das per Klick aktiviert und deaktiviert wird. |
| **Launchpad** |  | Programm für den direkten Zugang zu den auf dem System installierten Programmen. |
| **Lesezeichen** | 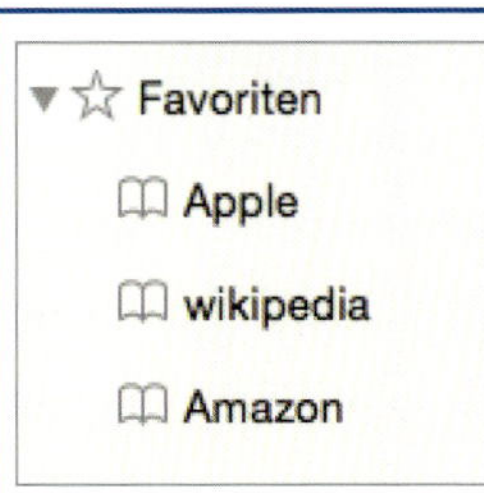 | Eine Merkhilfe im Browser, mit deren Hilfe Sie Links zu bestimmten Websites speichern. Auf diese Weise müssen Sie die Adresse nicht ständig in den Browser eingeben, sondern können sie mit einem Klick direkt aufrufen. |
| **Library** |  | Ein spezielles Verzeichnis innerhalb des Betriebssystems OS X, in dem Voreinstellungen und Informationen gespeichert werden, die für den Betrieb und die tägliche Arbeit notwendig sind. |

# Glossar

| | | |
|---|---|---|
| **Macintosh HD** |   | Bezeichnung für die Festplatte eines Macs, von der das Betriebssystem OS X gestartet wird. |
| **Magic Mouse** | 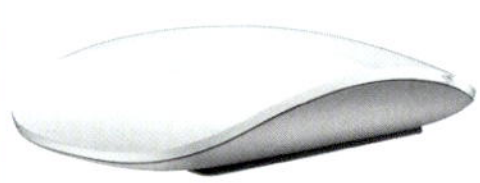 | Eine von Apple angebotene Maus mit berührungsempfindlicher Oberfläche. Sie erlaubt es, bestimmte Programmfunktionen über Fingergesten zu steuern. |
| **Mediathek** | 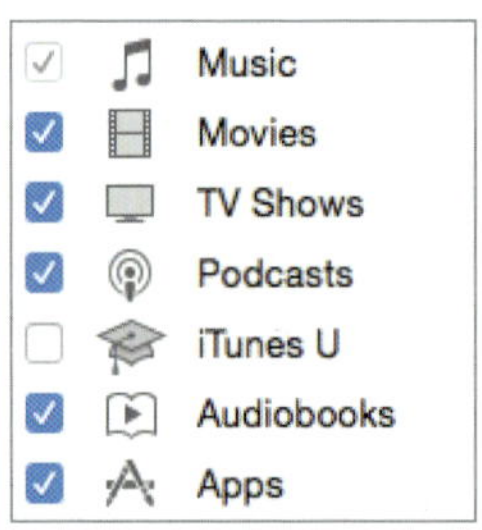  | Zentrale Speicherstelle von Multimedia-Inhalten in Programmen wie iTunes oder Fotos. |
| **Menulet** | 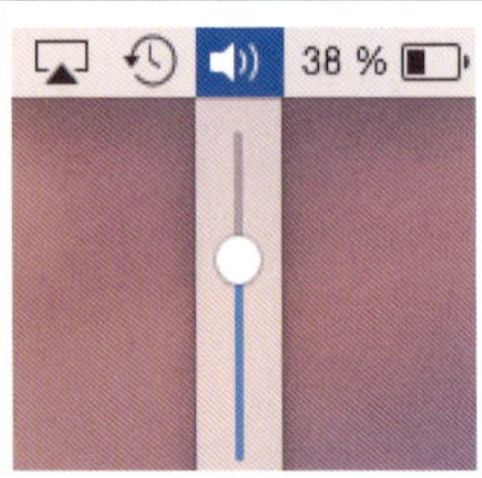  | Kleines Bedienelement, das sich direkt in die Menüleiste des Macs integriert. Darüber lassen sich wichtige Funktionen wie die WLAN-Verbindung, also AirPort, oder die Lautstärke steuern. |
| **Mission Control** | 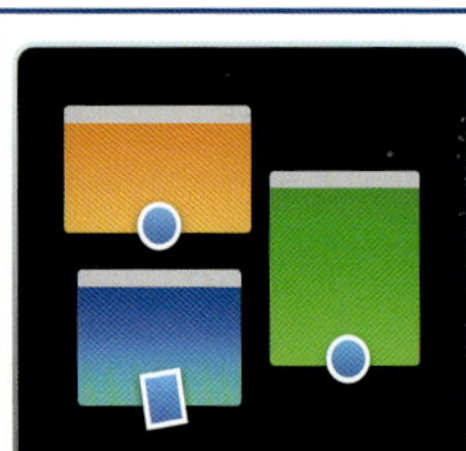 | Option von OS X, die es ermöglicht, auf Knopfdruck eine Übersicht über alle Finder- und Programmfenster zu erstellen. |

# Glossar

| | | |
|---|---|---|
| **MP3** |   | Steht für *MPEG Audio Layer III*. Kodierungs- und Komprimierungsverfahren für Audio. Immer noch das meistgenutzte Verfahren zur Speicherung und Übertragung von Musik auf Computern und im Internet. |
| **Multitouch** |  | Spezielle Eingabemethode mit Hilfe von Fingergesten auf einer speziellen berührungsempfindlichen Oberfläche. Wird u.a. mit der Magic Mouse und dem Magic Trackpad angeboten. |
| **OS X** |  | Von Apple entwickeltes Betriebssystem, das ausschließlich auf Apple-Geräten läuft. Eine für mobile Geräte optimierte Variante ist iOS, das auf den hauseigenen Mobilgeräten wie iPhone oder iPad läuft. |
| **Pages** |   | Programm für die Erstellung von Briefen und Texten auch mit anspruchsvollem Layout. Ist mit dem weit verbreiteten Textverarbeitungsprogramm Microsoft Word kompatibel. |
| **Partition** | 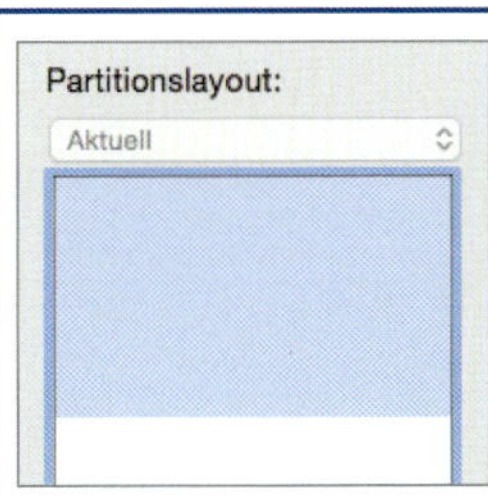  | Bezeichnet einen zusammenhängenden Teil des Gesamtspeicherplatzes einer Festplatte. Diese Teile können eine beliebige Größe haben. |

# Glossar

| | | |
|---|---|---|
| **PDF** |  | Abkürzung für *Portable Document Format*. Dateiformat für den plattformübergreifenden Austausch von Dokumenten. Ursprünglich von Adobe Systems entwickelt. |
| **Podcast** |  | Kombination aus englisch *broadcasting* (»Senden«) und dem Produktnamen *iPod*. Darunter versteht man die Produktion und die Publikation von Audio- und Videodateien über das Internet. |
| **PPPoE-Verbindung** | 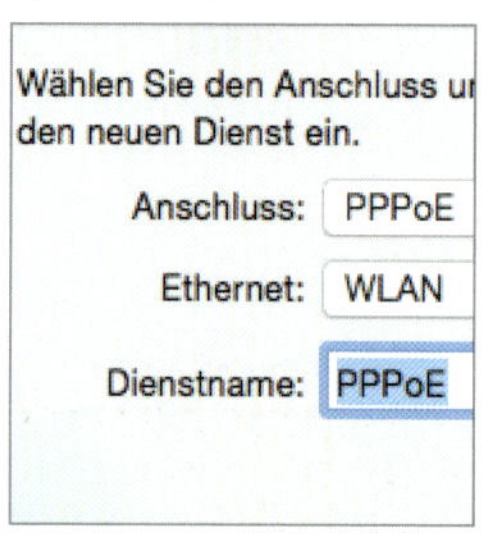 | Verbindung über ein Netzwerk, die primär bei DSL-Verbindungen eingesetzt wird. PPPoE steht für *Point-to-Point Protocol over Ethernet*. |
| **Programm** |  | Eine Software, die dem Benutzer eine bestimmte Funktionalität bietet. |
| **QuickTime** |  | Multimedia-Architektur von Apple für die Nutzung von Multimedia-Inhalten wie Videos und Audiodateien. |

| | | |
|---|---|---|
| **Recovery HD** |  | Spezielle Partition einer OS X-Installation, die die Wiederherstellung des Systems ermöglicht, ohne dass Sie eine Installations-DVD benötigen. |
| **Remote** |  | Englische Bezeichnung für *entfernt*. Beschreibt im Computerbereich die Verbindung zu einem anderen, »fremden« Rechner über ein Netzwerk. |
| **RTF** | 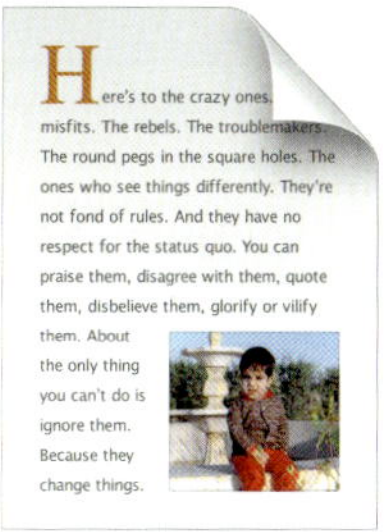 | Abkürzung für *Rich Text Format*. Von Microsoft entwickelter Standard zum Austausch von formatierten Texten zwischen verschiedenen Textverarbeitungsprogrammen. |
| **Safari** |  | Apples eigener Browser, der mit dem Betriebssystem OS X ausgeliefert wird. |
| **Schreibtisch** |  | Die zentrale Stelle, um Ihre tägliche Arbeit am Mac zu erledigen. Sie können darauf Dateien und Dokumente anordnen und organisieren. |

# Glossar

<table>
<tr><td>Scrollbalken</td><td>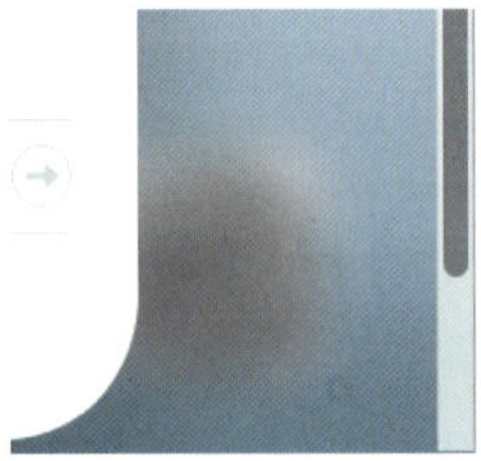</td><td>Das Bedienelement für die Bewegung von Inhalt in einem Dokument. Sie verschieben damit Seiten horizontal und vertikal.</td></tr>
<tr><td>Scrollen</td><td></td><td>Englische Bezeichnung für das Bewegen durch Inhalte in einem elektronischen Dokument.</td></tr>
<tr><td>Sekundärklick</td><td></td><td>Als Sekundärklick bezeichnet man den Klick auf die rechte Maustaste.</td></tr>
<tr><td>Software-<br>aktualisierung</td><td>
</td><td>Der Prozess der Aktualisierung von Programmen oder Betriebssystemen auf einem Computer – auch genannt Update.</td></tr>
<tr><td>Suffix</td><td>
</td><td>Dateiendung. Dank dieser Endung weiß das Betriebssystem, mit welchem Programm die Datei geöffnet werden muss.</td></tr>
</table>

| | | |
|---|---|---|
| **System-einstellungen** |  | Alle Konfigurationsmöglichkeiten für den Betrieb des Systems. Richten Sie darüber z. B. die Netzwerkverbindung ein, oder ändern Sie das Erscheinungsbild der Arbeitsoberfläche. |
| **Time Capsule** |  | Eine von Apple angebotene WLAN-Basisstation mit integrierter Festplatte. In Verbindung mit der Software Time Machine bildet sie ein durchgängiges Datensicherungskonzept. |
| **Trackpad** |  | Ein Eingabegerät, das entweder in einen mobilen Rechner integriert ist oder als Magic Trackpad als externes Eingabegerät dient. Es ermöglicht die Bedienung des Macs über Gesten. |
| **URL** | 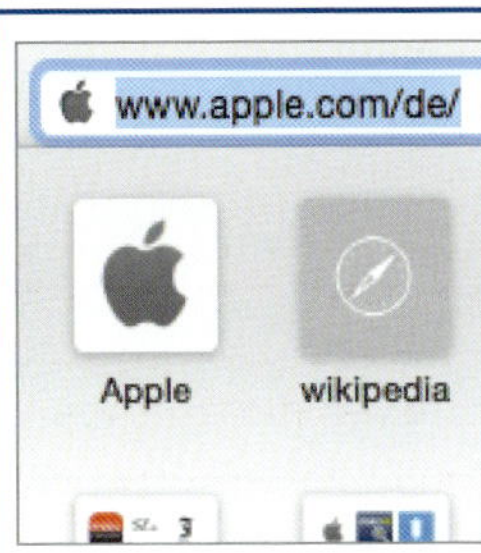 | Abkürzung für »Uniform Resource Locator«. Adressformat für Dokumente im Internet, das auch die Struktur der Adresse festlegt. Die URL der Apple-Website lautet z. B. *http://www.apple.com/de*. |
| **USB** | | Abkürzung für *Universal Serial Bus*. Serielle Schnittstelle für die Übertragung von Daten. USB ist bei Druckern, Tastaturen, Mäusen und Digitalkameras weit verbreitet. |

# Glossar

| | | |
|---|---|---|
| **vCard** |  | Bezeichnet eine »elektronische Visitenkarte«. Mit diesem Standard lassen sich z. B. Adressinformationen zwischen verschiedenen E-Mail-Programmen austauschen. |
| **Widget** |  | Kleine nützliche Programme, die per Tastendruck zur Verfügung stehen. Unter OS X laufen Widgets im Dashboard. |
| **Wi-Fi** |  | Der Begriff wird oft als Synonym für ein drahtloses Netzwerk (WLAN) verwendet. |
| **ZIP** | 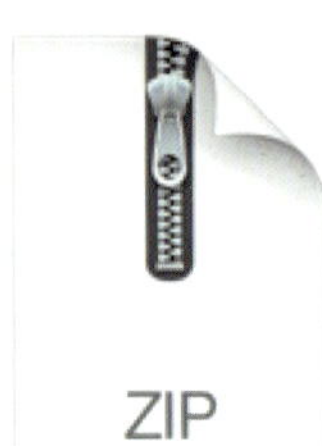 | Ein häufig verwendetes Format für komprimierte Dateien, das auf einer verlustfreien Komprimierungsmethode basiert. |

# Stichwortverzeichnis

# Stichwortverzeichnis

# Stichwortverzeichnis

# Stichwortverzeichnis

# Stichwortverzeichnis



## N



## O



## P

# Stichwortverzeichnis

## W



## Z